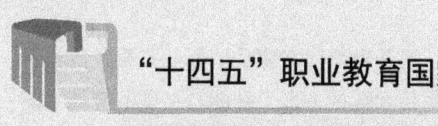

"十四五"职业教育国家规划教材

电子商务专业系列精品教材

电子商务概论

◎ 主　编　商　玮　邹玉金
◎ 副主编　盘红华

电子工业出版社

Publishing House of Electronics Industry

北京·BEIJING

内 容 简 介

本书打破以往电子商务基础类教材的知识、技能框架体系，基于当前数字驱动的行业背景，从电子商务和新一代信息技术的角度出发，详细介绍电子商务和云计算、大数据、人工智能、物联网等技术的基本知识，以及它们对制造业、金融、教育、娱乐等带来的影响，帮助读者对当前数字经济背景下的商业变革形成宏观认知。

全书共 12 章，包括认识互联网和电子商务、网络购物、B2B 电子商务、O2O 电子商务、电子商务支撑服务、网络广告、典型行业应用、互联网+制造业、云计算、大数据、人工智能、物联网。本书的内容新颖、重点突出、图文并茂、案例丰富，并通过"小知识"模块拓宽读者的视野，是一本较为全面的电子商务入门教材。

本书可作为高等职业院校财经商贸类、电子信息类相关专业的教材，也可作为各类成人教育相关专业的教学用书，还可作为对电子商务和新一代信息技术感兴趣的广大读者的课外读本。

未经许可，不得以任何方式复制或抄袭本书的部分或全部内容。
版权所有，侵权必究。

图书在版编目（CIP）数据

电子商务概论 / 商玮，邹玉金主编. —北京：电子工业出版社，2019.8
ISBN 978-7-121-36607-9

Ⅰ. ①电… Ⅱ. ①商… ②邹… Ⅲ. ①电子商务－高等学校－教材 Ⅳ. ①F713.36

中国版本图书馆 CIP 数据核字（2019）第 098555 号

责任编辑：张云怡　　文字编辑：王宝熠
印　　刷：北京虎彩文化传播有限公司
装　　订：北京虎彩文化传播有限公司
出版发行：电子工业出版社
　　　　　北京市海淀区万寿路 173 信箱　邮编　100036
开　　本：787×1 092　1/16　印张：18.25　字数：467.2 千字
版　　次：2019 年 8 月第 1 版
印　　次：2024 年 8 月第 10 次印刷
定　　价：53.90 元

凡所购买电子工业出版社图书有缺损问题，请向购买书店调换。若书店售缺，请与本社发行部联系，联系及邮购电话：（010）88254888，88258888。
质量投诉请发邮件至 zlts@phei.com.cn，盗版侵权举报请发邮件至 dbqq@phei.com.cn。
本书咨询联系方式：（010）88254573，zyy@phei.com.cn。

近年来，我国电子商务产业保持持续快速的发展态势，交易规模不断扩大，网络零售规模位列全球第一。云计算、大数据、人工智能、物联网、虚拟现实技术等新一代信息技术的发展，又为电子商务发展创造了丰富的支撑环境及应用场景，电子商务已从纯线上转向了线上线下融合发展，新业态、新模式不断涌现，产业创新活力处于世界领先水平。同时，电子商务和信息技术的发展也带动了相关产业的发展，物流、金融、生产制造等产业正在进行着数字化、智能化升级改造，以适应新的商务模式带来的变革。

在此背景下，不仅是电子商务产业，众多相关产业领域中的工作人员均需要了解电子商务相关知识和技能，以适应当前数字经济环境下工作岗位的新要求。当前，除电子商务专业外，大量的财经商贸类、电子信息类、文化艺术类、公共传播类、旅游大类等相关专业已纷纷开设了电子商务概论（或电子商务基础）课程。

但由于目前市场上大部分电子商务概论教材主要面向电子商务专业的学生，或者电子商务行业的从业人员，内容以介绍电子商务模式、电子商务相关技术、网络营销、物流、支付、安全等内容为主，缺乏对其他产业领域如何在电子商务和新一代信息技术影响下进行变革的介绍，难以帮助广大学生、读者将书本中的学习内容与所学专业或所从事的工作结合起来。

本书在介绍电子商务基本知识的基础上，介绍了云计算、大数据、人工智能、物联网等新一代信息技术的基本概念及其对相关产业带来的影响，并以制造业、金融、教育、娱乐等行业为例，进行了详细阐述，从而使读者对所从事的专业领域当前状况及今后的发展前景有一定的认识，以便更好地适应岗位需求。

本书编者都是多年从事电子商务课程教学实践和研究的一线教师，具有丰富的课堂教学和电子商务项目运营经验。本书由商玮和邹玉金老师担任主编，盘红华老师担任副主编。商玮老师带领编写团队研究确定了本书的主要内容，制定了总体编写框架和配套资源建设方案。邹玉金老师编写了第4章和第7章，盘红华老师编写了第1章，童红斌老师编写了第6章，陶晓波老师编写了第8章，张鑫老师编写了第3章，钱丽丹老师编写了第2章和第5章，石东贤老师编写了第9章和第11章，陈炜老师编写了第10章，王昌建老师编写了第12章。全书由邹玉金老师统稿。

在本书编写过程中,得到了众多企业专家、高校教师和学者的帮助与指导,同时也得到了电子工业出版社的大力支持,在此一并致谢!

电子商务的发展日新月异,我们深感认识和水平有限,有很多问题还需要进一步总结,有些观点还有待进一步推敲和研究,书中难免存在不够准确和错误之处,恳请读者批评指正。

编　者

目 录

第 1 章　认识互联网和电子商务

1.1 互联网的起源与发展 2
　　1.1.1　什么是互联网 2
　　1.1.2　互联网发展历程 2
　　1.1.3　互联网的基本服务 4
　　1.1.4　"互联网+"战略 7
1.2 电子商务的起源与发展 14
　　1.2.1　什么是电子商务 14
　　1.2.2　电子商务发展历程 16
　　1.2.3　新零售 19
小结 21
同步测试 21

第 2 章　网络购物

2.1 C2C 电子商务 24
　　2.1.1　什么是 C2C 电子商务 24
　　2.1.2　C2C 电子商务模式 27
2.2 B2C 电子商务 33
　　2.2.1　什么是 B2C 电子商务 33
　　2.2.2　B2C 电子商务模式 34
　　2.2.3　B2C 电商企业大盘点 35
　　2.2.4　B2C 电子商务企业未来
　　　　　发展趋势 41
2.3 C2B 电子商务 42
　　2.3.1　什么是 C2B 电子商务 42
　　2.3.2　C2B 电子商务模式 43
2.4 团购 47
　　2.4.1　什么是团购 47
　　2.4.2　团购平台运营模式 52
小结 58
同步测试 58

第 3 章　B2B 电子商务

3.1 B2B 电子商务概述 62
　　3.1.1　什么是 B2B 电子商务 62
　　3.1.2　B2B 电子商务分类 62
　　3.1.3　发展历程 63
3.2 B2B 电子商务运营模式 65
　　3.2.1　综合平台——阿里巴巴 66
　　3.2.2　行业平台——全球五金网、
　　　　　中国化妆品网 69
　　3.2.3　新型 B2B 平台——慧聪网 ... 71
3.3 供给侧改革与 B2B 电子商务 75
　　3.3.1　什么是供给侧改革 75
　　3.3.2　供给侧改革与 B2B 电子
　　　　　商务 76
小结 78
同步测试 79

第 4 章　O2O 电子商务

4.1 O2O 电子商务概述 82
　　4.1.1　O2O 定义 82
　　4.1.2　O2O 的发展 82
4.2 在线旅游 83

4.2.1 什么是在线旅游 84
4.2.2 机票市场 84
4.2.3 住宿市场 86
4.2.4 度假市场 91
4.3 餐饮外卖 94
4.3.1 餐饮外卖 O2O 94
4.3.2 典型平台分析 100
4.3.3 餐饮外卖新趋势 102
4.4 社区零售 103
4.4.1 社区零售 O2O 103
4.4.2 社区零售案例 104
4.4.3 社区零售与新零售 105
小结 108
同步测试 109

第5章 电子商务支撑服务

5.1 第三方支付 112
5.1.1 什么是第三方支付 112
5.1.2 第三方支付平台 114
5.1.3 第三方支付与银行的
关系 117
5.1.4 第三方支付相关政策 117
5.2 电子商务物流 119
5.2.1 什么是第三方物流 119
5.2.2 第三方物流基本模式 121
5.2.3 典型案例分析 122
5.3 电子商务安全与法律 124
5.3.1 电子商务安全的基本
内容 124
5.3.2 电子商务安全管理策略 ... 126
5.3.3 电子商务法律法规 128
5.3.4 电子商务领域典型法律
案例 132
小结 134
同步测试 134

第6章 网络广告

6.1 搜索引擎广告 138
6.1.1 什么是搜索引擎广告 138
6.1.2 搜索引擎广告常见类型 ... 141
6.1.3 搜索引擎广告现状与
趋势 147
6.2 展示类广告 148
6.2.1 什么是展示类广告 148
6.2.2 展示类广告常见类型 148
6.2.3 展示类广告现状与趋势 157
6.3 社交网络广告 158
6.3.1 什么是社交网络广告 158
6.3.2 社交网络广告常见类型 ... 160
6.3.3 社交网络广告历程与
前景 164
小结 166
同步测试 167

第7章 典型行业应用

7.1 在线医疗 170
7.1.1 在线医疗行业概况 170
7.1.2 在线医疗产业链分析 171
7.1.3 在线医疗行业发展趋势 ... 173
7.2 在线教育 174
7.2.1 在线教育行业概况 174
7.2.2 在线教育产业分析 175
7.2.3 在线教育平台 176
7.2.4 中国在线教育发展趋势 ... 178
7.3 互动娱乐 178
7.3.1 在线（网络）游戏 179
7.3.2 电子竞技 181
7.3.3 互动娱乐进入泛娱乐 183
7.4 互联网金融 185

7.4.1 互联网金融行业概况 185	7.5.3 农产品电子商务案例 196
7.4.2 优秀互联网金融平台介绍 187	7.6 跨境电子商务 197
	7.6.1 概念与模式 197
7.4.3 互联网金融的未来 190	7.6.2 行业现状与发展趋势 198
7.5 农产品电子商务 191	7.6.3 跨境电子商务案例 200
7.5.1 概念与模式 191	小结 203
7.5.2 现状和发展趋势 192	同步测试 204

第 8 章 互联网+制造业

8.1 工业化进程 207	8.2.1 中国制造转型之路 212
8.1.1 工业化定义 207	8.2.2 案例分析 216
8.1.2 工业 4.0 210	小结 219
8.2 C2B 与制造业转型升级 212	同步测试 219

第 9 章 云计算

9.1 什么是云计算 223	9.3.1 公有云 228
9.1.1 皮特云的故事 223	9.3.2 私有云 229
9.1.2 云计算的定义 224	9.3.3 混合云 230
9.1.3 简要历史 224	9.4 云体验 230
9.2 云计算交付模型 225	9.4.1 阿里云 230
9.2.1 IaaS 225	9.4.2 注册与登录 230
9.2.2 PaaS 226	9.4.3 云资源开通 231
9.2.3 SaaS 226	9.4.4 控制台管理 231
9.2.4 模型比较 227	小结 232
9.3 云计算部署模式 228	同步测试 233

第 10 章 大数据

10.1 什么是大数据 236	10.3 大数据发展相关政策及趋势 249
10.1.1 大数据的定义 236	10.3.1 我国大数据发展相关政策 249
10.1.2 大数据产业 237	
10.2 大数据应用 240	10.3.2 大数据发展趋势 251
10.2.1 商业智能和数据科学 240	小结 252
10.2.2 大数据分析架构 243	同步测试 252
10.2.3 大数据应用领域 244	

第 11 章 人工智能

11.1 什么是人工智能 255	11.1.2 发展简史 256
11.1.1 人工智能的概念 255	11.1.3 研究价值 257

VII

11.2 人工智能研究的基本内容 257
11.2.1 自然语言理解 258
11.2.2 机器学习 259
11.2.3 自动推理和搜索方法 260
11.3 人工智能的应用 261
11.3.1 人工智能与电子商务 261
11.3.2 图像识别 261
11.3.3 智能控制 262
11.3.4 专家系统 263
11.3.5 自然语言处理 264
11.3.6 机器语言实现 265
小结 266
同步测试 267

第 12 章 物联网

12.1 什么是物联网 269
12.1.1 物联网的定义 269
12.1.2 物联网的特征 270
12.1.3 物联网的发展趋势 270
12.2 物联网的基本架构与技术 271
12.2.1 感知控制层及其相关技术 272
12.2.2 网络传输层及其相关技术 273
12.2.3 应用服务层及其相关技术 275
12.3 物联网的部分应用领域 275
12.3.1 智能交通 276
12.3.2 智能家居 277
12.3.3 智慧物流 278
12.3.4 智慧医疗 279
12.3.5 智慧农业 280
小结 281
同步测试 281

参考文献

第1章 认识互联网和电子商务

学习目标

掌握电子商务、互联网、"互联网+"、新零售等相关概念。
熟悉我国及世界电子商务的发展历程及关键事件。
了解"互联网+"与传统产业的融合与发展现状。

学习导图

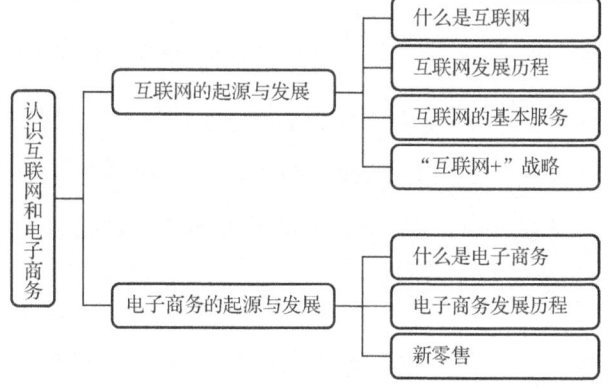

知识点

互联网、"互联网+"的概念；互联网的发展历程；电子邮件（E-mail）、文件传输（FTP）、远程登录（Telnet）、万维网（World Wide Web）等概念；超文本标记语言、HTTP协议、域名、IP地址；电子商务的发展历程与关键事件；新零售的概念与特点。

1.1 互联网的起源与发展

1.1.1 什么是互联网

互联网泛指由多台计算机连接而成且能彼此通信的网络，在这些网络之间的通信协议（即通信规则）是可以任意连接在一起的。我们现在常称的互联网主要指国际互联网 Internet（中文正式译名为因特网，字母 I 一定要大写。以下若无说明，互联网均指因特网），它是当前世界上最大的、开放的、由众多网络相互连接而成的特定的计算机网络，采用 TCP/IP 协议族作为通信的规则，其前身是美国早期的军用计算机网 ARPANET（阿帕网）。互联网结构示意图如图 1.1 所示。

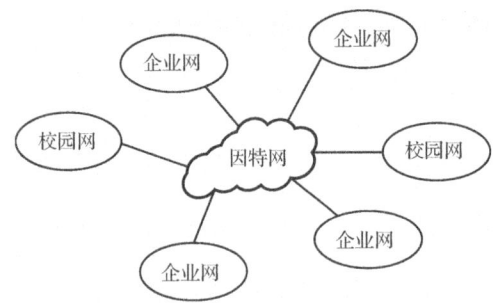

图 1.1 互联网结构示意图

在这个网络中有交换机、路由器等网络设备，各种不同的连接链路、种类繁多的服务器和数不尽的计算机网络终端。使用互联网可以将信息瞬间发送到千里之外的人手中，它是信息社会的基础。2014 年 11 月李克强总理在杭州首届世界互联网大会峰会期间曾指出：互联网是人类最伟大的发明之一，改变了人类世界的空间轴、时间轴和思想维度。

1.1.2 互联网发展历程

互联网始于 1969 年美国的阿帕网，阿帕网是美军在 ARPA（美国国防部高级研究计划署）制定的协定下开发出来的，首先用于军事连接，后将美国西南部的加利福尼亚大学洛杉矶分校、斯坦福大学研究学院、加利福尼亚大学和犹他州大学的四台主要的计算机连接起来。这个协定由剑桥大学的 BBN 和 MA 执行，在 1969 年 12 月开始联机。另一个推动 Internet 发展的是 NSF 网，它最初是由美国国家科学基金会资助建设的，目的是连接全美的 5 个超级计算机中心，供 100 多所美国大学共享它们的资源。NSF 网也采用 TCP/IP 协议，且与 Internet 相连。阿帕网之父——拉里·罗伯茨如图 1.2 所示。

图 1.2 阿帕网之父——拉里·罗伯茨

1978年，UUCP（UNIX和UNIX复制协议）是在贝尔实验室被提出来的，1979年，在UUCP的基础上新闻组网络系统发展起来。新闻组是一个电子讨论组，它集中收集对某一主题有共同兴趣的人发表的文章。在这里，用户可以与全球的其他用户交流对某些问题的看法，分享有益的信息。新闻组按不同的讨论主题划分不同的讨论组，讨论组的名字反映了其讨论内容。新闻组的信息由新闻组服务器发送到世界各地，用户可以选择自己喜欢的新闻组的服务器来接收这些信息，并参与讨论。新闻组为世界范围内交换信息提供了一个新的方法，它是互联网发展中非常重要的一部分。微软的Outlook Express和网景的Communicator等软件曾在新闻组的发展中发挥了重要的作用，微软早期Outlook Express版本的使用界面如图1.3所示。

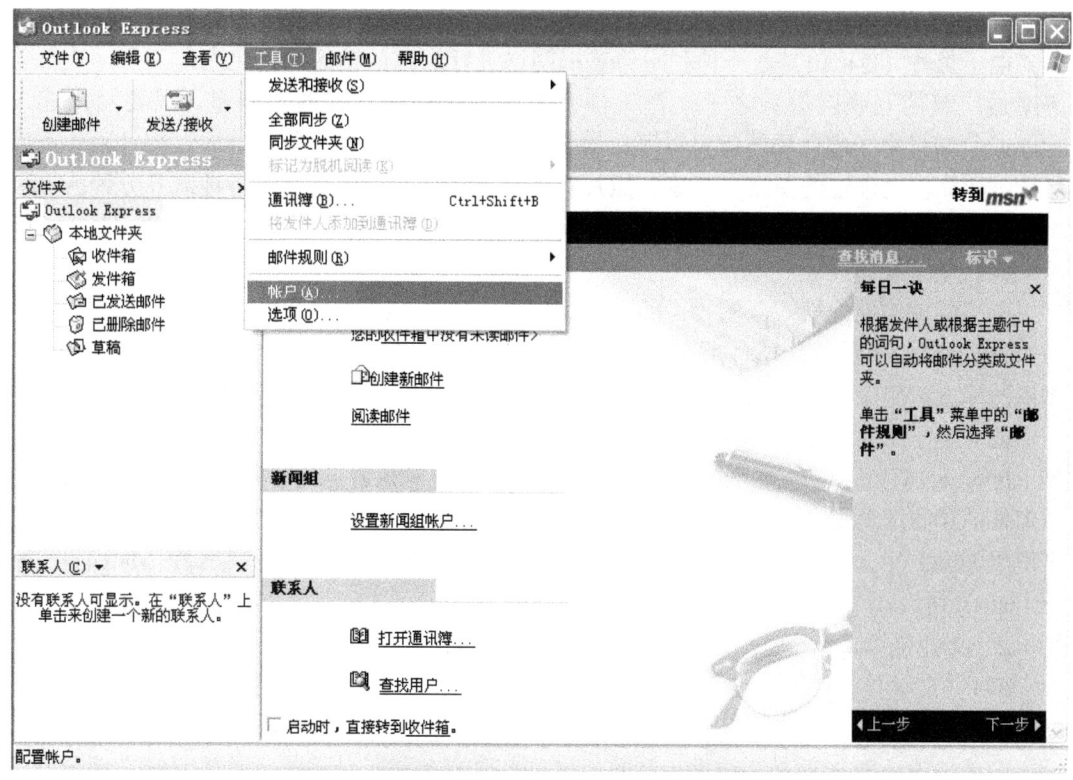

图1.3　微软早期Outlook Express版本的使用界面

ARPA网和NSF网最初分别为军事和科研服务，其主要目的是为用户提供共享大型主机的宝贵资源。随着接入主机数量的增加，越来越多的人把互联网作为通信和交流的工具。一些公司还陆续在互联网上开展了商业活动。随着互联网的商业化，互联网在通信、信息检索、客户服务等方面的巨大潜力被挖掘出来，使互联网有了质的飞跃，并最终走向全球，走进人们的生活，成为今天大家熟悉的样子。

目前，互联网在现实生活中已被广泛应用。在互联网上人们可以聊天、玩游戏、查阅东西等，同时在互联网上还可以进行广告宣传和网上购物。互联网给人们的生活带来很大的便利。在互联网上可以在数字知识库里寻找自己所需的资料，从而帮助人们的工作与学习。互联网在现实中的应用很广泛，每天有数以亿计的人使用互联网，大家用它来聊天、了解资讯、购物等，也有一些人利用互联网为自己的产品做宣传，因此也促使了一些新兴行业的诞生，如网络营销。互联网正在日益影响着我们的生活，人类的文明进程也因此而改变。

1.1.3 互联网的基本服务

互联网在拥有丰富的信息资源的同时，也提供各种各样的服务功能，其基本服务包括电子邮件（E-mail）、文件传输（FTP）、远程登录（Telnet）、万维网（World Wide Web）、聊天系统（Chat）、新闻组（Newsgroup/Usenet）和电子公告牌（BBS），以及WAIS、Archie、Veronia、Jughead等信息查询工具。

1. 电子邮件

电子邮件（E-mail）是一种利用计算机网络进行信息传输的现代化通信工具，是目前使用最广泛的互联网服务之一，每天都有大量的邮件在互联网上传递。只要用户连入Internet，通过电子邮件系统就可以写信给全球任何地方拥有电子邮箱的人，邮件附件可以是经过计算机处理过的图像、声音、照片等多种文件格式，而且在几秒钟或几分钟内，漂亮的照片、诚挚的问候、熟悉的声音就会到达亲友的电子邮箱中。

（1）电子邮件地址

电子邮件的地址格式范例为：luck@163.com，其中luck为用户名，即收信人的账号，163.com是收信人的电子邮件所在的服务器。@用于连接前后两部分，同时也成为判断电子邮件的标志，整个地址可以理解为luck在163.com网站上的电子邮箱。

（2）电子邮件协议

Internet通信需要遵循一定的协议，电子邮件的传输也遵循电子邮件协议，在Internet中邮件的接收服务器与发送服务器所运用的分别是两种不同的传输协议。通常邮件接收服务使用POP3（Post Office Protocol 3）协议；邮件发送服务使用SMTP（Simple Mail Transfer Protocol）协议。

2. 文件传输

FTP（文件传输协议）是在Internet上最早用于传输文件的一种通信协议，通常也把采用这种协议传输文件的应用程序称为FTP。

简单地说，FTP就是完成两台计算机之间的文件复制，从远程计算机复制文件至自己的计算机上，称之为"下载（download）"；而将文件从自己计算机中复制至远程计算机上，则称之为"上传（upload）"。使用FTP传输文件有两种方式：一是Web方式，即在浏览器的地址栏上直接输入FTP网站的网址来登录FTP服务器；二是软件方式，即使用专用的FTP软件来传输文件。常用的FTP下载工具有网际快车、迅雷等。

3. 远程登录

远程登录是指用户使用Telnet命令，使自己的计算机暂时成为远程主机的一个仿真终端的过程。Telnet实际上是一个远程登录协议，它是TCP/IP的一部分。Windows操作系统提供了内置的Telnet工具。用户要登录到远程计算机，必须事先知道远程计算机的域名或IP地址，并注册拥有登录名和密码，否则无权登录。有的远程主机提供公开的用户账号。

通过使用Telnet，Internet用户可以与全世界许多信息中心图书馆及其他的信息资源联系。当你完成登录接入远程计算机后，你的电脑就仿佛是远程计算机的一个终端，你就可以用自己的计算机直接操纵远程计算机，享受远程计算机本地终端同样的权力。你可以在远程计算机启动一个交互式程序,也可以检索远程计算机的某个数据库,还可以利用远程计算机强大的运算能力对某个方程式求解。远程桌面连接界面如图 1.4 所示。

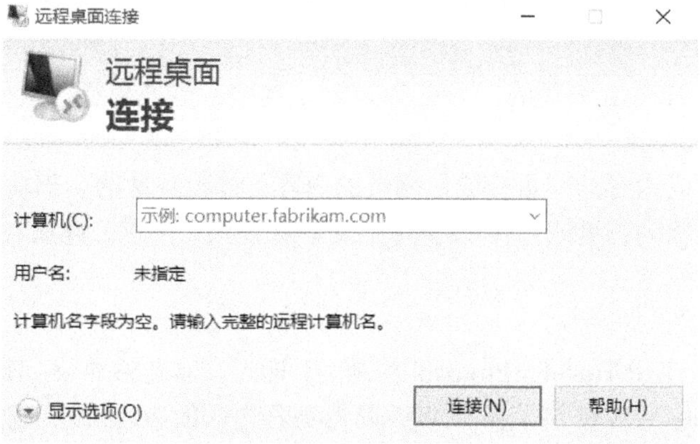

图 1.4 远程桌面连接界面

4．万维网（WWW）

万维网,即 WWW,英文全称为"World Wide Web"（简称 WWW）,万维网由欧洲核物理研究中心（CERN）研制,其目的是让全球范围的科学家利用 Internet 进行方便的通信、信息交流和信息查询。

万维网建立在客户机/服务器模型之上,包括 Web 客户端（即 WWW 浏览器）和 Web 服务器程序两部分。万维网以超文本标注语言（标准通用标记语言下的一个应用）与超文本传输协议（Hypertext Transfer Protocol）为基础,为用户提供面向 Internet 服务的、一致的用户界面的信息浏览。其中万维网服务器采用超文本链路来链接信息页,这些信息页既可放置在同一主机上,也可放置在不同地理位置的主机上,并通常被称为"资源"。这些资源由一个全局"统一资源标识符"（URL）标识。万维网客户端软件负责信息显示与向服务器发送请求。

Internet 采用超文本和超媒体的信息组织方式,将信息的链接扩展到整个 Internet 上。用户利用万维网不仅能访问到 Web Server 的信息,而且可以访问到 FTP、Telnet 等网络服务。因此,万维网已经成为 Internet 上应用最广和最有前途的访问工具,并在商业范围内日益发挥着越来越重要的作用。

了解和熟练应用万维网,必须掌握以下相关术语。

（1）超文本、超文本标记语言和超链接

超文本（HyperText）是超级文本的简称。它是用超链接的方法,将各种不同空间的文字信息组织在一起的网状文本。超文本更是一种用户界面范式,用以显示文本及与文本之间相关的内容。超文本普遍以电子文档方式存在,其中的文字包含有可以链接到其他位置或者文档的链接,允许从当前阅读位置直接切换到超文本链接所指向的位置。超文本的格式有很多,目前最常使用的是超文本标记语言及富文本格式。

超文本标记语言（HTML）是定义超文本文档结构和格式的一种语言。超链接是 WWW 上的一种链接技巧,它是内嵌在文本或图像中的。通过已定义好的关键字和图形,只要单击某个图标或某段文字,就可以自动连上相对应的其他文件。

(2) 网页、网页文件和网站

网页是网站的基本信息单位,是 WWW 的基本文档。它是用 HTML 语言编写的,由文字、图片、动画、声音等多种媒体信息及链接组成,通过链接实现与其他网页或网站的关联和跳转。

网页文件是用 HTML 编写的,可在 WWW 上传输,能被浏览器识别显示的文本文件,其扩展名是.htm 和.html。

网站由众多不同内容的网页构成,网页的内容可体现网站的全部功能。通常把进入网站首先看到的网页称为首页或主页(homepage),如新浪、网易、搜狐、腾讯就是国内比较知名的大型门户网站。

(3) HTTP 协议

HTTP 是 HyperText Transfer Protocol 的缩写,即超文本传输协议。HTTP 提供了访问超文本信息的功能,是 WWW 浏览器和 WWW 服务器之间的应用层通信协议。HTTP 协议是用于分布式协作超文本信息系统的、通用的、面向对象的协议。通过扩展命令,它可用于类似的任务,如域名服务或分布式面向对象系统。WWW 使用 HTTP 协议传输各种超文本页面和数据。HTTP 协议会话过程包括 4 个步骤。

① 建立连接:客户端的浏览器向服务端发出建立连接的请求,服务端给出响应就可以建立连接了。

② 发送请求:客户端按照协议的要求通过链接向服务端发送自己的请求。

③ 给出应答:服务端按照客户端的要求给出应答,把结果(HTML 文件)返回给客户端。

④ 关闭连接:客户端接到应答后关闭连接。

HTTP 协议是基于 TCP/IP 之上的协议,它不仅能保证正确传输超文本文档,还能确定传输文档中的哪一部分,以及哪部分内容首先显示(如文本先于图形)等。HTTP 将用户的数据,包括用户名和密码都以明文传送,具有安全隐患,容易被窃听到,对于具有敏感数据的传送,可以使用具有保密功能的 HTTPS(Hypertext Transfer Protocol Server)协议。

(4) URL

URL(统一资源定位符)是对可以从互联网上得到的资源的位置和访问方法的一种简洁的表示,是互联网上标准资源的地址。互联网上的每个文件都有一个唯一的 URL,它包含的信息指出文件的位置以及浏览器应该怎么处理它。

(5) 域名和 Internet 地址

Internet 地址又称 IP 地址,它能唯一地确定 Internet 上每台计算机、每个用户的位置。IP 地址为 4 字节长,每个字节用十进制数表示,并用圆点分隔,如 210.37.44.253。全球 IP 地址由互联网域名与地址管理机构(The Internet Corporation for Assigned Names and Numbers,ICANN)负责统一分配和管理,Internet 上的每一台主机都必须要有一个 IP 地址,而且这个地址是唯一的,不允许重复。设置主机 IP 地址界面如图 1.5 所示。

域名(Domain Name)是由一串用点分隔的名字组成的 Internet 上某一台计算机或计算机组的名称,用于在数据传输时标识计算机的电子方位(有时也指地理位置,地理上的域名,指代有行政自主权的一个地方区域)。由于 IP 地址是数字标识,使用时难以记忆和书写,因此在 IP 地址的基础上又发展出一种符号化的地址方案,来代替数字型的 IP 地址。每一个符号化的地址都与特定的 IP 地址对应,这样访问网络上的资源就容易得多了。这个远程计算机启动一个交互式程序，也可以检索远程计算机的某个数据库，还可以利用远程计算机强大的运算能力对某个方程式求解。远程桌面连接界面如图 1.4 所示。

图 1.4　远程桌面连接界面

4．万维网（WWW）

万维网，即 WWW，英文全称为"World Wide Web"（简称 WWW），万维网由欧洲核物理研究中心（CERN）研制，其目的是让全球范围的科学家利用 Internet 进行方便的通信、信息交流和信息查询。

万维网建立在客户机/服务器模型之上，包括 Web 客户端（即 WWW 浏览器）和 Web 服务器程序两部分。万维网以超文本标注语言（标准通用标记语言下的一个应用）与超文本传输协议（Hypertext Transfer Protocol）为基础，为用户提供面向 Internet 服务的、一致的用户界面的信息浏览。其中万维网服务器采用超文本链路来链接信息页，这些信息页既可放置在同一主机上，也可放置在不同地理位置的主机上，并通常被称为"资源"。这些资源由一个全局"统一资源标识符"（URL）标识。万维网客户端软件负责信息显示与向服务器发送请求。

Internet 采用超文本和超媒体的信息组织方式，将信息的链接扩展到整个 Internet 上。用户利用万维网不仅能访问到 Web Server 的信息，而且可以访问到 FTP、Telnet 等网络服务。因此，万维网已经成为 Internet 上应用最广和最有前途的访问工具，并在商业范围内日益发挥着越来越重要的作用。

了解和熟练应用万维网，必须掌握以下相关术语。

（1）超文本、超文本标记语言和超链接

超文本（HyperText）是超级文本的简称。它是用超链接的方法，将各种不同空间的文字信息组织在一起的网状文本。超文本更是一种用户界面范式，用以显示文本及与文本之间相关的内容。超文本普遍以电子文档方式存在，其中的文字包含有可以链接到其他位置或者文档的链接，允许从当前阅读位置直接切换到超文本链接所指向的位置。超文本的格式有很多，目前最常使用的是超文本标记语言及富文本格式。

超文本标记语言（HTML）是定义超文本文档结构和格式的一种语言。超链接是 WWW 上的一种链接技巧，它是内嵌在文本或图像中的。通过已定义好的关键字和图形，只要单击某个图标或某段文字，就可以自动连上相对应的其他文件。

(2）网页、网页文件和网站

网页是网站的基本信息单位，是 WWW 的基本文档。它是用 HTML 语言编写的，由文字、图片、动画、声音等多种媒体信息及链接组成，通过链接实现与其他网页或网站的关联和跳转。

网页文件是用 HTML 编写的，可在 WWW 上传输，能被浏览器识别显示的文本文件，其扩展名是.htm 和.html。

网站由众多不同内容的网页构成，网页的内容可体现网站的全部功能。通常把进入网站首先看到的网页称为首页或主页（homepage），如新浪、网易、搜狐、腾讯就是国内比较知名的大型门户网站。

（3）HTTP 协议

HTTP 是 HyperText Transfer Protocol 的缩写，即超文本传输协议。HTTP 提供了访问超文本信息的功能，是 WWW 浏览器和 WWW 服务器之间的应用层通信协议。HTTP 协议是用于分布式协作超文本信息系统的、通用的、面向对象的协议。通过扩展命令，它可用于类似的任务，如域名服务或分布式面向对象系统。WWW 使用 HTTP 协议传输各种超文本页面和数据。HTTP 协议会话过程包括 4 个步骤。

① 建立连接：客户端的浏览器向服务端发出建立连接的请求，服务端给出响应就可以建立连接了。

② 发送请求：客户端按照协议的要求通过链接向服务端发送自己的请求。

③ 给出应答：服务端按照客户端的要求给出应答，把结果（HTML 文件）返回给客户端。

④ 关闭连接：客户端接到应答后关闭连接。

HTTP 协议是基于 TCP/IP 之上的协议，它不仅能保证正确传输超文本文档，还能确定传输文档中的哪一部分，以及哪部分内容首先显示（如文本先于图形）等。HTTP 将用户的数据，包括用户名和密码都以明文传送，具有安全隐患，容易被窃听到，对于具有敏感数据的传送，可以使用具有保密功能的 HTTPS（Hypertext Transfer Protocol Server）协议。

（4）URL

URL（统一资源定位符）是对可以从互联网上得到的资源的位置和访问方法的一种简洁的表示，是互联网上标准资源的地址。互联网上的每个文件都有一个唯一的 URL，它包含的信息指出文件的位置以及浏览器应该怎么处理它。

（5）域名和 Internet 地址

Internet 地址又称 IP 地址，它能唯一地确定 Internet 上每台计算机、每个用户的位置。IP 地址为 4 字节长，每个字节用十进制数表示，并用圆点分隔，如 210.37.44.253。全球 IP 地址由互联网域名与地址管理机构（The Internet Corporation for Assigned Names and Numbers，ICANN）负责统一分配和管理，Internet 上的每一台主机都必须要有一个 IP 地址，而且这个地址是唯一的，不允许重复。设置主机 IP 地址界面如图 1.5 所示。

域名（Domain Name）是由一串用点分隔的名字组成的 Internet 上某一台计算机或计算机组的名称，用于在数据传输时标识计算机的电子方位（有时也指地理位置，地理上的域名，指代有行政自主权的一个地方区域）。由于 IP 地址是数字标识，使用时难以记忆和书写，因此在 IP 地址的基础上又发展出一种符号化的地址方案，来代替数字型的 IP 地址。每一个符号化的地址都与特定的 IP 地址对应，这样访问网络上的资源就容易得多了。这个与数字型 IP 地址相对应的符号化地址，就被称为域名。在网络上，每一个注册的域名都是独一无二、不可重复的，因此域名是一种相对有限的资源。

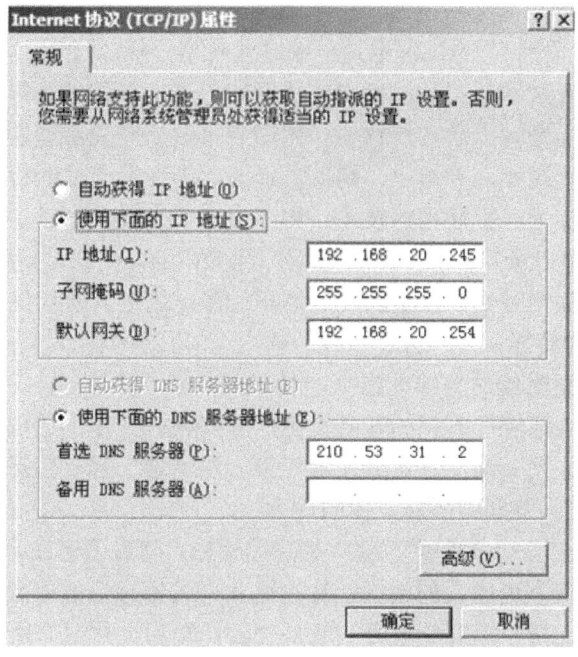

图 1.5　设置主机 IP 地址界面

域名分顶级域名和二、三级域名。一般最右边的那个词称为顶级域名。下面是常见的顶级域名及其用法。

一是国家顶级域名（National Top-level Domain names，简称 nTLDs），200 多个国家都按照 ISO3166 国家代码分配了顶级域名，例如，中国是 cn，美国是 us，日本是 jp 等。

二是国际顶级域名（International Top-level Domain names，简称 iTDs），例如，表示工商企业的.com.top，表示网络提供商的.net，表示非营利性组织的.org，表示教育的.edu，以及没有限制的中性域名.xyz 等。

1.1.4　"互联网+"战略

2015 年第十二届全国人民代表大会第三次会议，国务院总理李克强在政府工作报告中首次提出"互联网+"行动计划。政府工作报告指出："制定'互联网+'行动计划，推动移动互联网、云计算、大数据、物联网等与现代制造业结合，促进电子商务、工业互联网和互联网金融健康发展，引导互联网企业拓展国际市场。"

"互联网+"是在中国社会特定的发展阶段被提出的。近年来，随着我国通信网络的进步，互联网、智能手机、智能芯片在社会中被广泛使用，为"互联网+"奠定了基础。

阿里巴巴研究院发表《互联网+研究报告》认为："互联网+"就是以互联网为主的一整套信息技术（包括移动互联网、云计算、大数据技术等）在经济、社会生活各部门的扩散、应用过程。"互联网+"在内涵上区别于传统意义上的信息化，它重新定义了信息化。传统意义的信息化没有释放出信息和数据的流动性，而互联网作为信息处理成本最低的基础设施，其开放、平等、透明等特性将使信息和数据转化成巨大生产力，成为社会财富增长的新源泉。

"互联网+"的前提是互联网作为一种基础设施的广泛安装，其本质是传统产业的在线化、数据化，因此"互联网+"的过程也是传统产业转型升级的过程。在企业价值链层面上，表现为一个个环节的互联网化：从消费者在线开始，到广告营销、零售，到批发和分销，再到生产制造，一直追溯到上游的原材料和生产装备。从产业层面看，表现为一个个产业的互联网化：从广告传媒业、零售业，到批发市场，再到生产制造和原材料。

可以说，互联网作为一种通用的技术，和100年前的电力技术，200年前的蒸汽机技术一样，将对人类经济社会产生巨大、深远而广泛的影响。因此，"互联网+"是一种趋势，互联网未来（即后互联网时代）将全面发展信息经济，这是后现代世界的主流经济形式。

1. "互联网+"的特征

（1）"互联网+"新时代的基础设施

区别于传统"工业经济"时代的基础设施，"互联网+"作为"信息经济"时代的基础设施，主要包括"云、网、端"三部分，而"云、网、端"等新信息基础设施的水平，将决定"互联网+"在社会发展中所能发挥的动力。

① 云。云指的是"云计算和大数据"等基础设施。随着信息社会的不断发展，商业数据呈指数式增长，如何利用庞大的数据，特别是从中发掘有价值的数据，以及高效地利用数据对商业决策做出支持，提升竞争力，就是"云计算和大数据"所承担的职责。

云计算和大数据的利用，有效地提升了经济社会的发展水平。首先，"云"基础设施提升了计算资源的专业化水平，提高了企业的生产效率，提高了政府的政务处理效率和社会治理能力，降低了成本投入；其次，"云"基础设施的发展带动了"网"（物联网、移动互联网技术等）产业和"端"（移动设备和软件等）产业的发展，使得"云、网、端"形成了联动机制；最后，"云"基础设施的发展加速了传统企业的信息化、互联网化进程，促进了传统企业的转型发展。

目前国外在"云"基础设施建设上具有代表性的企业是谷歌和亚马逊等。国内具有代表性的是"阿里云"等。

② 网。网指的是"物联网、移动互联网和传统互联网"等基础设施。随着计算机和信息技术的发展，以及"云计算和大数据"的支撑，以互联网为代表的网络技术出现了质的飞跃。无论是在传输速率、资费和方式上都得到了极大地提升和改变。

传统互联网实现了人与人之间的信息交换，而物联网则实现了任何物体之间的信息交换。物联网的概念，最早在1999年，由美国麻省理工学院提出。2010年，中国工程院将物联网界定为：在物理世界的实体中部署具有一定感知能力、计算能力和执行能力的各种信息传感设备，通过网络设施实现信息传输、协同和处理，从而实现广域或大范围的人与物、物与物之间信息交换需求的互连。它要经历的几个关键环节是"感知、传输、处理"，并在实现过程中需要依赖于多种信息获取技术，包括传感器、RFID、二维码、多媒体采集技术等。物联网中的"物"具有身份标识、物理属性和智能接口，是未来互联网构成的主要部分。

互联网数据中心（IDC）的分析师认为，物联网生态系统包括智能嵌入式系统出货情况、接入服务、基础设施、专用物联网平台、应用、安全、分析和专业服务等。而随着物联网市场的快速发展，预计全球物联网解决方案市场规模到2020年将达到71亿美元，全球物联网装机量到 2020 年将增长到 2120 亿台。

国内物联网应用的重点领域包括智能电网、智能交通、智能物流、智能家居、环境与安全检测、工业与自动化控制、医疗健康、精细农牧业、金融与服务业、国防军事十大领域。

移动互联网以"无处不在的网络,无所不能的业务"的思想,正改变着人们的生产和生活。目前,类似在 Facebook、Twitter 等社交媒体的用户中,移动用户数均超过半数之多。

所谓移动互联网,是指将移动通信和互联网结合起来,它包括移动终端、移动网络和应用服务 3 个要素。一方面,移动互联网是传统互联网和移动通信网络的融合。移动用户利用智能手机、平板电脑等移动终端,通过 2G、3G、4G、WLAN 等移动通信网络访问互联网。另一方面,基于移动互联网和移动终端开发的移动应用软件实现并满足了用户的个性化、便捷性和基于位置的服务需求。

"未来的互联网将以无线接入为主,有线互联网将只是互联网的一部分。"我国拥有世界最多的移动互联网用户,是全球最大的移动互联网市场,这为移动互联网的发展提供了坚实的基础。早在 2013 年,《中国移动互联网发展报告》就指出,中国互联网业务移动化迁移已经全面展开,并将引领发展新潮流。

③ 端。端指的是"个人电脑、移动终端、传感器"等基础设施。随着信息技术的发展,端的形式和种类不断丰富,功能也日益强大,如可穿戴设备、软件形式存在的各种应用。端是用户获取信息和服务的重要基础设施,端的技术水平、性能和质量,将直接影响服务提供的效率和效果。

目前,智能终端和 App 应用软件是在云计算、移动互联网之下发展最为迅速的用户设备和应用。智能终端是一类嵌入计算机系统设备,一般指具备开放操作系统,能够灵活安装、卸载各种应用程序和数字内容的终端设备。其特点是具有移动高速数据接入能力和开放的操作系统架构。常见的智能终端产品形态主要包括智能手机和平板电脑。目前,中国是全球智能终端发展最为快速的国家之一。2012 年智能手机出货量为 2.58 亿部,占全球手机出货量的比例超过三分之一;2013 年达到 4.23 亿部,占全球手机出货量的比例近一半;2016 年我国国产品牌出货量总和更是达到了 6.29 亿部,并超越了三星加苹果之和的 5.19 亿部。

App,即 Application,一般指智能手机(也包括平板电脑等其他移动智能设备)的第三方应用程序,即可以在智能手机上安装运行的第三方开发的应用程序。目前全球主要的 App 应用商店有苹果的 App Store,谷歌的 Google Play Store,黑莓的 BlackBerry App World 和微软的 Marketplace 等。

随着智能终端和移动网络的快速发展,移动互联网的内容服务形式逐渐从以门户网站为主导的网页向 App 应用程序转变,App 应用迎来了井喷式发展。2013 年年底,苹果 App Store 在线手机 App 数量已经超过 100 万个,累计下载量超过 500 亿次,并已向开发者支付了超过 130 亿美元。据 Gartner 的统计数据显示,2014 年全球手机 App 下载量约为 1300 亿次左右,超过以往 5 年下载量之和。据应用数据分析公司 App Annie 公布的 2016 年 App 下载情况的报告显示,2016 年 Play Store 和 App Store 的全球应用收入突破了 350 亿美元,App Store 占了该收入的大部分。iOS 应用商店的收入在 2016 年增长了近 50%,而 Play Store 的收入增长了 40%。App Annie 公布的 2014—2016 年全球 App 下载情况如图 1.6 所示。

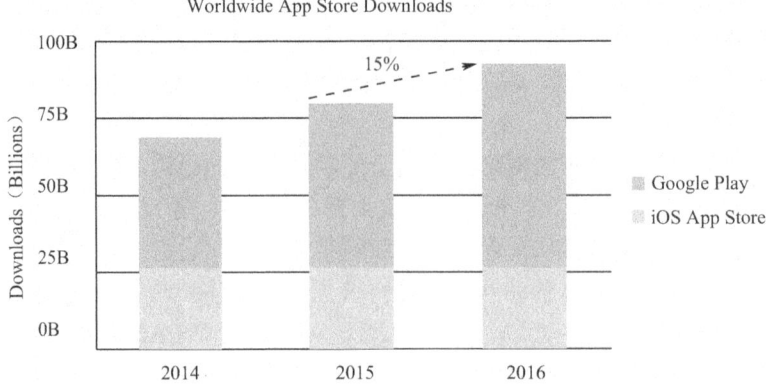

图 1.6　App Annie 公布的 2014—2016 年全球 App 下载情况

另外,我国对 App 应用收入贡献巨大。在 2016 年第四季度,中国区 App Store 的收入为 20 亿美元,高于 2016 年第三季度的 17 亿美元。全球 iOS App 下载量增长,中国市场贡献了近 80%,iOS App 市场贡献 Top3 如图 1.7 所示。

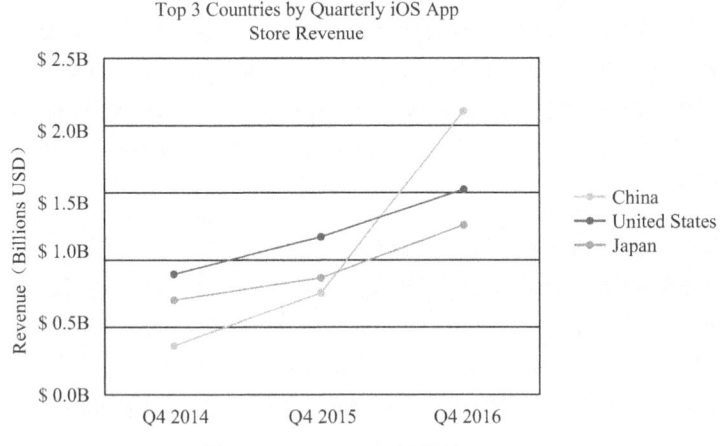

图 1.7　iOS App 市场贡献 Top 3

随着中国越来越多的人使用智能手机,对于 App 的需求也越来越多,不管是安卓系统还是 iOS 系统的应用,中国对其的市场贡献都在全球排第一。App 正改变着中国,改变着世界。

(2)"互联网+"时代新的生产要素

"互联网+"最重要的生产要素不再是传统的土地、石油、煤炭等生产资源,而是信息(数据)。人类社会的各项活动与信息(数据)的创造、传输和使用直接相关。信息技术的不断突破,都在逐渐打破信息(数据)与其他要素的紧耦合关系,增强其流动性,以此提升使用范围和价值,最终提高经济、社会的运行效率。

信息(数据)成为独立的生产要素,历经了近半个世纪的信息化过程,信息技术超常规速度的发展,促成了信息(数据)量和处理能力的爆发性增长,人类经济社会也进入了"大数据时代"。

信息(数据)除作为必要成分驱动业务外(如金融交易数据、电子商务交易数据),数据产品的开发(通过数据用途的扩展创造新的价值,如精准网络广告)更是为获取数据而创造财富开辟了新的通道。经济领域海量的数据积累与交换、分析与运用，产生了前所未有的知识和价值，极大地促进了生产效率的提高，为充分挖掘数据要素的价值提供了超乎寻常的力量。

（3）"互联网+"时代新的分工体系

信息基础设施建设速度加快和能力提升，加速了信息（数据）要素在各产业部门中的渗透，直接促进了产品生产和交易成本的显著降低，从而深刻影响着经济形态的发展。信息技术革命为分工协同提供了必要、廉价、高效的信息工具，也改变了消费者接收信息的能力，其角色、行为和力量正在发生根本变化：从孤陋寡闻到见多识广，从分散孤立到群体互动，从被动接受到积极参与，消费者潜在的多样性需求被激发出来，市场环境正在发生重大变革。以企业为中心的产消格局，逐渐转变为以消费者为中心的全新格局。企业以客户为导向、以需求为核心的经营策略迫使企业组织形式发生相应改变。新型的分工协同形式开始涌现，形成大规模社会化协同分工体系。

① "小而美"是企业常态。企业为了节约信息成本，交易费用降低使外包等方式更为便捷，企业不必维持庞大臃肿的组织结构，同时低效、冗余的价值链环节将消亡，而新的高效率价值环节兴起，组织的边界收缩，小企业成为主流。

② 生产与消费更加融合。信息（数据）作为一种柔性资源，缩短了迂回、低效的生产链条，促进了C2B方式的兴起，生产与消费将更加融合。

③ 实时协同是主流。随着技术手段的提升、信息（数据）开放和流动的加速，以及相应带来的生产流程和组织变革，生产样式已经从"工业经济"的典型线性控制，转变为"信息经济"的实时协同。

④ 就业途径更多样。信息技术为灵活的工作方式提供了可能，就业形势趋向多样化。在"信息经济"条件下，由于沟通、协作门槛的降低，评价和信用制度的完善，专业技能的价值进一步凸显，个人能力可以得到充分发挥，就业的灵活性进一步提高。年青一代使用网络，利用外包方式，可以充分安排自己的时间和工作的地点，为多家企业提供服务，比如翻译、设计、客户服务等工作。企业的雇佣方式和组织形式、人们的就业方式和收入结构，都将出现改变。

综上所述，新信息基础设施（云、网、端）、新生产要素（大数据）、新分工体系（大规模、社会化的全新分工形态）为"互联网+"能量的释放提供了不竭动力，体现了"信息技术革命和制度创新"推动"生产率跃升"的强劲力道。"互联网+"行动，将以夯实新信息基础设施、提升原有工农业基础设施、创新互联网经济、渗透传统产业为指向，为中国经济实现转型与增长开辟新路。

2. "互联网+"与传统产业的融合

（1）"互联网+制造业"

"互联网+制造业"实现了传统制造业的柔性化生产，加速了企业生产效率。互联网大大削减了产销之间的信息不对称，加速了生产端与市场需求端的紧密连接，并催生出一套新的商业模式——C2B模式，即消费者驱动的商业模式。C2B模式要求生产制造系统具备高度柔性化、个性化，以及快速响应市场等特性。这与传统B2C商业模式下的标准化、大批量、刚性缓慢的生产模式完全不同。销售方式决定生产方式。在大众营销、大批量分销订货、同质性消费的模式下，不可能产生柔性化生产的需求。而互联网确实释放了消费者的个性化消费，也催生了新的销售模式和生产方式。目前，在淘宝网上，"多品种、小批量、快翻新"正在逐步成为主流。以服装业为例,在消费端,淘宝网上固然有一些单品销售数过万件的服装,但另一方面长尾效应也越来越显著,一款女装销售百余件,在淘宝网上就是一个很普遍的现实。这意味着,企业生产体系必须适应"多品种、小批量"的要求,才能"接得住"蓬勃的个性化需求。

下面共创供应链创新柔性化生产的案例就是典型的"互联网+制造业"案例。

广东东莞共创供应链成立于2013年,是专门瞄准服装电商"小多快、柔性"需求而设立的柔性供应链服务商,目前服务于天猫商城服装类TOP商家。共创供应链为适应服装电商"小多快"的需求变化,以数据全流程贯通和共享为基础,通过IT系统、管理方法(TPS和TOC)、设备(柔性化设备)、技术(互联网、大数据技术)和人(多能工)五个要素对生产线、生产模式进行了彻底的改造,实现了"可大可小"的真正柔性化生产。

一个典型的应用场景是:品牌商每周上新100多款商品,首单都是50~100件的小批量来测试市场;通过淘宝网的平台上消费者的点击、收藏、购物车数据,品牌商就可对消费偏好和销售数据进行精准的预测,这些数据实时传递给生产车间;通过建立工厂与品牌商之间的动态补货ERP系统—生产系统,工厂就可以根据销售和库存情况,进行物料和产能准备;当出现热销款、爆款的时候,车间快速翻单,多频次小批量补货。如此可以让品牌商最大限度地把握销售机会,延长每一个单品的生命周期,同时保持最小库存水平。为客户创造价值的同时,共创也证明了在TPS和TOC等先进管理思维的指导下,结合电商大数据的天然优势,即使传统行业的制造企业也可以获得良好盈利。目前共创人均劳动生产率是同行业的3倍,企业净利润是同行业的4~5倍。

(2)"互联网+零售业"

互联网与零售业的结合促进了电子商务大市场的形成,释放了庞大的内需消费潜力,并推动我国流通业在覆盖地理范围、覆盖人群上的跨越式发展。同时,得益于交易技术和商业模式的革命,流通业的效率和水平得到明显提升。

互联网天然具有跨地域、无边界特性,架构在互联网之上的电子商务也具有跨地域、分布式、在线协同的特点。当线下各省市区域资源分割严重的局面无法短时间改变的时候,互联网通过其"距离无关"的天然属性,将全国不同区域间巨大的制度与政策落差瞬间缩小,形成了全国统一的大市场。这里的"统一"是指统一的准入条件、交易规则、信用制度、IT 服务、金融及物流体系等。基于互联网的全国统一大市场形成使得我国独具优势的"大国效应"显现。这意味着,中国仅仅依靠其国内市场就可以实现产业的不断升级。

(3)"互联网+批发业"

当传统批发市场遇上"互联网+"就催生了产业集群新型业态。产业集群是传统产业带和专业市场在互联网上联网的一种映射和延伸。它汇集生产厂家、渠道商、在线商家、消费者、政府、第三方服务商等多种角色,可以帮助卖家提升竞争力,也可以帮助买家直达原产地优质货源,从而降低整体成本。

随着改革开放的深入,产业集群从民间层面走进政府视野,逐渐发展出所谓"一县一品"、"一乡一品"或"一镇一品"的地方特色。继而,核心产业的集聚推动了上下游关联产业的发展,也带动了第三产业的发展。

2012年9月,阿里巴巴利用其电子商务平台优势,联合地方政府、市场方、运营商、服务商、产业基地和专业市场等,通过线上线下相结合的模式,协助当地政府搭建本地特色化的电子商务平台，量身定制个性化站点，推出阿里巴巴中国产业带，打造地方产业特色和优势，全方位扶持地方产业电子商务的发展，帮助地方企业创造更好的电子商务环境和条件。

下面打造线上特色产业集群——"童装名镇"织里童装产业带的案例就是典型的"互联网+批发业"案例。

2012年10月9日，阿里巴巴与浙江湖州的"童装名镇"织里镇达成合作意向，双方共同打造"中国童装产业示范基地"。织里产业带上线短短2个月，核心供应商数就翻了一番，在线交易额实现了302%的增长。目前，织里镇上汇集了1.3万家童装生产企业、7000余家童装电商企业。仅2017年，织里童装的线上销售额已突破70亿。在童装交易上，织里童装销售额超过了广东全省在阿里巴巴上的童装交易额，带动了整个织里童装批发业务向线上发展。

阿里巴巴在带动地方经济转型发展，打造地方特色产业方面发挥了重要作用。阿里巴巴在线产业带的出现，既是阿里巴巴自身资源的整合和拓展，又是我国电商经济发展大势所趋的综合体现。未来产业化电商将成为新经济时代的又一发展主体。

（4）"互联网+农业"

互联网大大降低了个人应用信息技术与使用工具的门槛，使信息和知识的获取平等而便捷，从而赋予个人和企业更大的商业能量与自由。因此，互联网与传统农业的结合迸发出了前所未有的巨大能量。互联网带来的新技术赋能，不仅改变了农产品流通模式，催生了农产品电子商务的繁荣，同时也促成了"互联网+农业"的诞生。

"互联网+农业"推动了农产品电子商务的发展，目前农产品电子商务呈现出新的趋势。

① 以电子商务为载体的原产地农产品直销成为热点。原产地农产品直销，以互联网为交易平台，将农产品从原产地直接发货到消费者所在地，克服了传统流通模式流通环节繁琐、流通效率低、损耗严重的缺点，也建立起了消费者与生产者互动的平台，促进了信息对称。

② 进口农产品成农产品电商新热点。国家统计局数据显示，近5年来，中国进口食品平均每年的增长速度在15%左右。在电子商务背景下，进口农产品开始大规模进入寻常百姓家，泰国、澳大利亚、韩国、英国、意大利、西班牙等国家驻华机构纷纷与国内电商平台达成合作，越来越多的进口食品将从线上渠道进入中国。

③ 生鲜农产品电子商务快速发展。今年来，生鲜农产品电子商务迎来爆发式增长。在国内主流电商平台上，生鲜相关类目（水产肉类/新鲜蔬果/熟食）销售呈加速增长态势。

④ 农产品预售模式渐热。以销定产的C2B预售模式显示出了优越性，基于电子商务的预售模式汇聚了各地的原产地农产品，并通过网络预售定制模式减少农产品中间环节。

（5）"互联网+金融"

"互联网+金融"酝酿出了近年来炙手可热的互联网金融。以2011年央行发放第三方支付牌照为标志，第三方支付机构进入规范发展的轨道。

2013年至今，互联网金融快速发展。P2P网络借贷平台、网络众筹等新型业态起步，第一家专业网络保险公司获批，"互联网+金融"的基础设施和行业形态明显迈上台阶。

互联网技术渗透积累的海量用户和金融行业的结合发展造就了互联网金融快速崛起的奇迹，冲击着传统金融业。随着互联网技术终端的日益普及，让金融民主化渗透到每个人的生活中，成为未来金融业发展的趋势。

1.2 电子商务的起源与发展

1.2.1 什么是电子商务

电子商务是一个随着互联网的发展而发展起来的新领域、新应用，最早起源于美国。经过二十几年的发展，电子商务给整个人类社会带来了颠覆性的影响，几乎各行各业都受到了电子商务的冲击。了解什么是电子商务是我们走进电子商务世界的起点。

1. 电子商务的概念

目前全球对于电子商务的解释并没有一个统一并且权威的定义，在一般情况下，我们认为凡是通过网络（不局限于互联网）以电子化手段进行的交易和相关服务等经营活动都可以界定为电子商务。电子商务是一种现代商业模式，是传统商业活动各环节的电子化和网络化。理解电子商务应把握"电子是手段，商务是核心"这一思想。

电子商务源于企业实践，如企业在网上推广和销售商品、企业通过网络提供客户服务、企业通过网络收集市场信息等均是电子商务活动。可以说电子商务把企业一切经营管理活动迁移到了网络，为此惠普公司也将电子商务界定为一个跨时域、跨地域的电子化世界，（E-world=Electronic Commerce+Electronic Business+Electronic Consumer）。如图 1.8 所示展示了电子商务的交易主体，从中我们可以比较直观地理解电子商务的概念。

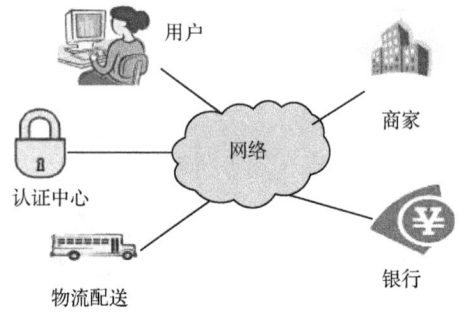

图 1.8　电子商务交易主体

2. 电子商务主要功能

电子商务可提供网上交易和管理等全过程的服务，因此它具有广告宣传、咨询洽谈、网上订购、网上支付、电子账户、服务传递、意见征询、交易管理等各项功能。

① 广告宣传。电子商务可凭借企业的 Web 服务器和客户的网页浏览，在 Internet 上传播各类商业信息。客户可借助网上的检索工具（Search）迅速地找到所需商品信息，而商家可利用网上主页（Home Page）和电子邮件（E-mail）在全球范围内做广告宣传。与以往的各类广告相比，网上的广告成本最为低廉，而给顾客的信息量却最为丰富。

② 咨询洽谈。电子商务可借助非实时的电子邮件（E-mail）、新闻组（News Group）和实时的讨论组（Chat）来了解市场和商品信息、洽谈交易事务，如有进一步的需求，还

可用网上的白板会议来交流即时的图形信息。网上的咨询和洽谈能超越人们面对面洽谈的限制，提供多种方便的异地交谈形式。

③ 网上订购。电子商务可借助 Web 中的邮件交互传送，实现网上的订购。网上的订购通常都是在产品介绍页面上提供清晰的订购提示信息和订购交互格式框。当客户填完订购单后，通常系统会回复确认信息单来保证订购信息的收悉。订购信息也可采用加密的方式使客户和商家的商业信息不会泄漏。

④ 网上支付。电子商务要完成一个完整的交易过程，网上支付是重要的环节。客户和商家之间可采用信用卡、电子现金、第三方支付等多种途径进行支付。在网上直接采用电子支付手段将可省略交易中很多人员的开销。网上支付将需要更为可靠的信息传输安全途径以防止欺骗、窃听、冒用等非法行为。

⑤ 电子账户。网上的支付必须要有电子金融来支持，即银行或信用卡公司及保险公司等金融单位要为金融服务提供网上操作的服务。而电子账户管理是其基本的组成部分。

信用卡号或银行账号都是电子账户的一种标志，而其可信度需配以必要技术措施来保证。如数字证书、数字签名、加密等手段的应用保证了电子账户操作的安全性。

⑥ 服务传递。对于已付款的客户电子商务应将其订购的货物尽快地传递到他们的手中，而有些货物在本地，有些货物在异地，可通过电子邮件在网络中进行物流的调配。而最适合在网上直接传递的是信息产品，如软件、电子读物等。它能直接从电子仓库中将货物发到用户端。

⑦ 意见征询。电子商务能十分方便地采用网页上的"选择""填空"等不同形式的文件来收集用户对销售服务的反馈意见。这样使企业的市场运营能形成一个封闭的回路。客户的反馈意见不仅能提高售后服务的水平，还可使企业获得改进产品、发现市场的商业机会。

⑧ 交易管理。整个交易管理的过程将涉及人、财、物多个方面，企业和企业、企业和客户及企业内部等各方面的协调和管理。因此，交易管理是涉及商务活动全过程的管理。

3. 电子商务的特点

（1）以现代信息技术服务作为支撑体系

现代社会对信息技术的依赖程度越来越高，现代信息技术服务业已经成为电子商务的技术支撑体系。电子商务的进行需要依靠技术服务，即电子商务的实施要依靠国际互联网、企业内部网络等计算机网络技术来完成信息的交流和传输，这就需要计算机硬件与软件技术的支持。

电子商务的完善也要依靠技术服务。企业只有对电子商务所对应的软件和信息处理程序不断优化，才能更加适应市场的需要。在这个动态的发展过程中，信息技术服务成为电子商务发展完善的强有力支撑。

（2）以电子虚拟市场为运作空间

电子虚拟市场是指商务活动中的生产者、中间商和消费者在某种程度上以数字方式进行交互式商业活动的市场。电子虚拟市场从广义上来讲就是电子商务的运作空间。近年来，西方学者给电子商务运作空间赋予了一个新的名词"Market Space"（市场空间或虚拟市场），在这种空间中，生产者、中间商与消费者用数字方式进行交互式的商业活动，创造数字化经济。电子虚拟市场将市场经营主体、市场经营客体和市场经营活动的实现形式，全部或一部分地进行电子化、数字化或虚拟化。

(3) 以全球市场为市场范围

电子商务的市场范围超越了传统意义上的市场范围，不再具有国内市场与国际市场之间的明显标志。其重要的技术基础——国际互联网，就是遍布全球的，因此世界正在形成虚拟的电子社区和电子社会，需求将在这样的虚拟的电子社会中形成。同时，个人将可以跨越国界进行交易，使得国际贸易进一步多样化。从企业的经营管理角度看，国际互联网为企业提供了全球范围的商务空间，跨越时空，组织世界各地不同的人员参与同一项目的运作，或者向全世界消费者展示并销售刚刚诞生的产品已经成为企业现实的选择。

(4) 以全球消费者为服务范围

电子商务的渗透范围包括全社会的参与，其参与者已不仅仅限于提供高科技产品的公司，如软件公司、娱乐和信息产业的工商企业等。当今信息时代，电子商务数字化的革命将影响到我们每一个人，并改变着人们的消费习惯与工作方式。它提出的"高新与传统相结合"的运作方式，生产消费管理结构的虚拟化的深入，世界经济的发展进入"创新中心、营运中心、加工中心、配送中心、结算中心"的分工，随之而来的发展是人们的数字化生存，因此电子商务实际是一种新的生产与生活方式。今天网络消费者已经实现了跨越时空界限，在更大的范围内购物，不用离开家或办公室，人们就可以通过网络获取新闻与信息，了解天下大事，并且可以购买到从日常用品到书籍、保险等一切商品或服务。

(5) 以迅速、互动的信息反馈方式为高效运营提供保证

通过电子信箱、FTP、网站等媒介，电子商务中的信息传递告别了以往迟缓、单向的特点，迈出了通向信息时代、网络时代的重要步伐。在这样的情形下，原有的商业销售与消费模式正在发生变化。由于任何国家的机构或个人都可以浏览到网上企业的网址，并随时可以进行信息反馈与沟通，因此国际互联网为工商企业从事电子商务的高效运营提供了国际舞台。

(6) 以新的商务规则为安全提供保证

由于结算中的信用瓶颈始终是电子商务发展进程中的障碍性问题，参与交易的双方、金融机构都应当维护电子商务的安全、通畅与便利，制订合适的"游戏规则"就成了十分重要的内容，这涉及各方之间的协议与基础设施的配合，以保证资金与商品的安全转移。

1.2.2 电子商务发展历程

1. 世界电子商务发展历程

自从互联网诞生以来，越来越多的企业"触网"，随着技术的进步和时代的发展，全球电子商务发展大致经过了以下几个阶段。

第一阶段，黄页型，互联网提供企业或产品黄页，取代了传统的传播介质，与之相比，它的优势在于使用方便，内容新、多，传播范围广，获得成本低，直到现在，这种服务依然受到市场的欢迎，生命力极强。马云在 1995 年创建的中国黄页的网页截图及马云和团队合影如图 1.9 所示。

第二阶段，广告型，取代了传统的企业介绍画册，增加了多媒体内容，信息量更大，相当于一个广告，同时为企业和消费者建立了平等沟通的渠道。由于成本低廉，受到更多小企业的欢迎，拉近了小企业和消费者的距离，降低了小企业和大企业竞争的资本。目前，仍有一些专门广告型网站，如中华广告网。同时，值得注意的是，即使在电子商务技术十

分发达的今天，网络广告仍是大多数的互联网企业主要的盈利模式，如我们熟悉的 BAT（百度、阿里巴巴、腾讯）三巨头也是如此。中华广告网的 Logo 如图 1.10 所示。

图 1.9　马云的中国黄页（左）马云和团队合影（右）

图 1.10　中华广告网的 Logo

第三阶段，销售型，取代传统的销售方式。一些适合在网上销售的产品开始向互联网转移，主要是出于减少流通环节和降低经营成本的考虑，同时因为互联网具有其他销售方式不可比拟的优势，集成了前两个阶段的功能，消费者和企业都更加乐意接受。最先采纳这种销售方式的是原有的邮购商品，它大大降低了经营成本，使之成为最快获利的商业网站。当前国内互联网企业主要处于这个发展阶段，如 B2C、C2C、B2B 等。美国不少计算机公司在网络销售的初期，都曾经受到经销商的抵触，如 Dell、Cisco、HP 等，可是现在经销商从网络销售中也获得了经济利益。Dell 是较早开展线上销售的电子商务企业。早期在线销售型网站品牌标志，如图 1.11 所示。

图 1.11　早期在线销售型网站品牌标志

第四阶段，整合型，前面几个阶段着重于外向型商务平台，其实内部电子商务从简单的计算机文字处理时代就已经存在了，财务管理、库存管理、人事管理、决策管理等企业应用层软件一直没有停止过网络化。随着服务器系统管理软件功能的增多，为了节约成本，越来越多的企业采用了整合型的方案，从产品销售、招聘、招商引资、企业宣传、售后服务、技术支持、合作意向等信息，凡是可以公开的信息，都公布在网站上，消费者、员工、经销商、零售商、供应商、管理者，根据不同的角色和权限，可以浏览各种相关信息，进行各种各样的活动，如咨询、采购、面试、组织会议、发布消息、采访等，只需要登录一台服务器就可以完成。

第五阶段，在线生产、在线消费，其实这种方式现在已经存在，只不过它仅仅存在一些特殊商品上，被人们忽略罢了。如软件、多媒体应用，又如电视、广播、电子图书、远程教育、远程医疗、咨询、报关、交税、金融业务等，这是电子商务化程度最高的形式。也是电子商务网站最快开始盈利的模式，只不过由于一些技术性问题阻碍了它的发展，如版权、网速、网络安全、信用等，所以我们必须尽快过渡到这种盈利模式。也许有的企业认为，我是种水稻的，怎么可能POCO呢？这实际上是长期以来受实物经济束缚的结果，一直以来企业通过实物的形式实现价值，实物销售在企业获得的利润中占很大比重，但是在新经济条件下，高附加价值的产品越来越多，产品本身的作用越来越淡化。同样一个汉堡，在麦当劳就可以卖9元，在其他地方只能卖6元，关键在于产品包含的附加价值不一样。销售水稻从表面上看是销售一种粮食，聪明的企业会选择销售健康、销售环保，消费者通过网络接收到企业想传播的信息，了解了他们的产品，购买产品实际就购买了健康和环保，企业的价值也就实现了。

2．中国电子商务发展历程

中国电子商务的发展经历了以下4个阶段。

（1）1999—2002年萌芽阶段

在这个阶段，中国的网民数量相比今天实在是少得可怜，根据2000年6月公布的统计数据，中国网民仅有1 000万。而且在这个阶段，网民的网络生活方式还仅仅停留于电子邮件和新闻浏览的阶段。网民未成熟，市场未成熟，以8848为代表的B2C电子商务站点是当时最闪耀的亮点。可惜8848最终逝去，萌芽期的电子商务环境里没有留下几家电子商务平台，只是孕育了一批初级的网民。这个阶段要发展电子商务难度相当大。8848网站Logo如图1.12所示。

图1.12 8848网站Logo

（2）2003—2006年高速增长阶段

当当网、卓越、阿里巴巴、慧聪网、全球采购、淘宝网，这几个响当当的名字成了互联网行业里的热点。这些生在网络长在网络的企业，在短短的数年内崛起，和网游、SP企业等一起加入了整个通信和网络世界。以前程无忧网络招聘为例，这个以专门发行招聘报纸的企业，2003年年初的时候还是投放报纸广告赠送网络招聘会员，到今天已经变成了投放网络招聘广告赠送报纸招聘广告，可见变化之巨大（这个例子说明网络应用的发展对传统业务的影响深远）。

电子商务在这个阶段有三大变化。

第一个变化：大批的网民逐步接受了网络购物的生活方式，而且网购规模还在高速地扩张。

第二个变化：众多的中小型企业从B2B电子商务中获得了订单，获得了销售机会，"网商"的概念深入商家之心。

第三个变化：电子商务基础环境不断成熟，物流、支付、诚信等瓶颈问题基本得到解决。在B2B、B2C、C2C领域里，都有不少的网络商家迅速的成长，积累了大量的电子商务运营管理经验和资金。

（3）2007—2010年纵深发展阶段

这个阶段最明显的特征就是，电子商务已经不仅仅是互联网企业的天下。数不清的传统企业和资金流入电子商务领域，使得电子商务世界变得异彩纷呈。

阿里巴巴、网盛上市标志着 B2B 领域的发展步入了规范、稳步发展的阶段。淘宝的战略调整、百度的试水意味着 C2C 市场将在高速发展的同时不断地优化和细分市场。PPG、红孩子、京东的火爆，不仅引爆了整个 B2C 领域，也让众多传统商家按捺不住纷纷跟进。

在这个阶段，中国的电子商务发展将达到新的高度。虽然还不至于会颠覆人们的生活习惯，但给人们呈现了一个现实社会与虚拟社会不断融合发展的趋势。

（4）2011 年至今，电子商务融合期

2011 年 1 月，腾讯推出了微信，从而开启了我国电子商务的一个新时代。在这个阶段，我国的电子商务开始了多维度的发展。纵向不断打造中国品牌，如天猫商城"双 11"不断刷新的成交量业绩，成就了世界电子商务的神话；横向各个领域新模式不断呈现并相互融合，如 O2O、C2B、"互联网+"、移动电商等。

1.2.3 新零售

1. 什么是新零售

新零售是指企业以互联网为依托，通过运用大数据、人工智能等先进技术手段，对商品的生产、流通与销售过程进行升级改造，进而重塑业态结构与生态圈，并对线上服务、线下体验及现代物流进行深度融合的零售新模式。简单而言，新零售是"以消费者体验为中心的数据驱动的泛零售形态"，其核心价值是很大程度地提升全社会流通零售业运转效率。

新零售的出现有两大原因。一方面，经过近年来的快速发展，传统电商由于互联网和移动互联网终端的大范围普及所带来的用户增长及流量红利正逐渐萎缩，传统电商所面临的增长"瓶颈"开始显现。国家统计局的数据显示：全国网上零售额的增速已经连续三年下滑，2014 年 1—9 月的全国网上零售额为 18 238 亿元，同比增长达到 49.9%；2015 年 1—9 月的全国网上零售额为 25 914 亿元，同比增长降到 36.2%，而在 2016 年的 1—9 月，全国网上零售额是 34 651 亿元，增速仅为 26.1%。

此外，从 2016 年"天猫商城""淘宝网"的"双 11"总成交额 1 207 亿元来看，GMV 增速也从 2013 年的超过 60%下降到了 2016 年的 24%。根据艾瑞咨询的预测：国内网购增速的放缓仍将以每年下降 8～10 个百分点的趋势延续。传统电商发展的"天花板"已经依稀可见，对于电商企业而言，唯有变革才有出路。

另一方面，传统的线上电商从诞生之日起就存在着难以补平的明显短板，线上购物的体验始终不及线下购物是不争的事实。相对于线下实体店给顾客提供商品或服务时所具备的可视性、可听性、可触性、可感性、可用性等直观属性，线上电商始终没有找到能够提供真实场景和良好购物体验的现实路径。因此，在用户的消费过程体验方面要远逊于实体店面。不能满足人们日益增长的对高品质、异质化、体验式消费的需求将成为阻碍传统线上电商企业实现可持续发展的"硬伤"。特别是在我国居民人均可支配收入不断提高的情况下，人们对购物的关注点已经不再仅仅局限于价格低廉等线上电商曾经引以为傲的优势方面，而是愈发注重对消费过程的体验和感受。因此，探索运用"新零售"模式来启动消费购物体验的升级，推进消费购物方式的变革，构建零售业的全渠道生态格局，必将成为传统电子商务企业实现自我创新发展的又一次有益尝试。

2. 新零售的特点

新零售并不是简单地将现有的零售场景和行业动态进行相加，其核心是重构，从而产生全新的商业业态。新零售有三大特征，分别是"以心为本"、"零售物种大爆发"和"零售二重性"。

所谓"以心为本"，是指掌握数据就是掌握消费者需求。未来DT技术带来的巨大创造力，将无限逼近消费者内心需求，围绕消费者需求，重构人货场，最终实现"以消费者体验为中心"。

"零售物种大爆发"，是指多元零售新形态、新物种会大量孵化出来。借助DT技术，物流业、大文化娱乐业、餐饮业等多元业态均延伸出零售形态，更多零售物种即将孵化产生，包括自然人零售，未来有望实现"人人零售"。

"零售二重性"，是指二维思考下的理想零售。任何零售主体、任何消费者、任何商品既是物理的，也是DT化的，需要从二维角度去思考新零售，同时，基于数理逻辑，企业内部与企业间流通损耗最终可达到无限逼近于"零"的理想状态，最终实现价值链重塑。

阿里巴巴研究院发布的《2017新零售研究报告》（以下称"报告"），对外界关心的新零售概念和方法论，首次进行了系统化的解读。报告从前台、中台和后台三个维度，系统阐述了新零售知识框架的结构，如图1.13所示。易宝研究院联合宜人智库发布了《洞悉新零售——2018年新零售行业发展趋势研究报告》。报告指出新零售概念看似很新，但发展速度不容小觑；或许，在不远的将来，新零售将成为不亚于信息革命的又一次消费变革。

前台	场景	消费者	商品		
中台	营销	市场	流通链条	C2B生产模式	
后台	基础设施	云｜网｜端 域名｜OS	技术	3D/4D打印｜AR/VR…	
				数字化｜人工智能｜物联网…	

图1.13 新零售知识框架

以前台为例，在场景上，新零售将带来"无处不在"的消费场景，无论百货公司、购物中心、大卖场、便利店，还是线上的网店、各种文娱活动、直播活动，都将成为消费的绝佳场景，在其中，各种移动设备、智能终端、VR设备等将发挥重要的作用。

消费者端，在过去传统零售条件下，对消费者画像是一件非常困难的事情，各种调研只能完成模糊的画像，而在DT条件下，可以对消费者进行更清晰的画像，包括其性别、年龄、收入、特征等，直至完成全息清晰的画像，对品牌商而言，消费者的形象跃然纸上。

在交易商品上，消费者的诉求也从单纯的"商品+服务"，过渡到"商品+服务+内容"，消费者不光关心商品的性价比、功能、耐用性、零售服务等指标，而更关心商品的个性化专业功能，以及商品背后的社交体验、价值认同和参与感，甚至在服务方面，基于DT技术的定向折扣、个性化服务、无缝融合的不同场景，都将给消费者带来全新的体验。

总而言之，新零售将重构"人、货、场"这三个要素，从过去的"货—场—人"进化到"人—货—场"。在传统零售条件下，品牌商按照经验进行供货，线上线下割裂，对消费者的画像也是模糊的，而在新零售下，消费者实现数字化和网状互联，可以清晰辨识，最优供应链+智能制造，实现了按需智能供货，加上无所不在的消费场景，从而实现了"人—货—场"的重构。

小　结

本章主要介绍了互联网、"互联网+"、电子商务、新零售的基本概念，阐述了世界互联网和电子商务的发展历程和发展现状。

我们现在常称的互联网主要指国际互联网 Internet，中文名为因特网。互联网在拥有丰富的信息资源的同时，也提供电子邮件（E-mail）、文件传输（FTP）、远程登录（Telnet）、万维网（World Wide Web）等服务。

"互联网+"是在中国社会特定的发展阶段被提出来的，指的是以互联网为主的一整套信息技术（包括移动互联网、云计算、大数据技术等）在经济、社会生活各部门的扩散、应用的过程。"互联网+"与传统产业的快速融合，将成为中国乃至世界经济社会发展的主要引擎。

电子商务是一种现代商业方法，是传统商业活动各环节的电子化和网络化。理解电子商务应把握电子是手段，商务是核心这一思想。

新零售是"以消费者体验为中心的数据驱动的泛零售形态"，其核心价值是很大程度地提升全社会流通零售业运转效率。"新零售"模式通过推进消费购物方式的变革，构建零售业的全渠道生态格局，该模式必将成为传统电子商务企业实现自我创新发展的又一次有益尝试。

通过本章的学习，应形成对电子商务、互联网、"互联网+"和新零售的基本认识，为后续章节的学习奠定基础。

同步测试

1. 单项选择题

（1）清华大学的域名是 tsinghua.edu.cn，其中属于国家顶级域名的是（　　）。
　　A．tsinghua　　　　B．edu.cn　　　　　C．cn　　　　　　D．edu

（2）文件传输协议的简称是（　　）。
　　A．SMTP　　　　　B．FTP　　　　　　C．TELNET　　　D．WWW

（3）企业在互联网上发布产品信息属于（　　）。
　　A．企业内联网电子商务　　　　　　　B．互联网电子商务
　　C．EDI 电子商务　　　　　　　　　　D．移动电子商务

（4）新零售有三大特征，其中"以心为本"指（　　）。
　　A．以消费者体验为中心
　　B．多元零售新形态、新物种大量孵化
　　C．重构人货场
　　D．人人零售

（5）电子商务与传统商务都有信息交流、签订合同、商品交接、货款支付、售后服务等环节，所不同的是电子商务充分利用了（　　）开展商务活动。
　　A．计算机软件　　　B．手机　　　　　　C．互联网　　　　D．网上支付

2．多项选择题

（1）企业在互联网上发布信息寻找加盟商，属于（　　）。
　　　A．互联网电子商务　　　　　　　　B．浅层次电子商务
　　　C．深层次电子商务　　　　　　　　D．不属于电子商务

（2）电子商务具有（　　）特征。
　　　A．虚拟性　　　　B．成本低　　　　C．高效性　　　D．广泛性

（3）企业开通网上银行在线支付功能，属于（　　）。
　　　A．互联网电子商务　　　　　　　　B．浅层次电子商务
　　　C．深层次电子商务　　　　　　　　D．不属于电子商务

（4）企业在天猫商城开设直营店，属于（　　）。
　　　A．互联网电子商务　　　　　　　　B．浅层次电子商务
　　　C．深层次电子商务　　　　　　　　D．不属于电子商务

（5）以下哪些属于电子商务内容（　　）。
　　　A．网上发布产品信息　　　　　　　B．网上零售
　　　C．开展网上售后服务　　　　　　　D．在线调研

3．分析题

（1）查找并分析新零售概念的提出动因与具体内涵。

（2）试分析电子商务对当前经济社会和人们生活的影响。

（3）查找并分析当前电子商务发展的热点。

第 2 章 网络购物

掌握 C2C 电子商务、B2C 电子商务、C2B 电子商务、团购等相关概念。
熟悉 C2C、B2C、C2B、团购发展的关键事件及相关的模式。
了解 B2C 电商企业发展趋势。

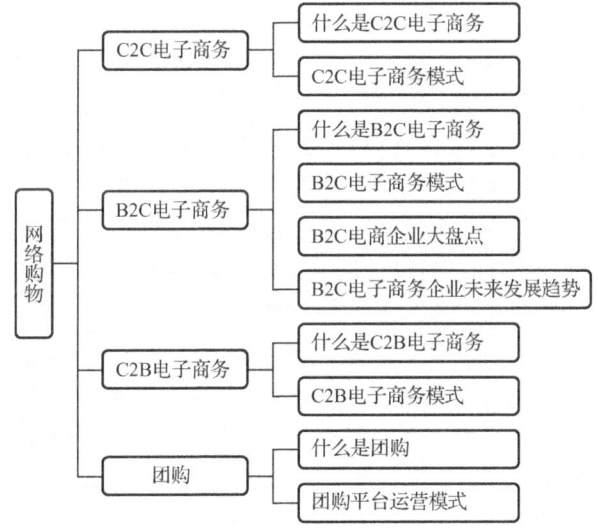

　　C2C 电子商务的概念、案例；B2C 电子商务的概念、模式分类、企业盘点、发展趋势；C2B 电子商务的概念、运营模式；团购的概念、团购平台运营模式分析。

2.1　C2C 电子商务

2.1.1　什么是 C2C 电子商务

很多电子商务专业人士在聊天时,经常提及的几种电子商务模式,如 C2C、B2C、C2B 等,当你第一次听到这些词汇,会不会有眩晕的感觉。这些词汇听起来相当高端,让人摸不着头脑,不知何意。那么,接下来让我们谈谈电子商务模式,首先了解一下什么是 C2C。

1. C2C 电子商务的定义

C2C(Customer To Customer)是电子商务的专业用语,是个人与个人之间的电子商务。简单地说,C2C 电子商务模式就是借助于互联网,通过电子商务平台实现的个人对个人的交易。从某种意义上讲,C2C 电子商务模式具有大众化交易的显著特点,即通过 C2C 电子商务平台,卖家可以在网站上展示想要出售的商品信息,买家可以从中选择并购买自己需要的物品。

一般来说,个人与个人之间产生电子商务活动,必须借助于电子商务平台,最早的 C2C 电子商务平台是 eBay,中文翻译成亿贝或易贝,人们可以在 eBay 上通过网络出售商品。

C2C 电子商务的正式产生以 1995 年美国的 eBay 成立为标志。中国 C2C 电子商务的产生则以 1999 年 Eachnet(易趣网)的诞生为标志。2003 年 7 月 11 日,eBay 以一亿五千万元现金合并了中国最大电子商务公司易趣网,此时,易趣网正式更名为"eBay 易趣"。

最早的 C2C 电子商务平台主要将交易集中在线上拍卖(Auction Online)业务上,后来逐渐发展,C2C 电子商务平台衍生出了购物功能,使得交易不仅仅局限于线上拍卖,也丰富了交易类型。尤其在 2003 年 5 月,阿里巴巴集团创立了淘宝网,将业务定位为平台式交易,并于当年 10 月推出第三方支付工具"支付宝",以"担保交易模式"使消费者对淘宝网上的交易产生信任,2003 年淘宝网全年成交总额 3 400 万元。2005 年,淘宝网超越 eBay 易趣,并且开始把竞争对手们远远抛在身后,成为亚洲最大的网络购物平台。

C2C 电子商务发展十分迅速,据 iResearch《中国网上研究报告》的统计,在其发展之初的 2004 年,交易量就达到 33.7 亿元,最近几年 C2C 发展更为迅速,交易量成倍增长,是发展速度最快的电子商务模式之一。

2. C2C 电子商务平台的特征

C2C 电子商务平台是通过电子商务网站为买卖双方提供一个在线交易平台,卖方可以在上面发布待出售的物品的信息,而买方可以从中选择并进行购买。同时,为便于买卖双方交易,提供交易所需的一系列配套服务,如协调市场信息汇集、建立信用评价制度、提供多种付款方式。

（1）为买卖双方进行网上交易提供信息交流平台

C2C 电子商务网站为打算上网进行物品买卖的人们提供了一个发布和获取信息的平台。网站允许卖家在网站上发布待出售的物品信息，允许买家浏览和查找别人欲出售的物品信息，也允许买卖双方进行交流。不仅如此，这种信息发布和获取并非非常单调的。卖家要发布一个待出售的商品的信息，可以先在网站上开设一个自己的店铺，然后把商品的信息放在店铺中。而且，卖家也可以在发布信息的页面上增加一些图片甚至动画等形式来美化和推销自己的商品。买家要得到商品信息，既可以分门别类地进行页面浏览，也可以通过输入关键词直接检索。

（2）为买卖双方进行网上交易提供一系列配套服务

除信息交流服务外，C2C 电子商务平台还必须提供一系列配套的服务，才能使交易顺利地进行并且很大程度地发挥网上交易的优势。以网络支付为例，随着银行卡网上支付的逐渐成熟，目前多数 C2C 电子商务平台都允许用户进行网上支付。不用再见面交易或去银行汇款，极大地提高了网上交易的效率。不过，实现网上支付以后，又随之产生了一个问题。由于付款与发货两个环节的分离，使得风险也随之而生：卖家担心若先发货之后买家可能不付款，而买家担心先付款之后卖家可能不发货。C2C 电子商务平台可以通过引入一个第三方的支付平台来解决这个问题。在交易达成以后，买家先通过网上支付将钱支付到这个第三方平台，然后平台通知卖家发货。在买家确认收货后，支付平台再将货款支付给卖家。这在很大程度上降低了网上支付的风险，从而使得网上支付开始为越来越多的用户所接受。

除此之外，C2C 电子商务平台还需要提供一项信用评价的服务，以便买卖双方能够了解对方的信用等级，然后据此决定是否与对方进行交易。目前 C2C 电子商务平台采用的信用评价机制一般是在一次交易结束以后，让参与交易的买卖双方根据对方在交易中的表现对其进行评分，一般评分越高则表示信用越好。而从每次交易中累计得到的分数则可以在一定程度上代表该用户的信用程度，因此评分也可以作为买卖双方判断对方的信用是否良好的依据。

在网上交易的过程中，由于双方无法见面，买方也不能看到卖方出售的物品实物，因此需要就物品本身的信息、价格和交易的种种细节来进行沟通。如果沟通不方便，也会大大降低网络购物的效率和乐趣。因此，C2C 电子商务平台还需要为其用户提供便捷的通信工具，一般包括留言、电子信件、聊天工具乃至语音通信工具，等等。

（3）用户数量多，且身份复杂

绝大多数 C2C 电子商务平台对于所有人都是开放的，几乎任何人都可以免费注册成为网站的用户，因此，C2C 电子商务平台可以将大量的买家与卖家联系起来。除了数量众多，C2C 电子商务平台的用户的身份也较为复杂。首先，很多卖家同时又是买家，即不少用户都同时具有买家和卖家的双重身份。其次，在 C2C 电子商务平台上开店的用户有些并不以赚钱为目的，而只是为了出售一些自己已经不需要的物品，甚至有些只是将其作为一种娱乐。但是，也有不少用户恰恰相反，他们不仅是以赚钱为目的，而且希望能够在网上形成具有一定规模的销售。其中有些用户就是专门的商户，他们既经营着实体店铺，又通过 C2C 电子商务平台向更多的人出售其商品。还有一部分用户则是一开始只是普通的消费者，他们通过 C2C 电子商务平台出售一些自己闲置的物品，但慢慢地，他们发现在 C2C 电子商务平台上卖东西有利可图，就开始想办法批发一些货物在网站上销售，从而转变为一些将网络销售作为第二职业的个人小商户，乃至专门从事网络销售的个体经营者。

由于 C2C 电子商务平台的用户众多，而且有些用户又非常愿意就网络购物的一些问题进行交流，因此很容易形成网络虚拟社区。在网络虚拟社区中，用户可以就如何经营网上店铺、如何选购商品、如何判断卖家的信用等问题进行信息共享，这既可以减少网络购物过程中的信息不对称，也有助于将一些拥有相同兴趣的用户聚集起来。

（4）商品信息多，且商品质量参差不齐

既然拥有着大量的卖家，自然也就有着大量的待出售的物品。淘宝网曾经的一则广告写到"只有你想不到的，没有你淘不到的"，形象地描述了 C2C 电子商务平台上出售的包罗万象的商品现状。C2C 电子商务平台上不仅有人们日常生活中的常用物品如衣服、鞋帽、化妆品、家电、书籍等，也有各种各样的新鲜玩意儿如游戏点卡、个人收藏、顶级奢侈品等。由于突破了地域的界限，人们可以享受来自其他城市的特色产品乃至海外的各类商品。此外，商品的质量也参差不齐，既有全新的，也有二手的；既有正品的，也有仿冒的；有大工厂统一生产的，也有小作坊个人制作的。总之，C2C 电子商务平台就像把我们传统的大商场、特色小店、地摊和跳蚤市场统统融合在了一起。因此，商品信息也是相当庞杂的。

由于商品信息庞杂，按照网络信息组织的一般做法，C2C 电子商务平台也提供商品信息的分类浏览和关键字检索功能。在分类浏览的时候，一般是先按照商品本身的基本属性分为男装、女装、数码产品、运动产品、影视书籍等大类。而在展开小类的时候，在仍按照商品的基本属性进行划分的基础上，有时也同时按照品牌、价格等属性进行划分。而在检索关键字的时候，一般是将关键字与商品的名称进行匹配，返回的结果可以按照商品上线时间、价格等进行排序。

（5）交易次数多，但每次交易的成交额较小

由于 C2C 电子商务中参加交易的双方是个人，其购买的物品往往又都是单件或者少量的，因此与 B2B 的批量购买相比，其每次交易的成交额是比较小的。

3．C2C 电子商务平台的盈利模式

到目前为止，我们所熟知的 C2C 电子商务平台的盈利模式，主要有下列几种方式。

① 会员费。会员费也就是会员制服务收费，是指 C2C 电子商务平台为会员提供网上店铺出租、公司认证、产品信息推荐等多种服务组合而收取的费用。由于提供的是多种服务的有效组合，比较能适应会员的需求，因此这种模式的收费比较稳定。第一年交纳费用后，第二年到期时需要客户续费，续费后再享受下一年的服务，不续费的会员将恢复为普通会员，不再享受多种服务。

② 交易提成。交易提成不论什么时候都是 C2C 电子商务平台的主要利润来源。因为 C2C 电子商务平台是一个交易平台，它为交易双方提供机会，相当于现实生活中的交易所或大卖场，从交易中收取提成是其市场本性的体现。

③ 广告费。企业将网站上有价值的位置用于放置各种类型广告，根据网站流量和网站人群精确标定广告位价格，然后再通过各种形式向客户出售。如果 C2C 电子商务平台自身拥有充足的访问量和用户黏度，广告业务会非常大。但是出于对用户体验的考虑，C2C 电子商务平台并没有完全开放广告业务，只有个别广告位不定期开放。

④ 搜索排名竞价。C2C 电子商务平台商品的丰富性决定了购买者搜索行为的频繁性。搜索量决定了商品信息在搜索结果中的排名。由此便引出了根据搜索关键字竞价的业务。用户可以为某关键字提出自己认为合适的价格，最终由出价最高者竞得，在有效时间内该

用户的商品可获得竞得的排位。只有卖家认识到竞价为他们带来的潜在收益，才愿意花钱购买。

⑤ 支付环节收费。支付问题一向是制约电子商务发展的瓶颈，直到阿里巴巴推出了支付宝才在一定程度上促进了网上在线支付业务的发展。买家可以先把预付款通过网上银行打到支付公司的个人专用账户，待收到卖家发出的货物后，再通知支付公司把货款打到卖家账户，这样买家不用担心收不到货还要付款，卖家也不用担心发了货而收不到款，而支付公司就按成交额的一定比例收取手续费。

2.1.2 C2C 电子商务模式

下面挑选出几家在国内外具有较大影响力的 C2C 电子商务平台，从这些电商平台的发展中可以对 C2C 的发展一窥究竟。

1. 乐天（global.rakuten.com）

乐天是目前日本最大的 C2C 电子商务网站之一。它创建于 1997 年，以店铺招商平台形式起家。乐天分了四个主要经营内容，即乐天平台网络商城、乐天证券网络服务、乐天旅游及娱乐网络业务和乐天媒体业务。

乐天的主要经营模式是，在创立初期（1997 年至 2003 年），采用向每位网络店铺收取 5 万日元上架费形式，以很低的价格快速获得进驻的卖家，目的是为了形成具有经济规模数量的网上商城与商品品类；稳步发展阶段（2003 年 3 月至今），每月 5 万日元上架费形式已无法支撑乐天公司深入发展，因此采取了根据卖家每月营业额收费的形式，即根据营业额收取 2%至 10%不等的费用，从而促进所有店家业绩的快速提升。乐天从聚集用户开始，通过梳理用户、推广产品，并逐步增加用户，形成良性循环，吸引了一大批忠实客户。

聚集用户，主要是利用各种免费赠品、促销、红利等形式，吸引用户。梳理用户，主要是通过多种手段有效收集网络用户的个人数据背景，建立数据库。推广产品，主要是以电子邮件等直销方式，精确地向目标客户群体发送某一项或几项产品的特卖活动信息。增加用户，主要是以号召网友通过团体购买的方式，争取更便宜的商品价格，从而吸引更多的交易用户提升销售业绩，同时也进一步增加了数据库中的用户数据与信息。

未来乐天发展战略主要表现为持续强化乐天的第一品牌形象，加速增加商家的总营业额，加速整合集团会员信息并完善数据库，提供交互使用，推进提升业绩的营销活动及会员资源整合 IT 行动等。乐天未来的发展将会努力站在消费者及网民的立场上，满足他们的真正需求并开发潜在需求。乐天网站界面如图 2.1 所示。

2. eBay（www.ebay.com）

eBay 是一个可让全球民众买卖物品的线上拍卖及购物网站。eBay 创立于 1995 年 9 月，是皮埃尔·欧米迪亚（Pierre Omidyar）在美国加利福尼亚州圣荷西创办的，当时 Omidyar 的女朋友酷爱 Pez 糖果盒，却为找不到同道中人交流而苦恼。于是 Omidyar 建立起一个拍卖网站，希望能帮助女友和全美的 Pez 糖果盒爱好者交流，这就是 eBay 的前身。令 Omidyar 没有想到的是，该网站非常受欢迎，很快该网站就被收集 Pez 糖果盒、芭比娃娃等物品的爱好者挤爆。

电子商务概论

图 2.1 乐天网站界面

Omidyar 第一件贩卖的物品是一只坏掉的镭射指示器，以 14.83 美元成交。他惊讶地询问得标者："您难道不知道这东西坏了吗？"Omidyar 收到了以下的回复信："我是一个专门收集坏掉的镭射指示器玩家。"

eBay 目前是全球最大的网络交易平台之一，为个人及公司提供一个国际化的网络交易平台。截至 2018 年 7 月，eBay 全球活跃用户超过 1.71 亿，有包括美国、加拿大、英国、澳洲、法国、德国等超过 40 个国家或地区的卖家，提供数十亿件商品销售，其 App 的下载量超过 4 亿。

eBay 的主要获利形式包括，刊登费、成交费、资料费、广告费、PayPal 收益等。目前，eBay 向卖家收取商品刊登费，以商品最低成交价为计费单位，费用数额不等。eBay 还在每次交易成功后收取成交费，价格按照每件商品在网上成交金额的一定百分比收取，如果没有实际成交将不收成交费。根据上传资料或图片、照片的多少，eBay 还向卖家收取一定数额的资料费。根据卖家需要，eBay 提供另外的广告服务并收取一定的广告费，卖家可以通过刊登广告来提升交易量。eBay 还通过支付工具 PayPal 获利（eBay 和 PayPal 类似国内淘宝网和支付宝，一个用于开店，一个用于付款）。

eBay 致力于建立一个为全球所有人服务的最高效、最丰富的网上购物市场，建立一个满足买卖双方不断变化的需求、适应性强且不断改进的网上购物体系。eBay 的主要发展历程包含以下几个。

1999 年，eBay 以四千三百万美元合并了 Alando，该公司后被合并在 eBay 德国之下；2001 年 8 月，eBay 合并了 Mercado Libre、Lokau 及 iBazar 三家拉丁美洲的拍卖网站；2003 年 7 月 11 日，eBay 以一亿五千万美元现金合并了中国最大电子商务公司 EachNet（中文名称："易趣"），并推出联名拍卖网站"eBay 易趣"；2004 年 6 月 22 日，eBay 以五千万元及额外的现金并购印度拍卖网站 Baazee；2005 年 9 月，eBay 并购 Skype。目前 eBay 已经将领域延伸至包括巴西、加拿大、澳大利亚及印度等在内的 40 个国家或地区，但在国际化发展过程中，也有失败经历。eBay 在日本经营的拍卖业务以失败告终；在中国台湾 eBay 亦敌不过奇摩等拍卖网站，2006 年 eBay 正式退出中国台湾市场；eBay 最初通过收购易趣的方式进入中国大陆市场，但之后在与淘宝的竞争中落败，以与 TOM 集团合资成立"新易趣"的方式退出中国大陆市场。2012 年 eBay 结束与 TOM 集团的合作，易趣网不再作为 eBay 中国网站。eBay 网站界面如图 2.2 所示。

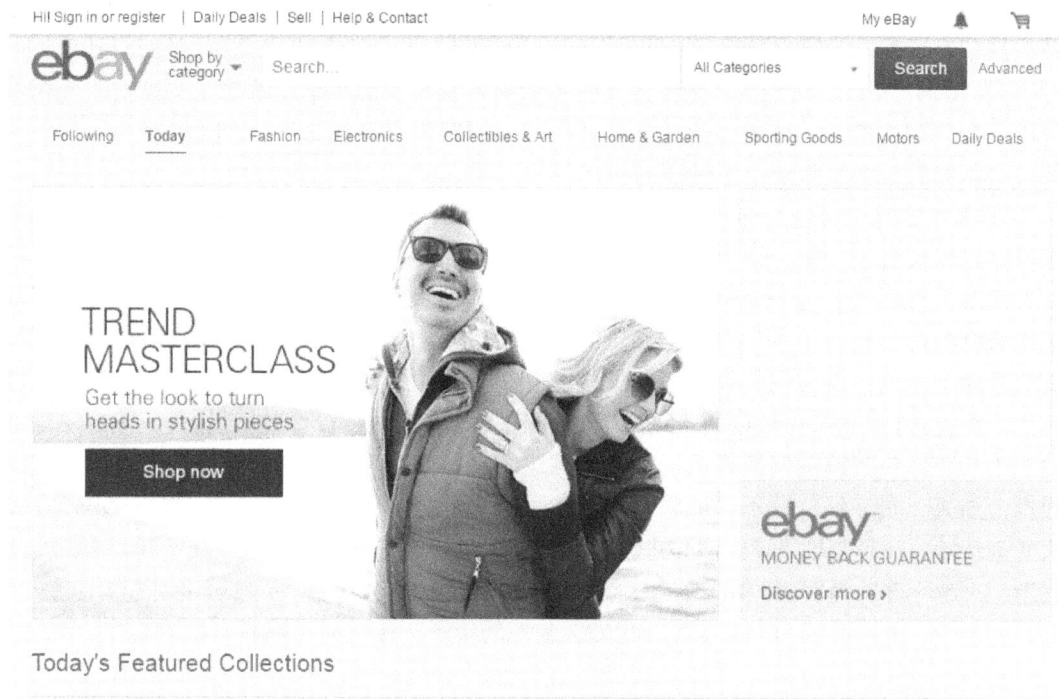

图 2.2　eBay 网站界面

3．淘宝网（www.taobao.com）

淘宝网是 2003 年 5 月由阿里巴巴集团投资 1 亿元人民币创办，目前是中国最受欢迎的网购零售平台之一，也是亚洲第一大网络零售商圈。淘宝网主要促进 C2C 网上交易，个人或小企业卖家均可在淘宝网开设网上商店，面向中国各地及海外其他国家的消费者。卖家售卖全新或二手商品皆可，也可以选择以定价形式或拍卖形式售货，但淘宝网上的产品绝大多数是以定价形式售卖的新货，拍卖只占所有交易的一小部分。

随着淘宝网规模的扩大和用户数量的增加，淘宝网也从单一的 C2C 网络集市变成了包括 C2C、团购、分销、拍卖等多种电子商务模式在内的综合性零售商圈。目前已经成为了世界范围级别的电子商务交易平台之一。淘宝网致力于推动"货真价实、物美价廉、按需定制"网货的普及，帮助更多的消费者享用海量且丰富的网货，获得更高的生活品质；通过提供网络销售平台等基础性服务，帮助更多的企业开拓市场、建立品牌，实现产业升级；帮助更多胸怀梦想的人通过网络实现创业就业。新商业文明下的淘宝网，正走在创造 1 000 万就业岗位这一目标的道路上。

淘宝网迅速发展壮大的原因主要有以下几个方面。首先，免费是淘宝网短时间聚集人气的关键。网上开店已经成为一种新的创业模式，用免费的方式可以让更多网民乐于尝试。其次，易趣为了控制收费，要求买方必须在拍下商品之后才能与卖方联系，并且不支持私下沟通，这点并不符合中国人做买卖的习惯。而淘宝网却别出心裁地开通了一个类似 QQ

的在线聊天工具——阿里旺旺（淘宝版），通过它，交易的双方可以及时、准确地传达各自的想法，大大提高了双方交流的效率，为达成交易提供了有利的支撑，而且它的使用非常简单，因此深受广大用户的喜爱。再次，淘宝网采用实名认证，一旦发现用户注册资料中主要内容是虚假的，淘宝网可以随时终止与该用户的服务协议，除此之外，淘宝网利用网络信息共享优势，建立公开透明的信用评价系统，每成功交易一笔买卖，买卖双方对对方做一次信用评价。最后，淘宝网的成功在于它成功地解决了C2C电子商务网站支付的难题，2003年10月18日，淘宝网首次推出支付宝服务，支付宝的推出，解决了买家对于先付钱而得不到所购买的产品或得到的是与卖家在网上的声明不一致的劣质产品的担忧，同时也解决了卖家对于先发货而得不到钱的担忧。

2018年5月17日，2018年淘宝商家大会在杭州国际博览中心召开，阿里巴巴集团CEO张勇指出仅仅过去一年，淘宝网上注册的内容达人就已超150万；通过直播、短视频、图文种草等多种形式，这个年轻的创业创新群体帮助平台上的品牌商家与消费者互动，形成了淘宝网的内容创新生态；淘宝直播已经可以为商家直接带来千亿级的销售额，并且以非常快的速度发展；淘宝网就是要服务年轻的消费者，服务新一代的卖家群体，要真正改变做生意的方式，全面的拥抱数字经济；淘宝网就是这个时代的新零售，"让天下没有难做的生意"和新零售战略的落地将依托于淘宝网这个镜子和重要的平台。今天的新零售，用大数据改造人、货、场，这不仅适用于线下实体经济，更适用于线上，线上的淘宝网就是最大的创新场；在越来越飞速的演化进程中，与越来越年轻的创业者永远站在一起，去满足与创造越来越年轻的消费者的需求，从而共同定义新一代的淘宝网，这就是淘宝网与年轻一代的共同目标，并因此成为中国年轻一代宏大梦想的镜子。淘宝网网站界面如图2.3所示。

图2.3　淘宝网网站界面

4．Etsy（www.etsy.com）

Etsy是美国一个在线销售手工工艺品的网站，主要创始人为一位居住在纽约布鲁克林区的25岁业余木匠Rob Kalin，于2005年5月上线，以买卖手工艺成品为主要特色。在

Etsy 上，人们可以开店销售自己的手工艺品，其模式类似 eBay 和中国的淘宝网。经过十多年的发展，如今 Etsy 集聚了一大批极富影响力和号召力的手工艺术品设计师，曾被《纽约时报》拿来和 eBay、Amazon 和"祖母的地下室收藏"比较。

Etsy 总部设在美国纽约布鲁克林，他们的宣言是：为爱好手工制品的人们提供交易和交流场所。为了配合网站的手工艺术风格，公司里几乎所有东西都是由员工自己制作或挑选的。员工自己编写电脑程序、连接电缆，连大小家具都是在街边小店买到的。

Etsy 最初发展并不理想，足足两年时间，才在线卖出了 100 万件商品。2008 年 7 月，卡林找到玛丽亚·托马斯，将网站 CEO 的身份转交给这位国家公共电台数码媒体的前任掌门，并请来雅虎高管查德·迪克森担任网站的技术总裁。在两人的并肩奋战下，Etsy 的销售量迅速翻番。2009 年 4 月，Etsy 用户在全球最具影响力的微型博客网站 Twitter 发起名为"etsyday"的宣传活动，一时间，Etsy 网站备受关注。

Etsy 并没有淘宝网、eBay 等主流电子商务网站有名，但它却以独特的经营角度，多样的盈利模式，为大家提供了非一般的网络服务。在 Etsy 上交易的产品五花八门，服饰、珠宝、玩具、摄影作品、家居用品……，只是这些产品有个共同的前提：原创、手工。所以，Etsy 聚集的不是普通人，而是一大批极富创意的手工达人和才华横溢的设计师，他们不仅在网上创造属于自己的品牌，开店销售自制手工艺品，还参加网络社区交流，进行线下聚会，参加 Etsy 赞助的工艺品集市或展览。因而，Etsy 对卖家的价值已经不能仅仅用金钱来衡量，它更多的是对手工业者团体的一种支持。

2008 年，来自 150 个国家、超过 300 万的顾客在 Etsy 网站购买了大约 8 750 万美元的商品。2009 年，Etsy 卖出超过 1 亿件商品。一组组数据充分显示，在这个充斥着连锁商店和零售中心的时代，独一无二的手工制品依然有着巨大的市场。目前 Etsy 在全球已有超过 100 000 个卖家在 Etsy 上开店。

Etsy 能够在 eBay 的阴影下迅速发展壮大的根本原因，在于其对特定消费领域的聚焦，以及社区化交易平台的定位，而这两者又相辅相成。从企业战略学角度讲，一家公司的业务层战略直接影响到其核心竞争力的确立和竞争优势的获得。作为市场的新进入者，挑战领先者时可以选择的战略，无非成本领先、差异化与市场聚集。作为 C2C 市场领先者的 eBay，为了吸引全领域的用户，重视的必定是那些共同的而非个性化的需求。此时，C2C 市场就为服务创新者留下了狭小而分散的空隙，这就使得聚焦战略的运用成为可能。

在创办 Etsy 之初，卡林采用了全面的口碑营销策略，着力于通过各种线下活动传播 Etsy 品牌。这些活动包括举办缝纫大赛、赞助传统的手工艺品市集，以及成立各种街道兴趣小组。Etsy 的公关副总裁 Matthew Stinchcomb 表示，通过这样的草根营销，Etsy 获得的宣传效果远胜于在传统媒体投放数百万美元广告的效果。Etsy 众包式的品牌营销，巧妙地借助了手工艺品制作者彼此交流的热情，通过极低的成本扩大了在特定用户群体中的影响力。而支撑这一切的，则是 Etsy 为营造一个出色网络社区氛围而设计的多种网站功能。

登录 Etsy 网站，会觉得整个页面"简约而不简单"。说它简约，是因为整个页面明显两极分化，左边是一系列导航选项，右边是推荐的创意产品图片，一目了然；说它不简单，是因为这个网站设定了很多特别的商品展示模式。"色彩筛选"可以按颜色挑选喜欢的产品；"时光机器"就像从遥远的太空飞来产品图片，点击可放大，可随意移动位置，如果不喜欢，还可以随意"丢"到太空之外；"所在地理位置"可手动移动地球，或是输入国家名来寻找自己喜欢的产品；此外，还可按照类别、销售者的姓名等浏览或查找目标产品。在 Etsy 上，即使不买任何东西，只是静静地浏览那些别致的手工小物，也足以带给你灵感，并给你惊喜和感动。Etsy 网站界面如图 2.4 所示。

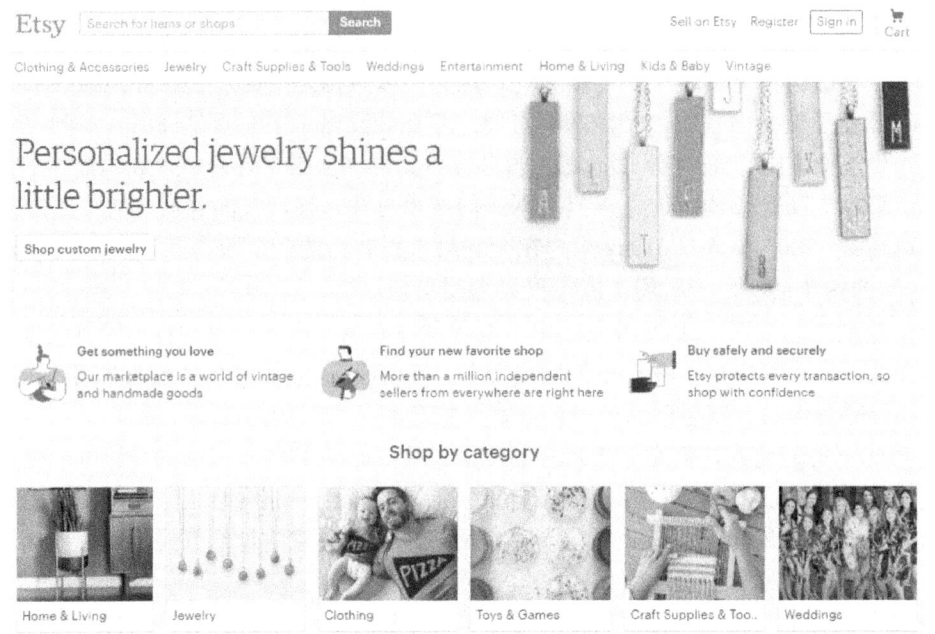

图 2.4　Etsy 网站界面

 专家指导

C2C 是个人对个人之间的电子商务，即消费者个人间的电子商务行为。C2C 电子商务平台的思想来源于传统的跳蚤市场。在跳蚤市场里，买卖双方可以进行讨价还价，只要双方达成一致，立刻可以完成交易。后来几经发展，衍生出了购物功能，使得交易不仅仅局限于线上拍卖。

 小知识

网上拍卖类型有哪些？

1. 增价拍卖：亦称"英格兰式拍卖"或"低估价拍卖"，是指在拍卖过程中，拍卖标的竞价由低至高，依次递增，直到以最高价格成交为止。

2. 减价拍卖：这种方式起源于荷兰人在拍卖果蔬和鲜花时所使用的方法，拍卖标的的竞价由高到低，依次递减，直到以适当价格成交的一种拍卖。

3. 有底价拍卖：是指在拍卖前，委托人与拍卖机构双方经共同协商并以书面合同形式先行确定拍品的底价，在拍卖时，凡竞买人所出的最高竞价达不到底价则拍卖不能成交。

4. 无底价拍卖：是指在拍卖前，委托人与拍卖机构并不先行确定拍品的底价，在拍卖时只要产生最高应价，拍卖即可成交。

5. 密封递价拍卖：又称投标拍卖，是指由拍卖人事先公布拍卖标的的具体情况和拍卖条件，然后，竞买人在规定的时间内将密封的标书递交拍卖人，由拍卖人在事先确定的时间公开开启，经比较后选择出价最高者成交。凡竞买人所出的最高竞价达不到底价则拍卖不能成交。

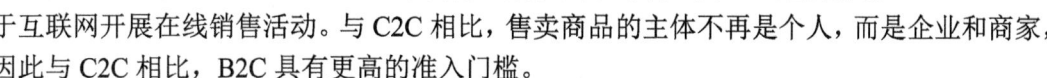

2.2 B2C 电子商务

2.2.1 什么是 B2C 电子商务

前面我们已经介绍了什么是 C2C，那么什么是 B2C？与 C2C 相比，一字之差意味着什么，这是我们接下来需要解决的问题。

B2C 是 Business to Customer 的缩写，其中文简称为"商对客"。"商对客"是电子商务的一种模式，也就是通常说的直接面向消费者销售产品和服务的商业零售模式，这种形式的电子商务一般以网络零售业为主，主要借助于互联网开展在线销售活动。与 C2C 相比，售卖商品的主体不再是个人，而是企业和商家，因此与 C2C 相比，B2C 具有更高的准入门槛。

全球首家 B2C 电商平台成立于 1995 年，是位于美国华盛顿州的西雅图的亚马逊公司（Amazon）。

根据艾瑞咨询 2018 年的调查，2017 年我国的网络购物市场交易规模高达 6.1 万亿元，增速回暖，2017 年是线上线下融合的实践年，线上对线下的数据赋能及线下对线上的导流作用初见成效，稳定发展的网络购物迎来新的发展活力。从市场结构而言，B2C 电子商务平台的市场份额占比持续扩大，达到 60.0%，从增速来看，2017 年 B2C 网络购物市场增长 40.9%，远超 C2C 市场 15.7%的增速。艾瑞分析师认为，度过 2017 年后，B2C 市场占比仍将持续增加。随着网购市场的成熟，产品品质及服务水平逐渐成为影响用户网购决策的重要原因，未来这一诉求将推动 B2C 市场继续高速发展，成为网购行业的主要推动力。而 C2C 市场具有体量大、品类齐全的特征，满足长尾市场的需求，未来规模也会持续增长。目前国内具有代表性的 B2C 平台有天猫商城、京东商城、唯品会、国美在线及苏宁易购等，仅这五家企业的总规模就超过整体 B2C 市场规模的 30%。

2.2.2　B2C 电子商务模式

B2C 电子商务模式非常多，比较常见的可以分为以下几类。

1．综合型 B2C 电子商务

综合型 B2C 电子商务类似于线下的大型商场，它拥有稳定的网络平台，大量的供货商，品类繁多的商品，良好的形象声誉，庞大的购买群体，安全便捷的支付体系，完善的售后服务系统，甚至还有自建的物流体系。综合型 B2C 电子商务企业具备一定的品牌影响力，在消费者眼中更正规、更可信，能够吸引大量的买家。其中具有代表性的网站有京东商城、亚马逊中国、当当网等。

2．垂直型 B2C 电子商务

垂直型 B2C 电子商务是指企业将自身定位在一个专项领域内，所经营商品主要满足某一特定人群或某一类特定购买需要，如专门销售服装、化妆品或酒类等。这类电子商务网站专注于某一类商品的销售，便于将本行业的品牌生产商和供货商聚集在一起，分析市场走向，调整产品线，形成专业化的购买服务体系。他们在自己的主营领域具备较高的声望往往容易形成忠实的顾客群体。其中具有代表性的网站有主营女性化妆品的乐蜂网，主营母婴类商品的红孩子，主营鞋类商品的乐淘网及主营酒类商品的酒仙网，等等。

3．平台型 B2C 电子商务

平台型 B2C 电子商务是指一个整合了大量的品牌商、生产商，为卖家提供电子商务整体解决方案，为消费者打造一站式购物服务的电子商务交易开放式平台。此类网站不参与商品的采购、库存和直接销售工作，只为网络交易提供虚拟空间，为参加网上交易的企业、顾客、外包配送公司、银行等各方提供从网络信息传递到商务应用的各项服务。既给企业和顾客提供了交易机会，也对交易进行监督和管理。此类 B2C 交易平台不但吸引了大量知名的大型企业入驻，更受技术和人力资源尚不完备的中小型企业青睐，是企业拓宽销售渠道的一个重要途径，代表性网站为天猫商城。

4．直销型 B2C 电子商务

直销型 B2C 电子商务是指企业利用互联网及电子通信技术，建立企业网站和在线销售系统，避开传统销售中的中间商，直接向消费者提供产品和服务。直销模式削减了中间商环节，企业可以通过和消费者的直接接触，获得第一手市场数据，对企业获取消费者需求，开拓新的销售渠道，反馈促销活动成效，改善生产和销售策略都有着极其重要的意义。而消费者也因减少了中间商的利润分成，获得直接购买实惠。其中具有代表性的网站有联想商城、戴尔官网、凡客诚品等。

5．传统零售商转型网络销售 B2C 电子商务

随着市场竞争的日益激烈，电子商务飞速发展，传统的零售商在经营实体店的同时，也开始建立网络销售渠道。这些零售商具有丰富的零售经验，通过整合传统零售业务的供应链及物流体系，使传统零售与电子商务相结合，通过建立网上商城来销售商品。实体零售商拥有充足的商品库存，而且商品种类繁多。因为传统零售商已经建立了自己的仓储和库存商品，而且拥有比较丰富的物流管理经验，利用这些有利的线下资源，可以节约成本。其中具有代表性的网站有苏宁易购、联华易购等。

2.2.3 B2C 电商企业大盘点

1. 天猫商城（www.tmall.com）

天猫商城是目前国内最大的综合型 B2C 购物网站，是阿里巴巴旗下的子公司，成立于 2008 年 4 月 10 日，商品涵盖服饰鞋包、美妆护肤、家电数码、母婴玩具、食品饮料等各品类，旨在引领中国消费者发现和体验更好的生活方式，提前开启趋势中的理想生活。自成立以来，众多商家包括 kappa、Levi's、Esprit、Jackjones、乐扣乐扣、六防、苏泊尔、联想、惠普、迪士尼、优衣库等在天猫商城开设了官方旗舰店，受到了消费者的热烈欢迎。天猫商城已经成为国内大型的线上综合购物平台。

2011 年 9 月 19 日，淘宝商城发布开放性 B2C 战略，明确目标是构建一个由品牌商、供货商、零售商及包括物流商在内的各类第三方服务提供商进行分工协作，共同为消费者提供优质商品和服务的 B2C 生态体系。同时淘宝商城对所有的零售行业伸出橄榄枝，同一天，38 家国内自营性 B2C 网站宣布进驻淘宝商城，如银泰百货旗下的银泰网、红孩子、1 号店等著名 B2C 商家进驻淘宝商城。

2012 年 1 月 11 日上午，淘宝商城正式宣布更名为"天猫"。取这个名字一方面是因为"天猫"跟 tmall 发音接近，更重要的原因是随着 B2C 的发展，消费者需要全新的、与阿里巴巴大平台挂钩的代名词，"天猫"将提供一个定位和风格更加清晰的消费平台。猫是性感而有品位的，天猫网购，代表的就是时尚、性感、潮流和品质；猫天生挑剔，挑剔品质，挑剔品牌，挑剔环境，这恰好就是天猫网购要全力打造的品质之城。

截止到 2012 年 10 月 30 日，已有 87 家独立 B2C 网站入驻天猫商城。其中包括中国图书零售第一的当当网，当当网带入全部自营类目，包括 80 万种图书和 30 多万种百货品类入驻天猫，售价实现同步，当当网的 800 个城市货到付款、150 个城市次日达、支持当面退换货等特殊服务在天猫旗舰店同样得到支持，昔日对手握手言和。2012 年 11 月 11 日，天猫商城借"光棍节"大赚一笔，宣称 13 小时卖 100 亿元，创以往销售纪录。

天猫商城不光是大卖家和大品牌的集合，同时还提供了比一般店铺更加细致周到的服务：①七天无理由退换货，天猫商城卖家接受买家七天内无理由退换货，无须担心买到的商品不合适，或者买到的东西和实际相差太大；②正品保障，天猫商城卖家所卖物品都是正品行货，接受买家的监督和淘宝的监督，当淘宝网买家使用支付宝购买商家的商品时，若买家认定已购得的商品为假货，则有权在交易成功后 14 天内按本规则及淘宝网其他公示规则的规定向淘宝网发起针对该商家的投诉，并申请"正品保障"赔付；③信用评价，淘宝信用评价体系由：心、钻石、皇冠三个等级分构成，为诚信交易提供参考。并以此保障买家利益，督促卖家诚信交易。天猫商城网站界面如图 2.5 所示。

2. 京东商城（www.jd.com）

京东商城是由刘强东先生于 1998 年在中关村创立的京东公司发展演变而来的，2004 年正式涉足电子商务领域，发展至今已经成为中国 B2C 电子商务行业的佼佼者，同时也是全球十大互联网公司之一。京东商城总部位于北京，在上海和广州两地组建的全资子公司有效地连接了华北、华东与华南地区，并在北京、上海、广州、成都、沈阳、西安六地建立物流平台，成功将京东商城的业务范围覆盖至全国各地。2012 年京东商城尝试从最初的垂直型 B2C 电子商务企业向综合型 B2C 电子商务企业转型，通过商品种类与业务范围的扩张成功实现了转型升级。

图 2.5　天猫商城网站界面

京东商城致力于打造一站式综合购物平台，通过组建大快消、电子文娱、时尚生活三大事业群，服务中国亿万家庭，并以远高于行业平均增长速度的发展态势满足消费者日益多元的消费需求。京东商城已完成全品类覆盖，消费品、3C、家电等优势品类年交易额突破千亿元大关，未来京东还将培育出生鲜、文旅、时尚、大客户、新通路、拍卖、大汽车、家居家装、大健康等近 20 个"千亿级品类"。

在传统优势品类上，京东商城已成为中国领先的手机、数码、电脑、家电零售商，京东超市领先线上线下商超渠道。近三年来，京东商城时尚品类销售额年均增长率超过 100%，增速是行业平均增速的 2 倍以上。京东居家生活是中国品质居家生活首选平台，合作商家突破 50 000 家，过去四年，京东商城家居家装品类年销售额平均增长率超过 200%，显著高于行业平均水平。2016 年京东商城积极布局生鲜业务，致力于成为中国消费者安全放心的品质生鲜首选电商平台，拥有国内领先的生鲜电商冷链宅配平台，冷链配送覆盖全国 300 多个城市。新通路重释渠道价值，为全国中小门店提供优质货源和服务；为品牌商打造透明可控、精准高效的新通路，未来五年将打造百万家线下创新型智慧门店——京东便利店。

京东是一家以技术为成长驱动的公司，从成立伊始，就投入大量资源开发完善、能够不断升级、以应用服务为核心的自有技术平台，从而驱动电商、金融、物流等各类业务的成长。未来，京东将全面走向技术化，大力发展人工智能、大数据、机器人自动化等技术，将过去十余年积累的技术与运营优势全面升级。

京东已经形成了鲜明的 ABC 技术发展战略。在人工智能（AI）领域，京东凭借精准的数据积累和丰富的应用场景，成为人工智能最深入广泛的应用者和推动者之一。京东拥有全行业价值链条长、数据质量优的大数据（Big Data）资源，京东发展出了坚实的数据基础和丰富的大数据挖掘应用能力，几乎融入到京东日常运营的每个环节中。京东是中国电商领域较早使用云计算（Cloud Computing）的企业之一，也是使用云计算极为彻底的企业，京东云是京东资源、技术、服务能力对外开放赋能的重要窗口。京东将成为零售基础设施服务商，对外提供 RaaS（零售即服务）方案，ABC 三个领域的技术成长不仅将推动京东这一转变，更会成为京东对外合作赋能的核心技术。京东商城网站界面如图 2.6 所示。

图 2.6　京东商城网站界面

3．唯品会（www.vip.com）

唯品会是一个 B2C 电子商务销售平台，属于广州唯品会信息科技有限公司，成立于 2008 年 12 月，2012 年 3 月在美国纽交所上市。

通过与相关的品牌商合作，唯品会建立了一种正品特卖模式，即以低于市场价格的售价向消费者提供正牌商品。唯品会每天授权一定数量品牌商品，品类众多，以时装、配饰、化妆品为主，还涵盖家居、母婴等。此外，唯品会还借助"零库存"的物流模式等，得以在短时间内立足电子商务领域。如今，唯品会所代表的特卖模式已经成为区别于京东商城与天猫商城的第三大电商业态。截至 2018 年 7 月，唯品会拥有超过 3 亿的注册会员，活跃用户数为 5 780 万人，用户复购率达 86%。2018 年第一季度，《互联网周刊》评选出国内互联网零售电商十强，唯品会位列第三。该网站的商业模式有以下几大基本特征。

① 名牌折扣。唯品会成立之初的品牌定位为电商奢侈品商店，平均每笔交易额过千元。唯品会网站上所出售的品牌衣服大多都是名品尾货，和线下实体店相比而言，价格相对便宜，相当于名品的线上促销活动。发展至今，唯品会强大的采购议价能力，确保出售的商品享有全网低价。

② 限时抢购。唯品会最初效仿的是法国的 VP 网的闪购模式，即电子商务网站对名牌商品进行限量限时的出售，消费者在事先规定的时间段里下单。如今，不论是京东商城还是天猫商城都已涉足闪购市场，唯品会作为闪购市场开创者的优势地位面临挑战。

③ 正品保险。在电子商务发展之初，淘宝网一直独占中国网购市场，但在货源方面监管不到位，致使淘宝假货横行。而唯品会避开了淘宝网"亡羊补牢"的老路子，通过直接与生产商接触将正品引入平台之上，从而保证了商品质量。

④ 时尚体验。唯品会通过真人模特试穿，专业拍摄，为顾客提供全面详细商品细节信息，使顾客可以足不出户就能体验到一站式的时尚购物。

唯品会在创立之初是完全模仿的法国 VP，法国 VP 是网络限时特卖模式的开创者，通过"精选品牌+深度折扣+限时限量"的模式，以原价 1～5 折的价格定期推出各种高端奢侈品，规定时限，售完即止。但对于国内市场来说，国内消费者奢侈品消费能力不足，网购奢侈品的消费习惯还未养成，以及国内奢侈品资源不足等原因使得唯品会继续法国 VP 的市场定位行不通，因而，唯品会避开了竞争激烈的一线城市，针对有一定消费能力的年轻的品牌爱好者，大量引入了中高端品牌的商品，瞄准国内二、三线城市。由此，唯品会顺利打开了大众消费的市场。

从采购方式看，唯品会的千人买手团，凭借其敏感的品牌嗅觉、对消费者喜好的了解、准确判断特卖商品的能力和批量采购品牌尾货的便利，形成了唯品会强大的议价能力，使得唯品会在采购方式上具备了绝对的话语权。而其他 B2C 电商企业均采用先支付货款后收到商品进行销售的传统采购模式，该模式常常对企业的资金周转造成压力。

从库存管理方式上看，唯品会采用的是非标准化的"零库存"管理模式，"零库存"并非真的没有库存，而是库存以动态周转的方式存在，始终保持快速更新的状态，这种库存管理方式与唯品会快进快出的"限时特卖"销售模式相匹配，限购时间一到，未售出的货品会及时退给品牌商。唯品会的"零库存"模式大大降低了库存管理及仓储的成本。而京东商城则采用先卖空后补货的标准库存管理模式，这种模式往往需要付出巨大的仓储成本。

从仓储、物流方式上看，唯品会目前在全国布局了 4 个仓储中心，并与各地区的多家物流公司合作。虽然，无法与京东覆盖全国的仓储网络相比，也比不上京东自有物流渠道的服务质量。但是，唯品会形成了自己独具特色的"干线+落地配"的轻物流模式，在物流速度上虽无法与京东相比，但已远超其他电商企业。

从结算方式上看，唯品会积极拓宽结算渠道，致力于为消费者提供多种多样、快捷方便的结算方式。目前唯品会已与支付宝、银行转账、快捷支付、货到付款、财付通、邮局汇款、微信扫码等多种结算平台达成合作关系。唯品会网站界面如图 2.7 所示。

图 2.7 唯品会网站界面

4. 苏宁易购（www.suning.com）

苏宁易购是苏宁云商集团股份有限公司旗下新一代 B2C 网上购物平台，现已覆盖传统家电、数码 3C、红孩子母婴、苏宁超市、户外运动等品类，同时，也有金融理财、虚拟运营商等品类，实行全国联保，一站式服务，千城本地快捷配送，也可门店自提，支持网上快捷支付及货到付款。未来苏宁易购将依托苏宁强大的采购、物流、售后及信息化支持，实现快速发展。

苏宁易购使用户拥有良好的体验。由于苏宁易购是苏宁集团旗下 B2C 网上购物平台，有实体店面支撑，旗舰店舒适的购物环境和开放式的顾客体验，可提高顾客的认可度，形成良好口碑。苏宁易购可以实现"线下体验、线上购买""线上浏览，线下购买"，从而将线上线下有机融合起来，打造用户全新购物体验，这将成为行业新标杆，有利于提升苏宁的市场份额。

伴随物流成本的不断攀升，尤其是市场不断向三四线城市下沉，给电商物流体系带来挑战，自营物流越来越显示出其竞争力。因此，降低物流成本，成为各大电商纷纷追求的目标，苏宁也不例外。苏宁易购始终坚持自营物流，推出更快更好的物流服务，如"急速达"、"半日达"和"一日三送"等。苏宁门店将成为门店仓和快递点，实现"最后一千米"的配送。

此外，所有在苏宁易购购买的商品都实现了售后服务本地化，即可以在全国 300 多个城市、4 000 多家门店、近万个服务终端进行鉴定、维修和退货，支持全国范围的售后服务。苏宁易购入驻的商户必须满足所设定的门槛和要求。例如：七天无理由退换、正品保证、B2C 标准化的限时送达服务，为客户提供了优质的商品服务。苏宁易购网站界面如图 2.8 所示。

图 2.8　苏宁易购网站界面

5. 凡客诚品（www.vancl.com）

凡客诚品（VANCL）（北京）科技有限公司（简称：凡客诚品），创立于 2007 年 10 月，企业创始人陈年带领原卓越网骨干班底人员进军新领域——服装品牌网络营销，并在短短几年的发展中成为国内最大的自有品牌服装电子商务企业。凡客诚品从成立至今业务稳步发展,在我国电子商务服装领域品牌影响力与日俱增。在2009年5月被认定为国家高新技术企业。不但被视为电子商务行业的一个创新,更被传统服装业称为奇迹。企业经营期间荣获国家多项荣誉称号。

凡客诚品的企业精神是诚信、务实、创新,坚守真诚待客之道,工作态度求真务实,以为顾客提供质优价廉产品为己任。不论何时何地,对于发展中存在的问题 VANCL 勇于担当、坦诚面对,从不回避和掩饰问题。凡客诚品的原则是志存高远、脚踏实地,不做任何浮华虚夸之事,不计较个人得失,以个人利益服从集体利益为重,不断打造简单、高效的工作氛围。

凡客诚品自成立以来,由原来的男装和POLO衫两大品类,迅速拓展至女装、男装、运动户外、箱包、内衣/配饰、家居等品类。凡客诚品在PPG公司的营销策略基础上,结合本企业特色大胆创新,采用巨量平面与网络广告投放加网络直营方式进行运作,不仅建立了自有的物流中心,而且比竞争对手更注重产品质量与品味。在不到一年的时间内就实现4 800万元销售额。在凡客诚品业务快速成长的同时,多家投资机构(包括IDG、联创策源、软银赛富、启明创投老虎基金、淡马锡等)在其运营初期十个月里向凡客诚品注入上千万美元的资金。2010年2月16日凡客诚品从13个主流业态的数千家候选企业中脱颖而出,荣膺"2010年度北京十大商业品牌"。不到四年的时间,凡客诚品迅速从一个创业公司成长为一个运行良好的成长型企业。

在快速发展的三年里,凡客诚品在产品开发、网站功能、客户服务及配送时间上用心关注用户需求,不断用创新思维和创新方式提升客户体验。在公司成立初期大胆推出了用户当面验货、当场试穿、30天退换货保证、上门办理退换货、POS机刷卡等人性化服务,在某种程度上提升了用户购物体验,同时也提升了品牌美誉度。在领先实行多项服务体检政策后,凡客诚品迅速积累了大量的忠实用户并口口相传获得顾客对凡客诚品的良好的口碑效应。凡客诚品网站界面如图2.9所示。

图2.9　凡客诚品网站界面

2.2.4 B2C 电子商务企业未来发展趋势

1. 由垂直走向综合，由自营走向开放

以规模效应和范围经济为目标，B2C 电子商务企业逐渐开始向综合型电商转型。曾经主营图书的当当网大力发展百货，逐渐向服装、母婴、家居领域靠拢。同时，为了实现企业角色转型和价值延展，B2C 电子商务企业立志于打造开放型平台。苏宁易购的苏宁云平台就是一个典范。平台的开放性使得企业盈利模式更加多元化，从单一的进销差价变为获取销售佣金、平台入驻费、广告收益、关键词竞价收益及店铺增值服务费用多元一体的盈利模式。

2. 新型 B2C 电子商务模式引爆蓝海市场

经过十多年的发展，服装、洗护、家居、图书等百货领域早已成为 B2C 电子商务平台的长期涉足之地，无论是平台竞争还是用户网购渗透率都已接近饱和，而在生鲜、医药、本地生活服务等民生领域，仍有较大的发展空间。同时，随着国内消费者对进口商品需求的增长，海淘和代购兴起，电商平台的角斗场逐渐转向跨境电商这一新兴市场，如天猫国际、京东海外购、蜜芽宝贝、兰亭集势。

3. 各大 B2C 电子商务企业视精细化运营为核心战略

随着 B2C 电商企业的进一步发展，虽然电商们纷纷延伸了商品的规模和种类，但精细化运营已势在必行，因此必须致力于产品规划、精准营销、仓储物流、会员管理，以突出自己的核心竞争优势。在大数据的背景下，B2C 电子商务企业通过对数据的深入分析实现了对整个企业运营过程的规划，不仅降低了运营成本，更推动企业进行价值挖掘，供应链优化。如京东商城利用大数据追寻到消费者行为的规律并帮助其实现了精准营销、预测销量、物资调拨、自动补货等运营活动，从而大大提高了企业运作效率。

4. B2C 电子商务企业纷纷布局 Online to Offline（简称 O2O）

B2C 电子商务企业纷纷构建 O2O 发展体系。如万达影城入驻支付宝钱包；京东商城与上万家便利店开展 O2O 双向引流，旨在实现本地极速配送服务、提升营销、拓展品类；腾讯、百度、万达开启抱团式 O2O 战略合作，打通账号、会员、积分体系，实现数据融合、产品整合等。

5. 电商平台纷纷寻求差异化出路

近年来，天猫商城和京东商城加大了对市场资源的整合，各类商品的布局逐渐完善，这使得垂直型 B2C 更难自主获得流量，平台运营及推广成本的不断增加进一步加大了电商平台生存的阻力。鉴于如此的市场状况，寻求商业模式的差异化策略成为 B2C 电商平台打破天猫商城、京东商城寡头垄断的必经之路。例如，淘常州在本地生鲜市场的成熟经营就是区域差异化模式的典范；Roseonly 在鲜花速配领域的成就体现了品类差异化模式的成功；而寺库网利用粉丝经营，营造良好的体验式消费，体现了服务差异化对发挥社群效应的有力影响。

6. 跨平台合作整合流量资源成趋势

当前国内 B2C 市场呈现典型的马太效应，垂直型 B2C 电商平台想获取流量的难度加剧，主动寻求与寡头型 B2C 电商平台开展合作，获取新流量。而对于天猫商城等寡头型 B2C 电商平台而言，纷纷谋求完整生态体系的建立，即与供货商、物流商等第三方服务商建立完整的合作模式，而未来电商平台的发展定位也在于扩充品类及进行精细化的市场和用户分析之上。

专家指导

B2C 是一种直接面向消费者销售产品和服务的商业零售模式，这种形式的电子商务一般以网络零售业为主，主要借助于互联网开展在线销售活动。近年来，我国 B2C 电子商务市场交易活跃，发展速度迅猛。相对于 C2C 电商平台而言，B2C 电商平台提供的产品在质量、品牌、种类、配送、售后服务等系列核心环节上更加具有竞争优势，是一种主流的电商模式。

2.3 C2B 电子商务

2.3.1 什么是 C2B 电子商务

前面我们已经介绍了什么是 C2C，什么是 B2C，那么大家有没有听说过 C2B 呢？我们知道已往的供需模式（Demand Supply Model，DSM）下，无论是 C2C 还是 B2C，都是先有生产，再有消费，换句话说，生产商生产什么，消费者就消费什么。那么，有没有一种商业模式，可以打破这种传统，让消费者共同参与到产品设计、生产，甚至产品定价中，实现产品的个性化定制呢？

C2B（Consumer to Business，即消费者到企业），是互联网经济时代新的商业模式。这一模式改变了原有生产者（企业和机构）和消费者的关系，是一种消费者贡献价值，企业和机构消费价值。C2B 模式和我们熟知的供需模式恰恰相反。

真正的 C2B 应该先有消费者需求而后有企业生产，即先有消费者提出需求，后有生产企业按需求组织生产。通常情况为消费者根据自身需求定制产品和价格，或主动参与产品设计、生产和定价，产品、价格等彰显消费者的个性化需求，生产企业进行定制化生产。

C2B 的核心是以消费者为中心，消费者当家做主。站在我们平时作为消费者的角度看，C2B 产品应该具有以下特征：第一，相同生产厂家的相同型号的产品无论通过什么终端渠道购买价格都一样，也就是全国人民一个价，渠道不掌握定价权（消费者平等）；第二，C2B 产品价格组成结构合理（拒绝暴利）；第三，渠道透明（O2O 模式拒绝山寨）；第四，供应链透明（品牌共享）。

2.3.2　C2B 电子商务模式

C2B 电子商务模式不仅改变了传统的贸易方式，也改变了人们的消费方式。在传统交易方式中，制造商将商品分销给各渠道分销商，分销商指引消费者消费，但是作为消费主体的消费者，既不能决定商品的品性也不能决定商品的价格，而是只能被动接受厂商所提供的产品。随着消费者需求的不断变化和电子商务行业的逐渐发展，消费者不再选择被动地去接受商品，而是选择 C2B 电子商务发展模式来主导商品生产。

以消费者需求为划分标准，可以将 C2B 电子商务模式分为以下 3 种类型：基于消费者需求差异性的个性化定制模式、基于消费者需求一致性的商品预售模式及基于消费者需求、生产商诉求平衡的逆向团购模式。

1．基于消费者需求差异性的个性化定制模式

基于消费者需求差异性的 C2B 电子商务模式是指消费者的需求各不相同，这种单一需求提供给 C2B 电子商务平台，再由 C2B 电子商务平台的并发系统传输给制造商，进行生产，这种模式通常也被称为"个性化定制"。

随着我国经济的飞速发展，人民生活水平的不断提高，消费者对于个性化的需求程度将会越来越高。而根据消费者的需求差异，为其提供个性化的定制商品，也就成为了现阶段较为流行的网站服务。

在这种模式下，C2B 电子商务平台要为消费者提供易于操作的在线设计器，消费者根据自身的个性需求，在线设计定制商品，完成下单后，C2B 电子商务平台将消费者的需求信息传输给制造商进行生产。

当然，这种基于消费者差异性需求的产品，消费者需要承担产品的高成本，要在为满足个性化需求所支付的高价格和购买标准化产品而导致个性化弱化之间寻求平衡。随着人们自我表现需求的不断加强及个性化的程度不断升级，购买专属于自己的产品的理念将会深入人心。

同时，个性化定制产品也对制造商提出了更高的要求。首先，企业要在满足不同消费者个性化需求所引起的成本增加和生产标准化产品所要求的低价格之间找到平衡。其次，企业需要不断研发在线设计器、完善其功能、简化其操作，使得设计器易于被普通消费者所使用。最后，企业要不断优化个性化产品的定制技术，保证个性化定制载体的商品质量，以防由于刻印模糊、商品品质不佳造成退货。

目前多个品牌供应商支持个性化定制，例如，在线订购的苹果 3C 产品可以进行免费刻字；定制的手机可以选择其外观颜色和样式；购买平板电脑、超极本时可以选择其硬件配置等。但是这只是 C2B 个性化定制的雏形，真正的个性化定制将会实现单件生产、产品属性自由选择，甚至未来可以实现消费者自行设计商品图纸，企业按商品图纸进行生产。

卡当网是国内 C2B 个性化定制模式的先驱，成立于 2006 年，连续数年保持销售 300%的增长率，目前在 C2B 电子商务个性化定制市场占有绝对的优势地位。产品线涵盖服装鞋帽、珠宝手表、时尚饰品、照片冲印、布艺家纺、商务文具等 9 大品类，累计上线单品数达到千余款。全网不限制起订数量，支持单件定制，同时支持 300 个城市货到付款，80%的定制商品可以实现 24 小时内闪电发货。

经过了多年的发展，卡当网已经从最初的销售定制礼物，到现在销售以差异化为特色的各种礼物，主要为顾客提供不同时间及情景事件下各具特色的礼物。2012年年销售额超5 000万元，成为拥有100多名员工及1 000万客户的电子商务企业。

卡当网作为C2B电子商务发展模式个性化产品定制的代表，有着所有C2B电子商务模式天然的优势——及时生产，无库存压力。在这种模式下，所有的商品都是依订单生产，以消费者的需求为起点。事实上，库存之所以被称为库存，全因为喜欢的人不够多。而C2B个性化定制模式很好地解决了困扰B2C电子商务模式下的库存问题，将更多的精力放在新产品、新工艺的研发上，生产出差异化、符合消费者需求的商品。

当然，在个性化定制方面，卡当网也有自身的局限性：①定制商品难退货，由于个性化定制的商品属于个人专属，无法进行二次销售，若无质量问题卡当网不支持退换货；②知名度较低、品牌营销不足，卡当网创办于2006年，到2014年已经运营8年，但还远没有进入国内主流电子商务市场。2016年8月，这个做了十年个性礼物定制的"卡当网"正式关闭。

2. 基于消费者需求一致性的商品预售模式

基于消费者需求一致性的C2B电子商务模式是指将有相同需求的消费者聚合成一个群体，以此来改变消费者和厂商一对一出价的劣势，在采购过程中，以数量优势同制造商进行价格谈判，最终以使制造商用最大的优惠折扣价来完成交易的新型C2B电子商务模式。这种模式下的消费者可以借助互联网信息技术找到与自己需求相同的地处其他区域的消费者，所有消费者将这种同质需求转化为对产品的下单订购。制造商获得订单后，要及时调整供应链结构，优化上下游供应链，精准地锁定消费者，以便提前备货、消除库存。在这种模式下，企业可以对上中下游供应链进行更为有效的管理，使得生产、库存、流通等成本大幅降低，在保证将高质量、低价格的商品给到消费者的同时，最大程度保障了制造商的利润。换句话说，这种模式就是先有订单，再组织生产、运输、流通，最后实现终端销售。

对于价格敏感型消费者而言，在选择同质商品时商品价格是第一衡量要素，这种消费者希望通过最低的价格来使自己的需求得以满足，为了达到这种目的，他们自发地组织消费者联盟，使处于不同区域的消费者聚合在一起。

对于制造商而言，他希望自己生产的产品能在市场中快速消耗，而快速消耗的前提是市场上出现大量的购买力。将有一致需求的消费者聚合成消费者联盟，为了迎合这部分消费者对于价格的要求，制造商愿意降低商品价格来获取更多的销量。在这种模式下，制造商提高了商品动销率、降低了库存、加速了资金回笼。同时，制造商还可能在消费者联盟的口碑营销下而获得更多的利益。

作为搭建消费者与制造商之间信息传递的平台的C2B电子商务网站将消费者联盟中消费者对商品的信息传递给制造商，这种模式与传统的中间商有很大的不同。

传统的中间商虽然同样连接着消费者和制造商，但是其本质是中间商扮演者采购者的身份，购买各种商品再转售给消费者。这就决定了中间商在转售的过程中必然会提高商品的价格来获得利润，最终到消费者手中的商品可能远高于其出厂价。而在开放的网络环境下，C2B电子商务平台扮演的是信息传递的角色，消费者可以避免因信息不对称造成的利益受损。他们会选择代理链条最短的中间商甚至是直接与制造商达成交易，避免因为传统中间商价格加成所带来的交易成本上升。C2B电子商务平台还扮演着为消费者议价的角色，使得制造商能为消费者提供低价的商品。

具有一致需求的消费者聚合成具有一定规模的消费者联盟，C2B电子商务平台将消费者需求传输给制造商,在获得优惠折扣价格后,消费者下单购买,制造商按订单生产发货。这种基于需求一致性的C2B电子商务模式,它认可消费者的共性需求,并认为聚集一定规模的同质需求即可将这部分商品做标准化生产,以集中采购的方式呈现。

在供销关系中,这种模式将庞大的人气和消费者资源转化成对制造商产品或品牌的关注度,进而演变成制造商梦寐以求的营销价值,并从消费者角度出发,通过对资源的整合与品牌的策划,实现精准营销。企业可加强对其营销对象的可控性,对于某种特定的网络活动所聚集的人群,往往是有一致需求的一类人,制造商可以根据自身产品和品牌的特点,在营销形式的选择上,形成于消费者的深度沟通,达到与网络活动主题高度一致的目的,以此来巩固和提升企业品牌对于老客户的影响,吸引新客户。

2010年9月,阿里巴巴旗下C2C电子商务平台淘宝网宣布启用聚划算二级域名,将淘宝聚划算定义为阿里巴巴集团旗下的团购网站。2011年10月,淘宝网宣布聚划算脱离"母体",启用顶级域名,开始独立运行。但独立出来的聚划算,依然在淘宝网上有端口接入,以共享淘宝网流量。2012年7月即阿里巴巴在港交所正式摘牌一个月后,阿里巴巴集团宣布调整架构,新阿里巴巴集团将由聚划算、淘宝网、天猫商城、一淘、阿里云、阿里国际业务(ICBU)及阿里小企业业务(CBU)7个事业群组成,以此形成集团CBBS(消费者、渠道商、制造商、电子商务服务提供商)市场体系。

2013年1月阿里巴巴集团聚划算事业群在杭州举行的"C2B定制研讨峰会"上对外宣布,启动C2B(消费者驱动)战略,推出大规模定制产品平台——聚定制,这一平台将在未来有效的聚合需求,使消费者能买到个性化的高性价比的商品。

"聚定制"作为聚划算未来发展的核心业务,将实现以销定产,促进企业降低运营成本、减少库存,这种发展模式将通过大量的数据分析、辅助问卷、意见征集等多种互动方式聚合消费者的共性需求,将共性需求转化为规模化生产,为消费者量身打造优质的商品和服务。

具备天然优势的聚定制,虽然启动时间不长,但是一开始就吸引了众多消费者的眼球。2012年9月聚定制联合海尔家电旗下统帅品牌开展新品定制首发活动,8天内消费者对电视尺寸、边框、清晰度、能耗、色彩、接口等定制点进行投票,并根据最终的投票结果进行生产,开团当天仅10分钟,三款个性化彩电即被消费者疯狂抢购3 000台。

聚定制的应用场景主要是品牌商品预售和新品定制。品牌商品预售是指生产厂商通过对前期数据的对比分析或调研,提前定制成品或半成品来销售,根据订单安排生产和发货,以此降低库存,让消费者拿到更高性价比的产品;新品定制是指生产厂商提供模块化的定制点供消费者选择,在满足消费者个性化需求的同时,也能准确了解到消费者偏好,为未来产品设计提供数据支持。

同时,聚定制预售商品采取的是定金+尾款搭配梯级定价或非梯级定价的方式来支付。定金+尾款,即消费者选中某件定制商品,先支付一定比例的定金,生产厂商可以根据付定的情况,适当采购原材料;拍定结束后,再补齐尾款。梯级定价是指定购商品的人数越多价格越低,商品的最终售价由最终定购的人数决定。而非阶梯定价的预售商品,则价格是固定的。

聚定制是C2B电子商务商品预售模式的典型代表,这种预售模式以消费者具有一致需求为基础,将这部分消费者聚合成消费者联盟,从而实现企业大规模定制,消费者低价订购的目的。聚定制是阿里巴巴集团未来发展的战略方向,同时也为我国C2B电子商务的发展提供了出口路径。

3. 基于消费者需求、生产商诉求平衡的逆向团购模式

对于提供具有时效性的商品或服务的供应商来说，商品或服务的价值随时间的流逝而不断下降，在有效的时间内销售出所有的商品和服务是供应商的诉求；对于理性的个体消费者而言，以最低的价格买到最需要的商品或服务是其最原始的夙愿，这里暂且将其定义为消费者的低价需求。

基于消费者需求、生产商诉求平衡的 C2B 电子商务模式是指消费者将其需求、供应商将其诉求提供给 C2B 电子商务平台，由平台对各种信息进行匹配，若出现相符的供需条件，则交易成功，人们通常称这种模式为"逆向团购"。在这种模式下，消费者不再通过联盟议价的方式来获取价格优惠，而是明确表明自己为取得这种商品或服务所愿意支付的最低价格；供应商也不再是被动地等待消费者选购，而是主动将销售信息分享至 C2B 电子商务平台。C2B 作为信息处理平台，连接着消费者与供应商的双方诉求。

在现实生活中，如果临近夜间 11 点、12 点，酒店仍有空余房间，这时只要消费者有意愿入住，就能为酒店创造收益，即对于酒店而言，越临近一天结束，空余房间的价值就越低，在它的价值低到零之前，只要还有消费者愿意入住，那么酒店就又能多一笔收入。因此，与其浪费这些闲置资源，不如让卖家和消费者实现双赢。正是卖方的这种心理，使得这种基于消费者需求、供应商诉求平衡的 C2B 电子商务模式有了实现的可能。

在国外，将这种模式运用的淋漓尽致的是美国的 Priceline 网站。1998 年成立的 Priceline 因为其独创的"用户出价模式"大受价格敏感型用户及旅游淡季的酒店、航空公司等欢迎。Priceline 网站界面如图 2.10 所示。

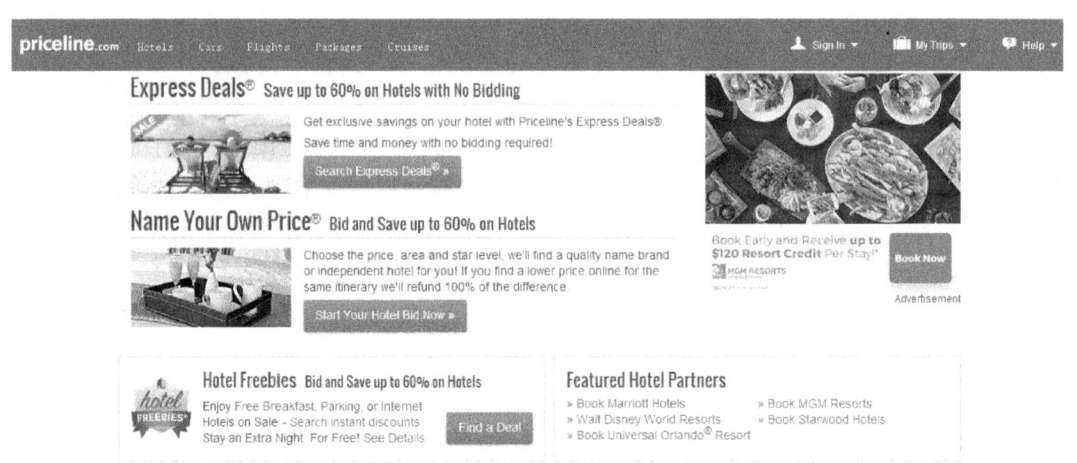

图 2.10　Priceline 网站界面

我国在逆向团购方面也借鉴了 Priceline 的这种经营模式。2012 年 3 月 22 日上线的名为"酒店控"的终端 App，上线 150 天即有 50 万次的下载，80 万次的更新。在苹果应用商店曾进入下载总榜前 20，旅游类分榜第一名超过一周。在这个 App 上，用户可以选择星级、地区、入住时间等，并给出一个价格，30 分钟内由众酒店来回应，如果同意接受该价钱，则预订成功，之后获得酒店名称和详细地址等信息，且该预订不能更改和退款。"酒店控"复制了 Priceline 的模式，但也做了一些本地化的改良，具体如表 2.1 所示。

第 2 章 网络购物

表 2.1 Priceline 与酒店控模式的差异

项目/类型	www.priceline.com	酒店控 App
成交价格	对外保密	价格公开
支付环节	信用卡扣款	线上支付或到店支付
盈利模式	酒店给出的房间底价和用户出价之间的差价	合作酒店每月免费给出的部分空房资源

在成交价格方面,由于同 Priceline 合作的酒店均为高档酒店,为避免正常价格入住的顾客由于价格差异问题,产生心理落差,引致顾客满意度降低,Priceline 同网络用户的成交价格不对外公布;酒店控则从消费者出价角度出发,只公布顾客的成交价格,为消费者提供出价参考,但对于酒店信息不予公布,只有消费者和网络平台可以知悉。

在支付环节,Priceline 要求出价的顾客用信用卡做担保,一旦需求匹配成功,则算作交易成功予以扣款,无论消费者是否满意;而酒店控则更为人性化,需求匹配成功后,消费者有权选择接受或放弃,若接受,消费者可以选择到店支付或在线支付;若拒绝,酒店控将为其继续匹配。

在盈利模式上,Priceline 依靠酒店给出的房间底价同用户出价之间的价差来获取利润,即若用户的出价高于酒店给出的最低价,则 Priceline 系统自动识别出两者匹配,并赚取中间的差价;而酒店控则与部分酒店实行战略合作,酒店将预期的空置房间交由酒店控进行销售,以销售的分成来获利。

事实上,这种经营模式看起来好像只是多了一个消费者出价的环节,而正是这一环节,为 C2B 电子商务带来了一种全新的实现模式——逆向团购。如果说传统电子商务只是把购买行为从线下搬到线上,那么逆向团购则是客户主动参与电子商务的一些环节,如定价、定制等。2012 年 9 月,酒店控获得蓝驰创投投入的数百万美元的 A 轮融资。2013 年 9 月,酒店控获得由红点创投领投、蓝驰创投跟投,融资金额超过 600 万美元的 B 轮融资。意味着,电子商务的重心正在从商家向消费者转移,未来的电子商务将由以消费者为中心的企业占据主导。

 专家指导

C2B 是互联网经济时代新的商业模式,真正的 C2B 应该先有消费者需求而后有企业生产,即先有消费者提出需求,后有生产企业按需求组织生产。这一模式改变了原有生产者和消费者的关系,C2B 的核心是以消费者为中心,消费者当家做主。在通常情况下,消费者根据自身需求定制产品和价格,或主动参与产品设计、生产和定价,生产企业根据用户需求进行定制化生产。

2.4 团 购

2.4.1 什么是团购

团购作为电子商务新的营销模式,发展十分迅速,尤其在 2010—2011 年期间,我国的团购网站更像是雨后春笋，在全国呈现出井喷式爆发。那么，什么是团购，团购的发展趋势如何，团购能给商家及消费者带来什么好处？接下来，让我们一起深入了解团购这种新的商业模式。

1. 团购概念

团购（Group purchase）就是团体购物，是指认识或不认识的消费者联合起来，加大与商家的谈判能力，以求获得最优的价格的一种购物方式。根据薄利多销的原理，商家可以给出低于零售价格的团购折扣和单独购买得不到的优质服务。团购作为一种新兴的电子商务模式，通过消费者自行组团、专业团购网站、商家组织团购等形式，提升用户与商家的议价能力，并极大程度地获得商品让利，引起消费者及业内厂商、甚至是资本市场关注。

团购的好处主要表现在两方面：一是团购价格低于产品市场最低零售价，二是产品的质量和服务能够得到有效的保证。

团购能够带来上述好处的原因：一是参加团购能够有效降低消费者的交易成本，在保证质量和服务的前提下，获得合理的低价格。团购实质相当于批发，团购价格相当于产品在团购数量时的批发价格。通过网络团购，可以将被动的分散购买变成主动的大宗购买，所以购买同样质量的产品，能够享受更低的价格和更优质的服务。二是能够彻底转变在传统消费行为中，因市场不透明和信息不对称，而导致的消费者弱势地位。通过参加团购更多地了解产品的规格、性能、合理价格区间，并参考团购组织者和其他购买者对产品客观公正的评价，在购买和服务过程中占据主动地位，真正买到质量好、服务好、价格合理、称心如意的产品，达到省时、省心、省力、省钱的目的。

目前网络团购形式大致有三种：第一种是自发行为的团购；第二种是职业团购行为，目前已经出现了不少不同类型的团购性质的公司、网站和个人；第三种就是销售商自己组织的团购。而三种形式的共同点就是参与者能够在保证正品的情况下拿到比市场价格低的产品。目前主要的团购种类有房产、装修、建材、橱柜、衣柜、家电、家具、婚庆、学车、购车、教育、票务等，未来会有更多的产品加入到团购的行列当中。

2. 团购的发展历程

世界上第一家团购网站是2008年在美国成立的Groupon，其"one deal a day"模式，一个城市每天推出一款商品，商品价格极低，仅为原价的两三折，甚至更低，受到众多消费者和商家的追捧，成立一年就实现盈利，市场扩展至全球27个国家，估值达13.5亿美元，打破全球最大社交网站Facebook的最快发展速度纪录，被《福布斯》杂志称为"增长最快的公司"。

Groupon所提供的产品实质以服务商户与用户为主，其担任的是渠道销售商的角色。Groupon所拥有的用户为29～33岁具有高消费能力的用户，对于商家来说Groupon平台定位精准、目标明确、成本低廉，是广告宣传的最佳平台。商家通过Groupon对产品充分曝光，提升影响力；且通过该平台带来的超级数量的用户，出售优质商品或服务，再通过口口相传的模式，吸引更多的用户再次消费。而基于商户其提供的是高性价比的产品或服务信息，Groupon主要售卖的是餐馆、酒店、美容、健身、培训等服务类的优惠信息，即使跟知名服装企业Gap合作也是以优惠券的形式售卖，这均避免了库存、物流配送等成本。

Groupon的盈利核心在于收取商户30%～50%的高额交易佣金，回款周期为两个月，即网上团购活动结束当天结算1/3，1个月后结算1/3，2个月收结算剩余的1/3，如此能迅速回笼资金。Groupon网站界面如图2.11所示。

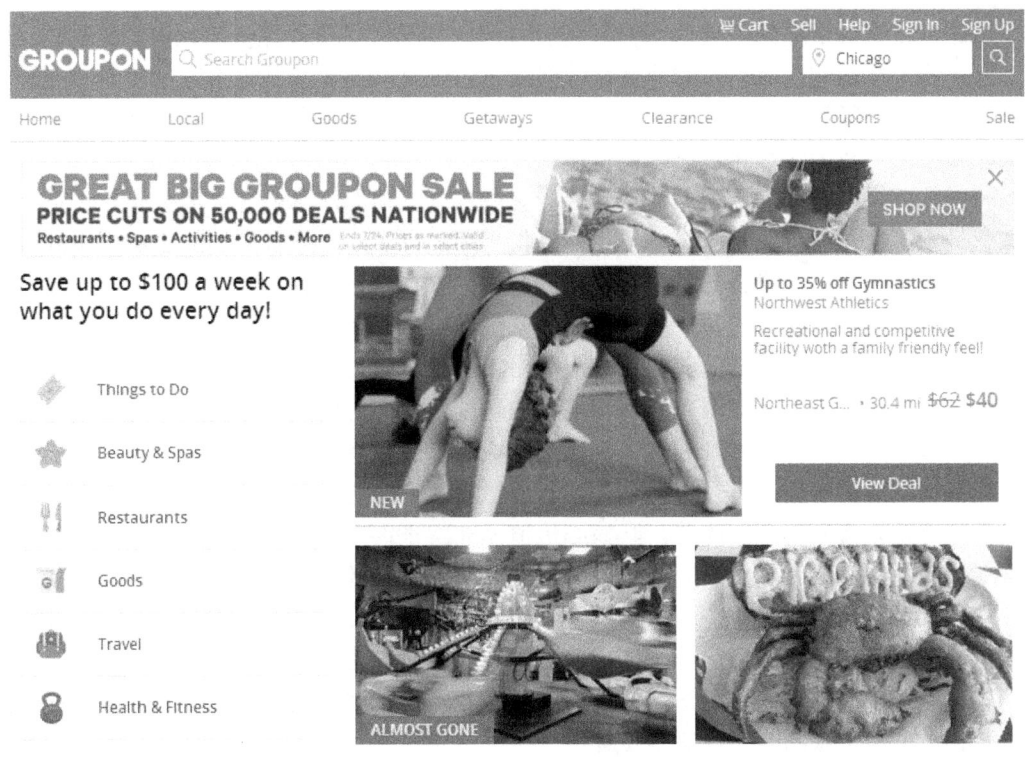

图 2.11　Groupon 网站界面

Groupon 的巨大成功引起了我国创业者的追逐，引发团购行业的创业热潮。

2010 年，我国第一家团购网站——满座网诞生。不同于国外的"一城一日一团"模式，满座网采用了"一城一日多团"的销售模式，该模式更加符合我国网络消费者的实际需求。满座网的服务，包括餐厅、酒吧、KTV、SPA、美发店等，消费者能够以低廉的价格进行团购并获得优惠券，让消费者享受超低折扣的优质服务。

总体而言，这种模仿 Groupon 的团购网站模式简单、启动资金少、进入门槛低，因此团购网站如井喷式爆发。根据中国电子商务中心发布数据显示，2010 年 3 月，团购网站就突破百家，2010 年年底增长至 2 000 家，升级为千团大战。2011 年团购网站数量出现逆转，上半年数量不断增加，最多时达到 5 000 余家。然而到了 2011 年年底，数量锐减到 3 909 家。2012 年，几家团购电商巨头疯狂扩张，用补贴烧钱的方式快速占领市场，导致大批中小型团购网站面临资金链断裂等窘境，在夹缝中艰难生存，或倒闭或转型，团购网站数量持续走低。

据相关统计数据显示，截至 2014 年年底，全国共有团购网站 6 246 家，而 2014 年上半年国内团购网站数量已锐减至 176 家，相比 2011 年 8 月高峰时的 5 058 家，存活率仅为 3.5%。

经历整盘期后，绝大多数团购网站走向衰落和灭亡，其中也涌现了一批业绩优秀、具有良好发展前景的团购网站，如大众点评网、美团网、百度糯米。2015 年 4 月中国团购网站的交易情况报告指出，美团网全年交易额达 88 亿元，稳居冠军之位；大众点评网在 30 亿元左右，百度糯米也达到 10 亿元，团购网站前三甲取得了优异的成绩。这些团购网站逐渐摒弃粗放式的扩张，调整格局，精耕细作，积极探索新的发展模式。

3. 团购的现状

团购模式给用户、商家带来的价值是无可争议的，对用户而言降低了购物成本而对商家而言这一模式对于提升人气、口碑推广甚至提升营业额本身都可能带来不可忽视的贡献。团购网站成为继网购之后新兴的网络营销模式让无数商家尝到了"甜头"。

整个团购市场经过了之前的整合淘汰期后，已经出现明显分化。强者愈强、弱者愈弱的"马太效应"在团购行业中体现得愈发明显。

一部分网站则转型为商城网站，将"当天有售"的团购产品销售时间延长，形成一种常态化的本地生活服务优惠套餐，给用户提供"随时可买、无须预约"的服务。一些本地生活服务类团购网站则将最初的限时折扣产品如餐饮、电影、旅游、健身等，转变成一种长期有售的优惠券。此方式是对团购服务的升级模式，然而优惠券折扣力度小和"随时可买"的服务可能会使消费者的购买意愿下降。团购这把双刃剑，既可因优质体验增加商户的人气与生意，也会因粗糙服务导致商户口碑严重下滑甚至砸了自家招牌。随着电子商务团购行业深入更多普通老百姓的心中，中小型城市未来团购市场需求更大，将成为未来带动团购市场发展的中坚力量。未来整个电子商务团购市场的规模和影响力还将不断扩大。

其实无论是哪种形式的团购，其核心价值无非就是连接商家的营销需求及用户消费需求，促成交易的完成。那么，对于团购网站来说，运营的基础即拥有大量具有消费欲望的用户，以及可提供优惠服务的商家。

虽然团购网站将要经历行业发展中痛苦的转型期，但这也是前期资金推动下粗放式发展的必然。在优胜劣汰的市场法则下，拥有优秀的管理制度、能够提供优质的服务的企业将不断诞生，会带领团购行业健康发展。

虽然团购网站目前的竞争形式主要表现为广告宣传、低价促销，但同时随之快速上升的消费者投诉，对团购网站提出了更高的要求，也使网站之间的竞争更加激烈。从模式本身来看，团购就是一种大型推广营销活动+体验式服务的结合。作为营销模式，为商家直接带来销售，为团购用户实现低价交易，团购网自身在为双方进行价值传递的过程中获取自己的价值。团购网站这一模式能否成功的运行，关键在于其能否为商家和消费者传递他们所需的价值。比如，为商家提供目标客户群体，为商家提供整体的营销服务；为消费者带来便利、快捷和超值的产品和服务。

4．团购市场发展趋势

① 网络团购应用范围扩展，带动多种互联网应用的发展。一是团购活动资讯的发布带动了信息导航网站、垂直搜索引擎的发展；二是网络团购的社会化营销为 SNS 网站的高流量变现提供了途径；三是网络团购的发展，用户对团购方式的认可，为购物网站提供了新的营销方式。

② 网络团购发展，带动生活服务类的电子商务化。以生活服务类商品为主的网络团购的发展，将带动我国生活服务类的电子商务化。我国的电子商务一直为实物类交易为主，围绕本地生活服务的网络应用多集中于资讯获取层面。随着互联网及移动互联网购物环境的改善，团购模式成为生活服务的电子商务化的极好实现形式。

③ 团购网站业务向二三线城市的扩展，带动区域电子商务发展。团购网站的地域扩展，将带动我国二三线城市的电子商务发展。为了扩大业务规模，维护企业长远发展，新兴的团购网站将不断向有潜力的二三线城市扩展。而网络团购向二三线城市的渗透，培养了用户的付费习惯，由此也将带动当地实物类网络购物的发展。

④ 市场竞争加剧，三类团购企业将主导未来的团购市场。未来一至两年我国的网络团购市场将经历洗牌。拥有商户资源、或拥有用户资源的团购网站均将胜出，同时部分从零

开始的团购网站凭借运营的专业性和灵活性,也将在局部地区市场中占据一定优势。三类团购网站将主导整个团购市场。

⑤ 网络团购将与秒杀等促销形式结合,通过线上线下多种媒体合作。网络团购将与秒杀、限时抢购等促销形式结合使用,同线上线下媒体合作推广。由于网络团购本质上属于一种促销方式,团购可与其他促销方式结合使用;同时,考虑到服务类团购商品消费的本地化特征,未来团购活动在推广方面将呈现团购网站与地方线上、线下媒体合作推广的方式。

5. 团购企业的发展策略

针对未来的市场发展特点,团购网站可以从以下几个方面入手,提高企业的竞争力,获取更大的市场空间。

① 关注市场消费特点,制定合理的市场开发策略。无论是发展比较好的大型城市市场还是中小型城市市场,都拥有巨大的消费潜力。但是由于不同市场所处的阶段不同,对消费群体的关注也不同。目前大型城市的消费者占潜在消费者不到一半的比例,根据罗杰斯的理论,赶时髦和从众型的消费者会占潜在消费者的68%左右,因此如果能将这一部分消费者带入市场,总体消费量将会大幅增长,并且将促进市场的成熟和稳定,因此这部分消费者是未来市场开发的重点。根据这部分消费者的特点,应该加大宣传力度,寻找群体中的意见领袖并施加影响,从而带动时髦型的消费者;提高产品质量,客观地进行宣传,关注消费者的购后评价,妥善处理不良情绪,提高口碑,营造安全消费的氛围,带动从众型消费者的加入。对中小城市来讲,消费者占总体潜在消费者的水平还达不到16%(所有早期采用者理论占比之和),可以看出市场还处于较低的开发水平。为了促进市场的发展,企业要选择多样的宣传渠道,扩大宣传力度,促进消费者熟悉网站团购;创造网站团购是大城市流行购物方式的舆论,促进模仿行为产生;宣传网站团购与其他购物方式的不同,表现其新鲜和独特性,吸引尝试行为的发生。

② 创造优良的购物体验,稳定消费群体。消费者在购买中一直在进行成本和利益的评价,总体成本中不仅包含货币成本,还包含信息的获取成本、信息比较的成本、产品的获取成本、风险成本。因此,要想稳定消费群体,就必须传递给消费者更多的价值。通过多种措施,提高消费者满意度,增加购后正面评价,帮助消费者建立对团购网站正面的信念和态度。团购网站要避免为了增加团购商品的数量,一味追求与商家的合作,而不重视对商家的资质审核。团购网站要对商家及其商品或服务的真实信息认真核查,避免出现销售假冒伪劣商品、服务与约定不符、附加消费、逾期交付货物或退换困难等情况。同时,要明确商品的名称、种类、数量、质量、品牌、产地、价格、运费、配送方式、支付形式、退换货方式等相关信息。还要充分考虑服务业商家的接待能力,提高消费者消费产品和服务的满意程度。团购网站既要建立消费者安全保障体系,保留消费者确认页面及内容等相关消费凭证,为消费纠纷提供依据,也要建立消费投诉处理系统,快速高效地处理消费者投诉。同时,建立产品评价和商家信誉记录系统,为消费者选择提供透明的信息,提供安全的交易支付平台,保障消费者交易资金的安全。除了要提高消费者一直看重的购物方便、快捷、安全的水平,团购网站应该利用先进的客户管理(CRM)系统对消费者信息进行深度的挖掘和分析,从而提供更加个性化的服务。

③ 占据细分市场,为商家提供高效的营销服务。团购作为一种第三方中介交易,服务消费者的同时,也需找到以商家为中心的模式,从而为服务与营销价值带来新的提升。未

来市场的发展，将使得消费者在满足基本需要后寻求个性化的服务，从而消费群体之间的差异将日益显现，因此将消费群体进行细分，专注于某个或者某些细分市场将变成可能。团购网站要随时关注消费市场的变化，在消费者个性需求逐渐显现的时候，对消费者市场进行研究和细分，通过各种手段在目标市场中建立优良的形象。同时，要对消费群体进行连续的信息收集和分析，掌握群体的心理、生理、文化、社会特征，了解其购物模式，明确能对其产生有效影响的手段和因素。从而改变仅仅是帮助商家发布商品信息的局面，提供给其有效的营销方案，提高体验式营销的效果。

④ 创新发展模式，提高融资能力。资金是企业发展的动力来源，就目前的市场情况来看，要依靠自身解决资金问题尚不能现实。目前，已有多家团购网站完成了多轮融资，融资金额也是节节攀升。国内巨大的市场是企业发展的优势，但只有具有创新能力的企业，才能在这个巨大的空间里成长。多年前，新浪、搜狐和网易等几大门户都是在亏损的状况下成功上市的，而成功上市的原因就是几大门户已经有了清晰的盈利模式。

2.4.2 团购平台运营模式

1. 百度糯米（www.nuomi.com）

百度糯米，前身为人人旗下的糯米网，2014年1月百度全资收购糯米网并在2014年3月6日将其更名为百度糯米。经过几年发展，百度糯米已经从以美食、电影、KTV为主的团购服务网站，发展成为国内领先的本地生活服务平台，服务覆盖美食、电影、酒店、旅游、火车票、机票、充值、外卖、婚庆、鲜花、房产、招聘、本地购物、到家（搬家、开锁、家政、电器维修）等。

同时，利用百度人工智能AI、大数据等优势，百度糯米针对中、小、微商户提供覆盖3～5千米本地商圈的移动互联网营销服务及智能营销解决方案，推动商户精准获客、高效运营老客户，完成了从传统团购平台到线上线下场景和流量的本地商户营销平台的成功转型。

从消费者角度看，百度糯米的用户群体主要是习惯网络购物的人士。根据百度糯米的会员信息，用户年龄分布主要在20～40岁之间，以大学生和白领为主，关心流行文化，喜欢尝试新鲜事物，拥有一定的自主消费能力，多是喜好吃喝玩乐的享受生活者，女性占总数的60%以上，有很强的引领消费能力。

从商家角度看，百度糯米的用户群体是提供本地生活服务的各类商家，商家将百度糯米作为网络宣传平台，推广和销售商品，目前百度糯米已经与200万家商家达成合作意向。

百度糯米连接商家和消费者，消费者在选择百度糯米的时候，既可以享受远低于正常价格的优惠，又能一站式解决吃喝玩乐所有问题，给消费者带来更加贴心周到的生活服务体验。同时也为合作商家带来更多的用户，增加其营业额。

百度糯米的成功，在于拥有重要的核心资源，成为与其他的团购网站竞争的核心优势，为其更好地开展和探索商业模式打下了坚实的基础。

① 雄厚的资金支持。团购市场竞争白热化，以亏损换份额的企业不在少数。2012年百度糯米网亏损2 730万美元，2013年百度糯米进入主流团购网站队伍，然而这样的亏损还在继续。团购行业毛利低，同时在资本力量的推动下，整个市场的拉动极度依赖补贴。在转型期，有百度公司的巨额资本支持无疑是一个有力的竞争优势。

② 强大的销售和运营团队。百度糯米在全国各地拥有强大的销售和运营团队，他们深

诺团购业务，具备良好的运营经验。糯米网被百度公司收购后，双方团队和文化融合非常成功。同时，百度公司拥有超过万人的销售和代理商团队，目前已覆盖全国 400 多城市，为百度糯米的市场拓展提供了强大的支持。

③ 巨大的用户流量。百度旗下的搜索、地图等业务拥有大量的用户资源，百度搜索业务覆盖了 95%的网名，百度地图拥有 3 亿活跃用户。百度糯米与之进行业务融合，拥有巨大的用户资源。如此强大的流量支持，是其他仅靠自身 App 引流的团购网站所不具备的。

④ 完善的售后服务体系。百度糯米为消费者提供了完善的售后服务，为消费者免除了网上团购的后顾之忧，例如，百度糯米提供"随便退"服务，所有未消费的团购券都支持随便退服务（除储值卡、电影在线选座、需要物流配送的团购以外）；消费不满意先行赔付，商家提供给用户的产品与其承诺的产品内容严重不符、出现严重质量问题、违反相关法律法规、商家无理拒绝接受用户使用百度糯米券的行为进行赔付；过期自动退，免手续费、无须任何操作，对消费者未消费的过期产品进行自助退款。百度糯米网站界面如图 2.12 所示。

图 2.12　百度糯米网站界面

2. 美团网（www.meituan.com）

2010 年 3 月 4 日，美团网正式成立，美团网有着"吃喝玩乐全都有"的宣传口号，总部位于北京，致力于本地生活服务类团购，包括餐饮美食、电影、休闲娱乐、丽人、汽车服务、旅游、酒店、外卖、亲子、婚纱摄影等多种类目。与 O2O 电子商务模式相同，美团网的业务核心便是以团购第三方的角色利用互联网平台连接商家与消费者，使消费者到线下实体店中体验服务，即线上支付，线下享受服务。

作为较早一批创立的团购网站，美团网创立伊始便始终处于行业中间位置，2010 年美团网的交易额已达 1.4 亿元。美团网官方数据显示，2015 年上半年度，美团实现交易额突破 470 亿元（包括美团外卖交易额），其中 95%的交易额由移动客户端完成，同时美团网的市场份额已达 62%以上，与美团网进行合作的商家达 160 万。

2012 年 2 月推出美团电影，于 2013 年 1 月更名为猫眼电影，并于 2015 年独立为美团旗下全资子公司猫眼文化传媒有限公司；2015 年美团网推出美团外卖。此后美团网进一步完善布局，斥资数千万美元收购旅游搜索引擎——酷讯网之后，新设立外卖配送事业群和酒店旅游事业群。2015 年 1 月 22 日，排队软件"遥遥排队"被美团网收购。美团网于 2015

年 8 月 19 日对外公布已整体收购 TripAdvisor 旗下酷讯旅游网。

2015 年 10 月 8 日，大众点评与美团网宣布合并，合并后双方人员架构保持不变，保留各自的品牌和业务独立运营，新公司将实施 Co-CEO 制度，美团 CEO 王兴和大众点评 CEO 张涛将同时担任联席 CEO 和联席董事长，新公司估值超 150 亿美元。2015 年 11 月，阿里确认退出美团。

作为连接线上消费者与线下商家的桥梁，美团网是致力于为消费者找到优质商家，为商家发掘消费群体的团购网络组织平台。美团网自成立以来，一直努力为消费者提供本地服务电子商务。作为北京市海淀区首家申请加入 12315 绿色通道的团购企业，以及通过"电子商务信用认证""网信认证""可信网站"认证的团购企业，美团网不仅销售额持续保持领先，同时也是用户满意度最高的团购网站，在消费者群体中拥有非常好的口碑。

为了更好地服务用户，美团网除了严格的商家审核，还投入千万元进行呼叫中心建设，同时率先推出"7 天内未消费，无条件退款"、"消费不满意，美团就免单"和"过期未消费，一键退款"等一系列消费者保障计划，构成了完善的"团购无忧"消费者保障体系，为用户提供最贴心的权益保障，免除消费者团购的后顾之忧，让消费者轻松团购，放心消费。

美团网始终遵循消费者第一、商家第二、美团第三的原则，自成立之初就非常重视诚信经营，迄今已有一整套体系为消费者提供好价格、好商品和好服务。美团网网站界面如图 2.13 所示。

图 2.13　美团网网站界面

3．大众点评网（www.dianping.com）

大众点评网于 2003 年 4 月成立于上海，大众点评网是中国领先的本地生活信息及交易平台，也是全球最早建立的独立第三方消费点评网站。大众点评网不仅为用户提供商户信息、消费点评及消费优惠等信息服务，同时亦提供团购、餐厅预订、外卖及电子会员卡等 O2O 交易服务。

大众点评网其早期的运营模式是第三方独立消费点评模式，即大众点评网把用户点评上海餐馆的信息编辑到该网站上，吸引网民浏览并引导他们集聚在该网站上撰写优质的餐饮点评信息，这使得网民既是网站的浏览者又是网站内容的创造者，通过这样的良性循环，大众点评网最终成为一个人气极高的虚拟消费点评社区。随后，大众点评网把该模式从上海复制到北京、南京、杭州、深圳等地，到 2004 年年底，大众点评网的业务覆盖全国 20 多座城市。同时，大众点评网也开始探索盈利模式，开展会员卡业务和电子优惠券业务向商家赚取费用是美团、大众早期的盈利模式。

2005 年，大众点评网开始探索手机领域。因为少量的费用收入无法支撑大众点评网在全国范围内的快速扩张，所以 2006 年大众点评步入融资扩张之路。在 2006—2007 年，大众点评网成功融资 500 万美元，这成为了大众点评网在 2008 年扩张的资金基础。2008 年大众点评网进入广州市场，完成了在全国范围内的战略布局。同年，由美国次贷危机引起的全球金融危机，宏观经济环境的改变迫使大众点评网调整经营策略，从餐饮领域拓展到整个本地生活服务业。同年，大众点评网宣布实现盈利。

经过对手机领域四年的探索，大众点评网于 2009 年推出手机客户端，快速抓住移动互联网带来的机遇，在"千团大战"中逆势成长。在 2010 年前，大众点评网的运营策略是专注于帮助商家开展线上营销，向用户提供消费决策信息和商家优惠，同时积累商家和用户的点评数据。2010 年则调整为交易平台和信息平台双平台运营策略。

2014 年，大众点评网与腾讯达成战略合作。2013 年大众点评网的主要竞争对手美团网的成交额为 151.2 亿元，而大众点评网仅有 82.9 亿元。为了获取更多有利的资源以扩大自己的市场份额，大众点评网与腾讯展开战略合作，获取腾讯的微信接口，并借助腾讯的广点通效果广告系统在三、四线城市投放广告，扩大在三、四线城市的市场份额。2015 年 10 月 8 日，大众点评网与美团网宣布合并。2016 年 1 月，美团——大众点评旗下 App "大众点评"荣登"2015 腾讯应用宝星 App 榜"，喜获"年度十大最受欢迎 App"。同时，"大众点评"也是唯一一款获评该奖的美食健康类 App。2017 年 10 月，大众点评网完成新一轮 40 亿美元融资，投后估值达 300 亿美元。

截至 2018 年 7 月，大众点评网拥有 2.9 亿活跃用户和超过 500 万的优质商户，业务覆盖全国多个市县区，涉及的商品和服务超过 200 个品类，内容涉及餐饮、外卖、酒店旅游、丽人、亲子、休闲娱乐等领域，日完成订单量达 2 200 万单。美团点评致力于改善和提升消费者的生活品质，用科技和创新赋能传统产业，深刻影响和改变了广大用户的生活习惯。

大众点评网主要针对本地商品消费和服务体验，集中于生活服务类，通过用户的点评方式建设网站内容，点评信息一方面既作为其他用户消费的重要参考来吸引消费者参与团购活动，提升用户体验，另一方面又直观地向商家反馈消费者的售后感受，对其提供的产品和服务进行及时改进。点评方式的价值就在于点评信息来源于用户又服务于用户。大众点评网网站界面如图 2.14 所示。

4．其他团购网站

除了以上几家大型团购网站，还有拉手网、去哪儿网、小猪短租、同程旅游网、途牛旅游、好划算等多家团购网站。为了方便用户搜索团购信息，团 800 网（www.tuan800.com）专门提供团购导航服务。团 800 网自 2010 年 6 月初推出以来迅速得到全国团购网民的喜爱。目前，团 800 网已经收录了国内近千家团购网站的每日团购信息，提供团购网站导航及聚合式的团购信息列表，方便用户比较选择出称心的团购信息，节省了逐个访问团购网站的时间。同时，与一般的团购导航网站不同，团 800 网还提供了团购点评、团购到期提醒、团购地图、二手转让、电影频道、旅游频道等多项辅助功能，从而进一步丰富了产品种类，团 800 网也因此成为了网民团购前的入口和重要参考网站。从全球知名第三方流量统计网站 Alexa 的数据来看，团 800 网上线后迅速发展成为国内独立团购导航网站中无可争议的知名者，并持续高速发展。

图 2.14　大众点评网网站界面

2011 年中，团 800 网推出致力于精选优质淘品的产品——淘 800 网（www.tao800.com）。作为团 800 系列网站，淘 800 网聚合由淘宝商家提供的超划算商品信息，其中 9 块 9 包邮产品推荐更是获得了商家和用户的喜爱。2012 年 9 月，淘 800 网新增"值频道"，每天人工精选上百条各大电商网站新的超优惠信息分享给用户，同时还提供优惠信息爆料渠道，旨在为用户打造一个较具信息量的电商优惠信息互动分享平台。2013 年 3 月，淘 800 网全面升级为折 800 网（www.zhe800.com），商品更丰富、优惠更全面、折扣更给力、积分系统更完善、抽奖竞猜更好玩。目前，折 800 网每日更新折扣商品超过 100 款。

2012 年 8 月，团 800 系列网站——惠 800 网（www.hui800.com）测试版上线。惠 800 网聚合了各类生活消费优惠信息，为用户提供全面而精明的本地消费优惠指南。目前，惠 800 收录了全国 34 个城市，近 90 万个商家的优惠信息，信息种类齐全，涵盖了吃饭、逛街、刷卡等日常生活需求，为用户免去到多家网站查询的麻烦。一站式优惠信息服务，让用户的生活消费更方便、更智慧。

团 800 网网站界面如图 2.15 所示。

5．团购网站兴衰思考

国内团购市场形成了多方竞争的格局，拉手网、糯米网、美团网等各大网站彼此形成拉锯战，从烧钱跑马圈地，到激烈残酷的一线竞争，团购网行业一方面竞争正在加剧，另一方面也暴露出其发展过程中逐渐形成的管理短板。

大量融资被用在品牌营销上。地铁扶手、公交车站、写字楼电梯等公共场所随处可见各类团购网的品牌广告。业内整体盈利水平越来越低，不少网站都在赔钱做买卖，整体行业毛利连 10%都没有。其实就连毛利高到 30%的国外团购鼻祖 Groupon 也没有盈利过。

很多团购网站在获得融资之后，却忽视了自身的管理问题。企业急于扩张，急于争抢用户，却没有看看脚下的路是否扎实。

第 2 章 网络购物

图 2.15 团 800 网网站

比如拉手网管理层仅剩余 30% 多的股份。失去了控股权，获得巨额融资后，没有用于改善企业内部经营，而是热衷于花费数亿元做广告，投入到改善员工福利与股权激励上的资金微不足道。拉手网在北京、上海每天都有 15 个到 20 个团购项目，一个城市至少有 50 个以上的销售团队。而如果扩张到 100 个城市的话，至少要 5 000 人。对大部分新兴的公司来说，突然间要管理上千人是不可想象的。没有管理和文化的积淀就只好寄希望于空降职业经理人的作为上。遇到类似问题的不只是拉手网，团购网站普遍面临同样的问题。

恶性竞争事件的出现，往往是行业进入充分竞争阶段的标志。短期内市场的恶化是绕不过去的必然阶段，最终只能指望市场竞争优胜劣汰。团购网要走到最后，不光靠经济实力，还要讲规矩，在不断融资之外提高内部管理能力，这样才能提供更好、更持久的服务。未来，团购网站的生存空间进一步缩小，全国团购市场集中度将进一步提升。

同为互联网企业，团购行业的经历就像一本教科书。在企业高速发展的同时，关注管理和文化的积淀，不断去粗存真，留意内部人才的培养和锻炼，避免单纯对外部环境、条件的依赖，为进一步发展和扩大打下基础。总之，打铁还需自身硬，这句话不仅是道理，而且应该切实地履行于每日、每事、每人的工作当中。

 专家指导

团购作为一种新兴的电子商务模式，通过消费者自行组团、专业团购网站、商家组织团购等形式，提升用户与商家的议价能力，并极大程度地获得商品让利。世界上第一家团购网站是 2008 年在美国成立的 Groupon 团购网站。Groupon 的巨大成功引起了我国创业者的追逐，引发团购创业热潮。在经历了千团大战后，沉淀了一批业绩优秀、具有良好发展前景的团购网站，如大众点评网、美团网等。

小 结

本章介绍了 C2C 电子商务、B2C 电子商务、C2B 电子商务、团购等几种常见的电子商务模式。电子商务模式，是指在网络环境和大数据环境中基于一定技术基础的商务运作方式和盈利模式。随着其应用领域的不断扩大和信息服务方式的不断创新，电子商务的类型也层出不穷，研究和分析电子商务模式的分类，有助于挖掘新的电子商务模式，为电子商务模式创新提供途径。

C2C 电子商务是个人与个人之间的电子商务。简单地说，C2C 模式就是借助于互联网，通过电子商务平台实现的个人与个人之间的交易。C2C 电子商务的思想来源于传统的跳蚤市场。在跳蚤市场里，买卖双方可以进行讨价还价，只要双方达成一致，立刻可以完成交易。

B2C 是电子商务的一种模式，也就是通常说的直接面向消费者销售产品和服务商业零售模式，这种形式的电子商务一般以网络零售业为主，主要借助于互联网开展在线销售活动，售卖商品的主体不再是个人，而是企业和商家。全球首家 B2C 电商平台成立于 1995 年，是位于华盛顿州的西雅图的亚马逊公司。

C2B 是互联网经济时代新的商业模式，和我们熟知的供需模式恰恰相反。真正的 C2B 应该先有消费者需求而后有企业生产，即先有消费者提出需求，后有生产企业按需求组织生产。通常情况为消费者根据自身需求定制产品和价格，或主动参与产品设计、生产和定价，产品、价格等彰显消费者的个性化需求，生产企业进行定制化生产。

团购就是团体购物，是指认识或不认识的消费者联合起来，加大与商家的谈判能力，以求得最优价格的一种购物方式。根据薄利多销的原理，商家可以给出低于零售价格的团购折扣和单独购买得不到的优质服务。世界上第一家团购网站是 2008 年在美国成立的 Groupon。

本项目实施完成，读者应具备在项目目标中所明确的相应知识与技能，应形成对 C2C 电子商务、B2C 电子商务、C2B 电子商务、团购的基本认识，为后续项目的学习奠定基础。

同步测试

1. 单项选择题

（1）在电子商务模式分类中，C2C 指的是（　　）。
  A．个人对个人的交易 B．企业对个人的交易
  C．个人对企业的交易 D．企业对企业的交易

（2）C2C 电子商务的正式产生以 1995 年美国的（　　）成立作为标志。
  A．Amazon B．eBay C．Etsy D．Groupon

（3）中国最早的 C2C 电子商务平台是（　　）。
  A．淘宝网 B．易趣网 C．大众点评网 D．美团网

（4）在电子商务模式分类中，B2C 指的是（　　）。

　　　A．个人对个人的交易　　　　　B．企业对个人的交易

　　　C．个人对企业的交易　　　　　D．企业对企业的交易

（5）全球首家 B2C 电商平台成立于 1995 年，是位于华盛顿州西雅图的（　　）。

　　　A．Groupon　　B．eBay　　　C．Etsy　　　D．Amazon

（6）企业将自身定位在一个专项领域内，所经营商品主要满足某一特定人群或某一类特定需要，这样的运营模式属于（　　）。

　　　A．垂直型 B2C 模式　　　　　B．平台型 B2C 模式

　　　C．直销型 B2C 模式　　　　　D．综合型 B2C 模式

（7）在电子商务模式分类中，C2B 指的是（　　）。

　　　A．个人对个人的交易　　　　　B．企业对个人的交易

　　　C．个人对企业的交易　　　　　D．企业对企业的交易

（8）消费者的需求各不相同，将这种单一需求提供给 C2B 电子商务平台，再由 C2B 电子商务平台的并发系统传输给制造商，进行生产，这种模式属于（　　）。

　　　A．基于消费者需求、生产商诉求平衡的逆向团购模式

　　　B．基于需求一致性的商品预售模式

　　　C．基于需求一致性的商品团购模式

　　　D．基于消费者需求差异性的个性化定制模式

（9）世界上第一家团购网站是 2008 年在美国成立的（　　）。

　　　A．Groupon　　B．eBay　　　C．Etsy　　　D．Amazon

（10）在 Groupon 的营销模式中，较为重要的一点是（　　）。

　　　A．出售的大幅打折服务在一个月内有效

　　　B．出售的大幅打折服务在一周内有效

　　　C．出售的大幅打折服务在三天内有效

　　　D．出售的大幅打折服务只在当天有效

2．多项选择题

（1）网上拍卖包括（　　）。

　　　A．增价拍卖　　　　B．减价拍卖　　　　C．有底价拍卖

　　　D．无底价拍卖　　　E．密封递价拍卖

（2）B2C 运营模式包括（　　）。

　　　A．综合型 B2C 电子商务模式　　　B．垂直型 B2C 电子商务模式

　　　C．水平型 B2C 电子商务模式　　　D．平台型 B2C 电子商务模式

　　　E．直销型 B2C 电子商务模式

（3）以下属于 B2C 电商企业的是（　　）。

　　　A．拍拍网　　B．天猫商城　　C．京东商城　　D．唯品会

（4）以消费者需求为划分维度，C2B 电子商务模式包括以下几种类型（　　）。

　　　A．基于消费者需求、生产商诉求平衡的逆向团购模式

　　　B．基于需求一致性的商品预售模式

　　　C．基于消费者需求差异性的个性化定制模式

　　　D．基于需求一致性的商品团购模式

（5）以下属于团购平台的是（　　）。

　　　A．百度糯米　　B．天猫商城　　C．京东商城　　　D．大众点评网

3．分析题

（1）结合目前 C2C 电子商务的发展现状，分析 C2C 电子商务未来发展趋势。

（2）结合现有的 B2C 运营模式分类，分析 B2C 电子商务企业未来发展趋势。

（3）分析 Groupon 在美国成功的原因。

第 3 章 B2B 电子商务

学习目标

掌握 B2B 电子商务、B2B 电子商务分类、B2B 电子商务运营模式、供给侧改革等相关概念。

熟悉 B2B 电子商务典型案例。

了解 B2B 电子商务的发展历程。

学习导图

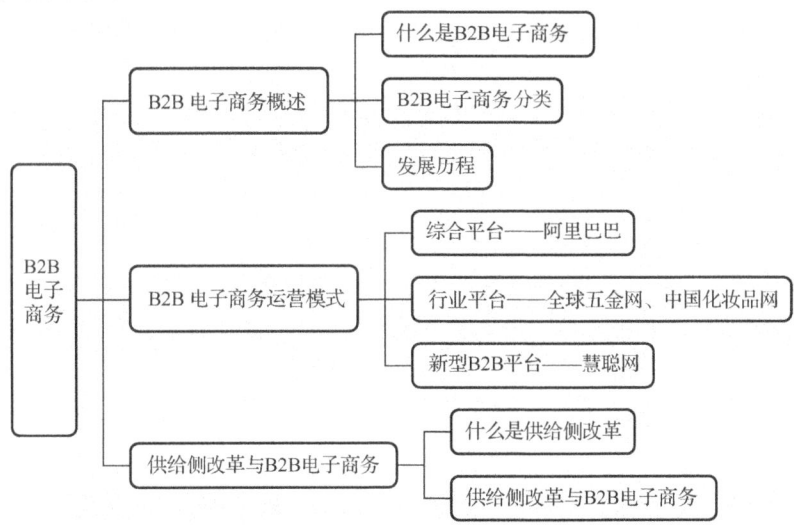

知识点

B2B 电子商务的概念、种类、发展历程；B2B 电子商务的运营模式以及典型案例；供给侧改革的概念；供给侧改革与 B2B 电子商务。

3.1 B2B 电子商务概述

3.1.1 什么是 B2B 电子商务

B2B 指的是商家（泛指企业）对商家的电子商务，即企业与企业之间通过互联网进行产品、服务及信息的交换。

通俗的说法是指进行电子商务交易的供需双方都是商家（或企业、公司），它们通过 B2B 电商平台完成商务交易的过程。B2B 是企业与企业之间通过互联网进行产品、服务及信息的交换。

3.1.2 B2B 电子商务分类

随着电子商务的迅速发展，各行各业陆续参与其中，那么，就来看看电子商务有哪些分类。

1. 平台型 B2B 网站（平台 B2B）

平台型 B2B 网站主要包括以下三大类。

① B2B 综合平台（资讯模式）以阿里巴巴、慧聪网、网盛生意宝等为代表，专指搭建中小企业之间电子商务的平台网站。

此类平台衍生出标品 B2B 交易平台和非标品 B2B 交易平台。

标品 B2B 交易平台，商品可标准化，可面对 C 类用户，可扩展成 B2B2C。例如工业品，可衍生为工业品超市，如 MRO。

非标品 B2B 交易平台，如阿里巴巴最近的"探索"。

② B2B 垂直平台指某行业的 B2B 平台网站，如中国化工网等。它依然作为第三方存在，原则上不涉足企业间交易。理论上各行业均可以做平台网站。行业有大类区别，如工业品、农业品，可以称为工业品 B2B、农业品 B2B 等。

③ B2B 服务平台专注于企业间交易的外围服务，以一达通为代表，一达通首页如图 3.1 所示。

图 3.1 一达通首页

2. 垂直型 B2B 网站（垂直 B2B）

垂直型 B2B 网站主要包括以下两大类。

① 垂直 B2B 交易网站：进入企业间交易的垂直 B2B 网站，自营性，非平台。充当贸易商角色。

可衍生出非标品垂直型 B2B 网站。非标准化商品，需要贸易商，需要专业性，多采取 O2O 模式，如科通芯城。这类网站还包括原材料 B2B 网站。

② 垂直 B2B 渠道网站：自营性平台，以渠道服务为主。美国 B2B 网站大部分可以划入此类；国内如中移动、金蝶、用友等。

平台型 B2B 网站、垂直型 B2B 网站是目前电商行业普遍接受的概念，以这种通用概念来涵盖 B2B 各行各业，可以更加清楚明白地区分网站性质，便于分析和理解。

3.1.3 发展历程

纵观 B2B 电子商务的发展，其历程可分为以下几个时期。

1. 平台服务时期

2000 年前后，以阿里巴巴、环球资源为代表的第一代 B2B 电子商务平台兴起，很快成为我国电子商务殿堂里的宠儿，阿里巴巴收费用户数量直线上升，突破 10 万之后几乎每年都以 10 万量级飞速发展，最高时超过 80 万。B2B 企业也大量上市，包括阿里巴巴、慧聪网、焦点科技等，这可以看成是传统 B2B 最辉煌的时期。

以阿里巴巴为首的综合型 B2B 电子商务平台垄断了市场，一批网站在垂直细分行业另辟蹊径，网站的发展也是突飞猛进。以中国化工网、我的钢铁网最为典型。这类网站属于细分行业的综合平台网站，采取的基本上也是第三方服务模式，与阿里巴巴、慧聪网一样，收取会员费及广告费。

2. 交易探索时期

2010 年前后，B2C 电子商务兴起，京东商城、当当网，包括后来的苏宁易购等，市场攻势猛烈，依靠价格战吸引公众眼球，其对公众的吸引力直接盖过 B2B。

B2B 电子商务因为只是解决信息传递问题，未能进入交易而被指模式落后，停留在 Web 1.0 时代。此时，舆论普遍以 B2C 的交易模式来要求 B2B，给 B2B 企业带来了极大的压力。加上自身平台诚信问题无法解决（如阿里卫哲事件），营收单调低效，用传统销售模式做互联网等，B2B 电子商务从业者也在反思未来的路将走向何处。

2012 年，阿里巴巴宣布在香港退市，2013 年宣布进入 B2B2.0 时代，交易模式也初露锋芒。首先是淘宝网与 B2B 账号打通，即所谓 B2B2C 并衍生出 C2B 概念，走小额批发模式。其次是开始大宗原材料线上交易，包括名企采购、中国产业带的探索，让 B2B 行业看到了希望。

慧聪网、网盛生意宝则踏着阿里巴巴探索的脚步，相继宣布进军金融和担保，研发 B2B 交易系统等。垂直平台网站也积极涉足交易探索，以我的钢铁网最为典型，我的钢铁网首页如图 3.2 所示。但其直接涉足交易，以贸易商身份出现，是否成功颇令市场怀疑，中国证券报曾直接质疑其模式，提示股票风险。我的钢铁网财务报表也显示其营收巨幅上升，但利润反而下降。

图 3.2 我的钢铁网首页

3. 传统行业进入 B2B

当 B2B 平台在新模式探索面前踌躇不前时，许多传统企业在电子商务大背景的刺激下看到了机会，以易钢在线、科通芯城等为代表，希望在某些细分行业进行尝试，突破资讯模式。

传统行业进入 B2B 领域首先面临的是产品交易问题。B 类行业众多，不同行业有不同的交易产品与规则，这是平台型网站进入网络交易最大的难点。

我们可以将 B 类产品简单区分为标品和非标品两大类。

标品包括消费品标品和工业品标品，非标品包括各类原材料以及企业整体解决方案。由此，B2B 电子商务平台分类如下。

消费品 B2B 电子商务平台：这类 B2B 电子商务平台可能采取两种模式，第一种是独立自营官网，采取 B2B2C 的模式，组建渠道体系或直接面对消费者。第二种是登陆综合性平台，如阿里巴巴做分销。

工业品 B2B 电子商务平台：多以工业品自营官网为主，易钢在线就直接涉及钢材大宗交易，也出现了工业品超市这样的平台型网站，如 MRO。

非标品 B2B 电子商务平台：阿里巴巴 B2B 电子商务平台开始尝试原材料线上交易，其大宗商品线上交易可归入此列。科通芯城则以企业电子元器件大宗采购及整体解决方案为主要服务方式，也属于非标品 B2B 模式。但阿里巴巴显然是平台型网站，只作为第三方而存在，而科通则属垂直型自营网站，属于代理产品之贸易商和方案解决提供商。

也可以按外贸和内贸进行区分，也就称为外贸 B2B 平台或内贸 B2B 平台。

4. 企业外围服务进入 B2B 电子商务平台

企业外围服务在涉足 B2B 电子商务平台的过程并不顺利，一些企业开始走外围服务路线，他们认为：交易是企业间的事，属企业机密，第三方无法涉足。交易也没有共性，无法标准化。但外围服务却完全可以标准化，如通关、物流、金融等。将平台上中小企业可标准化的外围服务进行集约化处理，深圳一达通就是此类企业的代表。

B2B 物流服务采购平台也属于此类，方向有可能会走向物贸一体化服务平台。

5. B2B 概念扩展期

B2B 一词诞生时的原意是指第三方 B2B 电子商务平台，通过互联网信息架构方式服务于平台上的企业（主要是中小企业，即小 B 对小 B），平台收取会员费或广告费，平台上的企业则借平台寻找供应商或采购商并最终达成交易。

发展到后来，有人将 B2B 一词还原成中文"企业间交易"概念，将服务于企业的企业全部定位成 B2B，称为 B2B 服务。如用友、金蝶等公司就被归入此类。美国的 B2B 企业基本上也可以归入。美国 B2B 公司基本上是大 B 对小 B 模式，企业自营官网，作为企业渠道而存在。

因此，我们可以将以企业服务为主的自营渠道官网定位成 B2B 服务。

总之，经历了五个时期的发展，B2B 电子商务行业已成为国民经济增长的支柱产业之一。除此之外，2015 年被业内人士称为 B2B 爆发年，原因之一就是 B2B 创投浪潮的迭起。据中国电子商务研究中心统计，2015 年上半年 B2B 获投融资企业数量超过 70 家；2015 年全年有数十家大宗商品 B2B 电商获得融资，累计融资金额超过 28 亿元，其中融资额超过亿元的企业就有 12 家；并且在 2015 年新成立公司的获投率上有 60%均属于 B2B 电商模式，B2B 电商模式正在各行各业中生机勃勃地发展起来。这种资本市场的看好为 B2B 电商行业的发展提供了一针强心剂。可以得出，在资本寒冬之时，缺乏的不是资本而是值得资本青睐的项目。

专家指导

随着 B2C 电子商务的快速发展，B2B 显得过于落寞，部分行业人士认为 B2B 缺乏创新，已经遭遇发展瓶颈。因为自从阿里巴巴、网盛生意宝上市之后，B2B 整个行业发展缓慢，业绩几乎原地踏步。不过从行业 B2B 这几年的发展来看，出现过很多优秀的网站，在行业内精耕细作，找到了属于自己的模式和发展方向。

3.2 B2B 电子商务运营模式

目前市场上运营的 B2B 电子商务交易大体分为 3 类：综合平台交易模式、行业平台交易模式和新型 B2B 交易模式。埃森哲研究表明，企业大多将以模式组合的方式参与电子化交易，而对不同交易模式的选择要根据企业不同的业务需要。目前并不存在一种万能的交易模式。本文中对 3 种交易模式的分析与介绍将有助于我们更深入地认识这一点。

1. 综合平台

综合平台是互联网泡沫时代的产物，主要是提供一个贸易平台，参与者可享受产品信息发布、厂家信息发布与认证、交易促成等服务，同时该平台也可以为特定行业提供一般性问题的解决方案。其价值主张为：帮助客户在全球范围内寻找贸易伙伴；提供一站式业务服务平台；对业务关系实施虚拟化管理以及获取全球各地的价格信息。B2B 电子商务综合平台吸引了大量风险资金的投入，一时间出现了成千上万家同类网站或平台，但是真正成功的案例却凤毛麟角。

2. 行业平台

行业性交易平台是传统企业充分利用互联网新技术手段，以及行业资源和购买力而实施的一种电子商务战略。一方面利用网上交易为企业创造价值，提升行业供应链竞争力，另一方面通过制定行业标准、组织中间采购对 B2B 服务进行有效管控，同时为业内企业集中提供丰富的信息内容，包括行业新闻、行业教育、职位招聘以及提供面向行业的专门化服务。

3. 新型 B2B 平台

每种 B2B 交易模式都在不同程度上延伸着企业价值链，与上下游企业实现不同程度的信息共享和流程电子化协同。而企业专用平台交易模式能使企业与其贸易伙伴间达成最深度的整合。它能充分发挥企业间的供应链协作机制，提高透明度和规范性。因此许多创建企业专用交易平台的企业一般都是供应链管理的领先者，它们在企业内部通过实施 ERP 等工程首先实现了企业内部供应链的有效整合与集成，通过提高预测、库存等数据准确性和业务规范性为企业间作业协同奠定了坚实基础，并希望通过供应链拓展，与合作伙伴建立端对端的供应链交付服务协同作业，以提高在供应链水平而非产品层面的竞争力。

3.2.1 综合平台——阿里巴巴

B2B 电子商务平台是一个为企业提供网上交易洽谈的平台。企业电子商务平台是建立在互联网上进行商务活动的虚拟网络空间和保障商务顺利运营的管理环境，它是协调、整合信息流、物质流、资金流有序、关联、高效流动的重要场所。综合类电子商务平台有阿里巴巴、慧聪网、中国制造网、敦煌网、环球资源网、百方网、中国供应商、世界工厂网等。下面以阿里巴巴为例进行说明。

1. 阿里巴巴的基本情况

阿里巴巴公司是全球领先的 B2B 电子商务公司，阿里巴巴官网首页如图 3.3 所示。目前，阿里巴巴集团旗下有淘宝网、天猫、聚划算、全球速卖通、阿里巴巴国际交易市场、1688、阿里妈妈、阿里云、蚂蚁金服、菜鸟网络、阿里体育、阿里影业、飞猪、优酷土豆、虾米、高德、UC、万网等十余家一级子公司。阿里巴巴公司创建于 1999 年，国内总部设在杭州。自 1999 年以来，阿里巴巴逐步成长为一个全球著名的电子商务集团公司。

图 3.3 阿里巴巴官网首页

阿里巴巴的 B2B 网站由英文站（www.alibaba.com）、中国站（china.alibaba.com,）和日文站（japan.alibaba.com）组成。

2. 阿里巴巴的商业模式

（1）战略目标

阿里巴巴网站属于综合类 B2B 电子商务网站，定位是为世界上的商人建立一个综合信息交易服务平台，涉及 40 多个行业。阿里巴巴网站从建立伊始走的就是稳健发展的路线，其战略宗旨为"用国际资本打国际市场，培育国内电子商务市场"。阿里巴巴的愿景是成为一家持续发展 101 年的企业，成为全球十大网站之一，达到只要是商人就一定要用阿里巴巴的境界。

（2）目标客户

阿里巴巴 B2B 电子商务的目标客户为国内近 3 000 万家中小企业。

（3）产品和服务

阿里巴巴中文站主要为国内市场服务。其核心产品是"诚信通"服务，通过建立网上诚信档案，提高网上交易成功的机会。

阿里巴巴国际站面向全球商人提供专业服务，为中国优秀的出口型企业提供在全球市场的"中国供应商"专业推广服务，其核心产品"中国供应商"，是一项旨在帮助国内出口企业开拓全球市场的高级网络贸易服务。

（4）收入来源与盈利状况

阿里巴巴的收入来源主要有以下两个方面，一是国际网站的"中国供应商"，二是国内网站的"诚信通会员"及面向诚信通会员的"关键字竞价"，同时，还有广告收入。其中来自于"诚信通"和"中国供应商"两类注册用户的年费合计贡献了大约 95%的收入。

（5）核心竞争优势

阿里巴巴的核心优势主要体现在：极具凝聚力的企业文化；坚固的管理团队；优质的信息服务。阿里巴巴的特色和优势在于信息。

3. 阿里巴巴的经营模式

阿里巴巴网站自 1999 年 3 月建立以来，一直以大胆、敢于创新的经营模式不断发展变化着。不断地顺应要求，改革网站的服务，不断引入新的发展竞争策略，加强区域联合和企业合作。阿里巴巴采取曲线发展的经营策略：首先是免费使用，给商家免费的产品展示空间、免费电子邮件，并提供大量及时的免费供求信息；其次是通过论坛"以商会友"制造人气和人脉。在人气和人脉上升后推出"中国供应商"和"诚信通"服务。

4. 阿里巴巴的管理模式

（1）组织结构

阿里巴巴首先在组织结构上实现扁平化，减少信息流通环节，达到快速高效的决策目标。阿里巴巴的企业各机构权责清晰、职能明确，如阿里巴巴设立首席执行官、首席运营官、首席财务官和首席技术官，他们的职权和责任是明确的。

（2）人力资源管理

阿里巴巴在人力资源管理上也有自己鲜明的特点，阿里巴巴总结为：一是不从竞争对手中挖人，一个企业的价值观体现在点点滴滴上；二是员工随时可以离开公司，公司永不留人；三是请进来的人要对他负责，来之前对他狠一点，来之后对他好一点。

阿里巴巴建立了科学的激励机制，实行内部"271"战略，20%是优秀员工，70%是不错的员工，10%的员工是必须淘汰掉的。同时，还加强了团队建设，阿里巴巴人认为"唐僧"的团队是最好的团队。阿里巴巴不希望用精英团队，如果只是精英们在一起肯定做不好事情，平凡的人在一起做一些不平凡的事，这就是团队精神，让每个人都欣赏团队，这样才能成功。

阿里巴巴进行了统一思想的教育，使员工树立牢固的企业价值。阿里巴巴也注重对员工的培训和提拔，鼓励员工进行尝试和创新，建立人才成长的良好环境。

（3）经营管理

阿里巴巴在经营管理上，注重与优势企业联合，在区域市场寻找合适的合作人，成立网络交易的地区板块，方便同地区的业务交易。例如与土耳其知名网络交易平台企业的合作，使得两者能够进行业务上的交叉互补，建立了中外商人的联系，创造了更多的企业价值。

（4）企业文化

阿里巴巴文化可归结为三点。第一是企业远景目标：成为一家持续发展101年的企业，成为全球十大网站之一，只要是商人就一定要用阿里巴巴。第二是企业使命：让天下没有难做的生意。第三是企业的价值观：客户第一——关注客户的关注点，为客户提供建议和资讯，帮助客户成长；团队合作——共享共担，以小我完成大我；拥抱变化——突破自我；诚信——诚实正直，信守承诺；激情——永不言弃，乐观向上；敬业——以专业的态度和平常的心态做非凡的事情。

5．阿里巴巴的技术模式

阿里巴巴的网站技术模式定位于系统运行的持续稳定性和安全性方面，阿里巴巴作为信息中介服务平台，它的系统运行要求是严格的。阿里巴巴的通信系统采用互联网和通信网，在服务器的构建上要保证交易信息在通信网络上的安全传递，并且保证数据库服务器的绝对安全，防止网络黑客的闯入破坏。它的系统在抗侵入性、边界服务器、采用加密技术的信息完整性、用户和话路的鉴别服务等方面有严格的要求。阿里巴巴在身份验证和安全监控上也有一些大的作为。在系统应用软件方面，阿里巴巴采用了网上信用管理系统、身份认证管理系统、网络监控管理系统和网络安全管理系统等，最大程度保证网站安全、数据安全、交易安全。

6．阿里巴巴的资本模式

阿里巴巴中国控股有限公司的资本主要来源于风险投资。阿里巴巴的资本运营模式是对企业成立初期的资产重组，把企业改制成上市股份控股公司，在资本市场上进行融资。

1999年3月马云和同伴以50万元人民币创办阿里巴巴网站，1999年7月9日在中国香港成立阿里巴巴中国控股有限公司；1999年9月9日在杭州成立阿里巴巴（中国）网络技术有限公司；1999年10月，吸收了美国著名投资公司高盛牵头的国际财团500万美元风险资金；2000年1月，日本互联网投资公司软银以2 000万美元与阿里巴巴结盟，合作开发日文、韩文及多种欧洲语言的当地阿里巴巴国际贸易网站；2002年2月，日本亚洲投资公司又向阿里巴巴投资，并于当年实现全年盈利。2004年2月阿里巴巴再获8 200万美元融资，2005年10月雅虎向阿里巴巴集团注资10亿美元，阿里巴巴集团收购雅虎中国。2007年11月阿里巴巴B2B业务在中国香港上市，融资100亿港元，目前阿里巴巴B2B业务整体市值达到200亿美元。

到目前为止，阿里巴巴的投资商有：软银公司、高盛集团、日本亚洲投资公司、汇亚基金(Transpac Capital)、Fidelity 远东风险投资公司、TDF 风险投资有限公司、瑞典投资,这些投资商都是世界上著名的风险投资机构,他们对阿里巴巴的关注和资金注入,充分体现了阿里巴巴资本运营的成功。

7. 结论

阿里巴巴之所以能够取得目前的业绩,与其占据"天时、地利、人和"的优势分不开,表现为当别人没有看到综合类 B2B 潜在的巨大商机时,马云及其团队已经抢先占领了制高点,取得了优先优势,此谓天时;阿里巴巴把中国区总部设立在杭州,这里中小企业众多,经济发达、企业网络意识强,对进一步开拓国内和国际市场有着迫切的需求,此谓地利;阿里巴巴的成功离不开其创业初始的 18 人团队的精诚团结,为了共同事业而打拼的团队精神,同时离不开国际著名的风险投资家的热烈追捧,2003 年之前阿里巴巴一直处于非盈利状态,如果没有近 3 亿元人民币的风险投资,可想而知阿里巴巴是很难取得今天的成功的。

3.2.2 行业平台——全球五金网、中国化妆品网

B2B 行业平台发展迅速,行业平台不仅为国内的企业提供优质服务,也为国内外企业间的交易洽谈提供保障。国内外行业商家可充分利用 B2B 电子商务平台提供的网络基础设施、支付平台、安全平台、管理平台等共享资源有效地、低成本地开展自己的商业活动。行业类电子商务平台有中国化工网、全球五金网、矿山机械网、装备制造网、中国化妆品网、现代农业网、纺织服装网等。下面以全球五金网和中国化妆品网进行举例说明。

1. 全球五金网

(1)基本情况

全球五金网成立于 2000 年 12 月,总部位于杭州,是中国五金机电行业领先的 B2B 电子商务网站,也是目前全球客户量、访问量、数据量最高的五金行业门户网站,全球五金网首页如图 3.4 所示。全球五金网是五金机电行业原材料采购、产品分销、配件选购的集散中心,为五金机电行业的企业及生意人提供基于互联网的品牌宣传、企业推广、贸易撮合、产品销售、在线交易、解决方案提供等服务。

图 3.4 全球五金网首页

经过 16 年的发展，全球五金网积累了众多中小型企业采购、推广趋势、上下游匹配撮合等信息，收录了全国上千万家中小企业的交易数据及上下游产业链供求信息。无论是单日访问量，还是客户数量，在行业同类网站中都首屈一指。

（2）全球五金网的商业模式

① 战略目标。平台以企业品牌与产品推广为基础，注重企业销售渠道拓展与产业内供需关系建立，为行业用户搭建生意投资平台与产品交易平台。它立志成为全球 B2B 会员生态系统的行业标杆。

② 目标客户。五金机电行业的企业及生意人。

③ 产品和服务。网站通过注册五金通会员为企业提供产品推广及品牌宣传服务；为五金行业企业提供网络广告服务；为企业提供行业应用资源整合服务；为企业提供搜索引擎优化及排名提升服务。

④ 核心竞争优势。全球五金网的核心竞争优势体现在以下几点：一是在全国 B2B 五金机电行业门户网站中排名领先，努力成为全国五金机电行业中实力最强的网站；二是全球五金网为企业牵线搭桥，在各大搜索引擎中收录的数据累计超过 3 000 万条，500 万链接广告；三是网站日访问量超过 120 万人次，访问者人数 24 万，其中超过 63%以上为采购商，注册用户 115 万；四是网站每日新增供应、采购、招商、代理等商业信息超过 3 万条，累计有效商业信息超过 5 000 万条。全球五金网在百度上的权重是 6，同行望尘莫及！

⑤ 企业文化。全球五金网的企业文化可简单总结为以下几点。

简单：用心去做好每一件事，把客户的事当自己的事。

开放：整合共享，互助、互惠、互荣。

诚信：恪守承诺，传递信任价值。

创新：不断学习和创新，为客户提供更新更好的服务。

2．中国化妆品网

（1）基本情况

中国化妆品网是以化妆品为主的具有电子商务和新闻特色的 B2B 电子商务网站，为国内外化妆品业人士提供资讯服务及信息交流，中国化妆品网首页如图 3.5 所示。中国化妆品网成立于 2012 年 4 月，网站运用先进的网络技术，整合化妆品的资源、供求信息，行业咨询，为企业和用户带来了切实的利益。

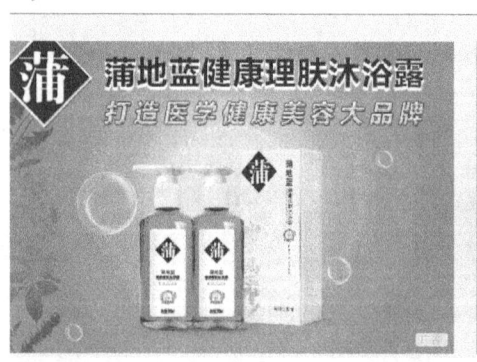

图 3.5　中国化妆品网首页

(2) 中国化妆品网的商业模式

① 战略目标。中国化妆品网同其他的顶尖专业行业网和门户网站一样走向蓬勃发展期，它的实力和影响力不断增强，注册会员人数与日俱增，流量稳定，该网在立足打造国内最权威行业网平台的同时，致力于与国际平台接轨合作，打造全球最大的在线销售平台，让化妆品设备企业更有效地、快速地找到最合适的优质供应商，让供应商零距离接触最急需采购特定产品的买家，拥有全球在线资源。

② 目标客户。化妆品行业各类企业和广大消费者。

③ 产品和服务。网站定位于时尚、高端的专业化妆品投资网站。不仅汇集了最新鲜的品牌化妆品上市报道，更涵盖了丰富的化妆品行业知识。网站集中了国内外众多化妆品品牌，共同使用平台资源开拓市场贸易。创造诚信、有效的商业链，聚集生产、销售、终端消费之间最直接、最有效的商贸信息互动。

④ 核心竞争优势。中国化妆品网的核心竞争优势体现在以下几点：第一，它是化妆品行业的门户网站，优秀的行业 B2B 平台；第二，它拥有庞大的数据库，资料详尽、数据准确、更新及时迅速，同时拥有雄厚的技术实力，网站优化十分到位；第三，网站拥有丰富的展会资源和参展经验，能帮助客户更好地利用各种行业展会提高交易数量和规模；第四，通过对化妆品的垂直细分与专业化，整合了整个化妆品的资源，拥有丰富的行业经验、清晰明确和前瞻性的行业理念，也是国内目前最大、最权威的化妆品互联网平台。

⑤ 企业文化。中国化妆品网本着"以客户为中心"的服务方针，致力于深入了解市场、关注客户需求，着力打造最全面、最快捷、最新颖的信息化服务。秉承"持续解读客户需求，不断提升服务价值"的服务方向，将不断提升企业核心竞争力、不断整合自身及行业资源、不断突破观念完善策略，为打造一流的行业门户而努力。公司的企业文化可用一句话概括：以最大的热情与真诚，全力以赴，让我们的平台推动企业与个人走向成功。

3.2.3 新型 B2B 平台——慧聪网

随着 2015 年"互联网+"时代的来临，很多新型 B2B 平台开始出现，下面以慧聪网为例进行介绍。

1．慧聪网的基本情况

慧聪网成立于 1992 年，是国内领先的 B2B 电子商务服务提供商，依托其核心互联网产品买卖通，通过专业服务及先进的网络技术，为中小企业搭建诚信的供需平台，提供全方位的电子商务服务，慧聪网首页如图 3.6 所示。2003 年 12 月，公司实现了在中国香港创业板的成功上市，成为国内信息服务业及 B2B 电子商务服务业首家上市公司。2009 年 2 月，慧聪网顺利通过 ISO 9001 质量管理体系认证，成为国内首个引入该标准的互联网公司。

慧聪网注册企业用户已超过 2 300 万，买家资源达到 1 500 万，覆盖行业超过 50 余个，员工 3 100 名左右，是国内具有影响力的互联网电子商务公司。

2．慧聪网的商业模式

(1) 战略目标

慧聪网的目标是要做中国领先的 B2B 电子商务公司，帮助广大中小企业通过网络拓展网上贸易，降低成本，拓宽销售渠道，实现小企业与慧聪网的共同发展。

图 3.6 慧聪网首页

（2）目标客户

中国三四千万中小型企业及一些有意通过慧聪网进行网上宣传的企业。

（3）产品和服务

① 买卖通。买卖通是慧聪网为企业用户提供的网上做生意、结商友的诚信平台。企业可以通过买卖通建立起集合产品展示、企业推广、在线洽谈、身份认证等多种功能的网络商铺以获得更多商机。

② 商机搜索。商机搜索的价值和特点就在于将专业的行业信息融入搜索结果之中，为客户提供更准确的专业搜索结果，并且将搜索结果按行业性质进行分类，使企业准确定位目标人群，使宣传推广投资有的放矢，有效掌握自己的投入计划。

③ 商机广告。慧聪商情广告在全国发行，成为以商情报价、产品广告、产品技术信息为主的印刷品广告媒体。其信息量庞大、及时、集中、针对性强，方便行业内厂商与用户查询，成为供需双方的信息沟通渠道之一。

④ 行业资讯大全。网站按照全新的商业视角把行业市场资讯、产品、黄页等信息加以汇编整合成册。它致力于为行业经营者、用户提供具有商务价值的行业资讯信息、解决行业发展各环节存在的信息取向繁杂问题。

⑤ 行业研究与媒体监测。慧聪网研究主要由两大业务体系构成：一是聚焦于 IT、通信、消费电子、汽车、医药、媒体等行业市场研究；二是基于 1 400 多家平面媒体监测与 5 000 多个网址源监测的媒体监测服务。它致力于在行业研究、市场调查、营销策划及管理咨询等多层次的高品质服务。

（4）收入来源与盈利状况

① 主要盈利模式。采用会员收费制实现全面盈利,提供收费与免费之间的差异化服务,向收费客户提供全面的服务。会员可通过慧聪网进行完整的网络营销和互相营销进行产品推广，来获取网络资源和无尽的广告效益。

根据企业的不同需求，买卖通分别设有基础会员、银牌会员、金牌会员、铂金会员和尊享会员，除了享有买卖通的基础服务以外，增加了不同需求的搜索排名服务，和纸媒宣传在内的多项服务。公司于 2004 年年初发布的电子商务平台——"买卖通"系公司的拳头产品，截止 2019 年 6 月，慧聪网注册企业用户已超过 1 500 万，买家资源达到 1 120 万，覆盖行业超过 70 余个，员工 2 500 名左右。慧聪网为用户提供了全面、完善的服务，每天通过买卖通，使企业发布供应、采购、招标、代理等重要信息，完成交易的前期工作，并获得来自采购者的长期采购单。

② 其他盈利模式。通过商情广告，经过多方面宣传后，相应达到一定的影响力，在区域或行业产生相应的知名度，网站的广告盈利可以带来丰厚的收入。行业资讯大全是针对企业的公关服务，前期发布新产品动态，公布新闻，公司事件等内容。后期通过网站为他们建立官方的资讯发布平台，然后每年收取一定服务费。通过发布市场研究等信息，最大限度地扩大服务的深度和广度，使国内企业同样可以参与商业信息的全面互动。

（5）核心竞争优势

慧聪网"买卖通+标王"的 B2B 电子商务体系，不仅可以帮助中小企业通过互联网，以最小的成本获得最大的推广效果，为自己的企业提供一个全方位的展示机会，而且借助慧聪网的精准匹配、线上线下洽谈会等多种方式，捕获 900 万慧聪买家资源的注意力，促成交易的达成。

3．慧聪网的业务模式

慧聪网主要通过在线活动来建立和维持客户关系，并且为客户提供所需产品和服务的信息。其常用的方式有：网络广告、搜索引擎营销、许可 E-mail 营销、病毒式营销、事件营销、互动营销、网络会员制营销、网站资源合作，以及信息发布等方式。慧聪网每年为 200 万家企业提供电子商务服务，新的服务体系使网络、纸媒、会展都可以用来支持 B2B 交易，为商人社区中的会员谋求最佳的市场推广途径，提供丰富完善的 B2B 服务。

为了满足用户的需求，慧聪网的网络营销策略也围绕客户关系管理制订不同阶段营销计划，并借助线上、线下的各项资源展开整个营销传播。慧聪网将传统采购交易会展整合进入电子商务的 B2B 服务商，拥有完整的会展组织工作平台和信息资讯平台，其网络、纸媒资源都可以用来支持采购交易会，为会员提供立体的交投环境。目前，配合直销团队、渠道销售与电话销售，为关系型客户提供一对一、具备行业深度的专业解决方案，为交易型客户提供高效、易用的标准解决方案与业务平台，满足不同客户的需求。

4．慧聪网的管理模式

（1）组织结构

2019 年 1 月 6 日，慧聪集团对集团的组织构架进行全面升级，成立科技新零售、智慧产业、平台与企业服务三大事业群。科技新零售事业群包括：中关村在线、融商通联、家电汇；智慧产业事业群包括：中模国际、棉联、兆信股份、买化塑、中国服装网；平台与企业服务事业群包括：慧聪网、慧嘉、金融服务。

① 以中关村在线为依托的科技新零售事业群：这个事业群以 SAAS 等互联网工具联结 10 万家中小零售商（小 B），通过用户和流量促进交易，用交易提升媒体价值。通过产业路由器的模式，提升供应链效率，为 3C 及家电等产业迭代赋能。

② 以慧聪网为依托的平台和企业服务事业群：2018 年 12 月，慧聪网和腾讯签署了战略合作协议。腾讯的基础设施、互联网工具，和慧聪网垂直行业的交易场景发生化学反应，双方共同开发出能够帮助中小企业"提升产业效率""为客户创造价值"的产业互联网工具。与此同时，慧聪网的金融服务将整体并入这个事业群。在交易场景出现的情况下，金融需求是小微企业的刚需，也是另一个市场着力点。

③ 智慧产业事业群：这个事业群集合了慧聪集团正在发展壮大的垂直跑道。其中包括

建筑模架行业的物资银行"中模国际"、棉花全产业链电商综合平台的"棉联"、防伪溯源行业标准制定者和规模最大的解决方案提供商"兆信股份"、深耕化塑产业供应链服务平台20年的"买化塑"、中国服装新零售践行者的"中国服装网"。

慧聪网在巩固B2B 1.0业务（信息+广告）的同时，全力向B2B 2.0（交易+金融）转型。近几年，不断推出慧付宝、采购通、标王、流量宝、商营通等服务；金融超市、小额贷款等金融服务，切实为中小型企业降低交易成本，提高交易效率，成为未来产业互联网发展的探索者。

（2）经营管理

慧聪网采用矩阵式结构，家族式管理是慧聪网的主要管理模式。慧聪网董事局主席郭凡生在《中国模式：家族企业成长纲要》一书中，阐述了他对家族式企业管理的心得体会以及慧聪网的管理模式。对于平均寿命仅仅三年多的中国家族企业而一言，探索一种合理的企业制度和思维方式，帮助中小型家族企业做得小而美、小而强，帮助其中的佼佼者真正做大做强，这尤为重要。郭凡生指出，家族企业成功、强大的关键在于制度创新。

（3）企业文化

帮助天下商人轻松做生意是慧聪网的使命，慧聪网的价值观可以概括为八点：①客户第一：关注客户体验，为客户提供建议和资讯，帮助客户成长。②善用资源：内部资源，效用最大；外部资源，为我所用。敢于负责：主动承担，人人有责。③团队合作：共享共担，平凡人做平凡事。④快速成长：拥抱变化，自我挑战，快速成长。⑤诚信：诚实正直，言出必践。⑥激情：乐观向上，永不言弃。⑦敬业：专业执着，精益求精。⑧创新：思维修炼，提升效能。

慧聪网始终将客户发展、员工发展与企业发展相结合，建立科学的职业发展计划使得员工进入公司之时就与公司结成了利益、事业和命运的共同体，基于八大核心价值观的强大文化体系更是成为了慧聪网持续发展的基石，始终如一地影响着每一名慧聪人的行为。

5．慧聪网的技术模式

慧聪网网络技术有限公司一直秉承"分享信息资源，共同成长与发展"的理念，为中国各行业用户提供全方位、深层次的资讯服务，帮助客户获得有价值的信息，做出正确的营销决策。为企业提供全方位、多层面的企业信息化解决方案及应用服务。慧聪网为企业提供"一站式"的互联网服务体系，利用先进的互联网应用技术和高效率的营销体系，帮助企业及时获取并使用实时、可靠的互联网电子商城、电子政务、企业协同办公平台，用邮箱系统、企业推广等为企业提供多元化服务。慧聪网网络技术公司拥有覆盖全国30多个城市和地区的服务营销网络，通过线上、线下为企业客户提供立体化和一对一的服务体系，提供各种咨询、实施、培训、售后支持等服务。慧聪网的技术模式分为：

① 专业的研发队伍。

② 创新务实的技术理念。

③ 合理科学的整合多项技术：门户站点内容管理技术、电子商务建设技术、大型数据库技术、数据挖掘技术、海量信息检索等多项技术的综合运用在慧聪网建设中得到合理科学的整合与发展。

④ 在千万级数据量的基础上，支持每日千万级的访问量。

⑤ 强大的硬件支持。采用当前主流的硬件平台，分布在全国多个核心骨干机房，超大带宽，从而保障了慧聪网提供高效稳定的服务。

⑥ 以客户为核心，不断强化技术服务理念，提供24小时网站监控和技术支持。

3.3 供给侧改革与 B2B 电子商务

3.3.1 什么是供给侧改革

供给侧，即供给方面。国民经济的平稳发展取决于经济中需求和供给的相对平衡。中国经济的增长迈入了平稳期，供给侧的改革登上了舞台。所谓"供给侧改革"，就是从供给、生产端入手，推动传统产业转型升级，培育新兴产业，提升产业竞争力。

2015年11月24日，全国电子商务创新推进大会在北京国际会议中心召开，中国互联网协会秘书长卢卫在"'腾计划'之'千品孵化'工程发布暨好单品战略合作签约仪式"上做了题为"'供给侧改革'将成为B2B电商发展的新机遇"的主旨报告。未来，以重点行业、特色产业为基础的B2B电子商务，将为中国高端制造业和现代服务业的发展赋予新动能。

近年来，我国电子商务发展迅猛，不仅创造了新的消费需求，引发了新的投资热潮，也开辟了就业增收的新渠道，成为大众创业、万众创新的新空间。据电子商务研究中心监测数据显示，2018年前3个季度，我国电子商务交易额达22.69万亿元人民币，其中，商品、服务类电商交易额21.83万亿元人民币，合约类电商交易额7.33万亿元人民币。中国电商不但在规模上连续多年保持全球领先地位，而且在物流配送、商品种类、线上电商业态以及互联网零售业务模式探索上，都体现出了中国特色。

虽然我国在电商领域取得了显著成绩，但也需清醒地认识到，中国电商的优势主要体现在以B2C和C2C为主的网络零售领域，占据电商收入绝对比重的B2B市场目前仍处于起步阶段，受到诸多因素的限制。B2B电商的在线交易、盈利模式、创新模式、全产业链的配套服务等方面，都是当前亟待探讨和解决的问题。

第十八届中央委员会第五次全体会议提出，必须把创新摆在国家发展全局的核心位置，激发创新创业活力，推动大众创业、万众创新，释放新需求，创造新供给，从而推动生产力和生产关系的进步。从倚重出口、投资、消费"三驾马车"到"供给侧改革"，消费在国民经济中所占的比重将越来越大。供给侧改革关系到中国经济转型的前景。结合新的发展思路，未来B2B企业应如何利用平台竞争力，盘活粗放式增长造成的存量生产？传统企业如何借力电商渠道提供"高端供给"实现产业升级？具体措施如下。

(1) 重视大数据在B2B领域的战略性作用

提高创新应用数据的能力，为同质化竞争提供差异化发展的新出路。大数据将成为我国从网络大国发展为网络强国的重要驱动力。经过多年的摸索和积淀，大数据在电商领域的应用水平逐渐深入，特别是线上零售业，目前已经形成大数据分析应用的成熟市场，B2C企业基本实现了深层次、多样化的数据应用。比较而言，B2B领域数据应用的成熟度相对较低，未来还有很大的探索空间。

(2) 依托地方特色产业发展在线产业带

通过打通上下游产业链，促进产业优化重组，帮助传统企业在保持竞争优势的同时实现转型升级。产业集群众多是中国经济的一个显著特征，许多地区都有自己的产业集群，如虎门的女装、南通的家纺、温州的鞋帽等。聚合产业带来好商家、好货源，在B2B电子商务平台上构建专属卖场，同时整合线上/线下服务型资源，有助于调动整个产业链由简单的空间集聚向专业化、系统化集聚，形成上下游的良性互动。这种组团式的B2B发展模式能显著提升传统产业带的辐射范围和竞争优势。同时，线上交易中随时反馈的市场需求也将激励产业带内制造商的优化调整，带动传统产业带转型升级。

（3）深耕B2B垂直细分市场

重视品牌塑造，针对特定人群的核心需求，提供专业化、精细化的产品和服务。垂直型B2B平台通过聚焦各自品类优势，在产品和服务上专注于各行各业的销售特点，其专业性是综合型平台所不能及的。随着越来越多的传统中小企业投身互联网，细分和垂直将成为B2B未来发展的重要趋势，而中小企业在自身领域多年沉淀的行业经验，也将成为此类电商企业深耕细分市场的重要竞争优势。

（4）立足痛点才能找到"爆点"

占据中国电子商务近80%市场份额的B2B电子商务，随着在线支付、物流配送、大数据应用等短板的逐一补齐，无疑将为新供给、新业态提供更广阔的发展空间。伴随"互联网+""大数据"等概念上升至国家战略，电子商务将成为促进中国经济转方式调结构的重要抓手。未来，不论对实体企业还是电商平台来说，只有更多的创新和突破，才能创造出更大的价值。

3.3.2 供给侧改革与B2B电子商务

"互联网+"政策的推出，许多行业出现供需失衡，再加上资本的推波助澜，各类B2B电子商务行业蓬勃兴起。据电子商务研究中心发布的《2018年度中国B2B电商市场数据监测报告》中显示，2018年中国B2B电商交易规模为22.5万亿元，同比增长9.7%。

随着我国经济全面进入"新常态"，由人口红利、低劳动力成本带来的出口优势渐趋弱化，内需成为拉动经济发展的核心引擎。其中，国家持续扩大内需的政策刺激，给中小企业带来了更多发展机会，将逐渐激活产业上游供给方与流通市场，尤其是我国一直强调"供给侧改革"，尝试各行业通过供给端的创新，来实现整体经济结构优化调改革。在此背景下，国内企业（尤其是中小企业）转型动力巨大，而企业也逐步认识到B2B电商在帮助自身提升流通效率、降低流通成本、拓展市场渠道方面的作用，开始纷纷主动转型，B2B电商成为众多中小企业落实"互联网+"跨出的第一步。另外，国内百度、阿里等互联网巨头们也一直致力培育自己的生态圈，通过垂直型B2B在各自行业里打造产业生态圈，引领"互联网+"趋势。未来占据中国电子商务近80%市场份额的B2B行业电商，用户在不同产业环节间形成黏性，以平台为中心整合上下游产业链，形成生态大圈，会为新供给、新业态提供更广阔的发展空间，国内B2B主要经历了两个阶段。

① 信息阶段。信息阶段主要是解决信息不对称性的问题，通过建立网络B2B平台，让买卖双方发布供求信息，沟通交流商业信息，在这个过程中产生了新的商业机会。

② 服务阶段。服务阶段是目前国内各行业B2B正在经历的阶段，由于第一个阶段大数据的积累沉淀，如今B2B不仅仅只是解决信息不对称问题，从管理到客户服务，到供给侧生产供应链的改革，这是一套行业企业提升效率、重配资源、降低成本的解决方案，不

再是一个商业模式更像一个生态系统，能够更好地服务于各个行业的各个细分产业的合作伙伴，能够合作共赢，共建 B2B 生态圈。

在传统经济形态下，生产者无法了解购买者的需求量，在"互联网+"的经济形态下，生产者可以根据大数据了解购买方需求。因此，"互联网+"模式对于供给侧改革有重要实际意义。

2016 年"供给侧改革"，将成为 B2B 电商发展的新机遇，将会有不同的 B2B 模式，通过行业上下游资源的整合与合作，从对 B 端的交易服务，到深度服务甚至是定制化服务阶段，B2B 行业将面临六大重要发展趋势。

① 行业巨头"变身"平台方。供给侧改革关系到中国经济转型的平稳落地，尤其是我国传统企业的转型升级，未来以重点行业、特色产业为基础的 B2B 电子商务，将为中国高端制造业和现代服务业的发展赋予新动能。

通过整合全球资源，海尔实现了企业效益和社会效益的双赢，通过海尔创业平台不仅能够提供小企业不具备的战略协同能力，将平台上的制造、物流、分销等能力整合成生态系统，为创业企业提供服务。同时，海尔还搭建起共享平台，将财务、人力等基础服务变成信息化服务，让小企业降低成本、少走弯路，目前海尔平台上已有超过 100 个小微企业年营收过亿元，已有 22 个小微企业引入风投，有 12 个小微企业估值过亿。

② 行业垂直细分更加服务化。垂直型 B2B 平台通过聚焦优势品类，在产品和服务上专注各自行业特点，形成专业壁垒。比如基于集散地分销模型进行钢铁行业细分的找钢网，通过之前数据和交易的积累，也开始与京东合作，尝试金融服务，另外开始做仓库、加工、物流，甚至是自己设计管理软件，仿易道用车、滴滴打车等，开发了钢铁行业的"滴滴打车"，服务越来越深，壁垒越积越强。另外，在一些如化工、塑料、石油、农产品行业中，垂直领域 B2B 电商也会从单纯的信息撮合，到行业的广度和深度的服务中来，比如由盟大集团自主开发的塑料化工线上大宗交易平台"大易有塑"，通过优化开发制造流程，降低行业供应链成本，到提升产品和服务质量，再到确保交易安全，对于传统塑化行业资源和效率的提升有很大的意义。

③ B2B 平台合作共享趋势。目前，国家大力推动包括共享经济等在内的"新经济"领域的快速发展，"促进分享经济发展""支持分享经济发展，提高资源利用效率，让更多人参与进来、富裕起来"。分享经济，已经来到时代的风口。分享经济将成为促进经济增长的新动能，助力服务业成为拉动中国经济的主引擎。

在 B2B 的市场中，尽管有些 B2B 平台目前没有成为生态中最有话语权的一方，但 B2B 平台的资源优势为合作带来了空间，甚至这种合作可以在不同功能的 B2B 平台间发生。例如 2015 年年底上海钢联与欧浦智网的合作；跨境 B2B 平台与具有跨境通关、货代、海外仓等资源的 B2B 平台的合作；本地服务型 B2B 平台与本地化物流 B2B 平台的合作。

④ 地方特色产业链集群。国内很多地区都有自己的产业集群，如温州的鞋帽等，这种依托于地方特色产业发展的产业带，正面临着转型升级的迫切需求。随着"供给侧改革"的提出，以重点行业、特色产业为基础的 B2B 电子商务，通过打通上下游产业链，促进产业优化重组，聚合当地产业带来好商家、好货源，在 B2B 电子商务平台上构建专属卖场，同时整合线上线下服务型资源，调动整个产业链由简单的空间集聚向专业化、系统化集聚，形成上下游的良性互动。这种组团式的 B2B 发展模式能显著提升传统产业带的辐射范围和竞争优势，不仅能提升传统产业带的辐射范围和竞争优势，同时还能随时根据市场反馈的

需求，激励产业带内制造商的优化调整，带动传统产业转型升级。

⑤ 产业深度服务趋势。国内目前有一部分 B2B 平台，已经从 B2B 第一阶段的交易平台阶段，向深度服务发展，一般针对特定 B 类客户需求，通过细分市场深耕产业，聚焦各自品类优势，专注于各行各业的销售提供专业化精细化的产品和服务，其专业性是综合类平台所不能及的。

⑥ B2B 企业服务 SaaS 模式成为关注焦点。在中国 SaaS 模式的 B2B 企业服务领域是云计算范畴中的一个重要组成部分，随着移动互联网的蓬勃发展，在中国特殊国情下的企业级市场，中小企业也面临着海量的信息化需求，基于云端、移动以及社交所带来的技术红利，不断为 B2B 企业级服务平台创造良好条件，正在引领着中国企业级创业公司步入最好的黄金时代。

BAT 等互联网巨头相继布局云计算产业，八百客、分享逍客、今目标、北森等本土 SaaS 模式 B2B 服务商悄然崛起，显示了资本市场对国内 SaaS 产业的投资热潮保持升温态势。未来十年中，互联网汽车、智能家居、智能硬件等基于大数据和云计算技术产业的快速发展将会带来规模效应，中国 SaaS-B2B 市场会进入高速发展阶段。预计 2020 年后，中国 SaaS 服务市场将进入应用成熟期，产业链逐渐完善，行业将逐步完成传统软件向 SaaS 服务软件的转型。

"供给侧改革"已成为 B2B 电子商务发展的新机遇，从供给、生产端入手，通过解放生产力，提升竞争力促进经济发展，核心在于提高全要素生产率，强调对于供大于求的产业需要进行整合，消除过剩生产力，对于供不应求的产业，需要增加供给来满足社会需求。在传统经济形态下，生产者无法了解购买者的需求量，在"互联网+"的经济形态下，生产者可以根据大数据了解购买方需求。因此，"互联网+"模式对于供给侧改革有重要实际意义。

未来占据中国电子商务近 80%市场份额的 B2B 行业电商，用户在不同产业环节间形成黏性，以平台为中心整合上下游产业链，形成生态大圈，会为新供给、新业态提供更广阔的发展空间。

小 结

本章通过对 B2B 电子商务模式的分析，从纵向和横向两个维度详细介绍了 B2B 电子商务模式基本情况。

B2B 指的是商家（泛指企业）对商家的电子商务，即企业与企业之间通过互联网进行产品、服务及信息的交换。电子商务发展到目前为止，以 B2B 为代表的传统电子商务做的都是物质商品贸易，由 B2B 衍生出来的 B2C、C2C 等各种形式的电子商务做的都是产品交易。

目前市场上运营的 B2B 电子交易大体分为公共独立平台交易模式、行业性平台交易模式和企业专用平台交易模式 3 类。B2B 不仅仅是建立一个网上的买卖者群体，它也为企业之间的战略合作提供了基础。任何一家企业，不论它具有多强的技术实力或多好的经营战略，要想单独实现 B2B 是完全不可能的。

供给侧改革关系到中国经济转型的平稳落地，尤其是中国传统企业的转型升级，未来以重点行业、特色产业为基础的 B2B 电商，将为中国高端制造业和现代服务业的发展赋予新动能。

本章学习完成后，读者应形成对 B2B 电子商务概念、种类、运营模式以及供给侧改革的基本认识，为后续章节的学习奠定基础。

 同步测试

1．单项选择题

（1）阿里巴巴是目前国内最大的（　　）电子商务企业。

　　A．B2B　　　　B．B2C　　　　C．C2C　　　　D．B2G

（2）阿里巴巴网站上，每位中国供应商都会获得一个专用域名（　　）。

　　A．alibaba.com　　　　　　　B．en.alibaba.com

　　C．en.alibaba.com.cn　　　　D．alibaba.com.cn

（3）企业在天猫商城开设直营店，属于（　　）。

　　A．B2C　　　　B．B2B　　　　C．C2C　　　　D．O2O

（4）生产类企业上网采购是一种典型的（　　）电子商务活动。

　　A．B2C 方式　　B．B2B 方式　　C．C2C 方式　　D．B2G 方式

（5）与水平网站相比，垂直网站的主要特点是（　　）。

　　A．行业全　　　B．服务全　　　C．专业性强　　D．内容丰富

（6）下列不是阿里巴巴企业文化的是（　　）。

　　A．客户第一　　　　　　　　　B．团队合作

　　C．让天下没有难做的生意　　　D．效益第一

（7）（　　）是互联网泡沫时代的产物，主要是提供一个贸易平台，参与者可享受产品信息发布、厂家信息发布与认证、交易促成等服务。

　　A．公共独立平台交易模式　　　B．行业性平台交易模式

　　C．企业专用平台交易模式　　　D．私立平台交易模式

（8）（　　）是传统企业充分利用互联网新技术手段，以及行业资源和购买力而实施的一种电子商务战略。

　　A．公共独立平台交易模式　　　B．行业性平台交易模式

　　C．企业专用平台交易模式　　　D．私立平台交易模式

（9）（　　）能使企业与其贸易伙伴间达成最深度的整合，它能充分发挥企业间的供应链协作机制，提高透明度和规范性。

　　A．公共独立平台交易模式　　　B．行业性平台交易模式

　　C．企业专用平台交易模式　　　D．私立平台交易模式

（10）下列不属于阿里巴巴集团旗下的是（　　）。

　　A．UC　　　　B．优酷　　　　C．爱奇艺　　　D．土豆

2．多项选择题

（1）下列属于平台型 B2B 网站的是（　　）。

　　A．阿里巴巴　　B．慧聪　　　　C．网盛生意宝　　D．中国移动

（2）在阿里巴巴平台做外贸需要做哪几件事（　　）。

        A．增加曝光量让客户找到你　　　B．提升点击量让客户了解你
        C．增加询盘量让客户爱上你　　　D．增加订单量把客户取回家
（3）水平 B2B 交易市场的特征为（　　）。
        A．面对某一行业　　　　　　　　B．面对多种行业
        C．追求"全"　　　　　　　　　D．专业性强
（4）下列属于 B2B 电子商务主要应用的有（　　）。
        A．供应商管理　　B．存货管理　　C．配送管理　　D．渠道管理
（5）下列属于阿里巴巴集团旗下的是（　　）。
        A．全球速卖通　　B．高德　　　　C．飞猪　　　　D．敦煌网

3．分析题
（1）结合目前 B2B 电子商务热点分析未来 B2B 电子商务发展趋势。
（2）阐述阿里巴巴的商业模式以及经营模式。
（3）阐述供给侧改革背景下，B2B 电子商务企业如何实现产业升级。

第 4 章

O2O 电子商务

掌握 O2O 电子商务、在线旅游、餐饮外卖、社区零售等相关概念。
熟悉我国及世界（主要是美国）O2O 发展的关键事件。
了解 O2O 最新的发展前沿资讯。

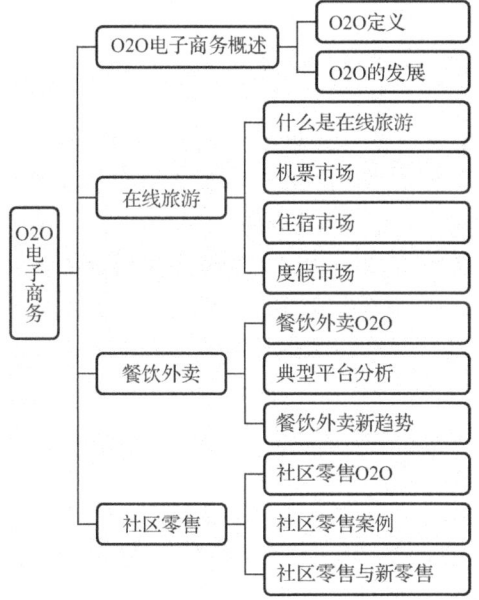

O2O 的概念、发展现状，OTA 现状；在线旅游与传统旅游的区别；常用 App 的搜索和使用；机票、酒店、线路的预订；餐饮外卖市场现状；社区零售现状。

4.1 O2O 电子商务概述

随着移动互联网、物联网、云计算、无线传感技术、智能数据挖掘等新技术在诸多领域的广泛应用，近几年，智慧地球、智慧城市、智慧高速等智慧概念在不同行业已成为热门词汇，并很快转化为产业化、智慧化的建设行动，成为一些行业、企业转型升级或加速发展的首选途径。

4.1.1 O2O 定义

目前，O2O 这个术语已为大家所熟识，同时随着 O2O 的快速发展，大有垄断整个电子商务市场的趋势，作为市场领导者的 BAT 都已开展 O2O 业务。那么，O2O 模式究竟该怎么理解呢？

O2O，全称 Online to Offline，又被称为线上线下电子商务，区别于传统的 B2C、B2B、C2C 等电子商务模式。O2O 就是把线上的消费者带到现实的商店中去，在线支付（或预订）线下商品、服务，再到线下去享受服务。

4.1.2 O2O 的发展

O2O 的概念是 2010 年 8 月由美国人 Alex Rampell 最早提出的，但是 O2O 并没有在美国发展起来，而是在 2011 年 8 月后，O2O 概念逐渐在中国获得了更广泛传播。当时正逢团购在中国异常火爆的时候，因此初入中国的 O2O 模式研究学者们侧重于研究预先支付的重要性。2011 年和 2012 年的 O2O，大多也局限在生活服务领域，为了能够直观理解，有些人干脆把 O2O 等同于生活服务电商，有别于过去 10 年的实物网络购物。

确实，O2O 和生活服务电商有很高的重合度，但从一开始，O2O 的概念就注定会突破生活服务的限制，孕育 O2O 概念的团购网站本身除了有餐饮团购外也有实物团购。在中国，O2O 的概念从 2012 年开始就慢慢被广泛化，以苏宁为代表的传统零售企业宣布自己是 O2O 企业，理由是它们线上有电商网站，线下有实体门店，而且两者能相互配合促进。

但线上线下相互促进配合并不容易，很多传统企业的线上线下是两套不同的体系，但是也有像苏宁这样的企业开始尝试"线上线下同价"，把线上线下的区别模糊化。与此同时，随着团购网站的大量关闭，大型传统企业从 2012 年年底开始成为了 O2O 的代言人。许多传统企业认为，O2O 和全渠道概念有很多重合之处，生活服务 O2O 原先强调的"预先支付"被忽视，逐渐成为非必要条件；任何线上线下相互配合的举措都可以冠上 O2O 的旗号，这些举措可以是线上线下统一销售，也可以是线上线下的配合营销，线上线下客户体系打通等。

而互联网巨头在线上人口红利逐渐消失的背景下，从 2013 年开始积极主动向线下渗透，互联网公司和线下传统企业的合作也打上 O2O 旗号。其实，不少互联网巨头做线下的一个重要目的是吸引线下的用户。当然，它们也投资和入股线下企业，使线上业务能和线下业务相配合。对不少互联网公司来说，O2O 是渠道下沉。

所以，O2O 发展到今天，无论是销售，还是营销，或是客户关系管理，只要是线上线下互相配合的，都可以被看作是 O2O；无论是传统企业利用线上去促进转型升级，还是互联网公司利用线下去实现渠道下沉，都可以称为 O2O。未来 O2O 的明星企业将诞生于线上，但做 O2O 的主体企业还是来自线下。

表 4.1 列举了一些进军 O2O 市场的企业。

表 4.1 O2O 领域企业分类表

序号	领域	O2O 企业
1	餐饮	团购：百度糯米、大众点评、拉手网、满座网、美团网、窝窝 外卖：饿了么、百度外卖、笨熊造饭、到家美食会、口碑外卖（淘点点）、零号线、楼下 100、美团外卖、生活半径、一号外卖 订餐：吃好点、美餐、时差族、悠先点菜 菜谱：豆果美食、好豆菜谱、美食杰、美食天下、下厨房、掌厨 供应链：菜筐子网、饭店联盟、链农、美菜、美厨、暖食、青年菜君、送菜哥、蔬东坡、天平派、小农女、鲜供社、新味、优配良品 软件供应商：餐行健、二维火盒子、点菜通、石川科技、天子星、饮食通、我有外卖 厨师上门：爱大厨、好厨师、烧饭饭
2	房地产	房天下、悟空找房、链家网、优卖网、房到网、蘑菇租房、airbnb
3	旅游	号码百事通、旅游百事通、驴妈妈旅游网、携程网、出游客旅游网、乐途旅游网、欣欣旅游网、芒果网、艺龙网、同程网、搜旅网、途牛旅游网、易游天下、快乐 e 行旅行网
4	出行	汽车：Uber、滴滴、易到用车、一号专车、神州专车 自行车：ofo、Mobike、小鸣单车、行者、黑鸟、永安行、野兽骑行

 专家指导

O2O 商务模式的关键：在网上寻找消费者，然后将他们带到现实的商店中。它是支付模式和为店主创造客流量的一种结合（对消费者来说，也是一种"发现"机制），促进了线下的购买。它在本质上是可计量的，因为每一笔交易（或者是预约）都发生在网上。这种模式应该说更偏向于线下，更利于消费者，让消费者感觉消费得更踏实。

4.2 在线旅游

在电子商务发达的今天，旅行是一件很简单的事情，因为我们可以借助在线旅游带给人们的便利，使旅途更加轻松愉快、更加丰富多彩。趁着我们还年轻，还能走得动，让我们来一场说走就走的旅程吧！

4.2.1 什么是在线旅游

在线旅游是指通过网络的方式查阅和预订旅游产品,并可以通过网络分享游记或经验,而非通过在线(网络)的方式进行旅游。在线旅游服务的核心价值是:提供旅游相关信息、提供行程安排预订服务等功能。

1. 提供旅游相关信息

互联网快速发展,信息量增大,客户无法做到详细地整理和分析全部信息,所以客户需要有这样的公司帮助他们整理相关信息,但是这些公司提供的信息需要尽量客观中立,以便于客户做出明智的选择。

随着社交网站的发展,OTA(Online Travel Agent,在线旅行社)需要提供更多客户所需要的信息,即由利益无关方提供的信息,这些信息更客观、更全面。

2. 提供旅游预订服务

旅游预订服务有存在的价值,因为用户在合理的价格区间内,他们趋向于选择方便、安全的预订模式。由于价格透明和趋同性的增强,在选择服务时,用户会逐渐使用以前已经习惯使用并且觉得安全的方式。

4.2.2 机票市场

1. 机票网上订购流程

首先,打开携程网、飞猪网、去哪儿网以及各大航空公司官网,查询航班班次和机票价格。飞猪网机票订购页面如图4.1所示。

图4.1 飞猪网机票订购页面

在机票查询结果中,比较航班时间和价格,选择时间、价格最合适,性价比高的机票。在此过程中,可以通过更改出发时间和返程时间来查询最优机票组合;也可以通过购买航空公司往返套餐的方式来订购机票。

小贴士

每年的 3—4 月、11—12 月是旅游淡季，机票价格在全年当中是最低的，折扣力度也是最大的。

确定好航班信息后，可以通过网上银行、银联、支付宝、微信等方式进行支付。

最后，完成机票网上预订。

2．网上订购机票的常见陷阱

（1）案例1：机票代理隐瞒价格，私自加价

消费者徐女士在网站上从上海鸿飞票务代理有限公司订购了上海浦东机场至美国洛杉矶的来回联程机票，成人、儿童各一张，成人票价 22 363 元，儿童票价 17 637 元，她还开取了金额为 40 000 元的发票。

令人没想到的是，徐女士向承运航空公司核实机票信息，却发现所购机票价格与承运航空公司销售价格不一致。徐女士对票务代理公司提供的 IATA（International Air Transport Association，国际航空运输协会）行程单表示怀疑，最后向上海空港办投诉。经过调查，原来这家公司在徐女士不知情的情况下擅自将行程单上的价格作了变动，将原价 21 363 元机票价更改为 22 363 元、将 16 943 元更改为 17 637 元。

那么到底是怎么回事呢？原来，这家机票销售代理公司先是向消费者隐瞒了机票的真实价格，擅自更改行程单上的价格，并且未向她出具国际航空运输电子客票行程单，从而获取差价，非法获利 1 694 元，这已经构成了欺诈消费者的行为。

（2）案例2："经停"变"转机"，改签价格高

消费者赵女士购买了中国东方航空公司南宁至北京（经停武汉）的航班，但在乘机当天因自身原因晚到机场而误了航班。随后她立即联系航空公司的服务人员要求改签后续航班。

但出乎意料的是，工作人员告诉赵女士，只能改第二天同时间、同行程的航班，不仅如此，改签费还要 1 500 元，这比重购一张南宁至北京机的票价格还要高。

赵女士表示不解。她表示，误机航班机票是在某网站购买的，订票成功后立即收到该网站发送的航班信息"1 月 13 日 15:10—21:35 的中国东方航空公司 MU2524/MU2459 南宁吴圩机场—北京首都机场（经停）已出票"。

后经相关部门调查，原来赵女士购买机票的实际信息是：含有两段单独的航程的转机航班，即由两张单程票组成，分别为 15:10—17:00 MU2524 南宁—武汉的机票和 19:30—21:35 MU2459 武汉—北京的机票，而 MU2524 航班，实为三亚—南宁—武汉的航程。所以，赵女士购买的其实是为经停地上客的后段航程机票，到武汉机场后她必须转乘 MU2459 航班前往北京。另外，调查还发现赵女士所购机票票价为 710 元（含 50 元机场建设费），而在实际上，票价为南宁至武汉票价 290 元（含 50 元机场建设费）和武汉至北京票价 250 元（含 50 元机场建设费），合计 540 元。

因此真实情况是，某网站通过销售给赵女士这张"经停"变"转机"的航班机票骗取票款差额，之后又发送虚假航班信息，因而导致客人误机后必须改签第二天相同航班，并且改签必须收取两个航班手续费。而赵女士的机票从"经停"变"转机"后意味着，即便

当天没有延误,她在顺利登机后也要面临着两个麻烦:一是在武汉机场需办理转机手续;二是两个航班时间间隔两个半小时,中间需要等候。

消费者购买机票,尤其是在网上平台及向平台第三方卖家购票时需要多加小心,最恰当的做法是在购票成功后要第一时间获取机票票号,之后及时与承运航空公司服务热线核对相关信息或通过中国民航电子客票验证热线 400-8158888 来进行验证。

(3)案例3:"偷梁换柱",积分换票导致难登机

除了将低价票高价卖出,有些票务代理公司甚至还将顾客积分变成免费机票出售给其他消费者。

消费者王女士通过某网站从代理商升翔航空公司处特惠购买了一张旧金山飞往上海的机票,价格为 6 031 元。结果王女士在出行当天登机时,中国东方航空公司却表示查询不到王女士的姓名。后经王女士亲友与机票代理商多次交涉,直至最后一刻她才被允许登机。六十多岁的王女士经过一番折腾,造成身体不适,整个过程担惊受怕。

上海市消保委空港办经过调查,代理商出售给王女士的是一张由他人积分兑换的免费机票。这种免费机票是指航空公司的会员在飞行里程达到一定标准时,可用积累的飞行里程为自己或相关受益人换取的免费机票。

相关工作人员称,为了赚取更大的利润,有些代理商就将他人的积分兑换成免费机票,再以原价或折扣价出售给不知情的其他消费者。王女士购买的正是这种积分兑换的免费机票,所以在登机时查询不到自己的信息。

> **小贴士**
>
> 订票网站:飞猪、携程、去哪儿(2015年携程和去哪儿合并)、同程、途牛、美团、大众点评以及各大航空公司官网(中国南方航空、中国东方航空等)。
>
> 机票 App:飞猪、携程、去哪儿、同程、途牛、美团、大众点评、各大航空公司官网(中国南方航空、中国东方航空等)、机票通、爱飞行机票、低价机票、酷讯机票、比机票。
>
> 航班信息类:飞常准、掌上虹桥、航侣、航班管家、航旅纵横、全球航班查询、航班信息板、卓越航班查询、查询航班、Airspace Explorer。
>
> App 查询:百度手机助手 http://shouji.baidu.com。

4.2.3 住宿市场

1. 智慧酒店

(1)智慧的含义

人们一般理解的智慧,是从狭义角度,智慧就是高等生物所具有的基于神经器官(物质基础)一种高级的综合能力,包含感知、知识、记忆、理解、联想、情感、逻辑、辨别、计算、分析、判断、文化、中庸、包容、决定等多种能力。

智慧让人可以深刻地理解人、事、物、社会、宇宙、现状、过去、将来,拥有思考、分析、探求真理的能力。古希腊诗人荷马把智慧阐述为:智慧的标志是审时度势之后再见机行事。

(2)智慧酒店的客观定义与内涵

智慧酒店是指酒店拥有一套完善的智能化管理服务系统(见图4.2),通过数字化与网络化实现酒店数字信息化服务技术,具有酒店灯光控制系统和酒店空调控制系统等应用。

智慧酒店建设隶属于智慧旅游,根据2012年5月10日北京市旅游发展委员会发布的《北京智慧酒店建设规范(试行)》条例,智慧酒店的表述是:运用物联网、云计算、移动互联网、信息智能终端等新一代信息技术,通过酒店内各类旅游信息的自动感知,及时传送和数据挖掘分析,实现酒店"食、住、行、游、购、娱"旅游六大要素的电子化、信息化和智能化,最终为宾客提供舒适、便捷的体验和服务。我们把智慧酒店理解为:酒店拥有一套完善的智能化体系,通过经营、管理、服务的数字化、智能化与网络化,实现酒店个性化、人性化服务和高效管理。

智慧酒店是基于满足住客的个性化需求,提高酒店管理和服务的品质、效能和满意度,将互联网、物联网、无线通信技术等信息化与酒店经营、管理相融合的高端设计,是实现酒店资源和社会资源有效利用的管理变革。其突出了提供服务中人的行为,以及普通服务向智能服务的转变,服务过程更加智慧化。因此智慧酒店应以提高盈利水平,提升客人体验为目的,体现提高营收、节能降耗、减员增效之价值,依托设备、设施,实现智能化,依靠人和各类技术,实现信息化,以人为本、以客户为本、以员工的利益为本、以企业的利益为本。

图4.2 智慧酒店管理服务系统

(3)智慧酒店发展的背景

随着酒店日趋激烈的竞争和不断攀升的客户期望,酒店装潢、客房数量、房间设施等质量竞争和价格竞争将退居二线,迫使业内人士不断寻求扩大酒店销售、改进服务质量、降低管理成本、提升客户满意度的新法宝,以增强酒店的核心竞争力。其中最有效的手段就是大规模应用先进的信息化技术,变革传统意义上的酒店业竞争方式和经营管理模式,进而赢得新的竞争优势。因此,酒店的竞争将主要在智能化、个性化、信息化方面展开,智慧酒店悄然兴起。

(4）未来智慧酒店展望

未来智慧酒店建设，必定会以"绿色、创新、和谐"为建设理念，以"智慧管理、智慧营销和智慧服务"为目标，同时以现代科技为指引，真正实现酒店全方位的智慧化。将来运用科技管理酒店将更加信息化、数字化、智能化、网络化、互动化、协同化、融合化，在表现形式上充分体现平台化、个性化、支付方式多样化。

通过科技技术平台、个性化服务平台及综合服务平台打造核心价值体系实现酒店产品的深度开发和信息资源的有机整合，实现酒店资源和社会资源共享与有效利用的管理变革。同时实现科技创新价值、产业支撑价值、经济效益价值及社会拉动价值。在技术上将广泛使用超声波、人脸识别、智能穿戴设备、虚拟现实、遥感、卫星定位和精准导航、3D打印、混合云、万物互联、人工智能（AI，包括机器人、语言识别、图像识别、自然语言处理和专家系统）等高科技以及多样化的移动设备，应用ERP系统、前台人脸识别系统、公共区域内部导航系统、虚拟体验系统、收益系统、数据分析系统、经营决策系统、送物和交流及多项服务智能机器人。

有关未来智慧酒店场景展现：

① 内部导航，即先确定要去的房间、车位、会议室、餐厅、住宅、商场、柜台等，用App、微信、内部地图等进行手机导航至目的地。

② 停车场，采用超声波和地感线圈监管车位占用情况，引导场内停车。

③ 人工智能服务，未来酒店将采用国内最先进的智能管理系统，同时将在服务台、大厅、走廊、房间内安置机器人，从办理入住、人脸识别开房到开启灯光、窗帘，包括咨询、景点介绍、行李运送甚至互动娱乐，为客人提供周到的服务，提升客人的新奇感。

在未来酒店内，机器人将突破行业传统技术方案的瓶颈，解决了集成度低、稳定性差、功耗偏高等问题，可使酒店的平均费用节省三分之二左右，且能巧妙利用酒店空间，实现遥控器一键切换电视、计算机等不同功能，使用便捷。

如今，酒店新业态层出不穷，信息技术更新速度加快，智慧酒店建设面临挑战，同时也拥有机遇，酒店从业者如何在智慧化与成本、利润、人才之间找到一条真正属于自己的智慧之路，确实不是一件容易的事。目前的关键是，酒店应该根据自身实际，充分发挥全体员工的才能，利用信息化、智慧化手段，整合酒店内外人、财、物资源，在技术上完善，在服务上创新，逐步探索属于自己的转型之路和发展之路。

2. 酒店 B2B

在线旅游 B2B 模式的竞争是如何演化的？中国本土 OTA（在线旅行社）将如何与其他国家或地区 OTA 及旅游批发商、旅行社等旅游专家合作共赢？在深究这些问题之前，我们很容易看到，国外 OTA 目前仍在艰难探索中国 B2C 市场的品牌定位。最明显的例子就是 Expedia，该公司已将艺龙股份出售给携程，退出了中国的国内旅游市场。但他们对中国的出境旅游市场仍然看好。

中国酒店行业的供应链十分复杂，酒店为了将收益最大化，尽可能以最优价格销售最多库存，会采用多种销售渠道（越是高星酒店越是如此）。一般来说，酒店直销最贵（如前台入住），其次是 C 端分销（如 OTA），最便宜的是 B 端分销（如批发商协议）。

因此，"过去"OTA 拿到的价格并非最优，一些（理论上）被控制在 B 端（不能拿到 C 端或在线销售）的价格，例如批发价、协议价、旅行社价，都会比直接面对 C 端的 OTA 价格便宜。随着去哪儿网站的兴起，这些 B 端的价格通过 B2B 批发商卖给商户，商户再投放到去哪儿，由于价格便宜，对 OTA 销售造成了打击。

B 端分销的库存流向如下：酒店→B2B 批发商→商户→平台→消费者。在这个模式中，大体上是由酒店的渠道管理部门，将低价库存卖给区域型批发商或是小旅行社，部分批发商联合 B2B 平台，将酒店库存资源卖给商户（采购商），商户再通过平台（如去哪儿、携程、艺龙、飞猪等）预订房间。

酒店行业复杂程度远高于旅游行业，不同星级的酒店，各有不同的运营模式与风险。其分销的 B2B 平台/商户/OTA/搜索平台，也必须以不同的配合方式响应。

例如：2012 年携程与艺龙的酒店价格战，不只引发 C 端返现战争，双方为了降低成本，也购买了去哪儿商户的库存，再转卖给自己的客户。一方面满足客户需求，另一方面也间接对酒店表态，由于各 OTA 的量原本就很庞大，加上批发商的量，相当于酒店近 30%的库存都必须以 B 端低价出售，影响收益至大。价格战迫使三方（酒店、B2B、OTA）必须面对去哪儿网的影响，从而重塑行业生态。

（1）运营模式

中国官方评定的星级酒店不多，酒店的入住率大致依星级而定。高星级酒店空房最多，最需要收益管理，与 B2B 的合作最为密切，也最符合上述的 B 端分销模式；然而，酒店也最担心 B 端价格流到 C 端平台公开贩卖，冲击正价库存的价格。

中星级酒店销售得较好，多数入住率超过 50%。这类酒店的品牌建设上不如高星级酒店，下不及经济型连锁酒店，不利直销，更希望的是有好的分销渠道，特别是交通位置差、单体、较旧的内资酒店。

低星级与经济型连锁酒店一般销售得最好，特别是经济型连锁酒店，入住率很容易超过 100%（因为有钟点房），这种类型的酒店直销能力强，有些会往星级酒店全范围投资扩展，如国内三大酒店集团华住（禧玥、漫心度假、怡莱、全季、星程、汉庭、海友）、如家（和颐、如家、莫泰）、铂涛（铂涛菲诺、喆啡、丽枫、潮漫风尚、7 天），都是很好的例子。

（2）酒店 B2B

目前活跃的酒店 B2B 平台有：在线旅游平台蜘蛛旅游网、电子票券 B2B 平台"票管家"、旅游 B2B 运营服务平台"芝麻游"、途牛的 B2B 平台"笛风"和同程的 B2B 平台"旅仓"等。

（3）酒店 B2B 发展前景

作为盈利模式单一的 B2B 平台，目前只有收取佣金、广告费、增值服务费等方式，抗风险性不强。高竞争环境下，能做的不外乎从境内与境外着手。在境内增加产品线，比如保险、机票，同时向下开发中星级酒店，或是规格较高的酒店式公寓；境外则发展到国人常去的东南亚国家（部分 B2B 在香港地区起家），并与同业错位切房，在面对安可达（Agoda）与缤客（Booking）这些强敌时，由于更能掌握中国游客的心态，与长期度假（1~2 个月）、习惯于体验客栈民宿的外国人相比，中国人更需要的是短期度假（3~5 天）的星级酒店，竞争上未必处于劣势。唯一缺乏的是因应境内外快速发展所亟需的资金。

3．海外酒店并购

国内企业扎堆并购海外酒店虽早已不是新闻，但随着时间的推移，海外并购趋势愈发明显。国内企业投入大量资金收购境外酒店，是为了自身产业链的完善和发展，也是为了拥有更多的外部资本参与机会。不难发现，国内房地产企业、保险公司等已经开始了海外投资。

(1) 为完善产业链进行海外并购

① 澳门励骏4 200万美元收购老挝酒店及娱乐场。澳门励骏创建有限公司出资4 200万美元收购Savan Vegas酒店及娱乐综合设施。同时，老挝政府将发放特许经营证书给博彩等相关特许经营项目，澳门励骏获得项目独家经营权初步为期50年。

Savan Vegas酒店位于老挝，提供娱乐场所、酒店及度假村等服务，并且拥有博彩、娱乐场所、会议中心及其他餐饮设施、休闲设施、零售商店设施等功能。

② 中国旅行社联手收购澳洲Azzura Greens Resort。中国澳新旅游批发运营商胜景旅游、信捷假期和同盛假期联手澳大利亚最大的中国团队入境地接社——GAT大澳国际收购黄金海岸五星度假村Azzura Greens Resort。

Azzura Greens Resort五星度假村坐落于澳大利亚黄金海岸，与世界顶级澳洲排名领先的18洞标准冠军高尔夫球场Links Hope Island Golf Club仅仅一墙之隔。黄金海岸是澳大利亚首屈一指的度假胜地。Azzura Greens Resort拥有158套度假公寓式房间，分为高雅精美的单卧室和奢华的双卧室，另外还有三卧室豪华房间，能同时容纳超过600人入住。每套度假公寓都拥有客厅、厨房、餐具及洗衣设备，公寓中的每间卧室都拥有独立的洗手间。

③ 安邦保险斥资65亿美元买下美国奢侈酒店集团Strategic Hotels & Resorts Inc。这次交易创下史上中国内地买家收购美国房地产的金额之最，安邦获得该集团旗下横跨全美的16处顶级奢华酒店，包括位于宾夕法尼亚大道的华盛顿特区四季酒店，旧金山联合广场的威斯汀酒店，以及加州奥兰治县的尼古湖丽思卡尔顿酒店。

④ 海航旅游集团收购Carlson Hotels。海航旅游集团从卡尔森酒店集团手里收购了Carlson Hotels。Carlson的品牌包括Quorvus Collection、Radisson Blu、Radisson、Radisson RED、Park Plaza、Park Inn by Radisson、Country Inns & Suites By Carlson及其忠诚度计划Club Carlson。海航旅游集团的收购，将大大拓宽海航旅游集团的产业链。

(2) 为外部投资而进行海外并购

① 开元酒店集团2.15亿元人民币收购荷兰假日酒店。开元旗下香港主板上市的开元产业信托以总价2.15亿元人民币的价格收购位于荷兰埃因霍温市的假日酒店。这次收购使得开元产业信托成为首家在欧美国家收购资产的香港上市房托，开创了香港资本市场的又一先河。

荷兰开元假日酒店是一家位于荷兰埃因霍温的四星级酒店。该酒店总建筑面积约为111 677平方米，坐落于市中心位置，在中央火车站的对面，由酒店步行至火车站北入口只需五分钟。此次收购的埃因霍温假日酒店共拥有206间客房、145个停车位、一个小型健身房、七间面积逾504平方米的会议室、一间酒吧、一间面积达180平方米的餐厅、一个面积达72平方米的室内游泳池及一个商务中心。

② 易上集团收购洛杉矶国际机场假日酒店。中国易上集团的美国全资子公司USOCG完成了对洛杉矶国际机场假日酒店（LAX Holiday Inn）的收购，并已正式交接。USOCG以本次酒店的收购为起点，在不久的将来将会收购更多的酒店资产以及投资其他商业项目。

洛杉矶国际机场假日酒店位于拉新纳伽大道（La Cienega Boulevard）和世纪大道（Century Boulevard）拐角处，是一栋12层楼的假日酒店，始建于1973年，并于2008年进行了重新装修，平均入住率高达90%。

③ 蓝天集团收购加拿大酒店资产。具有香港资金背景的蓝天集团（Bluesky Hotels & Resorts Inc.）以21亿加元的价格收购加拿大InnVest Real Estate Investment Trust，为中国资

金投资加拿大打开了新的篇章,这意味着中国资金进一步渗透到加拿大最古老、最有历史的一批酒店服务行业中。

InnVest 目前管理着包括多伦多 Fairmont Royal York Hotel、埃德蒙顿 Fairmont Hotel Macdonald 等在内的多家加拿大老牌酒店,是加拿大当地最传统的酒店服务投资企业之一。很多该公司控股的酒店都是当地的地标性建筑。收购之后,蓝天集团将拥有 InnVest 在北美地区超过 1.45 万个客房的所有权。

④ 中国信达资产管理公司收购曼哈顿酒店。中国信达资产管理公司以 5.714 亿美元的价格完成 Hercha 名下位于曼哈顿的 7 家"有限服务酒店"的收购。这些酒店都位于纽约寸土寸金的曼哈顿地区,包括:Holiday Inn Express-Times Square(时代广场智选假日酒店)、Candlewood Suites Times Square(时代广场 Candlewood 公寓酒店)、Hampton Inn Chelsea(切尔西汉普顿假日酒店)、Holiday Inn Wall Street(华尔街假日酒店)等。信达将持有这家合资公司 70%的股权,剩余 30%由 Hersha 持有。中国信达资产管理公司收购的中档酒店资产,经营成本较低,入住率较高,拥有更稳定的盈利能力与现金流动能力。

对于国内酒店企业出海并购,也面临着各种问题,需要多方面关注实时信息:当地的法律法规、政治文化因素、宗教信仰、市政规划及并购模式等。例如万达折戟西班牙大厦,浮亏 2 亿元人民币是酒店惨痛的"教训"。

4.2.4 度假市场

1. 度假租赁市场产业化

(1) 定义

在线度假租赁:在线度假租赁有别于传统酒店,由个人业主、房源承租者或商业机构为旅游、商务度假及其他居住需求的消费者提供房间,以及更多个性化设施及服务。它包括客栈、民宿、公寓、精品酒店、度假别墅、小木屋、帐篷、房车、集装箱等。

在线度假租赁产品:在线度假租赁产品具有房源更分散、单点房源量较少、单个房间产品更个性化、经营主体多元化、提供个性化设施及服务、相对依赖"互联网+"的特征。

(2) 度假租赁市场现状

据艾瑞咨询《中国在线度假租赁市场研究报告》显示,目前中国在线度假租赁房屋类型以精装公寓、普通民宅为主,另外别墅、特色民宿、海景房的占比也较高;同时,从房屋来源看,目前在线度假租赁市场的房屋绝大部分来自于职业房东从业主处包租而来的房源,利用自有房产从事度假租赁经营活动的比例仅为 15.4%。中国在线度假租赁产业链图如图 4.3 所示。

目前我国在线度假租赁房屋主要位于国内主要旅游目的地以及北、上、广、深等一线城市;同时,从在线度假租赁的订单来源看,目前在线度假租赁市场的订单主要来自于线上渠道,小部分来自传统线下渠道。

从获客方式上看,在线度假租赁平台、在线旅游平台已经成为度假租赁经营者的主要获客方式,另外,消费者的口头传播、微博微信等社交网络、本地生活服务平台也是比较重要的获客方式。度假租赁房东在选择在线渠道时主要基于平台的品牌影响力、前端界面操作是否方便、平台是否提供交易担保等方面进行考量。

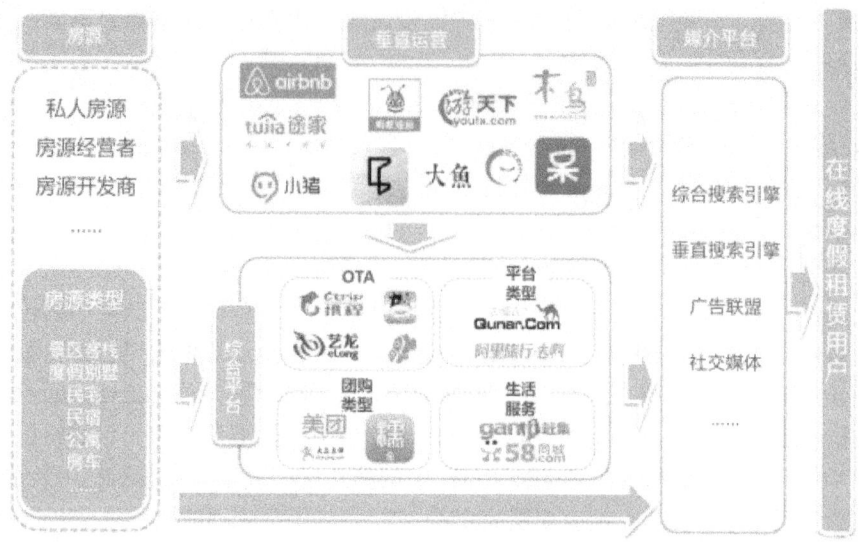

图 4.3　中国在线度假租赁产业链图

（3）中国在线度假租赁运营模式

中国在线度假租赁运营模式主要有三种：C2C、B2C、N2C，如图 4.4 所示。

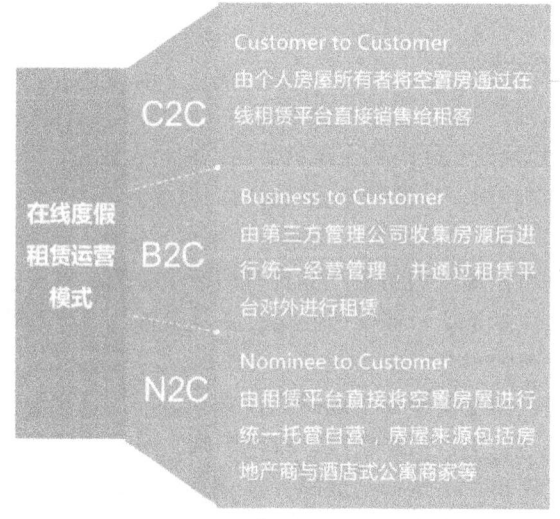

图 4.4　中国在线度假租赁运营模式图

C2C 模式为在线度假租赁产业的发起模式，airbnb 与 HomeAway 公司是 C2C 平台的主要代表，在国内以蚂蚁短租与小猪短租为主。C2C 模式因其重运营、轻资产可在初期获得快速发展，但是在运营达到一定规模后，随着网络推广、管理服务、维护成本等原因易进入缓滞期，但因其巨大的供给市场仍备受关注。国内 C2C 模式带有部分 B2C 色彩，B2C 平台如途家等也在积极拓展 C2C 业务。

2．医疗旅游

医疗旅游是指旅游者可以根据自己的病情、医生的建议，选择合适的游览区，在旅游的同时享受健康管家服务，进行有效的健康管理，达到身心健康的目的。

世界医疗旅游业最发达的国家是泰国,除此以外,包括印度、印度尼西亚、哥斯达黎加等国目前均在大力发展医疗旅游产业。中国的香港和台湾地区也在大力发展该产品,但由于这两个地区的人力成本较上述国家要高,故在收费上难以与印度、泰国等国家抗衡。

(1)印度——三大"法宝"

首先是世界一流的医疗水平。印度大多数公立医院条件差,平均每 1 000 人分配不到一张病床,但新兴的私立医院却别有洞天。埃斯科特医院高楼耸立,绿树成行。不远处的阿波罗医院远看像一座宫殿,病房里各种先进的医疗设备一应俱全。印度大部分私立医院的条件不比欧美等国家医院的条件差,甚至还有所超越。另外,医疗质量有保证是吸引人的关键。埃斯科特医院去年完成 4 200 例心脏手术,死亡率只有 0.8%,感染率只有 0.3%,而在发达国家,同样的手术平均死亡率达到 1.2%,感染率则是 1%。

其次是非常低廉的医疗价格。在美国医疗界打拼了 20 多年的阿波罗医院院长安娜·莫可尔说,一次核磁共振成像扫描在美国需要 700 美元,在印度只需 60 美元。据印度工业联合会的一份报告称,印度的收费一般是欧美国家的 1/10。例如来自英国的马舍尔先生在班加罗尔一家私立医院接受心脏搭桥手术之后高兴地说:"这个手术在英国需要 1.9 万英镑,而且还得排队等候半年,在这里只花了 4 800 英镑,还包括来回机票。"

再次是会讲英语的医护人员。印度的大部分医护人员都会讲英语,这就为来自世界各地的患者能够与他们沟通提供了方便。

(2)韩国——整形美容受追捧

优势:设立了整容美容支援中心。

适合项目:整容手术,干细胞疗法。

大多数外国患者到韩国寻求医疗服务,主要是医牙、整形外科和体格检查。另据报道,由于越来越多的日本、中国等亚洲国家女性为整容来到韩国,韩国首都首尔市已经启动为"外国整容游客"联系首尔整容外科医院的工作。在地方自治团体中,首尔市将首开设立整容美容支援中心,积极吸引医疗游客的先河。韩国医疗旅游协会表示,将医疗旅游集中在整形美容上的首尔市的这次尝试,将比韩国政府正在推进的医疗旅游事业取得更好的效果。

(3)马来西亚——体检费用低廉

优势:医疗费用十分低廉。

适合项目:健康检查。

为了吸引更多的游客,马来西亚政府开始积极推动"医疗旅游",也就是将医疗或健康检查与旅游结合起来。目前政府已指定 44 家私人医院、7 000 余张病床参与这一计划。这是马来西亚继成功推出"生态旅游"和"农艺旅游"之后的又一举措。"医疗旅游"的口号是:"放松的时候就是做健康检查的最佳时机。"游客在休闲、购物甚至打高尔夫球的间隙,可以前往与下榻旅店挂钩的医疗中心做胸部透视、血压测试、肝脏扫描等健康检查。通常,做完检查大约 5 个小时后,就可以得到完整的检查报告,如果需要进一步的治疗或者手术,可以转往医疗中心继续治疗。马来西亚推动"医疗旅游"的最大优势是其医疗费用十分低廉。根据伦敦一家报纸的报道,为游客提供健康检查的费用仅仅是英国同类检查的 1/5。

(4)新加坡——医疗系统亚洲最佳

优势:精密的医疗服务,被世界卫生组织列为亚洲拥有最佳医疗系统国家。

适合项目:减重手术、健康检查。

被世界卫生组织列为亚洲拥有最佳医疗系统国家的新加坡,近年成为周边国家富商喜欢前来看病的地方，许多印度尼西亚富商甚至每年定期到新加坡住院一个星期，接受健康检查，逐渐演变成医疗度假的形态。

不过，新加坡的医疗旅游正面临来自马来西亚等国的挑战。为开拓市场，该国今后将瞄准中国和印度的富人们。

（5）匈牙利——专业医牙

优势：具有医疗旅行机构，并拥有专业高水准的牙医。

适合项目："修复残齿""种植新牙"。

匈牙利是欧洲中部的内陆国家，自然风景优美，建筑富有特色，温泉遍布，气候四季分明。匈牙利吸引了很多法国游客，其中一个重要因素便是匈牙利"绝对吸引人的、有竞争力"的医牙费用。法国人尽管享受着优惠的医疗保险制度，但由于国内医疗费用的升高，法国人自己需要承担的医疗份额越来越大，而且等待的周期也比较长。所以，不少法国人选择利用假期前往布达佩斯，边度假边医牙。

匈牙利以医牙出名，有着无数的优秀牙医。在匈牙利和奥地利交界的一个只有 5 万人口的小镇上，牙医的数目竟达到 400 人。自匈牙利加入欧盟后，每年都要接待成千上万的外国游客。由于许多法国人利用假期到布达佩斯"修复残齿""种植新牙"，因此应运而生了不少旅游公司，除了负责订购机票和旅馆外，还负责给法国游客介绍医生，并且提供一名翻译，以方便游客在布达佩斯的生活起居和求诊。

（6）以色列——世界试管婴儿之都

为了倡导生育，以色列是全球独一无二提供试管婴儿手术高额补助的国家，在公立医院，甚至还可以免费。

以色列的试管婴儿手术全球闻名，原因在于这个例行多产的社会，为了提高人民生育率，对于进行试管婴儿手术的妇女提供高额补助。此类手术在其他的国家费用不低，在以色列则大多由政府买单。

位于以色列特拉维夫的舍巴医院，每天都有络绎不绝的病患前来看诊。人们来到这里都只有一个目的：通过医学科技，为他们带来一个婴儿。

4.3 餐饮外卖

目前，"互联网+"快速发展，互联网的存在为大众生活提供了很多便利，尤其在餐饮行业。伴随互联网尤其移动互联网的高速发展和智能手机的普及，互联网下外卖行业飞速拓展。对于餐饮市场来说，加入"互联网+"，有利于促进餐饮产业的发展。

4.3.1 餐饮外卖 O2O

目前餐饮 O2O 最为火爆，餐饮产业已然成为继房地产、汽车之后中国产业规模最大的产业。"互联网+"已经在餐饮产业链条中的食材采购、系统管理、线上线下营销、交易，以及预订、点菜、排队、支付、点评等方面全面渗透和深度扩展。

1. 团购行业

对于许多都市白领而言，上午工作结束后的第一件事，就是打开手机上的外卖软件，看看有没有合胃口的餐饮外卖，接着就是下单、支付、等待送达……如今，外卖行业不仅进入到写字楼、学生宿舍和居民小区，甚至在高铁上，也能打开手机应用或是扫描二维码，提前预订外卖。外卖团购的目的是方便更多的顾客。部分团购行业企业如表 4.2 所示。

表 4.2 部分团购行业企业

名 称	简 介
百度糯米	人人网旗下的糯米网于 2010 年 6 月上线。百度全资收购人人网所持的全部糯米网股份，成为糯米网唯一的全资大股东，并正式更名为百度糯米，由百度技术副总裁刘骏出任 CEO
大众点评	大众点评于 2003 年 4 月由张涛创立于上海，2014 年 2 月，腾讯宣布与大众点评进行战略合作，持后者 20%股份；2015 年 3 月，大众点评对外宣布将全资收购亲子教育 O2O 平台"孩子学"，"孩子学"创始人吕广渝加入大众点评担任首席运营官（COO）
拉手网	拉手网是全球首家 Groupon 与 Foursquare（团购+签到）相结合的团购网站。拉手网成立于 2009 年 9 月，并于 2010 年 3 月正式上线，是国内首个获得风险投资的团购网站，其 CEO 吴波此前曾创立焦点房地产网
满座网	满座网由冯晓海创建，于 2010 年 1 月上线，同年 9 月获得凯鹏华盈千万美元投资；2014 年 1 月，满座网接受苏宁 1 000 万美元收购要约，满座网原投资方 KPCB 选择完全退出。交易完成后满座网创始人冯晓海没有选择退出，而是出任苏宁本地生活业务负责人
美团网	美团网是 2010 年 3 月成立的团购网站，由饭否网创始人王兴创办，美团网类似国外 Groupon 团购网站。美团网完成三轮融资后估值达到 150 亿美元。随着移动互联网的兴起，美团向本地生活服务 O2O 平台转型

2. 外卖行业

晚上加班饿了，叫个外卖；宅在家不想出门，叫个外卖。国内的外卖业务一片红火，消费量大，对餐饮店家来说，做外卖业务不仅拓宽了客流，也减少了店面占用率，不失为一个开源节流的销售渠道。从消费习惯看，用户更倾向于在周末点餐，同时夜宵单量占比也有显著提高，显示点外卖已经从过去"堂食做饭的替代"，转化为一种常规的就餐方式。有数据显示，54.2%的用户表示点外卖的原因是"不愿意外出"，超过了"没时间/能力做饭"，"懒人经济"或将继续推动外卖消费的增长。部分外卖企业如表 4.3 所示。

表 4.3 部分外卖企业

名 称	简 介
饿了么	饿了么创立于 2009 年 4 月，由张旭豪、康嘉等人在上海创立。2014 年 5 月，饿了么获得大众点评 8 000 万美元投资，成为其深度战略合作伙伴。饿了么先后已完成五轮融资，获中信产业基金、腾讯、京东、大众点评、红杉资本联合投资。在百度外卖、阿里巴巴淘点点介入自配物流市场之后，饿了么与腾讯等深度合作，开始在该领域做出尝试
百度外卖	百度外卖是由百度孵化的外卖服务平台，于 2014 年 5 月正式成立。百度外卖主打中高端白领市场，支持全国一二线城市，午餐、晚餐、下午茶、夜宵、零食全覆盖
口碑外卖（淘点点）	淘点点成立于 2013 年 6 月，初期主打点菜，随后又上线订餐功能。淘点点并入阿里内部的外卖团队，升级为事业部后，开始发力外卖服务。2015 年 7 月淘点点已正式更名为口碑外卖
美团外卖	美团外卖于 2013 年 11 月正式上线，是美团旗下的网上订餐平台。上线之初，美团外卖挂靠在美团网上，借其流量入口，用户可根据所在地检索附近可送外卖餐厅，并进入后台直接点餐，在下单前留下送餐地址、姓名和手机号即可，支付选择货到付款的方式结算。美团设立外卖配送事业群，由王慧文出任总裁，负责外卖平台和配送平台的建设，美团外卖独立成立站点

续表

名称	简介
生活半径	生活半径网创建于2010年9月,创始人徐伟昊。生活半径是北京地区基于用户地理位置,并以用户为圆心,日常生活范围为半径的在线生活服务平台,主要业务是在线外卖。生活半径模式为从商家收取20点返点,从用户端收取每单5元配送费。生活半径已正式上线水果送货上门服务
一号外卖	一号外卖成立于2013年,创始人为"85后"连续创业者谭小平。其采取"实体店+物流配送"的模式,即通过加盟实体店统一管理方式,实现对产品质量的把控。一号外卖配送品类涵盖用户一天的日常所需,包括早餐、午餐、饮料、咖啡、点心、日用品、鲜花、水果及夜宵等,其模式类似于便利店7-Eleven

3. 订餐领域

如今,人们的生活节奏越来越快,为了减少排队时间,现在不少人喜欢在网络上订餐。日常生活场景的改变折射出中国餐饮业形态的变革。从过去单一门店营销、纸质菜单点餐、现金结账,到如今点餐平台盛行、海量菜单备选、在线支付餐费,互联网已经实现与传统餐饮业的深度结合。部分订餐领域企业如表4.4所示。

表4.4 部分订餐领域企业

名称	简介
吃好点	吃好点成立于2015年1月的"吃好点"平台,有五位创始人,主要的两位是陈建雄和刘建华,其均属"70后"。吃好点实际上是要基于吃好点平台在写字楼、小区租用多个工作室,把每个工作室装扮成社区厨房店,大厨被平台从饭店解放出来自己开店,一个大厨守一家店,间距在500米左右
美餐	赵骁与徐杨两个年轻人将美国GrubHub模式复制过来,于2011年成立美餐网。美餐网是国内最大的企业订餐平台,为上千家企业客户员工提供在线订餐,以及商务用餐、团队自助餐等服务。与餐厅进行合作,通过订单向餐厅收取10%~20%的佣金。企业订餐平台美餐与大众点评是深度战略合作关系
时差族	时差族正式上线于2015年3月1日,其创始人李军军是四年前团购兴起时第一批团购站长。美餐网的商业模式与马拉西亚餐厅预订服务平台Offpeak以及美国Mytime相似,可为用户在非高峰期提供餐厅推荐和折扣服务。时差族通过帮助餐厅分配高低峰时间,高峰少打折,低峰大折扣,通过低峰大折扣,反向覆盖高峰期折扣
悠先点菜	悠先点菜是杭州友络软件科技有限公司在2013年9月创建,初期叫优先点菜,后改名为悠先点菜。从杭州起家,在上海设有分公司,投资方为滴滴打车天使投资人王刚和原阿里资本、甘其食天使投资人李甲虎等个人。创始人侯峰兼任悠先点菜CEO。悠先点菜是一款集选餐馆、点菜、支付、分享于一体的手机应用软件。点菜排队App "悠先点菜"获得腾讯数千万美元融资,这是腾讯在餐饮O2O领域布局的又一颗棋子,此前腾讯还投资过大众点评、饿了么、零号线等

4. 菜谱领域

菜谱是厨师利用各种烹饪原料,通过各种烹调技法创作出的某一菜品的烧菜方法。现在的生活越来越追求细致化、个性化,自己烧制一桌子菜不仅环保,而且能够获得成就感。当在网上看到一盘好看的菜或者在餐厅里面吃到一盘很美味的菜,自己又不会烧制,那么怎么办呢?基于这个需求,解决用户烧菜的互联网菜谱便应运而生。部分菜谱领域企业如表4.5所示。

表 4.5 部分菜谱领域企业

名 称	简 介
豆果美食	豆果美食成立于 2008 年 1 月，由王宇翔及 7K7K 前副总裁朱虹共同创办。移动端豆果美食上线于 2011 年 5 月，是一家发现、分享、交流美食的互动平台，用户群体定位是"80 后""90 后"，其中 80%是女性
好豆菜谱	好豆菜谱软件发布于 2013 年 2 月 20 日，为用户提供直接搜索和随机搜索两种搜索方式，用户可以直接输入菜品名字、食材、功效等进行定位搜索，也可以像"淘宝"一样根据自己喜好，条件合成，在品种、食材以及口味中选择。另外，还有第三种搜索方式，就是如微信一般的"摇一摇"，随机选取组合
美食杰	美食杰网站成立于 2007 年 1 月，是集菜谱、健康饮食知识、烹饪技巧、各地特色小吃、电子商务及轻社交元素为一体的美食网络信息服务平台。通过宣传，美食杰 App 冲到了 App Store 免费美食菜谱类应用排行榜第一位。期间先后上线了多款 App，分别是美食杰家常菜谱大全、美食杰家常菜谱大全 HD、伊特美食管家、美食杰家常菜谱大全 TV 版等
美食天下	美食天下成立于 2004 年 11 月，是全球最大的中文美食网络和美食社交平台。美食天下和菜谱精灵客户端是旗下的移动美食菜谱 App，分别成立于 2011 年 3 月和 2012 年 4 月。功能有三大特点：一是领先的流畅用户体验，除网络搜索外，多种分类查看方式和美食天下互通的会员系统，移动端、PC 端自动同步，随时评论分享；二是海量的教科书式菜谱，超过十万篇具有详细步骤图解的超实用菜谱；三是实时的精品内容推荐
下厨房	2011 年 1 月，Tony 从工作了 30 个月的豆瓣离职，和曾在豆瓣担任工程师的陈寅共同创业。2011 年 3 月，下厨房上线。倡导在家烹饪、健康的生活方式，提供有版权的实用菜谱做法与饮食知识，提供厨师和美食爱好者一个记录、分享的平台。上线的"市集频道"，从菜谱内容社区转型到新型电商平台，经营品类包括特色食材、厨房器具、水果生鲜、烘焙、调味料等

5．供应链行业

传统餐饮的黄金法则是选址，对外卖来说，获取流量就变得非常重要。与传统餐饮不同，顾客的数据信息通过网上点餐就可反馈给企业，顾客的姓名、电话、住址甚至吃过几次，都会被记录下来，方便分析。传统餐饮投资动辄上百万元，而外卖有的投入几十万元就可以了，资金的回转率非常高。但从生命周期看，传统餐饮整体相对稳定，外卖品牌可能快速崛起，又快速消亡。部分供应链行业企业如表 4.6 所示。

表 4.6 部分供应链行业企业

名 称	简 介
菜筐子网	菜筐子网项目构思于 2013 年年初，其 IT 团队通过政府关系认识到餐饮食材配送市场的巨大商机，并定位做轻模式平台，即需要一套完善的枢纽系统。菜筐子网系统成型，分为网络交易枢纽工程、产品中管枢纽、资金结算枢纽三部分，创始人为秦陈
饭店联盟	饭店联盟系北京吉食语科技有限公司旗下品牌，项目启动于 2014 年 5 月，正式成立于 2014 年 7 月，首席执行官兼董事长李德全。其团队共有 6 个合伙人，分别来自阿里巴巴和中软国际的技术性人才。饭店联盟是一个为餐饮业、饭店提供原材料和食材供应服务的平台，主打餐饮行业供销产业链服务，产品涵盖：新鲜水果蔬菜、肉类、冻品类、熟食、调料、饮品、日用品等
链农	链农是一家为中小餐厅提供全品类原材料的供应商，也是中小餐厅的集中采购平台。据了解，链农由资深的互联网人士和连锁餐饮人士创办，项目正式启动于 2014 年 6 月，链农集中中小型餐饮商家采购需求，到一级销售地（如新发地）进行大批量食材采购，再向中小型餐饮商家提供服务

续表

名称	简介
美菜网	美菜网于2014年6月上线,是一家主打农产品和蔬菜水果的电子商务网站,原窝窝团创始团队(刘传军、徐薛胤)二次创业倾力打造的一个农产品移动电商公司,隶属于北京云杉信息技术有限公司。美菜网已基本打通产地,对接上游供应链,砍掉了中间经纪人、一批、二批等各种流通环节
美厨	美厨成立于2014年10月,正式上线于2014年12月,基于星级厨师菜谱售卖半成品净菜,鼓励25~35岁一二线城市追求生活品质的青年用户群"回家做饭",可通过美厨网站和微信公众号购买食材包。目前美厨支持全国部分一二线城市配送,保证24小时内到达。美厨Love's Kitchen完全零库存(海鲜一类),食材都是用户下单后采购,必要时临近发货时采购以保蔬菜类等菜品新鲜,食材交由第三方快递(顺丰速运)全程冷链送到用户手中
暖食	暖食2014年6月成立于北京,创始人刘志强,目前核心团队来自互联网公司,顶级餐厅,电商行业。菜品包括西餐、中餐、东南亚餐等,产品分为"暖食盒子"(用烤箱烹饪),"主厨设计"(几道菜组成的套餐)以及汤品。暖食在北京建立了第一个中央厨房,在此完成所有菜品大约80%的烹饪准备(包括采购、清洗、切配和调制酱汁),把烹饪所需的所有材料包装成精确配比的食材包,通过合作的第三方全冷链物流配送到用户手上
青年菜君	青年菜君,以售卖半成品净菜为主的O2O企业,由三个年轻人陈文、任牧、黄炽威合伙创立,在地铁口开店卖半成品净菜:上班族提前网上点菜,下班地铁口提菜。2014年3月,第一家"青年菜君"实体店在北京回龙观地铁站开业,门店每天的营业时间为17:00—20:30,菜品单价为4~30元,主力菜品价格在15元左右
送菜哥	刘文会于2015年4月创立专为中小餐厅配送食材的"送菜哥"。据了解,"送菜哥"在每个商户集中的地段和商圈里建立起"菜栈","菜栈"辐射一千米以内的商户。每天"送菜哥"只需将食材从分拣仓库运到菜栈,再由菜栈配送到附近的商户手中,送菜哥着重后端配送的优化,与送菜佬合作建立第二配送中心,商品再由第二配送中心送到客户手中,利用较低的成本解决了最后一千米配送难题
蔬东坡	蔬东坡从2014年7月份开始筹划,得益于天使湾创投资总监的鼓励,才能火速推行下去,创始人罗明。蔬东坡做的是一套SaaS系统,专供生鲜行业,致力于帮助食材、鲜花、水果等解决信息化和工业化问题。主攻餐馆食材配送B2B,及水果店配送B2B、生鲜B2C、水果配送B2C等业务。客群是传统的线下生鲜食材商贸公司——为餐馆酒店提供食材采购、配送、结账等服务的这批企业
天平派	"天平派"是针对餐饮食材采购供应链的O2O平台,创建于2014年8月,2015年1月上线。天平派不做自营的采购、分拣和配送,而是为这个市场里的卖方和买方提供交易平台,餐厅(即买方)可以每天在天平派平台上基于次日店内用料需求下单,而每个商品背后都会有具体的供应商作为卖家
小农女	早在2013年,小农女便在深圳做起了卖菜的生意,由于2C的半成品生鲜电商客单价低而配送成本高,而导致项目夭折。2014年9月,小农女重新启动,这一次走的是餐馆配送(2B)+线下生鲜站自提(2C)的模式。小农女开始从自营向平台转变,仍然专注于餐饮后端供应,但是会接入第三方,包括企业与个体商户。合作的方式既可以是第三方自己提供产品供应给客户,也可以小农女作为供应商,只负责分拣配送至附近客户
鲜供社	鲜供社正式上线于2015年4月底,创始人赵雪松。其作为一家专业的食材供应链服务平台,为餐饮企业提供包括SaaS、供应链金融、供应商撮合、源头集采等服务。鲜供社为黄太吉和旗下的外卖平台全面提供食材供应及供应链金融服务
新味	新味成立于2013年9月,创始人葛伊能。是半成品生鲜电商,目的是为用户解决两方面的问题:一,食材;二,菜谱。其切入点是做食谱化原材料西餐订购,提供优质便捷的前期服务,将烹饪中令人愉悦的部分都带到你的跟前,提高产品的附加值。新味推出可直接用微波炉加热,开袋即食的产品
优配良品	优配良品成立于2015年3月,它专注于生鲜供应链的一站式食材供应服务,创始人兼CEO史庆东曾就职于阿里巴巴,核心创始团队也全部来自于阿里巴巴、神州数码、科捷物流、绿狗网等,目前团队共有80人左右

6. 软件供应商行业

打开手机，点开应用，选择套餐，稍等片刻，美味的外卖就会来到身边……随着淘点点、饿了么、易食客、美团等软件的风行，软件供应商成为了幕后的英雄。一个好的订餐软件不仅可以方便客户，提高顾客的满意度，而且还能很好地服务商家，对用户的行为进行分析并预判其进一步的行为。如今，订餐行业的软件供应商竞争激烈，模式比较单一是一个重要的原因。部分软件供应商企业如表 4.7 所示。

表 4.7 部分软件供应商企业

名称	简介
餐行健	餐行健为奥琦玮信息科技（北京）有限公司旗下品牌，奥琦玮是国内电子菜谱研发企业，餐行健系列产品包括电子菜谱、智能菜谱、智能点菜宝（手机点餐）、智能触屏、智能电视点餐系统、智能桌面菜谱、智能餐饮管理软件（单店、连锁）等
二维火盒子	2014 年，二维火推出了针对用户端的 App——二维火盒子，二维火盒子为安卓收银产品，以普通收银系统 1/4 的价格进入市场，通过互联网把数据存于云端，大大降低了餐饮管理软件的维护成本。其功能类似淘点点，用户可以在手机端完成点菜、预订等动作。和淘点点不同的是，这个 App 完全和商户自身的收银管理系统对接
点菜通	上海工理电子有限公司成立于 1998 年；在公司创建前的 1994 年就研发了电子点菜器；1999 年，首创了国内第一款无线掌上点菜电脑品牌——点菜通。工理餐饮通是工理电子从创建伊始重点研发的餐饮企业管理软件，产品围绕餐饮企业的客户管理、营销、财务稽核、盈利分析、成本管控、绩效考核及连锁企业的中央厨房、配送中心建设等工作建筑
石川科技	石川科技成立于 2000 年，总部在上海，2001 年 10 月，石川无线点菜系统软件 V1.0 正式向市场发布；石川科技专有的厨房叫菜系统、厨房 PK 看板系统、无线打印系统、成本控制系统等。不久石川科技与大众点评联合宣布，双方达成战略合作。同时，大众点评将战略入股石川科技，投资后在石川科技的持股比例将超过 10%
天子星	天子星成立于 2001 年 6 月，天子星获得 IBM Ready for RIF 认证的国内餐饮软件；获得 IBM Ready for POS 认证的国内餐饮软件。天子星品牌餐饮软件类别根据常见餐饮业态而划分，包括主打产品天子星大型餐饮连锁信息系统（B/S 架构，即浏览器和服务器结构）、中小型餐饮连锁信息系统（C/S 架构）、正餐版、快餐版、美食广场版、乐盛餐饮开店宝、综合娱乐管理软件 7 个版本和天子星品牌硬件
饮食通	饮食通 2000 年成立于北京，创始人孙宝彬。饮食通提供的产品线非常广，从前端的等位叫号、预定、点单、收银、送单、报表到后端的 ERP 都涵盖了。饮食通产品功能分为 6 个模块：网络标准版、库存成本、无线点菜、预定管理、管理、饮食通 ipad 电子菜谱
我有外卖	上海我有信息科技有限公司成立于 2013 年 12 月，CEO 为连续创业者林喆；七位联合创始人来自商用 POS 机、硬件行业、线下连锁、线上营销等领域。"我有外卖"是一款方便快捷的手机订餐叫外卖的软件，用户使用"我有外卖"的手机客户端，通过 GPS 定位功能，搜索周边的外卖商户，即可方便快捷地下单

7. 厨师上门行业

当遇到重大的日子的时候，中国人都喜欢在家中做饭招待客人，可是自己烧得又不好吃，怎么办呢？厨师上门可以让网友们在家里呼叫大厨上门帮人们做饭。厨师上门服务可以让那些不会做饭的人们享受到温馨的家庭聚餐，这样不仅效率高，而且美味、健康、营养、划算。部分厨师上门企业如表 4.8 所示。

表 4.8　部分厨师上门企业

名　称	简　介
爱大厨	爱大厨私厨上门正式上线于 2014 年 6 月，创始人薛皎。爱大厨是一个基于地理位置、提供预约厨师上门服务的移动平台，利用用户提供的地址，匹配周围合适的厨师，在指定的时间由厨师上门为用户烹饪饭菜
好厨师	好厨师成立于 2014 年 9 月，隶属上海乐快信息技术有限公司，CEO 是徐志岩。用户可以通过好厨师网页版或 App（支持 iOS 和 Android）预订厨师上门做菜服务。目前业务集中在北京、上海、杭州 3 个城市
烧饭饭	烧饭饭是 2014 年年底上线的一款厨师上门服务 App，其"身世"有些复杂，它的母公司耶客最早做 App 外包开发和运营服务起家，之后第二次转型做了购物推荐平台"好东西"，发现起色不大后又在去年年底开始了第三次转型，烧饭饭就是这第三次"折腾"的产物

总之，根据上述分析可以看出，无论是外卖领域已占据巨头地位的饿了么、美团，还是食材供应端众小商家各出奇招，前者还在继续努力，侵蚀市场，后者更是紧追慢赶，期望吃到那块"最大"的蛋糕，在餐饮行业为了抢地盘、圈用户不断上演全武行的今天，每个创业者都要读懂互联网时代的消费者，只有找到需求所在，才有存活下去的机会。

4.3.2　典型平台分析

近年，立足本地生活服务的 O2O 产品广泛涌现，餐饮市场的规模不断上涨。那么，什么样的外卖 O2O 在主导着餐饮外卖市场？艾瑞数据显示，饿了么、美团外卖、口碑外卖、百度外卖拥有更活跃的用户群、更多的商户、更高的地区覆盖率、更多的功能和优惠活动。下面就这四家企业进行对比分析。

1. 战略优势对比

当前阶段的外卖战略有 5 个因素：战略合作引流；布局中低端市场（除百度布局中高端市场外）；自建物流系统；解决商户信息化问题；保障食品安全。优势上各有特色，商业模式相近都参照平台化商业模式。运营上都在线上线下吸用户，扩展商家。四家企业战略优势对比如表 4.9 所示。

表 4.9　战略优势对比表

名　称	产品定位	产品优势	商业模式	运营推广
饿了么	拿高效，拿白领，自配送	白领商务区份额大；"谁去拿外卖"，"拼单"，发现特色功能；战略伙伴的引流"帕拉丁"物流调度系统；自建物流团队大；"风行者"订单管理 App；"外卖保"；后台管理软件"Napos"解决商户订单管理	商家佣金，平台服务年费，商家推广费，会员费，物流配送费	线下推广，大区域推进，广告推广
美团外卖	平台化，校园，白领商务区	校园区份额大；平台引流；"上门"扩展业务；引入食品安全险；不断强化物流，外卖品类多	抽取佣金，平台使用费，广告费，竞价排名，增值收费	团购平台引流；线下推广到千余城市；广告推广
口碑外卖	平台化，校园，白领商务区	并入"口碑"平台；自建物流；品类多；提升买单支付业务"扫码买单"；品牌效应；生态体系导流	"中小餐厅收取服务费，高端餐户收取入驻费和广告费	生态体系引流；线下扩展；广告推广
百度外卖	平台化，中高端白领商务区	百度搜索，地图，糯米引流；自建物流；大数据定位目标群；优质商家多	自营加整合第三方外卖平台；抽取佣金，平台使用费，广告费，竞价排名	多业务引流；线下扩展优质商家；广告推广

2．相关参数对比

四家企业的相关参数对比如表 4.10 所示。

表 4.10 日均覆盖率等参数对比表

参数\外卖客户端	饿了么	美团外卖	百度外卖	口碑外卖	数据来源
日均覆盖率/%	12.2	11.4	1.7	7.2	艾瑞
评分/5	4.2	4.8	3.8	2.8	第三方应用
最新版本	5.4.1	3.8.3	3.1.3	3.9.8	第三方应用
最新大小/MB	6.2	5.5	8.6	10.6	第三方应用
餐厅数量	535	271			第9软件网
餐厅分类	23	11	56	15	第9软件网
美食搜索	定位到商家	定位美食	定位美食	定位美食	第9软件网
店家信息	地图			电话	第9软件网
支付方式	微信、支付宝、QQ钱包、到付	微信、银行卡、支付宝、到付	百度钱包、支付宝、银行卡、到付	支付宝	第9软件网
优惠打折	满25减12；首单减20；赠饮；微信分享红包；品牌馆免配送；积分商城换礼品	满20减10；满40减15；首单减15	满20减10；满40减15；新用户减15；百度钱包减1	满30减10；满50减12；满15/30返红包	第9软件网
指定时间	支持	支持	支持	支持	第9软件网
订单跟踪	支持	支持	支持	支持	第9软件网
特色功能	拼单；早餐预定	药瓶代购	新开垫付	到店买单	第9软件网
城市覆盖	260+	250+	92	20	第9软件网

3．App 客户端比较

（1）饿了么客户端

饿了么客户端布局：顶部是"地址、搜索、广告、热门功能"，底部是"外卖、超市、订单、我"4 项功能，中间是主体餐户列表。

特征色：蓝色。导航：Tab 在被翻阅时会填充颜色，热门功能汉堡导航。

餐户列表：呈现顺序为图片，名称，起送价格，名称下是评分、总评价数、月销量、配送费、送达时间/距离，标签（保、付、票）（点击可查看详情），优惠或返利。一页两个餐户条目，每户 3 行左右的信息。

筛选：支持按餐品口味筛选、排序，按优惠类型筛选，口味筛选项更全面。

点餐列表：点菜页面为菜品分类显示，基础信息包含菜品图片、月销量、推荐数、价格，以及购物车，可查看餐厅、菜品评论及餐厅主页（饿了么没有独立显示用户评价内容）。

个人主页呈现方式：抽屉形式。选好菜品后，购物车变成菜品数量，其右侧是价格，简洁清晰。

饿了么有单独的订单确认页面，自动定位匹配用户地址，简化确认过程。通过用户评价，给菜品形成分级，但没有菜品推荐数。饿了么支持微信拼单，节约小组购买时间。

（2）美团外卖客户端

美团外卖的功能更加全面，优惠活动也更多，在餐户列表中"正在休息"的商家图标会变暗，方便用户查看，但是购物车里的订单不能直接编辑，会略有不便。美团不仅应部分餐户要求购买了食品安全险，对于举报不良商家的用户还奖励红包，可见其对食品安全的重视程度。首页顶部滚动优惠信息而不是餐厅广告，从而提升下单率。另外，购物车的口袋功能，满足多人点餐场景下的需求，也利于合并订单，降低配送成本。凑一凑功能，不足起送价时，推荐本店低价单品，方便用户凑单。

（3）百度外卖客户端

百度外卖对订单的实时追踪（基于 LBS 实时显示送餐员位置）功能比较抢眼，缓解了用户焦急等待的心理。对于菜品的评价更为细致（整体评价、菜品评价、配送服务）。"规格"选项能够小范围推荐菜品赢得用户青睐。

（4）口碑外卖客户端

口碑外卖提出了菜品推荐（主厨推荐）功能，而且支付更为简洁，扫一扫使支付更加方便。但外卖首页没有商家的排序、筛选、分类、价格，给用户的使用造成了诸多不便。

4.3.3 餐饮外卖新趋势

当前，餐饮外卖非常火热，而且潜在的用户群在持续增加，同时也让投资人加速融资。易观智库数据显示，饿了么、美团外卖、口碑外卖、百度外卖四家平台瓜分外卖市场规模的近八成，其中饿了么、美团外卖两者瓜分外卖近六成市场，持续领跑，优势明显。虽然饿了么份额破三成，占据明显优势，但与美团旗下的美团外卖差距不大，两者竞争激烈。那么具体是什么因素在助力外卖 O2O？

1．餐饮外卖优势分析

① 具有庞大的用户基础：学生群、白领群、社区群，为用户群节省等餐时间，扩展餐户范围。

② 移动设备助力：移动网民渗透率超过 90%，不仅引流潜在用户，还依靠其实时交互性，操作便捷性，定位准确性，交易便利性促使用户的 O2O 行为。

③ 商户支持：减少了餐馆的装潢、使用面积、服务人员等成本，给商户带来更多的顾客，线上就可宣传品牌。

这些都是借助了互联网优势：线上商户多，前期投入成本低，O2O 技术成熟，餐品丰富，价格透明，辅助订餐评价多，操作方便，支付便捷。

2．餐饮外卖劣势分析

① 中小餐饮企业缺少 IT 技术人员，订单多半由人工处理，及时性和正确性难保证。

② 高档餐饮担心外卖质量（温度、口感、视觉效果），而且物流速度不确定，餐品安全难保证，标准化难控制（除快餐类）。

③ 通过微信等拥有众多用户基础的开放平台的加速发展会是威胁，例如商户和用户质量参差不齐，难以审查。

④ 外卖 O2O 自身对融资依赖大，补贴多，推广成本大，用户稳定性低，技术壁垒低。

3．用户群分析

餐饮外卖的用户群体以"80 后""90 后"为代表，女性偏多，大多集中在一二线城市，受教育程度较高,主要由学生、工薪白领和懒于做饭外出的人群组成,人均每天访问3次,单次时长6分钟左右,学生、上班族所在地点较为集中,为物流配送减轻了负担。对于首先被挖掘的学生市场,其对餐品质量要求不高的现状避开了外卖市场标准化和品牌化较低的短板。学生对新事物接受快,同样放弃也快。相对学生市场,白领市场对品质要求有所提升,但利润和忠实度也在提升。

另外,艾瑞数据显示,用户使用外卖点餐的主要驱动力在于"实惠",品质高,价格低,优惠多;其次是"快"。而这一特点在社区中似乎更加难以实现,受限于有限的物流队伍和较之零散的区域分布。这些用户订餐高峰为午餐时间段,学生餐品消费集中在15元以下,上班族在16~25元,有一半以上的用户会在2~5家餐户间轮换,线上支付比例高。相对高端的餐品用户群有待开发。

4. 产品服务品质提升

比达咨询调查显示,食品安全和即时配送将成为外卖市场未来趋势两大关键词。

自2016年开始,外卖平台将食品安全作为一项重要的发展战略。2017年3月,饿了么开展"食品安全月",先后推出食安App、食品包装封签、流动检测车等创新举措,夯实平台食品安全管控体系。作为外卖产业链的基础设施,各大外卖平台一直致力于发展自有的即时配送体系,并积极引入人工智能、大数据等高尖技术,提升配送效率。依托日渐成熟的即时配送运力,外卖平台已开始涉足餐饮以外的品类配送,如鲜花、生鲜、商超等。粗略估计,一旦"万物皆可即时配送"成为现实,其所涉及的消费品市场规模可达每年30万亿元。目前,饿了么推出的"帮买帮送"服务,更是打开了C2C同城配送市场的缺口。虽然与外卖市场有着密不可分的关系,但不可否认的是,即时配送自身也有望成为外卖之外的另一个千亿级别市场。

4.4 社区零售

在整个社区O2O市场,最具潜力、最有影响力、最能带来直接营收的核心业务之一就是社区电商零售。这里需要着重强调"社区电商零售"的含义,其中既包括了线上电商,也包括了传统的线下零售业态。

4.4.1 社区零售O2O

事实上,社区O2O中的社区电商零售就是新零售的表现形式之一。从场景来看,阿里所提的新零售更多的是侧重于大型生活广场、大型百货商场、大型家电商场、大型购物超市等商业区零售业态变革,而线下社区作为零售终端的重要消费场景之一,也正在进行新零售式的变革,京东到家、顺丰优选、爱鲜蜂(中商惠民控股)、便利到家等诸多便利店项目都在做新零售的变革。

不过,由于社区商业的覆盖面非常广泛,包括便利店、商超、生鲜水果、零食、烘焙、配送等诸多方面,有时候创业项目很难一句话解释清楚究竟在做什么事。例如便利到家,有些人把它看成掌上便利店，有些人把它看成配送服务公司，有些人把它理解为社区电商，今后便利到家及同属社区电商零售市场的项目都可以用"社区新零售"五个字来概括自己所属行业。

对于全新的社区市场，业界在概念上能达成共识非常重要，可以省去很多解释的麻烦，而且只有在达成共识的情况下，业界各环节各方面才能更容易接受这个已经存在的市场形态，同时"言之有物"并且聚焦的统一概念，有利于社区电商零售在媒体上的舆论传播。

新零售的核心要素就是线上与线下在整个零售业态各环节中的融合发展，而各社区电商零售公司一直以来都在做这个事情。举个例子，便利到家是专注于利用线上小区便利店和小区周边一些商超、烘焙、鲜花、药店等生活服务终端零售店来拓展社区消费市场，在其业务模式中既包含线上部分，也在为线下门店提供服务，单纯地将便利到家完全归纳为社区电商并不够准确，因为还有一种接近传统电商的社区电商形式几乎与线下门店没有关系，而用社区新零售则可以涵盖便利到家整个运作模式。

4.4.2 社区零售案例

1. 顺丰优选

顺丰优选（http://www.sfbest.com）是由顺丰速运倾力打造，以全球优质安全美食为主的网购商城。顺丰速运成立于1993年3月，是一家港资速运企业，主要经营国际、国内快递及报关、报检、保险等业务。顺丰优选于2012年5月正式上线，是以经营全球优质安全美食为主的B2C电子商务网站。目前网站商品数量超过一万种，其中70%为进口食品，采自全球60多个国家和地区。全面覆盖生鲜食品、母婴食品、酒水饮料、营养保健、休闲食品、饼干点心、粮油副食、冲调茶饮及美食用品等品类。顺丰优选武汉仓于2016年投入使用，生鲜配送扩展至237个城市；同年，顺丰优选首家线下门店在深圳开业，推出门店委托管理模式。顺丰优选首页如图4.5所示。

图4.5 顺丰优选首页

2. 智慧便利店

什么是智慧便利店？简单地说，就是融合了线上和线下购物方式的便利店，消费者既能到实体店购物，又能通过网上购物等货上门。

电商的网购方式+实体店购物的到货速度，这就是智慧便利店的核心竞争力。智慧便利店和电商一样，可以通过分类清晰的购物网站或手机 App 下单；也可以和传统便利店一样，凭借区位优势，能够比电商更快送货，让消费者在几十分钟内收到货物。

实际上，传统便利店对大客户、老客户也有送货上门服务，只不过在送货时间和覆盖面上有所不足。智慧便利店为什么能做到快速配送呢？这就是智慧便利店的"智慧"所在：通过定位技术、云计算、大数据等信息化手段，优化配送线路，尽可能降低配送成本。

在快速配送的同时，智慧便利店的"智慧"还体现在服务内容不断拓展。目前已经建成的智慧便利店不但具备线上商城服务功能，而且提供洗衣、家政、鲜花、快递、蛋糕预定、便民缴费、体育彩票等多种便民服务项目。其中，倍全电子商务有限公司以"互联网+便利店"和"20 分钟闪电送货"为核心模式，构建了国内首个融合倍全便利店、倍全便利 App、倍全商户 App 和倍全苍穹城市管理平台的社区商业生态系统。爱客多公司成为百度糯米、新美大的合作商户，与京东商城签订了《京东便民服务点合作协议》，各门店成为京东商城的服务点，为客户提供线下自提服务。爱客多还与济宁市家庭服务中心签订了战略合作框架协议，依托爱客多超市、爱客多网上商城和济宁市家庭服务中心 12343 平台，贯彻"整合资源、便民服务、扩大就业"宗旨，以"便民、利民、为民、安民"为目标，帮助群众解决日常生活中遇到的实际问题。

智慧便利店是积极响应供给侧结构性改革和"互联网+"战略的创新模式。借助互联网技术，智慧便利店对社区商业服务资源进行线上线下整合，提高社区商业服务信息化、标准化、规范化、集约化、智能化水平。智慧便利店通过快速配送的服务，促进消费者在智慧便利店购买更多服务或商品；反过来，更多的交易又促使快速配送的成本进一步降低，实现良性循环。更重要的是，智慧便利店通过掌握社区消费服务大数据，为整合更多资源、提供更多服务提供了无限想象空间。

智慧便利店受店铺面积所限，在商品多样性上达不到大型电商的水平，因此尽管双方经营范围存在交集，但仍存在错位竞争；而与传统便利店相比，双方经营范围基本重合，所以尽管目前智慧便利店尚未普及，但传统便利店真的该认真考虑如何面对智慧便利店在未来的竞争了。

4.4.3　社区零售与新零售

2017 年 7 月 3 日，商务部发布《中国零售行业发展报告（2016/2017 年）》（后简称"报告"）。报告指出：数据显示，中国的实体零售业出现了结构性回暖，便利店、社区购物中心等社区商业正在进入黄金发展期。

2017 年上半年，大润发、家乐福、麦德龙、沃尔玛、永辉、永旺共关店 22 家，其中：沃尔玛关店数量最多，达 16 家；家乐福关闭 2 家；大润发、永辉、麦德龙、永旺各关闭 1 家。

综合目前的零售形势，要想走出困境，零售企业需要进行系统转型。目前，零售企业的转型只是刚刚开始。在许多方面，还没有找到转型的有效方向。

① 连锁零售模式需要转换。以中心化管理、标准化复制、流程化运营为代表的连锁零售模式，面临当前的市场考验，模式需要转换。高度集权的总部管理体制，"千店一面"零售形式，流程化运营带来的官僚化已经成为零售企业发展的严重障碍。这种连锁零售模式与目前的市场环境，企业发展需求极不适应，迫切需要转换。

② 以商品为中心的零售形式迫切需要改变。建立在商品相对短缺时期的百货店、大卖场、超市、便利店，其以商品为中心的零售形式迫切需要改变。目前的市场环境已经是商品极大丰富。在商品极大丰富的环境下，商品、品牌对消费者的影响作用在减弱。企业迫切需要转换形式，由以商品为中心转变为以消费者为中心的新零售形式。由以创建消费者生活需求为中心的场景营销、体验营销上来。

③ 零售店的大众化经营定位迫切需要重构。目前的百货店、大卖场、超市、便利店经营大众化商品，满足大众化需求的零售定位迫切需要重构。目前的市场环境已经发生根本变化，基本需求在减少，大众化需求市场在萎缩。零售定位需要重构以满足分层化、小众化、个性化的消费需求，需要向满足越来越大的品质需求转变。

④ 零售的经营机制需要尽快转换。不论是百货店的联营模式，还是大卖场、超市、便利店的供应链模式，零售的经营机制需要尽快转换。需要由以依靠供应商组织商品，转换到企业围绕消费场景需求，打造企业经营特色；由组织商品，转向创造消费者生活需求方案；由采购制，转向买手制。目前看，零售企业仅从供应链效率的提升，难以改变零售的经营差异化问题。零售店需要从根本上改变"千店一面""千店同品"。

1. 新零售

（1）大润发：开通"3千米1小时送达"业务

2017年5月，大润发上海闸北店上线飞牛急速达业务，率先践行"新零售"；经过一个月的试运行，急速达业务成果显著，实现了门店3千米范围内1小时配送的能力。2017年6月，大润发宣布飞牛急速达业务在全国371家门店全面铺开。

一直以来，大润发选择开店地址的策略，就要求三千米商圈内至少有十万个家庭（一个家庭以三人最小单位计算，就是30万的潜在消费人口）。而这十万个家庭，每年在快消品上的消费规模保守估计在20亿元人民币。但是大润发一家门店业绩能做到的，只约在3亿元左右（约占1/7的份额）。三千米半径对于大润发门店而言，还有很大的价值深度亟待挖掘。

据悉，每家门店在3千米半径内实现门店商品下单后最快1小时送达，是飞牛急速达的核心业态，主要以门店中的生鲜品和快消品类为主。

此外，大润发、飞牛网联合打造的新零售卖场"飞牛优鲜"于2017年7月开业。"飞牛生鲜"在概念上类似盒马鲜生，首店选址在上海杨浦大润发。

（2）阿里巴巴集团："收编"联华超市3 618家门店

2017年5月26日，阿里巴巴集团宣布收购联华超市18%的内资股股权，成为联华超市第二大股东。业内人士分析，线上线下两大全业态巨头之间的新零售融合，将率先从商超业态展开，联华超市旗下3 618家门店有望率先迎来"新零售"改造。

阿里巴巴集团方面表示，未来将通过大数据重构新零售智慧门店，提升消费者的消费体验以及商业运作效率，全面打通线上线下商品、支付、物流、会员等商业生态体系。也就是说，未来的联华门店内，都将实现互联网化。

(3) 物美：携手多点打造"未来超市"

2017年4月，物美华东区48家大卖场率先上线汉朔电子价签，同时全国范围的门店上线电子价签的工作也在陆续展开。自此，物美门店全品类商品采用电子价签，摒弃纸质价签从而实现线上线下同步管理。

据测算，每家门店SKU为20 000~30 000个，此项投入可谓是大手笔，但是电子价签在整合线上线下信息中有不可替代的作用，所呈现出的智能化和高效率则是物美实施新零售战略的必要条件。2017年4月，物美联手多点推出的"自由购"项目在门店成功运营——挑选商品、使用多点App扫描商品条形码、生成电子购物车、线上支付、工作人员校验代表支付成功的条形码，整个购物过程结束。购买过程中完成结算，不必在收银台一一扫码，物美推出的这种自助购物模式在中国零售行业里是首例，经营理念类似亚马逊提出的"未来超市"。

多点在北京已经拥有超过2 000万电子会员，如果按北京将近3 000万常住人口计算，每三人就有一个是多点用户，"多点+物美"在北京市场的渗透率已经超过75%，这都为"自由购"在物美的全面推行打下了坚实的基础。

(4) 中粮我买网：在京探索直营门店

2017年6月，中粮我买网智慧农场新零售超市开业仪式在北京房山农业生态谷举行。据了解，我买网将在今年全面开启新零售战略布局，融通线上线下渠道，将卖场与农场直接对接，形成完整消费闭环，为用户提供多元化的购买体验。中粮我买网总经理赵平原在开业致辞中表示，我买网经历经八年的发展已经积累了庞大的线上用户群体和完善的线上渠道，海外直采和冷链物流优势明显。随着新零售战略的深入，我买网逐步将供应链、海外直采优势渗透到线下，让更多人群体验中粮高品质产品和我买网的优质服务。此次深化新零售布局后，我买网将于今年内在京津地区设立8~10家直营店铺，以中粮产品、我买网进口美食、生鲜蔬果为主要销售品类，服务中高端用户的生鲜食品采购需求。

对于未来线下实体店整体规划，我买网方面透露，将针对不同商圈特性、人群消费偏好打造商务区便利店、高端区食材店、商场品牌形象店与写字楼商务店四大新零售业态，全方位服务各消费场景下的购买需求。

2. 便利店

(1) 京东便利店：打响第一枪剑指百万级

2017年4月，京东集团CEO刘强东宣布，京东百万便利店计划出炉，未来5年京东将在全国开设超过100万家京东便利店，其中一半在农村。

同年6月，河北省任丘市辛安庄京东便利店正式开业，几个小时内便利店的商品就被抢购一空，打响京东便利店亮相第一枪。京东便利店得益于京东强大的物流配送网络已成功下沉农村市场，因此，京东能轻松丰富夫妻便利店的商品结构，这一点是很多连锁实体零售商及一些批发商做不到的。这类小店单批次要货量普遍不是很大，很多批发商不会为几件商品将货送到农村，不少夫妻便利店需要自己去批发市场拉货。

京东便利店加盟者可以通过手机下订单，不断拓展销售品类，产生销售增量，节省寻找货源耗费的精力。

(2) 雅堂小超：签约IBM目标门店5万家

在阿里巴巴提出新零售概念和京东推出百万便利店计划之际，一家企业已经提前悄悄在全国布局，并且已经开设了近17 000家传统便利店，而他们的目标是在未来三年跻身互联网企业第一梯队。

这个默默无闻的企业就是雅堂小超。2017 年 6 月，雅堂与 IBM 签署战略合作伙伴协议，并上线雅堂小超 App。在这个活动上，雅堂小超还宣布其雄心勃勃的计划：要在 5 年后有 150 万个商户，引入 10 万家供应商，消费者达到 5 亿，做到 3 万亿元年平台交易额。

市面上的便利店，除了以 7-Eleven 为代表的品牌型便利店，还有数量更为庞大、分布在各大社区附近的以夫妻店为主的社区杂货店。雅堂小超就是通过"换门头、接系统、拿补贴"的加盟方式将其纳入自己的平台上。

在这接近 17 000 家加盟店里已经有 5 500 家接入了雅堂小超的系统，每天有 50 万的订单，3 000 万元交易额。

（3）无人便利店成零售新风口

2017 年年初亚马逊试验 Amazon Go，大家还只认为是一个相对遥远的未来概念，而事实上，无人便利店俨然已经成为 2017 年最火热的零售业态。

2017 年 6 月，在上海一场"人工智能改变零售"的高峰论坛上，主办方深兰科技联合支付宝、芝麻信用及 NVIDIA 英伟达，发布了三款无人智能店 TakeGo，其采用了快猫 QuiXmart 智能零售系统，应用了卷积神经网络、deep learning 深度学习、机器视觉、生物识别、生物支付等人工智能领域最前沿技术，完全实现买家进店、直接购物、拿了就走、无须结账的无人店全智能化操作，整个过程不再有支付环节，购物就像在自己家里拿东西一样方便。目前，伊利、娃哈哈、来伊份等食企已经和其合作进行新领域的尝试。

除此之外，24 小时智能无人便利店 F5 未来商店宣布获得 3 000 万元 A+轮融资，投资方为李开复旗下创新工场；瑞典公司 Wheelys 在上海尝试无人便利店 Moby Store，通过手机 App 实现全程自助购物，只有 AI 通过摄像头监控，而且能走能跑能溜达；高鑫零售旗下的欧尚和大润发都通过缤果盒子试水无人便利店；罗森中国开始试点"无人收银"门店……

随之而来的，围绕无人便利店的媒体解读层出不穷，所持态度不一。但不可置疑的是，随着媒体及资本涌入，无人便利店正在成为继共享单车后下一个爆炸性新型业态。

小 结

本章通过对 O2O 概念、在线旅游、餐饮外卖、社区零售等 O2O 领域的介绍和分析，详细介绍了 O2O 现状、表现业态和 O2O 的发展趋势。

通过文章的介绍，我们认为 O2O 的概念非常广泛，只要产业链中既可涉及线上，又可涉及线下，就可通称为 O2O，O2O 领域仍大有可为。

在线旅游指的是通过网络的方式查阅和预订旅游产品，并可以通过网络分享旅游或旅行经验，而非通过在线（网络）的方式旅游或旅行。在线旅游服务的核心价值即：提供旅游相关信息、提供行程安排预订服务的功能。

伴随互联网尤其移动互联网的高速发展和智能手机的普及，互联网下外卖行业飞速拓展。对于餐饮市场来说，"互联网+"的普及，有利于促进餐饮市场的发展。

在整个社区 O2O 市场，最具潜力、最有影响力、最能带来直接营收的核心业务之一就是社区电商零售。这里需要着重强调"社区电商零售"的含义，其既包括了线上电商，也包括了传统的线下零售业态。

同步测试

1. 单项选择题

（1）以大众点评网为代表的 O2O 模式连接（　　）。

　　A．人与信息　　B．人与服务　　C．人与人　　D．人与商品

（2）网上服务，如订票、旅游订房等，还可以实现订单跟踪、远程客户咨询服务等属于汇总电子商务类型的是（　　）。

　　A．B2B　　B．B2C　　C．C2C　　D．O2O

（3）结合了线上与线下的资源的电子商务模式是（　　）。

　　A．B2B　　B．B2C　　C．C2C　　D．O2O

（4）O2O 是近年来新兴起的互联网商业模式，它的全称是（　　）。

　　A．online to offline　　　　B．offline to online

　　C．onwAy to offwAy　　　　D．offwAy to onwAy

（5）O2O 与 B2C 的区别错误的是（　　）。

　　A．B2C 属于电子商务模式，O2O 属于互联网模式

　　B．O2O 更侧重服务性消费

　　C．O2O 中库存是服务，B2C 中库存是商品

　　D．O2O 的消费者到现场获得服务，涉及客流；B2C 的消费者待在办公室或家里，等货上门，涉及物流

2. 多项选择题

（1）以下各选项，哪项不属于 O2O 模式（　　）。

　　A．线下促销，买一送一

　　B．所有商品，一律 2 元

　　C．为网商开设实体店

　　D．做线下店的网上优惠券

（2）当前 O2O 创业可以（　　）。

　　A．做"小而美"垂直 O2O 电商　　B．做传统行业网络化运营

　　C．三四线城市发展团购业务　　　D．网商线下实体店

（3）以下属于 O2O 的电商特点的是（　　）。

　　A．资源整合与用户体验是运营关键

　　B．场景化消费是 O2O 电商最大特色

　　C．二维码是入口，利于消费者决策

　　D．闭环决定 O2O 的成本与用户黏度

（4）饿了么已成为中国最大的餐饮 O2O 平台。创始人康嘉说："我和 Mark 喜欢打实况，废寝忘食，叫外卖结果发现体验太糟糕了……电话叫餐经常占线、餐厅选择少、对比少、服务难以评价……"于是决定自己创业。这个例子说明，创业者可以从（　　）中发现商业机会。

A．市场上出现的新需求　　　B．市场上存在的供给缺陷
　　C．技术的突破　　　　　　　D．行业的发展
（5）下列属于海尔公司的O2O革命内容的是（　　）。
　　A．产品定制化　B．公司平台化　C．员工创客化　D．互联网+内部创业

3．分析题

（1）列举出三个你所知道的O2O模式。

（2）说说你曾经体验过的O2O服务的感受。

（3）如果由你来打造一款App产品，功能是实现O2O的结合，你会如何来操作？

第 5 章

电子商务支撑服务

掌握第三方支付、电子商务物流、电子商务安全、电子商务法律法规相关概念。
熟悉第三方支付相关政策以及电子商务相关的法律法规。
了解主流的国内外第三方支付与电子商务物流品牌。
了解电子商务安全管理策略与相关的电子商务法律法规。

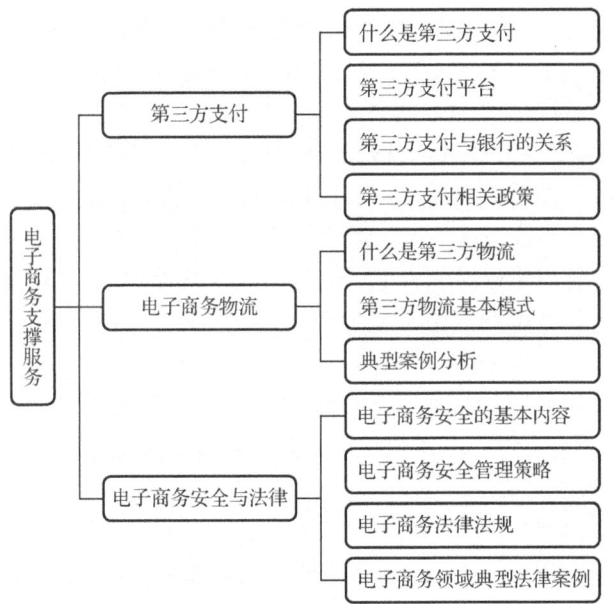

第三方支付的概念、产生原因、实现原理、相关政策;电子商务物流的概念、特征、基本模式;电子商务系统面临的安全问题及电子商务安全管理策略;我国电子商务相关立法。

5.1 第三方支付

5.1.1 什么是第三方支付

第三方支付是指具备一定实力和信誉保障的第三方独立机构,采用与各大银行签约的方式,通过与银行支付结算系统接口对接而促成交易双方进行交易的网络支付模式。在第三方支付模式,买方选购商品后,使用第三方平台提供的账户进行货款支付(支付给第三方),并由第三方通知卖家货款到账,要求发货;买方收到货物,检验货物,并且进行确认后,再通知第三方付款;第三方再将款项转至卖家账户,在这期间第三方支付机构代替卖家和买家保管这笔资金。第三方支付本质就是一种信用服务中介,在买卖双方之间设立一个中间过渡账户,实现汇款资金安全性停滞,这是互联网金融支付领域的新格局。

1. 第三方支付产生原因

在社会经济活动中,贸易的核心是交换,结算同样属于贸易范畴。在自由平等的正常主体之间,交换遵循的原则是等价和同步。同步交换,就是交货与付款互为条件,是等价交换的保证。在实际操作中,对于现货标的的面对面交易,同步交换容易实现。但许多情况下由于交易标的的流转验收(如商品货物的流动、服务劳务的转化)需要过程,货物流和资金流的异步和分离的矛盾不可避免,同步交换往往难以实现。而异步交换,先收受对价的一方容易违背道德和协议,破坏等价交换的原则,故先支付对价的一方往往会受制于人、自陷被动、弱势的境地,承担风险。异步交换必须附加信用保障或法律支持才能顺利完成。

传统的支付方式往往是简单的即时性直接转付、一步支付。在现实的有形市场,异步交换权可以附加信用保障或法律支持来进行,而在虚拟的无形市场中,交易双方互不认识,不知根底,故此,支付问题曾经成为电子商务发展的瓶颈之一,卖家不愿先发货,怕货物发出后不能收回货款;买家不愿先支付,担心支付后拿不到商品或商品质量得不到保证。博弈的结果是双方都不愿意先冒险,网上购物无法进行。

为迎合同步交换的市场需求,第三方支付应运而生。第三方是买卖双方在缺乏信用保障或法律支持的情况下的资金支付"中间平台",买方将货款付给买卖双方之外的第三方,第三方提供安全交易服务,其实质是在收付款人之间设立中间过渡账户,使汇转款项实现具有可控性的停顿,只有双方意见达成一致才能决定资金流向。第三方担当中介具有保管、监督的职能,并不承担什么风险,所以确切地说,这是一种支付托管行为,通过支付托管实现支付保证。

2. 第三方支付实现原理

第三方支付在实际的操作过程中,第三方机构可以是发行信用卡的银行本身。在进行网络支付时,信用卡账号及密码只在持卡人和银行之间流转,降低了通过商家转移而导致的风险。

同样当第三方支付是银行以外的具有良好信誉和技术支持能力的某个机构时,支付也通过第三方在持卡人或者客户和银行之间进行。持卡人首先和第三方以替代银行账号的某种电子数据的形式传递账户信息，避免持卡人将银行信息直接透露给商家，另外也可以不必登录不同的网上银行界面，取而代之的是每次登录时，都能看到相对熟悉和简单的第三方机构的界面。

第三方机构与各个主要银行之间签订有关协议，使得第三方机构与银行可以进行某种形式的数据交换和相关信息确认。这样第三方机构就能实现在持卡人或消费者与各个银行，以及最终的收款人或者商家之间建立一个支付的流程。

可以看到，第三方支付具有显著的特点。

第一，第三方支付平台提供一系列的应用接口程序，将多种银行卡支付方式整合到一个界面上，负责与银行的交易结算的对接，使网上购物更加快捷、便利。消费者和商家不需要在不同的银行开设不同的账户，可以帮助消费者降低网上购物的成本，帮助商家降低运营成本；同时，还可以帮助银行节省网关开发费用，并为银行带来一定的潜在利润。

第二，较之 SSL、SET 等支付协议，利用第三方支付平台进行支付操作更加简单并易于接受。SSL 是应用比较广泛的安全协议，在 SSL 中只需要验证商家的身份。SET 协议的发展是基于信用卡支付系统的比较成熟的技术。但在 SET 中，各方的身份都需要通过 CA 进行认证，程序复杂，手续繁多，速度慢且实现成本高。有了第三方支付平台，商家和客户之间的交涉由第三方来完成，使网上交易变得更加简单。

第三，第三方支付平台本身依附于大型的门户网站，且以与其合作的银行的信用作为信用依托，因此第三方支付平台能够较好地解决网上交易中的信用问题，有利于推动电子商务的快速发展。

3．第三方支付的交易流程

第三方支付的运行模式为：买方选购商品后，使用第三方平台提供的账户进行货款支付，第三方在收到代为保管的货款后，通知卖家货款到账，要求卖家发货；买方收到货物、检验商品并确认后，通知第三方付款；第三方将其款项划转至卖家账户，交易完成。交易过程完成的实质是一种提供结算信用担保的中介服务方式。第三方支付交易流程如图 5.1 所示。

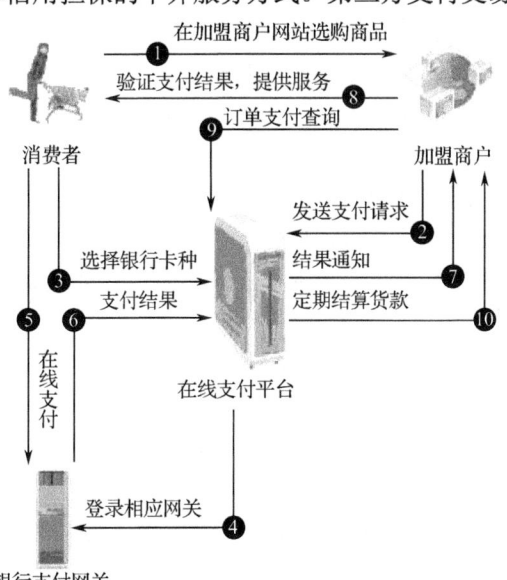

图 5.1　第三方支付交易流程

5.1.2 第三方支付平台

现在的第三方支付已不仅仅局限于最初的互联网支付,而是成为线上线下相结合、应用范围更为丰富的支付工具。下面对目前主要的第三方支付平台进行介绍。

1. 支付宝

阿里巴巴于 2003 年 10 月推出了支付宝服务,2004 年 12 月 8 日成立了浙江支付宝网络科技有限公司,同年 12 月 30 日支付宝网站正式上线并独立运营。自 2014 年第二季度开始,支付宝已经发展成为我国第三方支付行业内最领先的第三方支付平台,目前支付宝与国内外 180 多家银行以及 VISA、MasterCard 国际组织等机构建立战略合作关系,成为金融机构在电子支付领域最为信任的合作伙伴,是当前全球最大的移动支付厂商,对整个第三方支付市场及商业银行产生了重要的影响。

支付宝一直以提供"快速、简单、安全"的在线支付理念为中心,从一开始建立,就把"信任"当作其产品和服务的品牌保障,尽自己最大努力建设更为纯净的互联网平台。它的业务范围包括转账、信用卡还款、滴滴出行、彩票、红包、外卖、生活缴费、网络购物等。

2. 财付通

财付通(Tenpay)是腾讯公司于 2005 年 9 月正式推出的专业在线支付平台,其核心业务是帮助在互联网上进行交易的双方完成支付和收款。财付通致力于为互联网用户和企业提供安全、便捷、专业的在线支付服务。个人用户注册财付通后,即可在拍拍网及多家购物网站轻松购物。财付通支持全国各大银行的网银支付,用户也可以先将金额充值到财付通账户下,享受更加便捷的财付通余额支付体验。

作为中国领先的在线支付服务提供商,财付通自上线以来,在支付系统安全性方面做出了诸多努力,其安全建设一直走在行业的前列,如财付通采用先进的 128 位 SSL 加密技术,确保用户信息安全传输,避免窃取;财付通通过中国国家信息安全测评认证中心的安全认证,成为国内首家经权威机构认证的电子支付平台,被授予其一级安全认证资格。目前财付通里面涵盖了转账、手机充值、理财、生活缴费、信用卡还款、微信红包、滴滴出行等方便人们生活的各种功能,成为我国第三方支付平台中的佼佼者。

3. 银联

中国银联(China UnionPay)成立于 2002 年 3 月,是经国务院同意,中国人民银行批准设立的中国银行卡联合组织,总部设于上海。

作为中国的银行卡联合组织,中国银联处于我国银行卡产业的核心和枢纽地位,对我国银行卡产业发展发挥着基础性作用,各银行通过银联跨行交易清算系统,实现了系统间的互联互通,进而使银行卡可以跨银行、跨地区和跨境使用。在建设和运营银联跨行交易清算系统、实现银行卡联网通用的基础上,中国银联积

极联合商业银行等产业各方推广统一的银联卡标准规范,创建银行卡自主品牌,推动银行卡的发展和应用,维护银行卡受理市场秩序,防范银行卡风险。通过银联跨行交易清算系统,实现商业银行系统间的互联互通和资源共享,保证银行卡跨行、跨地区和跨境的使用。

为满足用户日益多元化的用卡需求,中国银联大力推进各类基于银行卡的创新支付业务。用户不仅可以在 ATM 自动取款机、商户 POS 刷卡终端使用银行卡,还可以通过互联网、手机、固定电话、自助终端、数字电视机顶盒等各类新兴渠道实现公用事业缴费、机票和酒店预订、信用卡还款、自助转账等多种支付。围绕着满足国人多元化用卡需求,在中国银联和商业银行等相关机构的共同努力下,一个范围更广、领域更宽、渠道更丰富的银行卡受理环境正在逐步形成。

截至 2018 年 7 月,中国银联已与境内外两千多家机构展开合作,银联网络遍布中国城乡,并已延伸至亚洲、欧洲、美洲、大洋洲、非洲等 160 多个国家和地区。

4. 快钱

快钱成立于 2005 年,公司总部位于上海,在北京、广州、深圳等 40 多个城市设有分公司,在天津设有金融服务公司,并在南京设立了全国首家创新型金融服务研发中心,形成了一支超过 1 300 人的专业化服务团队。如今,快钱已覆盖逾 4.3 亿个人用户,正在与超过 500 万家各类商业合作伙伴一起,共同见证信息化金融服务的巨大发展。快钱创新的信息化金融服务广泛应用于零售、商旅、保险、电子商务、物流、制造、医药、服装等各个领域。合作伙伴覆盖东方航空、南方航空、平安集团、中国人寿、京东商城、当当网、宅急送、百度、新浪、李宁、联想、戴尔、神州数码等各行业内领军企业,也同时延伸到越来越多成长型的中小企业之中。

作为国内领先的信息化金融服务机构,快钱致力于利用信息技术和颠覆式创新思维,帮助企业解决在资金进、出、多、少上的根本需求,从而降低金融服务门槛,提升金融服务效率,使千千万万中国企业能够平等享有高效金融服务的机会,为企业发展加速。快钱依托于与各大银行的战略合作伙伴关系,建立了跨银行、跨地域、跨终端的信息化平台,并由此形成了覆盖电脑、POS、手机、电话等所有主流支付工具在内的全面电子收付款解决方案,帮助企业在各类业务场景下实现资金的高效收付和集成管理。

通过资金流和信息流的有效匹配,快钱还不断叠加各类应用场景,以更高效的方式解决企业运营过程中所面临的实际需求——从高效财务管理、精准营销管理,到普惠式金融服务,快钱运用信息化技术让电子支付效应不断延展。电子支付 2.0 时代,快钱首期产品快钱云端会员管理系统已免费开通,覆盖数十万商户,包括零售、餐饮、超市、娱乐、酒店、汽车服务等众多领域。商户无须安装应用软件,即可直接登录云端进行会员管理,大幅简化了商户操作体验、降低了使用门槛。该系统还具备极高的兼容能力,能够与商户现有软件系统及未来的智能 POS 终端等硬件设备进行无缝连接。

快钱严格遵守金融服务领域的相关政策法规,以安全合规为前提,积极推进各类创新型金融服务的发展和应用。2011 年 5 月快钱首批荣获央行颁发的《支付业务许可证》,并在中国支付清算协会银行卡工作委员会中担任副主任单位。同时,快钱还是首批获准在自贸区开展跨境人民币结算业务的机构之一。2014 年 7 月,海关总署跨境电商通关服务平台正式上线时,快钱作为全国首批在海关正式获许备案的试点支付企业,全程参与了该系统的方案对接及实施。

5. PayPal

PayPal 是美国 eBay 公司的全资子公司，最早由 Peter Thiel 及 Max Levchin 创建于 1998

年 12 月，总部位于美国加利福尼亚州圣荷西市。PayPal 是目前全球使用最为广泛的国际贸易支付工具，能够轻松完成境外收付款，一个账户全球通用。利用 PayPal，可以进行便捷的外贸收款、提现与交易跟踪；从事安全的国际采购与消费；快捷支付并接收包括美元、加元、欧元、英镑、澳元和日元等 25 种国际主要流通货币。

通过 PayPal 支付一笔金额给商家或者收款人时，可以分为以下几个步骤。

① 只要有一个电子邮件地址，付款人就可以登录并开设 PayPal 账户，通过验证成为其用户，然后提供信用卡或者相关银行资料，增加账户金额，将一定数额的款项从其开户时登记的账户（如信用卡）转移至 PayPal 账户下。

② 当付款人启动向第三方付款程序时，必须先进入 PayPal 账户，指定特定的汇出金额，并提供收款人的电子邮件账号给 PayPal。

③ 接着 PayPal 向商家或者收款人发出电子邮件，通知其有等待领取或转账的款项。

④ 如商家或者收款人也是 PayPal 用户，其决定接受后，付款人所指定的款项即移转予收款人。

⑤ 若商家或者收款人没有 PayPal 账户，收款人需要依 PayPal 电子邮件内容指示连线站进入网页注册取得一个 PayPal 账户，收款人可以选择将取得的款项转换成支票寄到指定的处所、转入其个人的信用卡账户或者转入另一个银行账户。

从以上流程可以看出，如果收款人已经是 PayPal 的用户，那么该笔款项就汇入他拥有的 PayPal 账户，若收款人没有 PayPal 账户，网站就会发出一封通知电子邮件，引导收款者至 PayPal 网站注册一个新的账户。所以，也有人称 PayPal 的这种销售模式是一种"邮件病毒式"的商业拓展方式，从而使得 PayPal 拥有越来越大的份额市场。

6. Google Checkout

2006 年 7 月，Google 宣布推出在线支付服务"Google Checkout"，将视线瞄准热火朝天的网上支付业务。该服务允许用户通过在 Google 上注册的账户向参与的商家付款。在该项服务推出之后，大量的在线商铺和销售商将 Google Checkout 整合在其网站中，而消费者也乐于使用这种便捷的支付系统。在 2009 年的"网络星期一"中，谷歌的 Google Checkout 获得了不俗的业绩，不仅吸引了大量的买家，也聚集了不少的卖家。

每次支付完成后，Google Checkout 向商家收取 0.20 美元的手续费及交易商品价格 2%的费用。目前，美国超过 90%的零售商注册了 Google Checkout 服务，包括 DVD Empire、Jockey、Starbucks、Levi's、Timberland 等品牌零售网站。在中国，Google Checkout 的用户群体主要集中于外贸行业的个人及企业，当然也包括喜欢在国外买东西的人士。

5.1.3 第三方支付与银行的关系

商业银行和第三方支付合作能够达成二者的互利共赢,网上银行具有较高的安全性和较强的国家信用度,而第三方支付为迎合互联网客户灵活的支付需求,同时也解决网络交易的信用问题,巩固了网上支付用户的忠诚度。第三方支付企业,需要通过与商业银行合作,借助其支付结算系统,开展个性化的支付结算和增值服务。因此,从某种程度上看,第三方支付机构和商业银行网上银行之间,除了支付等方面的业务竞争,依然拥有合作关系。

① 网上银行依靠第三方支付的信用担保功能,开拓了商业银行的网络业务。随着网络信息技术的飞速发展,网上银行的业务办理安全快捷,但近些年,第三方支付联合电商平台的支付业务越来越受到消费者和商家的青睐,其根本原因在于第三方支付平台提供了网上交易的信用中介职能,成功地解决了买卖双方的纠纷。这一强大的功能是网上银行所不具备的,而凭借第三方支付的这一功能,满足了众多消费者在网上购物的心愿,大大促进了电子商务的繁荣发展,同时也带动了商业银行的网上银行业务的拓展。大量的网购消费者开通在线支付业务,也扩大了网上银行的开户规模。

② 第三方支付依赖于商业银行提供的网上支付服务,展开自身的支付业务。无论是网上的商户还是消费者,都需要到银行开户并存入资金,才能运用在线支付功能。银行是网上支付服务的生产者,是网络金融服务的基础和开端,因而,第三方支付离不开银行。银行拥有着是否和第三方支付合作的决定权,从互利共赢的角度出发,商业银行会选择一定程度上的合作关系。当第三方支付与多家银行达成合作之后,就可以将众多不同银行的网关同第三方支付网关联结起来,用户就能更加方便快捷地使用网上支付功能,避免程序烦琐的网络系统切换过程。

③ 在客户群体上,第三方支付和商业银行之间有互补的作用。传统商业银行的网上银行业务偏向于大型企业,通常在 B2B 市场上拥有大量资金的大企业是银行系统的目标客户,而那些金额较小的小微企业以及个人客户遭到了忽略。第三方支付正是看到了其中小微企业和个人客户资源,并对其提供个性化服务,在便捷性和安全性等方面都做到完善,一步一步地拓展开自己的支付业务。在支付过程中,第三方支付机构还掌握了中小微企业和个人客户大量的交易数据,积累了海量具有潜在价值的行为数据信息,有利于更多业务的创新和拓展。而银行也渐渐意识到第三方支付信息处理能力的发展,二者也实现了多方面信息的竞争与合作。

5.1.4 第三方支付相关政策

近年来,我国第三方支付市场发展迅速,人民银行陆续出台了第三方支付政策。自 2011 年至今,人民银行分批次公布获得第三方支付牌照的企业名单,第三方支付企业的合法地位得到确认。以下列出几个重要的第三方支付相关政策。

1. 《非金融机构支付服务管理办法》

2010 年 6 月 14 日,中国人民银行正式公布了《非金融机构支付服务管理办法》全文(后简称"办法"),办法明确规定,非金融机构提供支付服务,应当依据本办法规定取得《支付业务许可证》，成为支付机构；支付机构依法接受中国人民银行的监督管理；未经中国人民银行批准，任何非金融机构和个人不得从事或变相从事支付业务；而且支付机构之间的货币资金转移应当委托银行业金融机构办理，不得通过支付机构相互存放货币资金或委托其他支付机构等形式办理。该方法已经在2010年5月19日第7次行长办公会议通过，自2010年9月1日起施行。

2.《非金融机构支付服务管理办法实施细则》

《非金融机构支付服务管理办法实施细则》（后简称"细则"）的目的是为配合《非金融机构支付服务管理办法》的实施工作。在广泛征求意见后，《非金融机构支付服务管理办法实施细则》于2010年12月3日正式出台。与2010年9月的对外征求意见稿相比，细则在多项规定方面有所松动。

相比征求意见稿，正式的细则取消了"客户使用备付金缴纳支付业务手续费的，支付机构可以但只能为自己开立一个非银行结算账户专门用于核算支付业务手续费收入"的规定。此外，"支付机构为客户开立非银行结算账户的，应当确保客户的货币资金到达支付机构的备付金专用存款账户后即可使用。支付机构不得为客户预支其尚未到达备付金专用存款账户的货币资金"的规定也在正式的细则中被删掉。

细则中也不再要求从事网络支付的支付机构，要通过全国公民身份信息系统或工商登记信息查询系统等对客户的有效身份证件或其他有效身份证明文件进行核实。此外，缴存备付金专用存款账户的时间规定也未在正式文件中被提及。

不过，《非金融机构支付服务管理办法》中明确要求，支付机构接受的客户备付金不属于支付机构的自有财产。支付机构只能根据客户发起的支付指令转移备付金。禁止支付机构以任何形式挪用客户备付金。

正式的细则还取消了"支付机构在《支付业务许可证》有效期内的任一会计年度内亏损或连续多个会计年度内累计亏损超过其实较货币资本的40%的，应当在下一会计年度的每季度结束之日起1个月内提交经会计师事务所审计的上一季度财务会计报告"的规定。

3.《支付机构客户备付金存管办法》

2013年6月7日，中国人民银行公告〔2013〕第6号公布《支付机构客户备付金存管办法》。《支付机构客户备付金存管办法》分总则、备付金银行账户管理、客户备付金的使用与划转、监督管理、附则5章44条，自发布之日起施行。其明确规定：支付机构接收的客户备付金必须全额缴存至支付机构在备付金银行开立的备付金专用存款账户；客户备付金只能用于办理客户委托的支付业务和本办法规定的情形；支付机构和备付金银行应当按照法律法规、本办法以及双方协议约定，开展客户备付金存管业务，保障客户备付金安全完整，维护客户合法权益；中国人民银行及其分支机构对支付机构和备付金银行的客户备付金存管业务活动进行监督管理。

 专家指导

第三方支付是当前所有可能的突破支付安全和交易信用双重问题中较理想的解决方案。第三方支付不仅使得交易更加方便，还可以对交易双方的交易进行详细记录，防止交易双方对交易行为可能的抵赖并为交易中可能出现的纠纷问题提供相应的证据，同时还能为商家提供增值服务，例如交易查询和交易系统分析。

5.2 电子商务物流

5.2.1 什么是第三方物流

第三方物流（Third-Party Logistics，3PL）是相对"第一方"发货人和"第二方"收货人而言的，是由第三方物流企业来承担企业物流活动的一种物流形态。3PL既不属于第一方，也不属于第二方，而是通过与第一方或第二方的合作来提供其专业化的物流服务，它不拥有商品，不参与商品的买卖，而是为客户提供以合同为约束、以结盟为基础的，系列化、个性化、信息化的物流代理服务。

1. 产生原因与优势

随着信息技术的发展和经济全球化趋势，越来越多的产品在世界范围内流通、生产、销售和消费，物流活动日益庞大和复杂，而第一、第二方物流的组织和经营方式已不能完全满足社会需要；同时，为参与世界性竞争，企业必须确立核心竞争力，加强供应链管理，降低物流成本，把不属于核心业务的物流活动外包出去。于是，第三方物流应运而生。

第三方物流企业的优势主要体现在以下四个方面。

① 可以使企业专心致志地从事自己所熟悉的业务，将资源配置在核心事业上。企业集中精力发展核心业务。企业由于资源有限，很难成为业务上面面俱到的专家。为此，企业应把要资源集中于擅长的主业，而把物流等辅助功能留给第三方物流公司。

② 灵活运用新技术，实现以信息换库存，降低成本。3PL能以一种快速、更具成本优势的方式满足这些需求，而这些服务如果单靠制造商常难以实现。同样，3PL还具有可以满足制造企业的潜在客户需求的能力，从而起促进生产商与零售商沟通的作用。

③ 减少固定资产投资，加速资本周转。企业自建物流需要投入大量的资金购买物流设施，建设仓库和信息网络等专业物流设施。这些资源对于缺乏资金的企业特别是对中小企业而言是沉重的负担。而如果使用3PL不仅减少了设施的投资，还解放了仓库和车队方面的资金占用，加速了资金周转。

④ 提供灵活多样的客户服务，为客户创造更多的价值。作为原材料供应商，对原材料有需求的客户需要迅速补充货源，就需要拥有地区仓库。通过3PL的仓库服务，可以满足客户需求，而不必因为建造新设施或长期租赁而调拨资金使经营灵活性上受到限制。利用3PL还可以最终向客户提供超过自己所提供给他们的更多样的服务品种，为客户带来更多的附加价值，使客户满意度提高。

2. 基本特征

第三方物流实质上就是指物流经营者借助现代信息技术在约定的时间、空间、位置按约定的价格，向物流消费者提供约定的个性化、专业化、系列化物流服务，第三方物流在发展中表现出五大特点。

① 关系合同化。第三方物流是通过合同形式来规范物流经营者与物流消费者之间关系的。首先，物流经营者根据合同规定的要求，提供多功能直至全方位一体化物流服务，并以合同来管理所有提供的物流服务活动及其过程。其次，第三方物流发展物流联盟也是通过合同的形式来明确各物流联盟参加者之间权责利益之间的相互关系。

② 服务个性化。首先，不同的物流消费者存在不同的物流服务要求，第三方物流需要根据不同物流消费者在企业形象、业务流程、产品特征、顾客需求特征、竞争需要等方面的不同要求，提供针对性强的个性化物流服务和增值服务。其次，从事第三方物流的物流经营者，也因为市场竞争、物流资源、物流能力的影响，需要形成核心业务，不断强化所提供物流服务的个性化和特色化，以增强物流市场竞争能力。

③ 功能专业化。第三方物流所提供的是专业的物流服务。从物流设计、物流操作过程、物流技术工具、物流设施到物流管理必须体现专门化和专业水平，这既是物流消费者的需要，也是第三方物流自身发展的基本要求。

④ 管理系统化。第三方物流应具有系统的物流功能，是第三方物流产生和发展的基本要求，第三方物流需要建立现代管理系统才能满足运行和发展的基本要求。

⑤ 信息网络化。信息技术是第三方物流发展的基础。在物流服务过程中，信息技术发展实现了信息实时共享，促进了物流管理的科学化，极大地提高了物流效率和物流效益。

3．行业概况

改革开放以来物流行业快速发展，已具备了一定的规模与现代化基础，但与发达国家相比，仍存在着不小的差距，未来提升与发展的空间较大。近年来，我国物流市场的发展格局继续呈现调整态势，从集装箱吞吐、航空运输等数据来看，内贸物流市场增长好于外贸物流市场，区域物流市场差距进一步缩小。物流行业并购呈现提速态势，大型物流企业纷纷实施内部资源整合，服务范围不断延伸，物流体系建设明显加速。总体上，我国物流行业呈现下列发展趋势。

（1）物流企业加大并购力度，行业整合提速

目前我国物流行业市场集中度较低，导致市场竞争过于激烈，并且呈现以降低服务价格为主要竞争手段的特点，行业整体缺乏差异化的产品和服务。进入门槛低是导致物流业集中度低、价格竞争激烈的重要原因之一。近年来，行业的集中度虽在不断提升，但行业仍缺乏具有定价权的龙头型公司。

规模较大的物流企业，可以利用规模经济，在网络覆盖、运力配置等方面发挥及时、安全、低成本等优势。相比而言，小微企业服务功能少，综合化程度低，管理能力弱，竞争能力低，信息能力弱，经营秩序不规范，不具备适应现代物流追求动态运作、快速响应的要求。基于目前我国市场的这些情况，物流行业整合的需求十分强烈。

（2）服务范围不断向供应链两端延伸

我国物流企业与制造业的联动继续深入发展，更多物流企业与制造业建立深度合作关系，物流服务范围不断向供应链两端延伸。一些物流企业从最初只承担少量简单物流功能外包的第三方物流，拓展到全面介入制造企业供应链的第四方物流。在供应链上游为制造企业提供原材料与零部件采购服务、原材料入场物流服务、原材料库存管理服务等；在供应链下游为制造企业提供生产线后端物流加工服务、产成品销售物流服务、零部件售后物流服务等，物流专业化服务水平和效益显著提高。业内已形成了一批具有一定规模、富有国际竞争力的领先供应链管理企业，与此同时，国家政策也大力鼓励、支持和引导更多的

物流企业向供应链两端延伸服务范围。

(3) 通用物流与专业物流分化

经过多年发展，物流行业内的通用与专业分化趋势日益明显，专业化逐渐成为物流企业的发展方向。随着供需双方合作的不断加深，专业化物流公司更加注重按照客户供应链的布局实施针对性的物流资源配置，提供个性化的物流整体解决方案。

物流向专业化发展的趋势是由需求决定的。企业对降低物流成本的需求越来越大，方法之一可以通过优化内部物流管理，节约成本从而增加企业利润。但通过优化供应链管理来降低成本，对专业能力要求很高，这就要求物流服务的专业化。另外，在我国从事生产、销售及采购活动的跨国公司和国内优势企业对专业化物流服务的需求迅速发展，这些趋势成为带动我国物流产业发展的一个十分重要的市场基础。

通用物流与专业物流相比，对客户依赖度较小，市场规模更大，但竞争相对更加激烈。在一些对物流环节中特殊要求较少的企业，通用物流相比于专业物流，具备客户门槛较低，对自身资源要求较少，更具有成本优势的特点。

通用物流与专业物流的细分化，有利于为不同物流需求的企业提供更适合自身发展的服务。对于物流企业而言，细分化将给企业带来一定的挑战，如何结合自身优势与客户资源，选择一条适合自己的道路，是物流企业将面临的一个重大问题。此外，行业的细分会削弱竞争，价格战的压力会减小，对于物流企业而言，这将是一个新的发展机遇。

5.2.2 第三方物流基本模式

1. 传统外包型物流运作模式

传统外包型物流运作模式是最简单、普通的第三方物流运作模式，是指第三方物流企业独立承包一家或多家生产商或经销商的部分或全部物流业务。

企业外包物流业务，降低了库存，甚至达到"零库存"，节约物流成本，同时可精简部门，集中资金、设备于核心业务，提高企业竞争力。第三方物流企业各自以契约形式与客户形成长期合作关系，保证了自己稳定的业务量，避免了设备闲置。这种模式以生产商或经销商为中心，第三方物流企业几乎不需要专门添置设备和增加业务训练，管理过程简单。订单由产销双方完成，第三方物流只完成承包服务，不介入企业的生产和销售计划。

目前我国大多数物流业务就是这种模式，实际上这种方式比传统的运输、仓储业并没有走多远。这种方式以生产商或经销商为中心，第三方物流之间缺少协作，没有实现资源更大范围的优化。这种模式最大的缺陷是生产企业与销售企业以及与第三方物流之间缺少沟通的信息平台，会造成生产的盲目和运输力的浪费或不足，以及库存结构的不合理。而且根据统计，目前物流市场以分包为主，总代理比例较少，难以形成规模效应。

2. 战略联盟型物流运作模式

战略联盟型物流运作模式就是第三方物流包括运输、仓储、信息经营者等以契约形式结成的战略联盟，内部信息共享和信息交流，相互间协作，形成第三方物流网络系统，联盟可包括多家同地和异地的各类运输企业、场站、仓储经营者，理论上联盟规模越大，可

获得的总体效益越大。信息处理方面，可以共同租用某信息经营商的信息平台，由信息经营商负责收集处理信息，也可连接联盟内部各成员的共享数据库，实现信息共享和信息沟通。目前我国的一些电子商务网站普遍采用这种模式。

这种模式比传统外包型物流运作模式有两方面的改善。首先系统中加入了信息平台，实现了信息共享和信息交流，各单项实体以信息为指导制订运营计划，在联盟内部优化资源。同时信息平台可作为交易系统，完成产销双方的订单和对第三方物流服务的预定购买。其次，联盟内部各实体间实行协作，某些票据联盟内部通用，可减少中间手续，提高效率，使得供应链衔接更顺畅。例如，联盟内部经营各种方式的运输企业进行合作，实现多式联运，一票到底，大大节约运输成本。

这种方式联盟成员是合作伙伴关系，实行独立核算，彼此间服务租用，因此有时很难协调彼此的利益，在彼此利益不一致的情况下，要实现资源更大范围的优化就存在一定的局限。

3. 综合物流运作模式

综合物流运作模式就是组建综合物流公司或集团。综合物流公司集成物流的多种功能——仓储、运输、配送、信息处理和其他一些物流的辅助功能，例如包装、装卸、流通加工等，组建完成各相应功能的部门，综合第三方物流大大扩展了物流服务范围，对上家生产商可提供产品代理、管理服务和原材料供应，对下家经销商可全权代理为其配货送货业务，可同时完成商流、信息流、资金流、物流的传递。

5.2.3 典型案例分析

1. 顺丰速运

顺丰速运是一家主要经营国际、国内快递业务的港资快递企业，于1993年3月在广东顺德成立。顺丰速运全部采用自建、自营的方式建立自己的速运网络，特别是2002年集团总部成立以来，更致力于加强公司的基础建设，统一全国各个网点的经营理念，大力推行工作流程的标准化，提高设备和系统的科技含量，提升员工的业务技能和素质，努力为客户提供更优质的服务，不遗余力地塑造"顺丰"这一民族速运品牌。

顺丰速运将经营理念定位于"成就客户，推动经济，发展民族速递业"，帮助客户更快、更好地对市场做出反应，推出新的产品和调整策略，缩短贸易周期，降低经营成本，促进客户竞争力的提高。同时，顺丰速运不仅为国家发展贡献了税收，也解决了社会的就业压力，为国民经济的持续健康发展做出了应有的积极贡献。

（1）积极、有序地发展陆上及航空速递网络

顺丰速运成立初期提供顺德与香港之间的即日速递业务。随着公司业务不断发展，顺丰速运现成为中国速递行业民族品牌的佼佼者之一。顺丰速运积极、有序地发展陆上及航空速递网络，并专注于人才队伍的建设，是企业中长期发展规划的首要任务。

（2）持续创新和完善的服务

积极探索客户需求，为客户提供快速安全的流通渠道；不断推出新的服务项目，帮助客户更快更好地根据市场的变化而做出反应；缩短客户的贸易周期，降低经营成本，提高客户的市场竞争力。除了在公司内部培养一批中流砥柱以外，更不断从其他的行业吸收精英以满足业务高速发展以及服务不断完善的需要。

（3）活力营造迅捷和亲切的体验

顺丰速运以客户需求为核心，建设快速反应的服务团队，谨守服务承诺。它能提供灵活组合的服务计划，更为客户设计多种免费增值服务及创新体验，全天候不间断提供亲切和即时的领先服务。

2．UPS

UPS 快递（United Parcel Service）在 1907 年作为一家信使公司成立于美国西雅图，是一家全球性的公司。作为世界上最大的快递承运商与包裹递送公司，同时也是运输、物流、资本与电子商务服务的领导性的提供者，UPS 快递每天都在世界上 200 多个国家和地域管理着物流、资金流与信息流。通过结合货物流、信息流和资金流，UPS 快递不断开发供应链管理、物流和电子商务的新领域，如今 UPS 快递员工人数超过 43 万，2016 年营业收入达 610 亿美元。

在过去的 100 多年里，UPS 快递在发展的过程中经历了很多的挫折。经济危机是经济运行周期中难以避免的现象，尤其在全球化的背景下，经济危机的周期也越来越短，而且一次经济危机发生后，其风暴往往会袭击全球，很难幸免。对于 UPS 快递而言更加明显，因为它要在全球 200 多个国家运作。尽管如此，面对多次危机，UPS 快递都成功克服。UPS 快递从最初的包裹递送，逐渐拓展产品服务范围，已经成为全球领先的整体供应链提供商。

2001 年 5 月，UPS 快递宣布与中国著名的电子商务企业阿里巴巴合作，正式与阿里巴巴旗下在线批发电子商务平台"全球速卖通"结成战略联盟，UPS 快递将作为"全球速卖通"平台的首选物流供货商。"全球速卖通"的买家和卖家可以享受到在线管理货运和在线追踪所带来的关键益处，其中包括打印 UPS 快递的货运标签、要求 UPS 快递上门快递取件等。由此带来的好处是显而易见的，可以极大地改善客户的体验。我国的电子商务发展很快，这为快递行业也带来了更大的发展空间。

2005 年，在中国加入 WTO 之后快递市场开始正式对外开放，外资企业纷纷进入中国全面开展国际快递业务。2008 年，UPS 成为北京奥运会的物流与快递赞助商。随后，UPS 在中国市场有两个重大的投入，一个是开始投资建设上海国际转运中心，另一个是投资建设深圳亚太转运中心。上海国际转运中心的业务已经覆盖了中国的主要地区。

UPS 之所以能取得今天的成功，可以用"变中求胜"来描述 UPS 的发展。实际上，变革的核心有四个。第一个是如何吸引、培养一支业务娴熟，业务多元化的团队。在 UPS，大家都拥有相同的价值观，为公司共同的目标而努力。第二个是提供高附加值的服务，努力发展成为解决方案的领导者。第三个涉及公司的企业文化，就是以客户为中心，持续不断地关注客户需求，为客户提供有预见性的、与众不同的解决方案。第四，在全球范围内倡导，不断地追求卓越、不断地创新来加速企业改革的进程。

面对危机，针对不同的时期，企业会有不同的应对策略。在短期，主要是节约成本；在应对金融危机时，UPS 所做的是全面优化运营网络，在危机来临的时候，客户需求也出现了多样化，一般高端服务需求减少比较显著，而在这个时期所做的是强化服务；坚持发展和运用最先进的 IT 技术，通过这样的投入和优化，可以保证企业在未来应对危机的能力，从而保持长远发展。

专家指导

第三方物流是独立于产、销之外的其他物流活动的承担者。通过调查研究显示,电子商务越发达的国家,第三方物流需求越大,发展越快。随着经济的不断发展,专业化分工的不断深入,第三方物流的发展前景广阔,已越来越成为物流市场的主体。

5.3 电子商务安全与法律

5.3.1 电子商务安全的基本内容

1. 电子商务系统的安全问题

传统的交易,是消费者和商户面对面进行的,不存在身份确认的问题,交易信息、支付信息等无须在网上传递,因此不存在保证信息的私密性、完整性等问题。而电子商务则不同,消费者与商户通过网络联系,建立交易双方的安全和信任关系相当困难,为了防止欺诈,必须确认对方身份,同时保证交易信息、支付信息的私密性和完整性。电子商务交易系统要求企业网站与后端数据库系统相连,通过互联网向客户提供诸如产品库存、发货情况以及支付状况等实时在线服务,这使得电子商务系统面临互联网黑客与病毒的严峻挑战。

在网上交易过程中,买卖双方都可能面临的安全威胁包括以下几个方面。

① 信息泄露。电子商务中的商业机密的泄露主要包括两个方面。一是交易双方进行交易时的内容被第三方窃取;二是交易一方提供给另一方使用的文件被第三方非法使用。

② 信息篡改。这是指商务信息在网络传输的过程中被第三方获悉并进行非法窜改,或者黑客非法入侵电子商务系统非法窜改商务信息,从而使商务信息失去真实性和完整性。

③ 信息破坏。信息破坏要从两个方面来考虑。一方面是非人为因素,如网络硬件和软件等计算机系统故障,可能会使商务信息丢失或发生错误等,对交易过程和商业信息安全所造成的破坏;另一方面则是人为因素,主要指计算机网络遭到一些恶意行为(如计算机病毒、黑客等)的攻击,而使电子商务信息遭到破坏。

④ 抵赖行为。传统商务活动是建立在商业信用基础上才得以顺利进行的,而网上交易的双方通过计算机的虚拟网络环境进行谈判、签约、结账,当一方发现交易对自己不利时,可能会产生抵赖行为,从而给另一方带来损失。

2. 信息安全事件

互联网的发展及全面普及,给现代商业带来了新的发展机遇,基于互联网的电子商务应运而生,并成为一种新的商务模式。这种商务活动模式,主要基于网络进行,具有开放性、高效、便捷的特点,但是,其安全性也面临着严峻的挑战。在网络信息时代,不法分子侵犯公民权益的行为往往是无孔不入。特别是在电子商务蓬勃发展的今天,网民在网上购物的过程中同样有可能面临个人信息被泄露、黑客攻击、病毒入侵等重大风险。据 2016 年 6 月中国互联网大会上正式对外发布的《中国网民权益保护调查报告 2016》显示,一年内,因网民权益被侵犯而造成的经济损失达 915 亿元。以下,列举几个关注度较高的电子商务信息安全事件。

(1) 案例一:携程被曝光支付漏洞大量用户银行卡信息泄露

2014 年 3 月 22 日,乌云漏洞平台发布消息称,携程旅行网支付日志存在漏洞,或导致大量用户银行卡信息泄露。携程随后确认存在这一漏洞,并发声明表示,有 93 名用户存在安全风险。虽然携程表示漏洞已经修复,但这一安全事件仍引发诸多质疑。有专家表示,携程保存客户银行卡信息属于违反银联的规定。

据了解,此次携程漏洞可使包含持卡人姓名身份证、银行卡号、卡 CVV 码、6 位卡 Bin 泄露。CVV 即 Card Verification Value,是由卡号、有效期和服务约束代码生成 3 位或 4 位数字,一般写在卡片磁条 2 磁道用户自定义数据区里面。无须密码支付的方式也叫信用卡"离线交易",仅凭卡号、CVV 码等信息即可完成支付。专家提醒,CVV 安全码相当于信用卡"第二密码",需妥善保管。

据多家媒体报道,此次漏洞在于携程记录了用户的 CVV 代码。从《消费者权益保护法》看,携程不是第三方支付机构,无权保留银行卡信息,携程保存客户信息属于违反银联的规定,其技术手段未尽到保护消费者的义务。

(2) 案例二:当当网安全认证形同虚设账户被盗余额不翼而飞

2014 年 5 月 27 日,来自广州的用户何小姐在登录当当网时,网站提示:账号密码错误。起初,何小姐以为是两个月未登录该账户,忘记了密码,便通过当初认证的邮箱尝试找回密码。不过,当她找回密码重新登录后,却发现自己在当当网账号下的原有礼品卡余额由 359 元变为 0,原先的订单信息也全部消失。5 月 28 日,何小姐联系当当网客服人员,要求由其查证被盗原因并恢复自己账号中的资料。随后,客服人员告知其账号被盗的原因是何小姐自己的邮箱账号及密码被盗,何小姐账号下的用户名、预留的手机号码已统统更改为她不认识的号码和资料。

其实,此次并非当当网用户第一次遭遇盗号事件。早在 2012 年年初,当当网就被爆出大量用户账号被盗。当时,当当网对媒体给出的解释是源于 CSDN(微博)网站数千万用户密码被泄露。2011 年年底,程序员网站 CSDN、天涯社区出现大规模的用户数据泄露事件,超过 5 000 万个用户账号和密码在网上公开扩散。由于很多用户习惯在不同网站使用相同的账户密码,给不法分子留下了可乘之机。不仅当当网被波及,京东商城、1 号店等电商平台也集中爆发礼品卡被盗刷事件。

2014 年 3 月,当当网再次被爆出用户账户余额被盗事件,当当网对此发布公告称,此次账号余额被盗事件是由于其 WAP 端存在安全漏洞所引起的,当当网也承诺由此造成的消费者损失,会由公司先行赔付。

(3) 案例三:淘宝"1 元门"事件"团购宝"程序异常

2011 年 9 月 1 日,在淘宝网开设的团购中,大量卖家的商品价格被修改为 1 元钱,由于许多商品正常的团购价在几十元到上百元不等,而此次交易量很大,导致涉及的卖家如果正常发货,损失将从数百元到数百万元不等。事后确认为淘宝网第三方软件服务商——北京智能淘网络技术有限公司开发的软件工具"团购宝"因程序异常所致。淘宝网平台本身并未遭受攻击或者发现安全漏洞。9 月 2 日下午,淘宝给出了"1 元门"事件的处理结果:

道歉；涉及软件公司赔偿每个用户10元；交易退款。

5.3.2 电子商务安全管理策略

1. 电子商务的安全性要求

由于电子商务是在互联网上进行的贸易，大量的商务信息在计算机上存放、传输，从而形成信息传输风险、交易信用风险、管理方面的风险、法律方面的风险等各种风险，为了防范各种风险，从而形成了电子商务安全体系。具体来说，一个安全的电子商务系统必须满足以下安全要求。

① 信息的保密性。这是指对信息在存储、传输和处理过程中实施加密保护，使他人无法窃取或破解。对于信用卡信息等重要的商务机密要先经过加密处理，再进行网络传输。

② 信息的完整性。这是指信息接收者能够确认所获得的信息在传输或存储过程中没有被窜改、延迟和替换，确保收到的信息保持与原发送信息的一致性。

③ 信息的不可否认性。这是指当事人无法抵赖自己的交易行为，如信息的发送方不可否认发送过信息的事实，接收方不可否认收到信息的事实等。不可否认性包括源点不可抵赖、接收不可抵赖和回执不可抵赖等特点。

④ 身份的真实性。这是指能确认通信双方的真实身份。

⑤ 访问的可控性。拒绝非法用户访问；合法用户只能访问系统授权和指定的资源。

在电子商务的几种安全性要求中，以保密性、完整性和不可否认性最为关键。电子商务安全性要求的实现涉及多种安全技术措施如表5.1所示。

表5.1 电子商务的安全要求及技术措施

要 求	定 义	技 术 措 施
保密性	保证信息不被他人非法窃取或破解	对称加密算法、非对称加密算法
完整性	保证信息不被窜改	数字摘要
不可否认性	当事人无法抵赖交易行为	数字签名
身份真实性	确认通信双方的合法身份	身份认证、数字证书
访问可控性	保证系统、数据等由合法人员访问	专用网络、防火墙、包过滤路由器等

2. 电子商务安全体系

为了提高电子商务活动的安全性，除了采用先进的安全技术外，还必须有一套有效的信息安全机制作为保证，来实现电子商务交易数据的保密性、完整性和不可否认性等安全功能，这就是电子商务安全交易体系。概括起来，该安全体系包括信息加密算法、安全认证技术和安全交易协议等几个技术层次，如图5.2所示。

3. 电子商务安全的技术和协议

（1）加密技术

加密技术是电子商务采取的主要安全保密措施，是最常用的安全保密手段，利用技术手段把重要的数据变为乱码（加密）传送，到达目的地后再用相同或不同的手段还原（解密）。加密技术的应用是多方面的，但最为广泛的还是在电子商务和VPN上的应用，深受广大用户的喜爱。

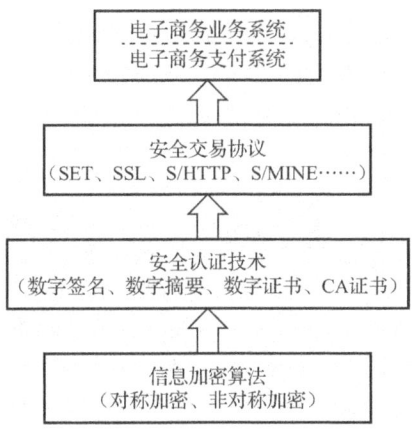

图 5.2　电子商务安全交易体系

加密技术包括两个元素：算法和密钥。算法是将普通的文本（或者可以理解的信息）与一串数字（密钥）相结合，产生不可理解的密文的步骤，密钥是用来对数据进行编码和解码的一种算法。在安全保密中，可通过适当的密钥加密技术和管理机制来保证网络的信息通信安全。密钥加密技术的密码体制分为对称密钥体制和非对称密钥体制两种。相应地，对数据加密的技术分为两类，即对称加密（私人密钥加密）和非对称加密（公开密钥加密）。对称加密以数据加密标准（Data Encryption Standard，DES）算法为典型代表，非对称加密通常以 RSA（Rivest Shamir Adleman）算法为代表。对称加密的加密密钥和解密密钥相同，而非对称加密的加密密钥和解密密钥不同，加密密钥可以公开而解密密钥需要保密。

（2）认证技术

身份认证技术是在计算机网络中确认操作者身份的过程而产生的有效解决方法。计算机网络世界中一切信息包括用户的身份信息都是用一组特定的数据来表示的，计算机只能识别用户的数字身份，所有对用户的授权也是针对用户数字身份的授权。如何保证以数字身份进行操作的操作者就是这个数字身份合法拥有者，也就是说保证操作者的物理身份与数字身份相对应，身份认证技术就是为了解决这个问题，作为防护网络资产的第一道关口，身份认证有着举足轻重的作用。

常见的身份认证技术包括：静态密码、智能卡、短信密码、动态口令、数字签名、生物识别等。为了达到更高的身份认证安全性，有时会从上面几种身份认证技术中挑选出 2 项进行混合使用，即所谓的双因素认证。

（3）电子商务安全协议

① SSL（Secure Socket Layer）协议。SSL（安全槽层）协议是由 Netscape 公司研究制定的安全协议，该协议向基于 TCP/IP 的客户/服务器应用程序提供了客户端和服务器的鉴别、数据完整性及信息机密性等安全措施。该协议通过在应用程序进行数据交换前交换 SSL 初始握手信息来实现有关安全特性的审查。在 SSL 握手信息中采用 DES、MD5 等加密技术来实现机密性和数据完整性，该协议已成为事实上的工业标准，并被广泛应用于 Internet 和 Intranet 的服务器产品和客户端产品中，目前 SSL 还是人们所信赖的协议。

② SET（Secure Electronic Transaction）协议。SET 协议是指为了实现更加完善的即时电子支付应运而生的。SET 协议被称为安全电子交易协议，是由 Master Card 和 Visa 联合 Netscape、Microsoft 等公司，于 1997 年 6 月 1 日推出的一种电子支付模型。SET 协议是

B2C 上基于信用卡支付模式而设计的，它保证了开放网络上使用信用卡进行在线购物的安全。SET 主要是为了解决用户、商家、银行之间通过信用卡的交易而设计的，它具有的保证交易数据的完整性、交易的不可抵赖性等优点，因此它被认为是目前信用卡网上交易的国际标准。

（4）防火墙技术

"防火墙"是一种形象的说法，其实它是一种由计算机硬件和软件的组合，使互联网与内部网之间建立起一个安全网关，从而保护内部网免受非法用户的侵入。防火墙从实现方式上来分，又分为硬件防火墙和软件防火墙两类。我们通常意义上讲的硬防火墙为硬件防火墙，它是通过硬件和软件的结合来达到隔离内、外部网络的目的，价格较贵，但效果较好，一般小型企业和个人很难实现；软件防火墙是通过纯软件的方式来达到的，价格很便宜，但这类防火墙只能通过一定的规则来达到限制一些非法用户访问内部网的目的。

5.3.3 电子商务法律法规

1．电子商务法的概念

电子商务法是指以电子商务活动中所产生的各种社会关系为调整对象的法律规范的总和。当前许多国家和国际组织都制定了电子商务法律规范，电子商务法作为一门独立的法律学科已经得到立法者的普遍承认，并在实践中发挥了它们应有的作用。根据电子手段和商业活动的不同分类，电子商务法包含广义和狭义两种概念。

广义的电子商务法，是与广义的电子商务相对应的，是指调整电子商务活动的法律规范的总称。它包括所有调整以数据电文方式进行的商事活动的法律规范。

狭义的电子商务法仅仅是指调整平等交易主体之间的网络交易活动中产生的各种权利义务关系的法律规范。

从立法实用性上来看，目前各国立法都偏向采用狭义的电子商务法概念。从上面的定义可以看出，广义和狭义的电子商务法概念存在着共性的调整对象，即电子交易双方的权利和义务。

2．电子商务法的特点

① 国际性。信息技术的发展，推动着经济全球化和市场一体化的进程，电子商务已发展为一种世界性的经济活动，它的法律框架自然不应只局限在一国范围内，而应得到国际社会的认可和遵守。在网络空间中，传统管辖边界不再适用，也使得任何一国的法律适用于电子商务存在着很大的不确定性，这就需要制定通用的法律原则，来解决共同的法律问题及明确相关的法律责任。

② 技术性。电子商务是现代高科技的产物，它需要通过因特网来进行，规范这种行为的电子商务法必然要适应这种特点。所以，有关电子商务的法律规范也必须以技术性为其主要特点之一。传统民商法由于不具有技术性的特点，所以对电子商务的签字技术、确认技术及加密技术等技术性问题束手无策。应运而生的电子商务法将传统法律与现代高科技相结合，对电子商务的有关技术问题做出合理的规定，使电子商务这个信息时代的新生儿逐渐走上法制化轨道。

③ 安全性。虽然电子商务给商家提供了极大的便利，但是令商家感到最为不安的就是电子商务的安全问题。计算机网络的技术性和开放性也使得它具有极大的脆弱性。计算机

及网络技术的发展使各行各业对计算机信息系统具有极强的依赖性，与此同时，计算机"黑客"和计算机病毒也变得越来越多，它们对计算机信息系统的侵入或攻击可能使商家的商业秘密被窃取、经营数据被破坏和丢失，甚至使计算机信息网络陷入瘫痪，这将给商家乃至整个社会造成极大的损失。电子商务法以解决电子商务的安全性为己任，通过对电子商务安全性问题进行规定，有效地预防和打击各种计算机犯罪，切实保证电子商务乃至整个计算机信息系统的安全运行。

④ 开放性。电子商务法是关于以数据电文进行意思表示的法律制度，而数据电文在形式上是多样化的，并且还在不断发展之中。因此，必须以开放的态度对待任何技术手段与信息媒介，设立开放型的规范，让所有有利于电子商务发展的设想和构思都能容纳进来。目前，国际组织及各国在电子商务立法中，大量使用开放型条款和功能等同性条款，其目的就是为了开拓社会各方面的资源，以促进科学技术及其社会应用的广泛发展。它具体表现在电子商务法的基本定义的开放、基本制度的开放，以及电子商务法律结构的开放等方面。

⑤ 复合性。电子商务交易关系的复合性，来源于其技术手段上的复杂性和依赖性，它通常表现在当事人必须在第三方的协助下，完成交易活动。如在合同订制中，需要有网络服务提供在线人工服务，需要有认证机构提供数字证书等。即便在非网络化的、点到点的电子商务环境下，交易人也需要通过电话、电报等传输服务来完成交易。或许有企业可以离开第三方的传输服务，自备通信设施进行交易，但这很可能会增加成本。此外，在线合同的履行，可能需要第三方加入协助履行。如在线支付，往往需要银行的网络化服务，这就使得电子交易形式具有复杂化的特点。实际上，每一笔电子商务交易的进行，都必须以多重法律关系的存在为前提，这是传统口头或纸面条件下所没有的。它要求多方位的法律调整，以及多学科知识的应用。

⑥ 程序性。电子商务法中有许多程序性规范，主要解决交易的形式问题，一般不直接涉及交易的具体内容。从联合国贸法会《电子商务规范法》和新加坡的《电子交易法》来看，也都是以规定电子商务条件下的交易形式为主。在电子商务中以数据信息作为交易内容的法律问题复杂多样，目前由许多不同的专门的法律规范予以调整。电子商务法所调整的是当事人之间因交易形式的使用，而引起的权利义务关系，即有关数据电文是否有效、是否归属于某人，电子签名是否有效、是否与交易的性质相适应，认证机构的资格如何，它在证书的颁发与管理中应承担何等责任等问题。

3．国际上电子商务相关立法

目前，国际上电子商务立法主要集中在市场准入、税收、电子商务合同的成立、安全与保密、知识产权、隐私权保护、电子支付等方面。自1996年以来，越来越多的国家和国际组织认识到发展电子商务的重要性，陆续制定了一批相关的规划和法律法规。

（1）联合国有关立法

联合国从20世纪80年代开始研究和探讨电子商务法律问题，1982年联合国国际贸易法委员会第15届会议正式提出计算机记录的法律价值问题。此后，第17届会议又提出了计算机自动数据处理在国际贸易流通中引起的法律问题，并将其优先列入工作计划，自此联合国国际贸易法委员会全面展开了电子商务法研究工作，终于在1996年提出了《电子商务示范法》蓝本，并于1996年12月在联合国大会通过，旨在为各国电子商务立法提供框架和示范文本，为解决电子商务法律问题奠定了基础，促进了世界电子商务的发展。随后，

1997年联合国国际贸易法委员会又制订了"电子商务未来工作计划",重点研究电子签名、认证机构及相关法律问题。2000年9月,联合国国际贸易法委员会电子商务工作组完成了《电子签名统一规则》的制定工作。

(2) 国际商会有关立法

国际商会(ICC)于1997年11月发布了《国际数字化安全商务应用指南》,它由一系列在因特网上进行可靠数字化交易的方针构成,其中包括了公开密钥的数字签名和可靠的第三方认证等。国际商会银行委员会拟定的《银行间支付规则草案》也与电子商务直接相关。

(3) 经济合作与发展组织有关立法

经济合作与发展组织(OECD)是由北美、欧洲和亚太地区29个国家组成的国际性组织。1998年10月,OECD就电子商务召开了部长会议,在1997年发表的题为《克服全球电子商务障碍》的文件基础上形成并通过了《加密政策指南》。该指南就加密技术的使用,规定了指导各成员国制定其立法与政策的原则。

(4) 欧盟的电子商务立法

欧盟(EU)委员会于1997年提出了《欧洲电子商务行动方案》,为规范欧盟电子商务活动制定了框架;1998年又颁布了《关于信息社会服务的透明度机制的指令》;1999年通过了《关于建立电子签名共同法律框架的指令》《关于统一市场电子商务的某些法律问题的建议》(它包括市场准入、认证服务、电子证书及其责任以及国际方面的问题)。

(5) 美国的有关立法

美国电子商务的基本政策和框架已趋于成熟,在某种意义上已成为其他国家电子商务的先导。美国的电子商务立法,是以各州的立法行动为先导的。犹他州1995年颁布的《数字签名法》,是全世界范围的第一部全面确立电子商务运行规范的法律文件。迄今为止,美国各州关于电子商务及其配套的法律文件有近百部之多。从法律文件的名称上看,美国大部分州级电子商务法律文件都直接以"电子签名法"或"数字签名法"冠名。

(6) 其他国家的有关立法

1998年,新加坡颁布了《电子交易法》,该法共分为序言、电子记录和电子签名的一般规定、网络服务提供者的责任、电子合同、可靠电子记录和电子签字、数字签字的效力、与数字签字相关的一般义务、认证机构的义务、订户的义务、认证机构的规定、政府使用电子记录与电子签字、一般规定共12个部分,内容十分全面。

1998年澳大利亚颁布了《私权利保护法》,确立信息私权保护原则。1998年3月澳大利亚电子商务专家小组公布了《电子商务:法律框架的构造》的报告。1999年澳大利亚通过电子签章法。1999年12月,澳大利亚颁布了《电子交易法》(ETA),提出了在电子商务中的媒体中立性原则和技术中立性原则。

韩国的《电子商务基本法》于1999年7月正式生效,共分为总则、电子通信信息、电子商务安全、电子商务的促进、消费者保护以及附则6章,内容较为全面。《电子商务基本法》总的特点与该法第一条所规定的目的是一致的,即旨在促进电子商务的发展。

4. 我国电子商务相关立法

我国现有的电子商务法律框架是基于传统的纸制贸易而制定的,在全球电子商务活动中如何用法律手段保证网上交易的安全性,需要对电子商务涉及的主要法律问题,如证据问题,书面形式的要求,对商户、消费者、结算银行的认证以及合同有效认证办法,订立电子合同的有效性及合同成立的时间与地点问题,买卖双方和中介方的交易行为的法规以及交易风险和责任等问题予以法律法规的约束。

自从 1994 年以来，我国制定了一系列调整电子商务的法律、法规及规范性文件。但从整体来看，国家最高立法机关全国人大制定的电子商务立法还不多，主要包括《中华人民共和国电子签名法》《中华人民共和国电子商务法》（以下简称《电子商务法》），以及其他法律中与电子商务相关的规定，大量的电子商务立法体现在国家的政策性文件、政府规章以及地方性法规当中。以下介绍与我国电子商务相关的一些法律法规。

1999 年 3 月，我国颁布了新的《中华人民共和国合同法》（以下简称《合同法》）。《合同法》在合同形式方面大胆地吸收了数据电文形式，并将之视为书面合同。这为电子合同的推广应用以及今后的电子商务立法奠定了基础。《合同法》第 11 条明确了数据电文为书面合同形式："书面形式是指合同书、信件以及数据电文（包括电报、电传、传真、电子数据交换和电子邮件）等可以有形地表现所载内容的形式。"第 16 条和第 34 条分别规定了采用数据电文形式订立合同的成立时间和地点。这些规定的出发点是希望电子合同在即有的合同法框架下能够推行和运作。但是，这些简单的规范还不能使电子合同具有可操作性和安全性，或者不能解决互联网交易的缔结、履行、争议解决等问题。

2000 年 12 月 28 日，全国人大常委会第十九次会议通过了《关于维护互联网安全的决定》（以下简称《决定》），《决定》以保障互联网的运行安全和信息安全为主要目的。这是我国针对信息网络安全制定的第一部法律性决定。该《决定》主要针对保障互联网的运行安全，维护国家安全和社会稳定，维护社会主义市场经济秩序和社会管理秩序，保护个人、法人和其他组织的人身、财产等合法权利等内容作了具体规定。同时，《决定》也对利用互联网实施的违法行为规定了相应的法律责任。

2004 年 8 月 28 日，第十届全国人民代表大会常委会第十一次会议表决通过《中华人民共和国电子签名法》，并于 2005 年 4 月 1 日起正式实施，该法首次赋予可靠的电子签名与手写签名或盖章签名具有同等的法律效力，并明确规定了电子认证服务的市场准入制度。该法共 5 章 36 条，是我国第一部真正意义上的电子商务法，是我国电子商务发展的里程碑，它的颁布和实施极大地改善了我国电子商务的法律环境，将促进安全可信的电子交易环境的建立，从而大力推动我国电子商务的发展。

2007 年 12 月，商务部发布了《关于促进电子商务规范发展的意见》，对促进我国电子商务行业健康、快速发展方面将起到实质性作用。2009 年 11 月，商务部发布《关于加快流通领域电子商务发展的意见》，明确未来政府部门对电子商务的引导、扶持措施。2012 年 3 月，为全面贯彻《2006—2020 年国家信息化发展战略》《国民经济和社会发展第十二个五年规划纲要》和《国务院办公厅关于加快电子商务发展的若干意见》，工业和信息化部制定了《电子商务"十二五"发展规划》。2013 年 8 月，为加快我国跨境电子商务发展，支持跨境电子商务零售出口，商务部等九部委联合发布《关于实施支持跨境电商零售出口有关政策的意见》。

2013 年 12 月 7 日，全国人民代表大会常务委员会在人民大会堂上召开了《电子商务法》第一次起草组的会议，正式启动《电子商务法》的立法进程。该次会议明确提出，《电子商务法》要以促进电子商务行业的发展、规范电子商务交往的秩序、维护电子商务活动各方的权利义务为立法的指导思想。2016 年 12 月 19 日，第十二届全国人民代表大会常务委员会第二十五次会议对《中华人民共和国电子商务法（草案）》进行了审议与公开。该草案是我国第一部电子商务领域的综合性法律。2018 年 8 月 31 日，第十三届全国人民代表大会常务委员会第五次会议表决通过《电子商务法》，自 2019 年 1 月 1 日起施行。

2015 年 9 月 1 日，新的《中华人民共和国广告法》实施，其中，第 44 条明确规定："利用互联网从事广告活动，适用本法的各项规定。"2016 年 9 月 1 日，针对互联网广告推出了《互联网广告管理暂行办法》（后简称《暂行办法》）。《暂行办法》里明确规定，凡是互联网上发布的广告，都要标注"广告"两字。也就是说，从 9 月 1 日开始，再发布的互联网广告应当具有可识别性，显著标明"广告"这两个字，使消费者能够辨明其为广告。如果不标注的话，就和《广告法》《暂行办法》的规定不一致，需要承担一定的法律责任。

在网络购物方面，2008 年 4 月，商务部商业改革司出台了《网络购物服务规范》；2010 年 5 月，国家工商行政管理总局出台了《网络商品交易及有关服务行为管理暂行办法》；2010 年 6 月，商务部出台了《关于促进网络购物健康发展的指导意见》；2011 年 1 月，商务部出台了《关于规范网络购物促销行为的通知》；2011 年 7 月，国家工商行政管理总局出台了《关于进一步加强市场监督管理加大打击假冒伪劣违法行为的若干措施》。

5.3.4 电子商务领域典型法律案例

1. 阿里巴巴侵犯知识产权案

2014 年 8 月，北京市朝阳区人民法院就经济参考报社诉中国雅虎网的经营者北京阿里巴巴信息技术有限公司（以下简称"阿里巴巴公司"）侵害作品信息网络传播权案作出一审宣判，认为阿里巴巴公司侵权事实成立，判决其赔偿经济参考报相应经济损失 5 000 元。

法院审理查明，经济参考报社对《畸形消费产业之颓》等 4 篇涉案作品享有著作权，包括信息网络传播权。被告阿里巴巴公司未经著作权人许可，在其主办的中国雅虎网上转载涉案作品，侵犯了经济参考报社所享权力，应承担赔偿经济损失的侵权责任。阿里巴巴公司称其对涉案作品使用系合理使用的抗辩，无事实及法律依据，法院不予支持。

2. 当当网网购进口巧克力无中文说明诉讼获赔 7 万元案

67 岁的老人杨某在当当网上买了东邮贸易有限公司的一批进口巧克力，一共花费了 3 万多元，但这些巧克力从说明、保质期、生产日期到配料表等标签，均没有任何中文说明。老人遂以销售不符合食品安全标准的食品为由，将当当网及东邮贸易公司告上法庭，索赔 42 万余元。

东邮公司回应，原告并不能证明涉案的产品是东邮公司出售的。当当网法务人员则提出，当当网并非本案网购的买卖一方，只是网络平台服务者，已经审查过东邮公司的营业执照、食品安全许可证等材料，已经尽到合理义务，不应承担连带赔偿责任。

庭审后，经法院主持调解，原告杨某和被告东邮公司达成了调解协议，杨某向东莞市东邮贸易有限公司归还全部案涉 345 盒、价值 3 万余元的费列罗金莎巧克力；东莞市东邮贸易有限公司向杨某支付货款及赔偿款共计 10 万余元，原告撤回了对被告当当网的起诉。

3. 阿里巴巴起诉自媒体人葛某恶意诋毁案（自媒体侵权第一案）

2014 年 9 月 23 日，备受关注的阿里巴巴起诉自媒体人葛某一案，在杭州市滨江区人民法院开庭审理。在庭审过程中，葛某作为被告方，就淘宝网是否卖假货、自己的文章是否对阿里巴巴业绩造成损害等问题，对原告方阿里巴巴进行了提问，控辩双方围绕葛某的自媒体文章是否构成恶意诋毁等问题展开了激励辩论。

该案件作为自媒体人涉嫌侵权第一案，同时也是阿里巴巴集团上市后的第一案，备受电商行业、司法领域、自媒体,以及社会舆论的关注。

 小贴士

这是一个自媒体的时代,每个人都是社会事件的报道者,每个人都可以根据问题发表自己的分析、评价、推测意见。对于个人来说,在网络上发布文章,必须注意以下几个问题:

1. 引用他人文章应遵守必要引用原则、标明引用部分并标注作者和来源。这既是法律的规定,也是写文章的规则,还关系到作者的道德。

2. 谨慎使用网络图片,互联网上的图片大部分是有著作权的,使用他人作品,应该经过他人同意并支付相应的报酬。如果未经他人同意,使用他人有著作权的作品,则侵犯了他人的著作权,要承担相应的法律责任。

3. 评论他人注意界限。根据我国法律的规定,公民有生命权、健康权、姓名权、名誉权、荣誉权、肖像权、隐私权、婚姻自主权等权利。法人也有名誉权和荣誉权。这些权利受到法律的保护,如果文章中涉及他人隐私,或者损害他人名誉,则要承担相应的侵权责任。

4. 文章不得违反四项基本原则,要符合社会主义道德。

4. 浙江省第一起利用微信平台售假入刑案(微信售假案)

从 2013 年 5 月起,何某开始通过两个微信号,在朋友圈发布各大名牌包、手表和高档化妆品的信息。何某接到订单后,转发给其广州的朋友,由朋友从生产工厂直接发货给买家,何某赚取中间的差价。短短几个月的时间,何某发布的销售动态已达百余条,销售金额高达 10 余万元。

2013 年 12 月,何某被用户举报售卖假货。公安机关在何某住所内搜出了假冒的"路易威登""普拉达"牌包和手表等 24 件商品。

2015 年 4 月 1 日,杭州市经济技术开发区人民法院对浙江省第一起利用微信平台售假入刑案件进行了宣判,微商何某以销售假冒注册商标的商品罪被判处有期徒刑一年,缓刑两年,并被处罚金人民币 6 万元。

法院认为,被告人何某明知是假冒注册商标的商品而予以销售,销售金额数额较大,其行为已构成销售假冒注册商标的商品罪。鉴于被告人何某归案后如实供述罪行,系坦白,又系初犯,有悔罪表现,经审前社会调查符合社区矫正条件,且已怀孕的妇女,可依法予以从轻处罚并适用缓刑。

 小贴士

消费者在微信中涉及交易时,不要因为便宜,或者从众心理,购买毫无保障的三无产品(无生产日期、无质量合格证以及无生产厂家)。购买前先上网查一查这个品牌在网上都有什么反馈或者是否有官方网站等。如果有厂家或者公司名称的,可以通过工商部门的企业信用网站查询。在选择交易方时可以选择货到付款或者银行转账的方式,切勿直接通过微信转账的方式进行支付。一旦发现自身利益受到损害,通过上述方式可迅速保留固定证据,及时向工商或者公安部门控告、举报。

专家指导

电子商务系统是一个计算机系统，其安全性是一个系统的概念，包括电子商务系统的硬件安全、软件安全、运行安全和电子商务安全立法。一个安全的电子商务系统必须满足以下安全要求：信息的保密性、信息的完整性、信息的不可否认性、身份的真实性、访问的可控性。此外，一切电子商务活动必须在现有的法律框架内有序进行。

小 结

本章从第三方支付、第三方物流、电子商务安全、电子商务法律法规等多个方面介绍了电子商务支撑服务，这些服务为电子商务活动的顺利开展提供了全方位的保障，促进了电子商务的发展。

第三方支付是指具备一定实力和信誉保障的独立机构，采用与各大银行签约的方式，通过与银行支付结算系统接口对接而促成交易双方进行交易的网络支付模式。第三方支付本质就是一种信用服务中介，在买方和卖方双方之间设立一个中间过渡账户，实现汇款资金安全性停滞，这是互联网金融支付领域的新格局。

第三方物流是相对"第一方"发货人和"第二方"收货人而言的，是由第三方物流企业来承担企业物流活动的一种物流形态，通过与第一方或第二方的合作来提供其专业化的物流服务。

电子商务系统是一个计算机系统，其安全性是一个系统的概念，包括电子商务系统的硬件安全、软件安全、运行安全和电子商务安全立法。一个安全的电子商务系统必须满足以下安全要求：信息的保密性、信息的完整性、信息的不可否认性、身份的真实性、访问的可控性。

电子商务法是调整政府、企业、个人以及其他组织等行为主体通过电子化通信方式所产生的商业行为以及由此引发的相关问题的法律规范的总和。《电子签名法》是我国第一部真正意义上的电子商务法，是我国电子商务发展的里程碑。一切电子商务活动必须在现有的法律框架内有序进行。

本项目实施完成，读者应具备在项目目标中所明确的相应知识与技能，应形成对第三方支付、第三方物流、电子商务安全和电子商务法律法规的基本认识，为后续项目的学习奠定基础。

同步测试

1. 单项选择题

（1）以下不属于第三方支付平台的一项是（   ）。

    A．支付宝　　　B．财付通　　　C．Chinapay　　　D．网上银行

（2）以下第三方支付的服务价值为（   ）。

    A．提供成本优势　　　　　　　B．提供竞争优势

C．提供创新优势　　　　　　　　　D．提供价格优势

（3）第三方支付与银行的关系为（　　）。

　　A．合作关系　　　　　　　　　　B．竞争关系
　　C．合作与竞争并存　　　　　　　D．不存在任何关系

（4）由第三方物流企业独立承包一家或多家生产商或经销商的部分或全部物流业务，这种业务模式属于（　　）。

　　A．传统外包型物流运作模式　　　B．战略联盟型物流运作模式
　　C．综合物流运作模式　　　　　　D．现代外包型物流运作模式

（5）2001年5月，（　　）宣布与中国著名的电子商务企业阿里巴巴合作，正式与阿里巴巴旗下在线批发电子商务平台"全球速卖通"结成战略联盟。

　　A．顺丰速运　　B．UPS　　　　C．EMS　　　　D．FedEx

（6）（　　）是指当事人无法抵赖自己的交易行为，如信息的发送方不可否认发送过信息的事实，接收方不可否认收到信息的事实等。

　　A．信息的保密性　　　　　　　　B．信息的完整性
　　C．信息的不可否认性　　　　　　D．身份的真实性

（7）（　　）是指信息接收者能够确认所获得的信息在传输或存储过程中没有被窜改、延迟和替换，确保收到的信息保持与原发送信息的一致性。

　　A．信息的保密性　　　　　　　　B．信息的完整性
　　C．信息的不可否认性　　　　　　D．身份的真实性

（8）（　　）由计算机硬件和软件的组合，使互联网与内部网之间建立起一个安全网关，从而保护内部网免受非法用户的侵入。

　　A．身份认证　　B．数字证书　　C．数字签名　　D．防火墙技术

（9）计算机网络遭到一些恶意行为（如计算机病毒、黑客等）的攻击，而使电子商务信息遭到破坏，这种行为属于（　　）。

　　A．信息泄露　　B．信息篡改　　C．抵赖行为　　D．信息破坏

（10）（　　）是我国第一部真正意义的电子商务法，是我国电子商务发展的里程碑。

　　A．《电子签名法》　　　　　　　B．《合同法》
　　C．《广告法》　　　　　　　　　D．《电子商务基本法》

2．多项选择题

（1）电子商务系统的安全性是一个系统的概念，包括（　　）。

　　A．硬件安全　　B．软件安全　　C．运行安全　　D．电子商务安全立法

（2）国内第三方支付平台包括（　　）。

　　A．PayPal　　　B．财付通　　　C．银联　　　　D．支付宝

（3）第三方物流的特点包括（　　）。

　　A．关系合同化　　B．服务个性化　　C．管理系统化　　D．信息网络化

（4）第三方物流基本模式包括（　　）。

　　A．传统外包型物流运作模式　　　B．现代外包型物流运作模式
　　C．战略联盟型物流运作模式　　　D．综合物流运作模式

（5）常见的身份认证方式有（　　）。

　　A．数字签名　　B．数字证书　　C．生物学特征　　D．动态口令

3. 分析题

（1）讨论并分析第三方支付与银行的关系，以及第三方支付未来发展趋势。

（2）试述电子商务与现代物流之间的关系。

（3）查阅相关资料，比较国外电子商务法立法，思考对我国立法的借鉴意义。

第 6 章 网络广告

掌握搜索引擎广告、展示类广告和社交网络广告等不同类型广告的概念及特征。
熟悉不同类型广告的具体广告呈现形式。
了解不同类型网络广告策划的要点与内容。
了解未来网络广告的发展趋势。

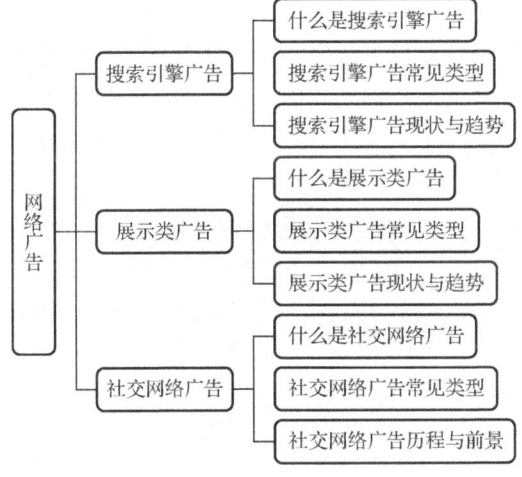

网络广告的概念、分类、表现形式、特征及发展趋势。

6.1 搜索引擎广告

6.1.1 什么是搜索引擎广告

1. 搜索引擎的定义

搜索引擎（Search Engine）是指根据一定的策略，运用特定的计算机程序从互联网上搜集信息，在对信息进行组织和处理后，为用户提供检索服务，将用户检索相关的信息展示给用户的系统。

一般认为，现代搜索引擎的鼻祖是 1990 年由加拿大蒙特利尔的麦吉尔大学（McGill University）的三位学生 Alan Emtage、Peter Deutsch、Bill Wheelan 发明的 Archie（Archie FAQ）。

Alan Emtage 等人想到了开发一个可以用文件名查找文件的系统，于是便有了 Archie。Archie 是第一个自动索引互联网上匿名 FTP 网站文件的程序，但它还不是真正的搜索引擎。Archie 是一个可搜索的 FTP 文件名列表，用户必须输入精确的文件名进行搜索，然后 Archie 会告诉用户哪一个 FTP 地址可以下载该文件。

1994 年 4 月，斯坦福大学的两名博士生，美籍华人杨致远和 David Filo 共同创办了雅虎（Yahoo!）。随着访问量和收录链接数的增长，雅虎目录开始支持简单的数据库搜索。因为雅虎的数据是手工输入的，所以不能真正被归为搜索引擎，事实上只是一个可搜索的目录。雅虎中收录的网站，因为都附有简介信息，所以搜索效率明显提高。如图 6.1 所示为雅虎 Logo。

图 6.1 雅虎 Logo

1998 年 10 月之前，Google 只是斯坦福大学（Stanford University）的一个小项目 BackRub。1995 年博士生拉里·佩奇（Larry Page）开始学习搜索引擎设计，于 1997 年 9 月 15 日注册了域名。1997 年年底，在 Sergey Brin 和 Scott Hassan、Alan Steremberg 的共同参与下，Bach Rub 开始提供 Demo。1999 年 2 月，Google 完成了从 Alpha 版到 Beta 版的蜕变。Google 公司则把 1998 年 9 月 27 日确定为 Google 的生日。Google 以网页级别（Page Rank）

为基础,判断网页的重要性,使得搜索结果的相关性大大增强。Google 公司的奇客(Geek)文化氛围、不作恶(Don't be evil)的理念,为 Google 赢得了极高的口碑和品牌美誉。2006 年 4 月,Google 宣布其中文名称"谷歌",这是 Google 第一个在非英语国家起的名字,如图 6.2 所示为拉里·佩奇和谷歌 Logo。

图 6.2　拉里·佩奇和谷歌 Logo

一个真正意义上的搜索引擎由搜索器、索引器、检索器和用户接口四个部分组成。搜索器的功能是在互联网中浏览信息、发现和搜集信息;索引器的功能是理解搜索器所搜索的信息,从中抽取索引项,用于表示文档以及生成文档库的索引表;检索器的功能是根据用户的查询在索引库中快速检索出文档,进行文档与查询的相关度评价,对将要输出的结果进行排序,并实现某种用户相关性反馈机制;用户接口的作用是输入用户查询、显示查询结果、提供用户相关性反馈机制。

2. 搜索引擎的分类

搜索引擎包括全文索引搜索引擎、目录索引搜索引擎、元搜索引擎、垂直搜索引擎、集合式搜索引擎、门户搜索引擎与免费链接列表等。

(1) 全文索引搜索引擎

全文索引搜索引擎从网站提取信息建立网页数据库。搜索引擎的自动信息搜集功能分两种。一种是定期搜索,即每隔一段时间(如 Google 一般是 28 天),搜索引擎主动派出"蜘蛛"程序,对一定 IP 地址范围内的互联网网站进行检索,一旦发现新的网站,它会自动提取网站的信息和网址加入自己的数据库。另一种是提交网站搜索,即网站拥有者主动向搜索引擎提交网址,它在一定时间内(2 天到数月不等)定向向你的网站派出"蜘蛛"程序,扫描你的网站并将有关信息存入数据库,以备用户查询。随着搜索引擎索引规则发生很大变化,主动提交网址并不保证你的网站能进入搜索引擎数据库,最好的办法是多获得一些外部链接,让搜索引擎有更多机会找到你并自动将你的网站收录。

当用户以关键词查找信息时,搜索引擎会在数据库中进行搜寻,如果找到与用户要求内容相符的网站,便采用特殊的算法——通常根据网页中关键词的匹配程度、出现的位置、频次、链接质量——计算出各网页的相关度及排名等级,然后根据关联度高低,按顺序将这些网页链接返回给用户。

(2)目录索引搜索引擎

目录索引搜索引擎也称分类检索,是因特网上最早提供WWW资源查询服务的,主要通过搜集和整理因特网上的资源,根据所搜索到的网页内容,将其网址分配到相关分类主题目录的不同层次的类目之下,形成像图书馆目录一样的分类树形结构索引。目录索引搜索引擎无须输入任何文字,只要根据网站提供的主题分类目录,层层点击进入,便可查到所需的网络信息资源。

目录索引搜索引擎虽然有搜索功能,但严格意义上不能称为真正的搜索引擎,只是按目录分类的网站链接列表而已。用户完全可以按照分类目录找到所需要的信息,不依靠关键词(Keywords)进行查询。

与全文索引搜索引擎相比,目录索引搜索引擎有许多不同之处。

① 全文索引搜索引擎属于自动网站检索,而目录索引搜索引擎则完全依赖手工操作。用户将信息提交网站后,目录编辑人员会亲自浏览你的网站,然后根据一套自定的评判标准甚至编辑人员的主观印象,决定是否接纳你的网站。

② 全文索引搜索引擎收录网站时,只要网站本身没有违反有关规则的内容,一般都能登录成功;而目录索引搜索引擎对网站的要求则高得多,有时即使登录多次也不一定成功。尤其像雅虎这样的超级索引,登录更加困难。

③ 在登录全文索引搜索引擎时,一般不用考虑网站的分类问题,而登录目录索引搜索引擎时,则必须将网站放在一个最合适的目录(Directory)。

④ 全文索引搜索引擎中各网站的有关信息都是从用户网页中自动提取的,所以从用户的角度看,我们拥有更多的自主权;而目录索引搜索引擎则要求必须另外手工填写网站信息,而且还有各种各样的限制。甚至有一些目录索引搜索引擎,如果工作人员认为你提交的网站目录、网站信息不合适,他可以随时对其进行调整,并且事先是不会通知的。

全文索引搜索引擎与目录索引搜索引擎有相互融合渗透的趋势。一些纯粹的全文索引搜索引擎也提供目录搜索,如Google就借用Open Directory目录提供分类查询。而像雅虎这些老牌目录索引则通过与Google等搜索引擎合作扩大搜索范围。在默认搜索模式下,一些目录类搜索引擎首先返回的是与自己目录中匹配的网站,如搜狐、新浪、网易等;而另外一些则默认网页搜索,如雅虎。

(3)元搜索引擎

元搜索引擎(META Search Engine)接受用户查询请求后,同时在多个搜索引擎上搜索,并将结果反馈给用户。著名的元搜索引擎有InfoSpace、Dogpile、Vivisimo等。在搜索结果排列方面,有的直接按来源排列搜索结果,如Dogpile;有的则按自定的规则将结果重新排列组合,如Vivisimo。

(4)垂直搜索引擎

垂直搜索引擎是在2006年之后兴起的一类搜索引擎。不同于通用的网页搜索引擎,垂直搜索引擎专注于特定的搜索领域和搜索需求(如机票搜索、旅游搜索、生活搜索、小说搜索、视频搜索、购物搜索等),在其特定的搜索领域有更好的用户体验。相比通用搜索动辄数千台检索服务器,垂直搜索需要的硬件成本低、用户需求特定、查询的方式多样。

(5) 集合式搜索引擎

集合式搜索引擎类似元搜索引擎，区别在于它并非同时调用多个搜索引擎进行搜索，而是由用户从提供的若干搜索引擎中选择。

(6) 门户搜索引擎

门户搜索引擎如 AOL Search、MSN Search 等，其虽然提供搜索服务，但自身既没有分类目录，也没有网页数据库，其搜索结果完全来自其他搜索引擎。

3．搜索引擎广告的定义及特点

搜索引擎广告（Search Engine Advertising，SEA）主要是以全文搜索引擎作为主要展示平台，而发布各个网站主页链接的经营性广告，其目的是为了宣传商品和服务，吸引潜在客户实现购买商品。

搜索引擎广告是搜索引擎营销的主要表现形式之一。为了更全面了解搜索引擎广告的特点，我们将它与不同种类的广告进行比较分析，发现搜索引擎广告具有以下几方面特点。

① 搜索引擎广告的受众不再是被动接受广告，而是主动搜索。

② 搜索引擎广告也并不是单一的某种形式，而是融合了视频、动画、图片多种形式的广告，科学技术的进步使得搜索引擎广告的展现形式更具灵活性，产生动感，其广告形式不再是固定的图片和文字，而可以上下左右滚动，展现更多的内容。

③ 与一般网络广告相比，搜索引擎广告的目标受众精准定位程度更高。因此企业必须更加明确受众的需求，在进行搜索引擎广告创意时，就需要把更多的精力放在研究受众特征、喜好等问题上，更加关心位于这些购买产品和服务的"销售链顶端"的受众，对他们进行层层剖析，直指问题中心，清楚问题来源，最终才能对症下药，准确地把产品或服务带给需要它们的受众。

④ 不管是传统 PC，还是手机、平板电脑等移动新媒体，搜索引擎广告都可以根据不同载体的特性适当地变换传播策略，使广告传播更符合本身的特性。

6.1.2 搜索引擎广告常见类型

1．关键词广告

搜索引擎提供的服务分为自然搜索和关键词广告。自然搜索也叫有机搜索，是计算机由其算法，根据输入的关键词信息而返回用户其搜索结果。这种搜索方法不被广告商及搜索引擎服务商控制，是一种自然、自动、不受任何干扰和控制的自动排列。而关键词广告又叫赞助搜索，它是通过广告商购买搜索内容或者以竞价的方式使其相关内容可以排在用户搜索结果优先位置的服务。关键词广告（Keyword Advertising）这一名称最早由谷歌提出，目前国内通用的说法为百度提出的竞价排名，两个名称从不同角度说明了本项业务特点，但两者无论在技术手段还是推广方式上都不存在本质区别。

目前企业使用最为广泛的关键词广告搜索引擎平台是"Google AdWords"和"百度推广"。Google AdWords 是一种在 Google 及其广告合作伙伴的网站上快捷简便地刊登广告的方式，无论广告预算多少都可充分享受其高效的广告服务。Google AdWords 广告既会随搜索结果一起显示在 Google 上，还会显示在其他的与 Google 联网的搜索网站和内容网站上，包括 AOL、EarthLink、How Stuff Works 和 Blogger 等网站。每天都有大量的用户在 Google 上进行搜索，并在 Google 网站上浏览网页，因此，大量的用户将看到您在 Google

AdWords 上投放的广告。百度推广是依托百度搜索技术为广告主提供的搜索排名服务，是目前国内最为有效的竞价排名服务。如图 6.3 和图 6.4 所示分别为"Google AdWords"和"百度推广"首页。

图 6.3 "Google AdWords"首页

图 6.4 "百度推广"首页

（1）关键词广告类型

在关键词广告中链接的关键词既可以是关键的词语，也可以是关键的语句。目前，关键词广告类型主要有五种。

① 公司关键词。公司关键词即网页中凡涉及公司名称、产品或服务品牌，都是以超级链接的方式，链接到公司相关的主页或网站。这种形式是网络广告的早期形式，目前很少有人采用。

② 公众关键词。公众关键词即将网页中出现的公众感兴趣的关键词链接到公司（产品）相关网站或主页，如"5G 网络""嫦娥五号"等。如果企业经营与这些关键词相关，并与企业的整体营销活动相结合，公众关键词就具有较好的补缺作用。例如，有公司或产品形象代言人的企业，就可以用形象代言人的姓名作为关键词。

③ 语句广告。语句广告即以一句能够引起网民注意的话语链接到公司相关网站或主页，吸引网民点击进入网站浏览。这种关键词广告是目前广告主最常用的。

④ 搜索关键词。搜索关键词即公司预先向搜索引擎网站购买与企业、产品或服务相关的关键词，在网民使用搜索引擎，用到公司所购买的关键词搜索其所想找的信息时，与公司网站或网页超级链接的相关信息就出现在搜索结果页面突出位置的一种关键词广告形式。

⑤ 竞价排名广告。这种形式的广告是企业注册属于自己的"产品关键词"，这些"产品关键词"可以是产品或服务的具体名称，也可以是与产品或服务相关的关键词。当潜在客户通过搜索引擎寻找相应产品信息时，企业网站或网页信息出现在搜索引擎的搜索结果页面或合作网站页面醒目位置的一种广告形式。由于搜索结果的排名或在页面中出现的位置是根据客户出价的多少进行排列的，故称为竞价排名广告。这种广告按点击次数收费，企业可以根据实际出价，自由选择竞价广告所在的页面位置。因而企业能够将自己的广告链接更加有的放矢地发布到某一页面，而只有对该内容感兴趣的网民才会点击进入，因此广告的针对性很强。

（2）关键词广告的优势

① 有助于提升公司网站在搜索引擎网站中的排名。企业通过在非搜索引擎网站，主要是综合或专业型的门户网站，购买与企业、产品或服务相关的公司关键词、公共关键词链接，或指定位置放置语句广告链接，这些链接指向企业的网站或相关网页，利用综合或专业门户网站本身的"网页排名"优势，实现提升企业网站在搜索结果中的排名位置这一目的。

② 有更好的针对性和目标性。只有当网民使用了企业购买的关键词时，企业相关信息才会出现在搜索结果页面的显著位置，而使用这些关键词的浏览者往往是对这些信息感兴趣的人，因此，关键词广告具有很强的针对性和目的性。

③ 有较为明显的效果。以"网页排名"作为其基本搜索规则的新一代搜索引擎，都号称其搜索结果只以纯技术规则作为排名依据，没有"人为"干扰因素的影响，搜索结果的排名是网民选择的结果。这比使用机构评定来衡量广告效果更具说服力。公司相关信息能够排在搜索结果的前列，意味着有更高的点击率，而这本身又是一种吸引力，吸引更多的网民作出趋同选择，从而有助于提升企业在网络社会中的形象。

④ 成本较低，容易控制成本预算。像公司或公众关键词，只有在网页中出现，才能链接到企业网站或网页，或者像竞价广告是按点击次数计费，并且企业可以根据实际情况，自由定价，因此，关键词广告的成本较低，并容易控制。

关键词广告有着如此出众的优势，特别适合经济实力有限的中小企业。

（3）搜索引擎服务商提供关键词广告服务的一般步骤

① 申请关键词广告，提交选定的关键词。首先，需要广告商在网上先提出申请，选择并编辑关键词广告的标题、设置链接网站及表述信息。

② 系统核查。广告商将上述内容提交后，搜索引擎的系统会自动对关键词进行过滤，并审查关键词是否属于黄色、暴力、反动等涉及违反公共利益、破坏社会秩序或危害国家安全的敏感词汇等。

③ 调整关联度，展示搜索结果。在搜索引擎服务商审核通过后，由广告商支付一定的费用给服务商。搜索引擎商将在关键词和商家网站上设置高关联度，一旦用户在搜索引擎上输入该关键词，则商户的信息就会出现在搜索结果的前列。广告中会显示广告的基本信息，以及广告商拟定的产品介绍或者企业介绍等，点击网络链接就可以进入企业相关网站，获得商品或者服务的具体信息。而后，广告商通过用户点击量，根据服务商提供的相应收费标准再行支付一定的广告费用。支付的广告费用越多，其商品或者网站信息出现的位置就越靠前。例如，香奈儿想要宣传新推出的香水，那么香奈儿公司会向谷歌或者百度等搜索平台购买"香奈儿""香水"等关键词信息。当用户希望了解香奈儿新推出的香水时，香奈儿的网页信息就会出现在搜索结果前列，点击商品信息就可以获得新推出香水的价格以及更加详细的商品信息。

（4）关键词广告的发布策略

为保证发布搜索引擎的关键词的广告效果，企业可采取以下策略。

① 选择合适的门户网站或搜索引擎网站。首先是一般市场占有率较高的综合型门户网站，因为它们通常有较高的排名加分，即同样一个关键词链接，它比其他的网站在搜索结果中的排名更靠前。其次有些专业性较强的产品，如 IT 产品，其关键词可能在综合型门户网站中出现的概率较低，这时可考虑同时也在一些专业型网站，如天极、小熊在线等网站中购买关键词。如果是购买搜索关键词，一般搜索引擎的使用率是首先要考虑的因素；如果企业主要面向国内或华人聚集区，则可考虑中文搜索引擎。

② 选择合理的关键词。这意味着给您的网站带来极具针对性的访问。合理的关键词，是指与公司网站内容相关并被网民经常使用的关键词。如果企业购买的关键词与公司网站内容相关性不高，搜索引擎会将你的排名靠后，甚至不纳入排名范围；如果是搜索关键词，当浏览者满怀希望和喜悦点击进入你的网站，结果网站内容与关键词相去太远，会影响企业形象和声誉。因此，应选用经常使用的关键词，以提高针对性访问的点击率。例如，一家网上花店，除选择"花店"作为关键词外，还可以将网民经常使用的"花、鲜花、卖花店、鲜花礼品、鲜花速递、鲜花批发、鲜花礼仪、鲜花快递、鲜花种子、鲜花行情、鲜花网站、鲜花商店、电子鲜花……"等作为关键词。

③ 选择恰当的发布时间。关键词广告的发布也要考虑时机和时间，这对广告效果有非常大的影响。时机选择，即选择一个切入点，这时的关键词出现的频率极高，有助于广告效果的提升。时间的选择则是确定在网站全天 24 小时中的什么时间发布广告。据中国互联网络信息中心的相关统计分析报告，目前我国网民每天上网的时间主要集中在 20:00～21:00 和 22:00～23:00，分别有 81.8%和 52.2%的上网者，其次是在 14:00～15:00 和 18:00～19:00，分别有 45.1%和 45.9%的上网者。显然，这 4 个时段是企业发布广告首先应考虑的时段。

2．竞价排名广告

如上所述，竞价排名广告严格来说是关键词广告的一种，但与一般意义上的关键词广告有很大的区别。同时，竞价排名广告是目前搜索引擎公司广告业务的主要内容，因此单独进行详细讲解。

竞价排名广告是一种由用户自主投放、自主管理、按效果付费的网络推广方式，它的营销方式由百度在国内率先推出，之后包括谷歌、雅虎在内的国内著名搜索引擎网站全部使用了竞价排名的营销模式，其中百度的竞价排名收入已经达到了其总收入的 90%

以上。竞价排名按照付费最高者排名靠前的原则，对购买了同一关键词的网站进行排名的一种方式。

（1）竞价排名的背景

自从 Oveture 最先创造并应用了关键词广告竞价拍卖的盈利模式之后，搜索引擎彻底解决了只有用户而没有客户的问题。企业在购买竞价排名服务之后通过注册一定数量的关键词，其推广信息就会率先出现在网民相应的搜索结果中。每吸引一个潜在的客户访问，企业只需为此支付最低 0.3 元的费用。竞价排名的优势在于参与竞价排名的企业通过把自己的信息排在显著的页面上而达到"让客户找到你"的效果。搜索引擎实现了对客户的自然分流，使客户和企业之间形成一种互动，摆脱了传统电视、报纸广告的一对多的形式，更加有针对性地向有需要的客户推广自己的产品。同时，竞价排名的价格相对于电视的黄金时段、报纸的显著版面来说价格更加低廉。随着网络发展及网民数量的增多，更多的中小企业认识到网络对于自我发展的重要性并开始参与到竞价排名当中。竞价排名制度应用于搜索引擎一度被业界誉为中小企业发展的利器，创造了包括淘宝网在内的一个又一个的辉煌业绩。工业和信息化部下属评测机构赛迪评测发布的《中国网络营销服务市场状况调研报告》曾指出，国内发达地区有超过 50%的企业已经购买或打算购买百度竞价排名服务。

（2）竞价排名的做法

竞价排名的具体做法是，广告主在购买该项服务后，通过注册一定数量的关键词，按照付费最高者排名靠前的原则，购买了同一关键词的网站按不同的顺序进行排名，出现在网民相应的搜索结果中。

搜索引擎用户需要浏览分类目录或输入关键词才能找到其想要的信息，这是一个对用户自然分流及筛选的过程，因此这些用户最具有针对性。竞价排名服务一次点击只需按系统针对分类目录和关键词自动给出的起始竞价价格出价，提交的竞价信息就可能出现在指定分类目录和关键词的最前列，将得到大多数网民的点击和访问。

（3）竞价排名的特点

竞价排名的基本特点是按点击付费，广告出现在搜索结果中（一般是靠前的位置）如果没有被用户点击，不收取广告费，在同一关键词的广告中，支付每次点击价格最高的广告排列在第一位，其他位置同样按照广告主自己设定的广告点击价格来决定广告的排名位置。

在搜索引擎营销中，竞价排名的特点和主要作用如下。

① 按效果付费，广告费用相对较低。

② 广告出现在搜索结果页面，与用户检索内容高度相关，增加了广告的定位程度。

③ 竞价广告出现在搜索结果页面靠前的位置，容易引起用户的关注和点击，因而效果比较显著。

④ 搜索引擎自然搜索结果排名的推广效果是有限的，尤其对于自然排名效果不好的网站，采用竞价排名可以很好地弥补这种劣势。

⑤ 广告商可以自己控制广告价格和广告费用。

⑥ 广告商可以对用户点击广告情况进行统计分析。

（4）竞价排名的缺点

① 竞价排名会相当昂贵，尤其对于希望开拓国际市场的中国企业，需要在英文搜索引

擎上与国际厂家竞争，在价格都以美元计算的竞争中，显然或多或少地处于不利地位。有些企业或许一开始没有察觉，但是随着竞争网站的不断加码，为了保持在顶端的位置企业不得不跟着加码。有些关键词在 Google 上的价格达到 20～30 美元/点击一次。在这个价位上，企业在回报率得不到相应提高的情况下，则开始亏损。

② 竞价排名只能是暂时性的措施。你不可能有充足的预算来支付年复一年的广告费，而一旦广告费停止，所有的搜索引擎流量就自然消失。

③ 竞价排名的网站太局限，目标针对的关键词因为着陆页的限制而限制，无法应对更广泛的关键词的搜索，或者就要以巨额广告费作为代价。

④ 竞价排名会遭遇竞争对手的恶意点击。这个现象在我国很严重，在美国同样也很常见。比如，美国一公司在印度雇用 10 个人来每天点击你的广告 100 次，那么你的广告费就相当于白白浪费了。

⑤ 目前国内能够承担英文搜索引擎的广告公司普遍对英语的竞价广告缺乏操作经验，而且不具备 Google 和 Yahoo 所颁发的适应英文广告的专业证书。在美国，竞价排名除了有 Google、Yahoo、Bing 等，只做一个搜索引擎，效果一定受到局限，而三个引擎的用户和竞争状况又不尽相同，在它们上面做广告统筹管理的确需要一个好的公司。所以，竞价排名广告是具有相当挑战的国际营销手段，需要妥善经营、精心筹划和研究。

3. 联盟展示广告

联盟展示广告是精准投放广告的一种，主要是把要推广的网站放到相应的行业网站上，主要的网站可以由商家自己选取，可以以文字、图片的形式，一般出现在右下角，收费有按点击量收费等模式，联盟展示广告会根据你的行业分析互联网用户 cookies 判断是不是你的目标客户。目前在国内比较权威的联盟包括百度联盟、阿里妈妈、搜狗联盟等，如图 6.5 所示为百度联盟首页。

图 6.5 百度联盟首页

6.1.3 搜索引擎广告现状与趋势

目前,移动搜索是搜索引擎广告的主要发展方向。根据 CNNIC 数据显示,截至 2018 年 12 月,网民使用手机上网的比例达 98.6%;手机网民达 8.17 亿,全年新增手机网民 6 433 万;手机即时通信用户达 7.80 亿,占手机网民的 95.5%;手机网络新闻用户规模达 6.53 亿,占手机网民的 79.9%,年增长率为 5.4%;手机网络视频用户规模达 5.90 亿,较 2017 年底增加 4101 万,占手机网民的 72.2%;短视频用户规模达 6.48 亿,网民使用比例为 78.2%。

搜索引擎广告将企业营销带向了一个新的高度。在对用户的检索行为进行准确分析的前提下,选择使用频率高的关键词进行组合,再加上精心设计的广告着陆页面的内容,可以最大限度地提升广告客户的转化率。由此,搜索引擎广告在众多的营销方式中脱颖而出,备受用户的推崇。

按照目前搜索引擎广告的发展态势来看,未来主要的搜索引擎广告形式仍将表现为前面所讲的关键词广告等几种类型。同时,伴随着搜索引擎广告的发展,一些不稳定因素也正影响着整个搜索引擎广告行业。首当其冲的是困扰企业的对企业网站的恶意点击,不管是竞争者消耗对手的广告成本的点击行为、搜索引擎广告联盟网站为了获取自己相应的广告佣金的点击行为、竞价排名代理服务商为了自身代理佣金的点击行为,还是访客无意间的误点击行为,都实实在在地增加了广告主的广告开支成本。Alchemist Media 总裁 Jessie Stricchiola 曾经估计,CPC 广告中已经超过五分之一属于欺诈性点击,不仅对搜索引擎服务商是个信誉损失,对二级搜索引擎更是构成了致命的威胁。与此同时,广告主还存在着网民阅读心态不积极的尴尬处境。据知名搜索引擎营销公司 iProspect 的一份报告显示,超过百分之八十的网民的浏览耐心至多只停留在第三页,也就是说,假使企业网站的竞价排名不够高、不需要支付相应的点击费用,但是企业面临的更大的问题是无法打开自己销售市场的压力。此外,近年来火热的社交网络广告(如微信等自媒体广告),以非搜索文字链广告的形式迅速占领市场份额,给搜索引擎广告带来严重的冲击,正在困扰和动摇广告主的心,并且持续让他们对搜索引擎营销广告不断产生动摇。更为严重的问题则来自于搜索引擎本身,Nielsen 认为,搜索引擎广告的增长曾经一度超过了搜索引擎本身所能提供的广告机会,从而导致了搜索引擎广告市场的极度不平衡,虚高的关键词竞价给企业带来了极大的成本压力,也打击了他们参与竞价排名的积极性,因为搜索引擎广告的性价比正在降低。

 专家指导

网络广告的定义:
所谓网络广告,就是在网络平台上投放的广告,是利用不同的方法和呈现形式,在互联网刊登或发布广告信息,通过网络传递到互联网用户的一种高科技广告运作方式。

6.2 展示类广告

6.2.1 什么是展示类广告

从 1994 年第一条横幅广告上线到现在,展示广告经历了巨大的变化。它曾经被认为是非常枯燥、缺乏创意的广告形式,市场表现逐年下滑。但是近年来,展示广告已经开始转变,并有了很大的发展,取得了较好的市场表现。展示类广告的持续增长主要受到广告技术发展的推动,定位更加精准、效果更好的广告形式为展示广告带来了较大的发展空间。现在,网站上的内容都可以放入到展示广告当中,用户可以从展示广告中购买产品、与好友分享、观看高清视频,甚至玩游戏等。

所谓展示广告,是指由广告商向拥有自己网站的互联网公司支付费用,将包含产品或服务信息的广告内容按照指定大小的方框展示在这些公司的网页上,以获取互联网用户的注意的一种广告形式。这种广告形式可以是静态的、动态的或者是具有超级链接的展示性画面、文字,其展示形式有多种。一般而言,展示类广告包括品牌图形广告、视频贴片广告、富媒体广告、文字链广告等。

近年来,展示广告中视频贴片广告增长最快,推动了展示广告增幅上升。

6.2.2 展示类广告常见类型

1. 品牌图形广告

品牌图形广告是网络硬广告最常见的表现形式之一,并且也是占市场份额最大的网络硬广告形式。它主要投放在综合类门户网站、垂直类专业网站上,其作用是增强品牌广告的曝光率,与传统媒体时代的"广告标王"延续着同样的思路。品牌图形广告主要包括横幅广告(通栏广告)、按钮广告、摩天楼广告、矩形(画中画)广告、焦点图广告、全屏广告、背投广告、浮动广告、弹出式广告等形式。

(1)横幅广告

横幅广告是网络广告中出现较早的形式,也是最为流行的广告方式。该广告形式通常以通栏横幅的形式横向出现在网页中,在网页的栏目与栏目之间插入,也称为"通栏广告"。如图 6.6 所示为搜狐网首页第一屏投放的横幅广告。

(2)按钮广告

按钮广告的主要特点是面积小,通常以按钮的形式固定在网页内,表现手法比较简单,放置内容一般是广告主的品牌、商标,或比较简单的广告信息。如图 6.7 所示为搜狐新闻频道首页投放的按钮广告。

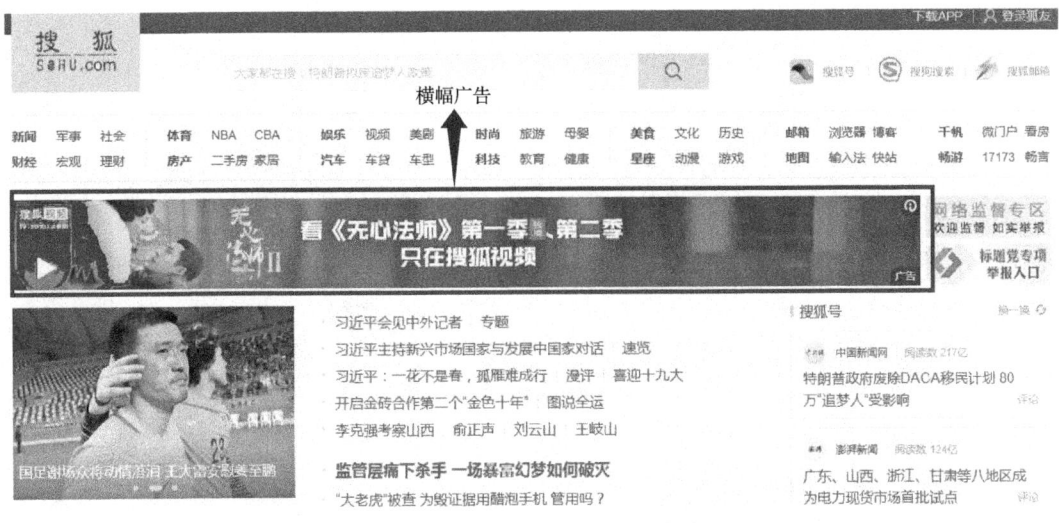

图 6.6 搜狐网首页第一屏投放的横幅广告

图 6.7 搜狐新闻频道首页投放的按钮广告

(3) 摩天楼广告

摩天楼广告一般位于网页两侧,与页面垂直,形状如摩天楼,有一侧广告,也有两侧广告,两侧的又被称为对联广告。如图 6.8 所示为新浪网财经频道首页右侧投放的一个摩天楼广告。

(4) 矩形 (画中画) 广告

矩形广告是目前销售量剧增的广告形式,也被称为"画中画"广告,通常被嵌入在新闻或者专题报道等文章内页,四周被文字环绕,访客在阅读文字时通常会关注相关广告。目前该类型广告通常使用 Flash 技术制作,它赋予了平面广告更多信息内涵、互动功能,

以及多媒体特色，使得"广告也娱乐"。如图 6.9 所示就是一个矩形广告。

图 6.8　新浪网财经频道首页右侧投放的摩天楼广告

图 6.9　矩形广告

（5）焦点图广告

焦点图广告中的焦点图通常是读者的视觉中心，在整个页面的焦点位置，一般通过幻灯片的形式展示图片及内容，非常醒目。如图 6.10 所示为搜狐财经频道首页投放的焦点图广告。

（6）全屏广告

这种广告一般在网站频道的首页投放，但只呈现几秒钟，随着首页页面的展开而自动消失，具有一定的强制性，但也因此曝光率很高。如图 6.11 所示为搜狐新闻频道首页全屏广告。

图 6.10　搜狐财经频道首页投放的焦点图广告

图 6.11　搜狐新闻频道首页全屏广告

（7）背投广告

背投广告是打开首页自动弹出的一个新页面广告，它不会影响用户的正常浏览，也不会被用户及时关闭。该类广告能够迅速吸引浏览者的目光，能让浏览者留下深刻印象。它具有独立页面、大幅显示的特点。

只要你打开投放了背投广告的网页，不管你愿不愿意看这个广告，它都会随着你网页的启动而自动弹出，只不过是位置在你所有打开网页的后面，当你把所有的网页都关闭的时候它还会在你的桌面上存在着，不随着你刚打开的那个网页一起关闭。如图 6.12 所示为搜狐网首页投放的背投广告。

（8）浮动广告

浮动广告指的是会随鼠标或光标移动的网络广告。最常看到的是所谓浮水印广告，会随着网页拉上拉下，在页面左边或是右边跟着页面上下移动，吸引浏览者的注意。有些网站会直接在光标后有一段文字或图像跟着鼠标移动,这也属于浮动广告,具体效果如图 6.13 所示。

图 6.12 搜狐网首页投放的背投广告

图 6.13 浮动广告

(9) 弹出式广告

弹出式广告又称弹跳广告或弹出窗口广告,是指当人们浏览某网页时,网页会自动弹出一个很小的对话框。随后,该对话框或在屏幕上不断移动、或飘浮到屏幕的某一角落。当你试图关闭时,另一个会马上弹出来,这就是互联网上的"弹出式"广告。广告商之所以对这种新颖的广告方式情有独钟,是因为它可以迫使广大网民不得不浏览其广告内容,从而获得较好的广告效果。如图 6.14 所示为弹出式广告。

2．视频贴片广告

视频贴片广告也叫视频插片广告，是受到快消行业广告主、习惯于投放传统媒体的广告主欢迎的一种广告形式。它是视频广告形式，出现在网络视频播放之前或之后。视频播放之前先播放的广告片的叫前贴片（也叫前插片），视频播放结束后再播放的广告片叫后贴片（也叫后插片）。前贴片是最常用的视频贴片广告，如图6.15所示。

图 6.14　弹出式广告

图 6.15　视频贴片广告

视频贴片广告之所以受很多广告主欢迎，有以下几点原因。

① 确定到达。其他的类型展示类广告会出现在页面上，但未必会被用户看到。而视频贴片广告中的前贴片广告则基本可以确定打开这段视频的人都会看到，因为要看视频必须

先看一段前贴片，除非这个人趁着播前贴片赶紧走开一小会儿了。所以基本可以以视频播放次数来估算广告被观看的次数，以观看该视频的人数、人群特征来估算广告触达的人数及人群特征。

② 信息传达更丰富和立体。因为是视频广告的形式，就像电视广告一样，可以完整地讲述一个故事，生动地展示一次品牌形象，通过声音、影像等丰富的媒介来传达信息。这比几个文字、一张图片，甚至一段动画都更有效。

③ 可以将电视广告内容平移到视频贴片广告中。因为都是视频广告形式，与电视广告是一样的，因此两者可以平移。

基于以上三点，很多广告主都会把视频贴片广告作为他们的传统电视广告的一个很有效的补充。现在电视的观众群体越来越倾向于中老年人及三四线城市人群。而网络视频的主流观众群则是年轻人、一二线城市人群相对更多。两者的受众群体互补。因此，一个广告片，既投放电视又投放网络视频，可以覆盖更全面的人群。

3．富媒体广告

在互联网发展的初期，因为带宽的原因，网站的内容以文本和少量的低质量的 GIF、JPG 图片为主，我们通常所说的网络广告也主要是指 Banner。随着技术的进步以及消费市场的成熟，出现了具备声音、图像、文字等多媒体组合的媒介形式，人们普遍把这些媒介形式的组合叫作富媒体（Rich Media），以此技术设计的广告叫作富媒体广告。

在国内，富媒体广告一般指能达到 2D 及 3D 的 Video、Audio、Java 等具有复杂视觉效果和交互功能效果的网络广告形式。在国外，富媒体广告主要是指区别于传统广告的一种数字广告形式，其特点是互动性强、信息量大、引人入胜，并且遵守由 IAB 制定的网络广告条例，要求宽带支持的新媒体广告。

一般而言，富媒体广告具有以下几方面特征。

① 容量大于 50KB；
② 充分运用多媒体技术，表现力丰富；
③ 独特的智能后台下载技术，具有智能用户连接监测功能，可以充分利用空闲带宽；
④ 较一般的网络广告更具互动性；
⑤ 可以自动化追踪用户行为，易于对统计广告效果的一系列指标进行监测。

随着大幅面、富媒体网络广告形式的日益增加，网络广告也像电视广告效果一样，成为了一种能够带来高曝光量的广告形式，网络广告主对于网络广告的传统印象由此可以得到彻底的扭转。

（1）富媒体广告的类型

富媒体广告常见类型主要包括以下几种。

① 视频类广告。视频类广告即广告中含有视频文件的网络广告形式。视频类广告在用户打开页面时，自页面右下角浮出基本无损伤压缩的原视频内容。同时视频中添加有一些互动元素，促使更多的用户观看视频内容。其主要表现形式有标准的视频形式、画中画形式、产品外形形式、焦点视频形式等，如图 6.16 所示为搜狐房产频道投放的一个视频类富媒体广告。

② 扩展类广告。扩展类广告在现有的页面内广告位置上，当鼠标触碰到广告后，广告显示面积发生变化的 Flash 文件。扩展类广告能给人深刻的印象。当用户将鼠标滑过或点击广告时，扩展广告即被触发，广告基于原广告位进行扩展，不会离开原广告位。当鼠标

移开后,扩展部分自动消失。由于广告由用户主动触发,对用户的干扰性较小。其主要表现形式有下拉扩展、上升扩展、撕页扩展、扩展视频及自定义扩展等。如图 6.17 所示为扩展类广告。

图 6.16　视频类富媒体广告

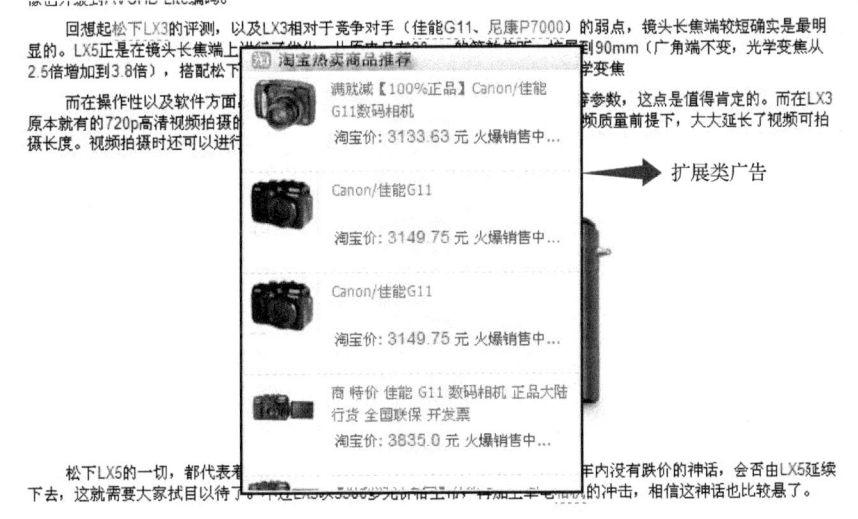

图 6.17　扩展类广告

③ 浮层类广告。浮层类广告在一定时间中,网页的部分显示区域分层,广告内容在这些分层中显示或播放。当用户打开网页时,浮层广告以不规则动画形式突然出现在网页上,动态的形式很容易吸引人们的注意,并且可以融入与用户的互动,更好地表现广告内容。动画播放完毕后将自动消失,有消失型(包含全屏尺寸)、重播型等形式。浮层类广告效果与品牌图形广告中的弹出式广告类似,区别在于浮层类富媒体广告以富媒体的形式展示。

④ 其他类广告。其他类广告即非以上形式出现的富媒体广告形式,如地址栏广告、网页

背景等表现形式。

(2) 富媒体广告的优势

① 丰富的创意空间。由于是利用富媒体技术，所以其广告文件的容量比传统的网络广告（文字链、图片、浮标等）要大得多（比如传统互联网图片广告一般在20K之内，而富媒体广告比如视频、流媒体如今能达到500K左右），从而为广告片的创意准备了更广阔的创意空间。

② 流畅的播放速度。富媒体广告现如今普遍存在30秒、15秒、8秒等几个时长，这正是跟电视的视频广告相对应的。利用富媒体技术强大的压缩、下载等功能，能够瞬间在网民打开网页的片刻完整播放，并通过强大新颖的创意直接刺激受众的视觉、听觉感官。

③ 特殊的网络受众。网络媒体的受众比电视媒体更有它不可比拟的价值。据市场权威调查，网民的年龄层80%在18~35岁之间，是真正的"三高"人群（高学历、高收入、高消费）这正是市场消费的中坚力量，他们直接控制着近90%以上的消费权。这也是网络媒体特殊受众的价值所在。

(3) 富媒体广告的局限性

① 价格昂贵，中小企业无缘富媒体。富媒体广告被业界普遍定义为最奢侈的网络广告，现在利用此种形式做宣传的大多为世界500强企业和国内的领头行业品牌，这样无疑为国内广大的中小企业树立起了一道无形的屏障。例如，新浪门户首页的富媒体广告4个小时的价格高达40万元左右，新闻中心的富媒体广告也达到近30万元，这样高昂的价格令无数中小企业望尘莫及。

② 行业狭窄，富媒体步履维艰。纵观富媒体广告占整个网络广告的5%~10%左右，主要用于扩大品牌宣传和创造新型产品的知名度。而网络信息其实是以内容为主的，网民上网更多是为了获得企业和产品更详尽的信息，在获得信息的同时这种疯狂的富媒体广告无疑给网民造成一种反感的情绪。据有关数据，十个人中至少有六个人在浏览网页时，会第一时间关闭，另外还有近20%的网民由于受疯狂流媒体的大篇幅热区影响而误点进入广告链接。

③ 创意陷阱，如何能跟上网民的审美步伐。网络广告的更新换代的单位是以秒计量的，在2003年、2004年富媒体广告凭其新颖的视频、动画、影音获得了无数网民的青睐，而如今，富媒体广告依旧如此，根据有关数据的调查证明，网民对富媒体广告的审美已经到了疲劳的阶段，这样直接导致需要有更新、更靓的创意来刺激眼球。往往一个富媒体广告的诞生至少需要提案近5次，更有甚者达几十次之多。创意的更新如何能赶上网民审美的步伐？这是很多广告创意公司面临的主要问题。富媒体如何创新是关键所在。

④ 审美疲劳导致宣传效果明显下降。根据权威调研数据，60%的网民打开网页看到富媒体广告弹出都有厌烦的情绪，甚至有40%的网民第一时间看到富媒体广告就马上关闭。这样无形之中就大大降低了企业产品、形象的宣传效果。根据iResearch发布的调研数据，Rich Media广告的点击率呈下降趋势。

⑤ 行业模式容易复制，竞争对手日益激烈。近年来，无论是国外富媒体公司还是国内门户网站，不断加大对富媒体技术的研发，从而使富媒体行业步入了红海，行业竞争十分激烈。

4. 文字链广告

文字链广告即只有文字的广告。将这段文字链接的企业网站放置在各大门户网站的相应板块，使浏览者看到并点击则可进入到企业网站上的一种广告方式。此种广告适合于有经济实力的企业或个人，目的不是为了通过链接带来效益，而是保证自己的品牌在外时刻传播。如图 6.18 所示为搜狐新闻频道首页第一屏投放的部分文字链广告。

图 6.18　搜狐新闻频道首页第一屏文字链广告

文字链接是一种对浏览者干扰最少，但却最有效果的网络广告形式之一。文字链广告的安排位置灵活，它可以出现在页面的任何位置，可以竖排也可以横排，每一行就是一个广告，点击每一行就可以进入相应的广告页面。

文字链广告相对于图片、动画等广告，不但文件体积小，而且传输速率快。文字链广告由于只是文本，所以广告受众更容易捕捉广告内容。特别是信息量很大的页面，文字链广告直截了当，开门见山，使浏览者一目了然。

在设计文字链广告时，应把握以下几点原则。

① 内容要有表现力，简洁明了地把产品特色概括出来。

② 尽量写明具体内容，而不是以一个宽泛的概念来描述，如充分利用商品名称直白、易懂的特点，把商品名称作为文字链内容，使浏览者迅速准确地了解信息。

③ 文字链广告虽然简单，但也可以更有特色，如在文字链中添加符号、加重、加粗和改变颜色等方法，使文字内容更能吸引顾客。

④ 切忌用空洞广告语，如"××电子商务系统"，未能将产品名称描述清楚。

6.2.3　展示类广告现状与趋势

近年来，展示类广告在技术创新和形式创新的双重推动下发展迅速，除最早兴起的公开竞价 RTB 方式以外，私有市场 PMP（Private Marketplace）、优先购买（Preferred Deal）、程序化直接购买 PDB（Programmatic Direct Buy）等非公开竞价交易的程序化购买方式在DSP、媒体、BAT 等巨头的共同推动下被各方了解和接受的程度不断提升。未来更多中高端资源将逐步开放，并且提升整体收益。未来品牌广告主的传统预算将会通过 PDB 的方式逐步向程序化购买倾斜，为程序化购买市场带来新的增长点，也进一步保留原有广告主预算并促进展示类广告收入的长期发展。

具体而言，未来展示类广告呈现以下发展趋势。

① 提升展示广告供应链效率。据统计，电视类广告投放人工成本大概是 3%，而通过互联网、数字媒体进行广告投放的人工成本高达 20%～30%。在执行过程中使用太多人力资源，有太多额外繁复的步骤，成为很多广告主网络投放的阻碍。因此，技术创新的第一个方向就是让展示广告投放过程自动化，让整个作业流程更有效率。

② 给广告主以及媒体代理公司等买方市场端的参与者们更多的控制力。我国目前的广告主或者代理机构没有使用第三方广告代理服务的习惯，广告主因此很难用一把尺子去度量所有网站的广告投放效果。通过第三方广告代理服务，广告主在各大门户、视频网站等多平台上投放广告时，都希望可以了解和掌控用户在不同网站上的行为习惯，掌握用户的数据，实时地监控营销活动的实施效果，而今天很多广告主都没办法做到这点。

③ 重视广告效果的分析和优化。"拥有数据"和"使用数据"之间有很大的不同。广告主应该利用庞大的数据信息来创造一个更好的广告、一次更有效果的营销广告，应该能够通过技术创新，在数据获取和分析的基础上，实现一种"试验—数据获取—效果衡量—修改调整—再试验"的循环效果提升过程。

④ 通过创新来应对传播媒介的碎片化以及互联网人口的复杂化。现在广告主可投放的媒体渠道越来越多，媒体策划和营销方案的复杂程度呈几何倍数增加，加上移动设备越来越普及，市场的用户行为越来越难以预测。另外，随着互联网在二三线城市的渗透，用户组成日趋复杂，口味和兴趣彼此也有着明显差异。

6.3 社交网络广告

6.3.1 什么是社交网络广告

1. 社交网络

社交网络是一组建立在 Web 2.0 的技术和意识形态基础之上的基于互联网的应用，允许 UGC 的创造和交换。和传统网络媒体相比，社交网络的去中介性以及可随时随地发布的特性，将传播转换成个人、组织以及社会之间的互动性对话。

微软中国前总裁杜家滨认为："社群是人类进化发展自然形成的社会现象。传统社会中，社群成员通常有相近的喜好、共同语言或生活方式。通常住的距离不会太远，在一个村庄、城市或是一个国家范围内，交通方便程度影响社群活动的范围。社群内透过信息交换、成员互动而丰富生活内容，资源交换产生商业活动。互联网出现后，社群地理距离限制消失，继而升级出现了全球级社交网络。我们对传统社群的称谓也由此改为'社交网络'。"

（1）社交网络的特征

① 参与性。社交网络是一种以用户参与性为基础的媒体形式，与传统网络媒体相比较，社交网络更加关注用户在当前话题中的活跃度。事实上，社交网络的用户活跃度是

衡量社交网络健康程度的主要标准，互联网行业中的 UGC 定律显示，每 100 位用户中有 90 名围观者，9 名讨论者，只有 1 名是内容贡献者，这说明话题的深度参与者对社交网络本身尤其重要。然而无论是内容贡献者、参与者还是围观者都是参与的一种方式，有时围观也是一种态度。

② 公开性。与传统网络媒体比较，社交网络没有管理人，话题的出现、分布及爆发是随机性出现的，没有人为控制的因素存在。社交网络没有设置议程，话题在自然环境下自由发酵，伴随事件的进行而任意发展，没有生命力或关注度低的话题会自然死亡。

③ 交互性。Web 2.0 的核心在于交互，互联网产品中的交互是指将用户从一个界面引向另一个界面的引导设计，乔布斯说过："友好的界面设计是好产品成功的秘诀。"社交网络的交互性是指用户与用户之间、用户与品牌商之间以及用户与机器之间的交流关系。在社交网络中，用户之间可进行无延时的对话交流，品牌商可在社交网络中与用户进行一对一的交流服务，伴随着第三代人机交互技术的崛起，计算机可根据关键词数据库对用户的疑问进行解答。

④ 分享性。分享性是社交网络进化后的特征，在社交网络发展的早期，用户创造的优质内容往往难以沉淀下来，导致用户二次浏览时的体验不佳，基于这种反馈，社交网络添加分享的功能，为用户创造一个专属的内容空间。与此同时，分享可以极大刺激围观者的参与感，推动话题成为热点。社交网络中的病毒性广告的传播正是依赖于用户的分享。

⑤ 关联性。社交网络的关联性包括两个方面。一是指面对不同终端选择的社交网络之间保持数据的同步。当前社交网络的数量和样式已不计其数，每位用户所拥有的社交网络种类也纷繁多样，如何在不同社交网络之间保持数据的同步十分重要，如用户在微信选中的内容可以时时同步到腾讯微博中。二是指社交网络与传统媒体的关联性，传统媒体已经广泛认识到社交网络的重要性，在各大社交网络中开设官方账号、公共平台等，其体制内部设有新媒体运营组，将社交网络中的优质内容重新整合后，再借助传统媒体进行二次传播。

（2）社交网络的传播优势

① 极速传播。社交网络与传统网络媒体相比较，其最大的传播优势在于传播速度较快且传播成本极低，用户可以在社交网络中廉价获得海量的信息。

② 空间丢失。在社交网络中，用户之间的交流是消除空间概念的，其信息交换是一种去中心化的、扁平化的模式，传播知识与有效信息成为社交网络的一种效果，而非其必然功能。

③ 跨越平台。移动互联网对社交网络影响巨大，各大社交网络纷纷在移动互联网搭建平台。移动互联网最大的特点是时间碎片化，用户在社交网络中的时间也许只有几分钟，这就要求社交网络能在最短时间内抓住用户。另外移动互联网使用户时刻保持在线状态，保持与用户的联系。

④ 粉丝文化。网络粉丝文化是独特的社交网络的文化现象，用户在社交网络中通过有组织的传播行为参与偶像客体的建构和群体标签的建构来满足心理需求。明星、品牌、虚拟人物都可以成为粉丝崇拜的客体。在社交网络中，粉丝的传播力量巨大。

2．社交网络广告

社交网络广告是依附于网络媒介技术的新型广告样式，是指以企业、媒体或是个人为发布者，以观念、产品或服务的文字、语音或视频，直接或隐晦通过社交网络发布的信息传播。从外延上看，社交网络广告包含在线社交软件、网络游戏、门户网站、电子邮件等一切具备社交属性的网络应用上的广告。

腾讯开放平台徐志斌曾指出：在不同的社交网络面前，企业和创业团队要判断如何投放社交网络广告也有迹可循。观察空间、微博、微信及其他平台，基础的用户发布"信息"，相互之间添加好友结成的"关系链"及所进行的互动方式，是理解社交网络营销（广告）的最佳切入点与行动指南。徐志斌把社交网络广告理解为"信息""关系链""互动"三者的有机结合，利用三者产生的庞大流量来创造优质的传播效果。

6.3.2 社交网络广告常见类型

随着社交网络的发展，社交网络广告的表现形式也日趋多样化与人性化，社交网络广告的表现形式有原生广告、病毒广告、植入广告、LBS 广告、微信朋友圈广告等。

1. 原生广告

原生广告指"通过融入受众所在媒体环境、以精准方式推送的、在保障用户体验的同时，提供对用户有价值的信息"的广告形式。原生广告不会割裂或打扰用户的阅读体验，而是以媒体内容形式与用户阅读环境融为一体；原生广告不是推送，而是融入媒体环境的视觉整合，它能为用户提供价值，从而使用户真正对内容感兴趣。原生广告比以 Banner、关键字搜索、视频贴片等为代表的传统数字广告形式更优美、更有效，因此已经成为数字广告领域的新宠之一。目前 QQ 空间、百度搜索在原生广告上都有了一些新尝试，如 QQ 空间基于自身广告系统与用户关系推送广告，百度搜索针对用户在搜索上推送广告。如图 6.19 所示展示了三种不同表现形式的原生广告：内容化的广告、广告隐藏于页面之中和引发兴趣的品牌新闻。

图 6.19　原生广告的三种不同表现形式

2. 病毒广告

病毒广告是通过用户的口碑宣传网络，信息像病毒一样传播和扩散，利用快速复制的方式传向数以千计、百万计的受众。也就是说，通过提供有价值的产品或服务，"让大家告诉大家",通过别人为你宣传,实现"营销杠杆"的作用。病毒式营销已经成为网络营销最为独特的手段。如图 6.20 所示,描述了病毒广告的传播形式。

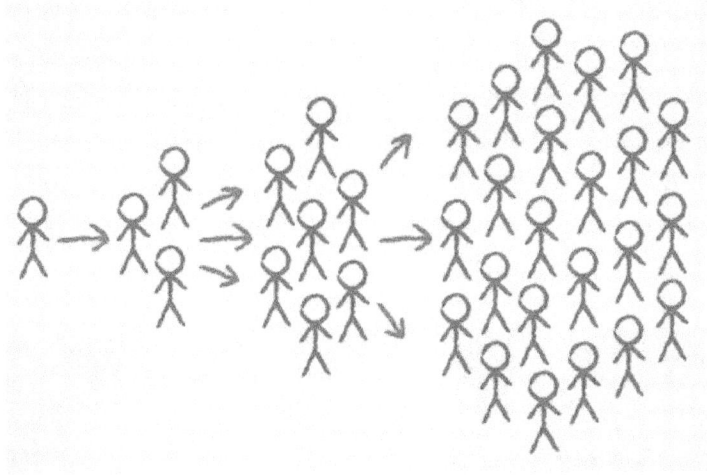

图 6.20　病毒广告的传播形式

3．植入广告

植入广告是把产品或服务具有代表性的视听品牌符号融入影视或舞台产品中的一种广告方式,给观众留下印象,以达到营销目的。"植入式广告"是随着电影、电视、游戏等的发展而兴起的一种广告形式,它是指在影视剧情、游戏中刻意插入商家的产品或服务等形式,以达到潜移默化的宣传效果。由于受众对广告有天生的抵触心理,把商品融入这些娱乐方式的做法往往比硬性推销的效果好得多。如图 6.21 所示为伊利在电影《变形金刚 4》中的植入广告。

图 6.21　伊利在电影《变形金刚 4》中的植入广告

4. LBS广告

LBS广告是指基于空间、地理、位置的增值信息服务,LBS广告是建立在服务的基础上,根据用户的地理位置推送附近的广告信息,可以让用户更加深刻地了解企业的产品或服务,最终达到宣传企业的品牌、加深市场认知度的目的。如当你走进一家商场的时候,你的手机中某个银行的App向您推荐刷卡优惠服务,就是LBS广告的一种典型应用。再如星巴克的Mobile Pour服务,当你在路上走着,突然想喝咖啡,通过Mobile Pour App,允许星巴克知道你的位置,点好你要的咖啡,然后你就接着走不一会儿一个星巴克小伙子或者大姑娘就会踩着滑轮车给你送一杯咖啡。Mobile Pour服务目前已经在美国多个大城市应用。星巴克的Mobile Pour服务如图6.22所示。

图6.22 星巴克的Mobile Pour服务

5. 微信朋友圈广告

2015年1月21日,在微信推出四周年之际,微信开始在朋友圈测试广告,宝马中国、vivo智能手机和可口可乐作为朋友圈的首批广告正式上线,迅速引发网友讨论,成为舆论热点。微信朋友圈广告又叫信息流广告。所谓信息流广告,是一种建立在用户数据分析上的广告模式,最早出现在Facebook上,是指在用户注意力最集中的信息流区域中放置广告。它夹杂在用户想要阅读的内容中,易让用户忽略其广告属性。微信朋友圈广告就是借鉴的Facebook的Feed广告经验,采用信息流广告模式。微信朋友圈投放的一则宝马中国的广告如图6.23所示。

微信朋友圈广告的传播特点主要有以下几方面。

(1)微信朋友圈活跃度高,确保了广告强曝光

微信朋友圈作为活跃度较高的社交媒体平台,成为原生广告成功运营传播的重要传播渠道。据腾讯公布的微信平台数据研究报告,平均每天打开微信10次以上的用户达到55.2%,微信重度用户的比例接近四分之一,他们每天打开微信的平均次数超过30次。微信朋友圈每天仅分享链接内容的次数已经超过30亿次。用户高频率刷朋友圈,极大增

加了广告投放时段的可选择范围,提高了广告的曝光率和关注度,增强了广告投放的有效性。

图 6.23　微信朋友圈投放的宝马中国的广告

(2) 广告投放以大数据为依据,目标客户确定更精准

大数据时代,谁掌握了足够的数据,谁就有可能掌握未来。微信收集了用户大量的消费数据。在这些数据的基础上,腾讯建立了大数据库,并根据数据模拟出微信用户的画像,再通过大数据的调研去分析用户,根据他们的性格、年龄、行为、爱好、地理位置等将他们区分为不同类型,为每位用户个性化定制广告内容,广告的投放与用户的消费能力和消费品味相关。因此可以说,微信的朋友圈广告不是随机的,而是大数据的精准投放,用户刷出什么样的广告,一定是与相关品牌有契合度的。

(3) 信息流广告模式让广告形式更为隐蔽,用户易于接受

信息流广告是在用户浏览信息的过程中插入的一条广告,其形式与朋友圈消息几乎没有差别。这种采用类似于好友朋友圈消息形式嵌入到朋友圈中的广告,形式更为隐蔽,易降低受众对广告的排斥度。而且,朋友圈广告中还会邀请明星以发布朋友圈的形式做广告,不仅拉近了与用户的心理距离,而且大大增加了广告的阅读率。

(4) 基于社交关系链的互动传播,"熟人社交"带来信任感

在社交媒体中,微信属于一种强关系链,用户之间是黏性更强、更稳固的熟人领域。在这种虚拟的熟人社交网络中进行的广告传播更容易拉近广告主与受众的心理距离,提升广告的可信度,从而能够达到很好的传播效果。

(5) 朋友圈点对点的封闭式传播渠道增强了广告的到达率和阅读率,广告信息传播过程中互动性增强

微信朋友圈广告的传播机制是:广告主享有单向添加"好友"的特权,当所有目标用户都被当成广告用户的 "好友" 被系统添加后,广告主推送的广告信息就会出现在目标用户的朋友圈中。在这种封闭式沟通渠道进行的广告信息传播,使得传播效果减少了传播过程中的噪声影响,从而达到了最佳传播效果。

6.3.3 社交网络广告历程与前景

1. 社交网络广告发展历程

社交网络广告是网络广告的分支，从早期的传统广告模式发展到如今新颖、多变的广告模式，大致经历了初创期、蛰伏期和爆发期。

（1）初创期

在中国社交网络广告的初创期，国家信息化建设稳步推进，宽带接入初成规模，个人计算机逐渐普及，网民数量急剧增长。由于当前互联网生态中盈利模式的单一化，广告成为网站生存的依托。在这个时期，社交网络广告仍隐藏在网络广告的襁褓中，广告类型停驻在点击型、浏览型等传统网络广告类型中，其广告效果难以衡量。虽然社交网络与用户的黏性持续增强，但广告主对社交网络广告仍不敏感，对其采取尝试、观望的态度。社交网络发展速度很快，但其广告市场规模有限。

（2）蛰伏期

在中国社交网络广告的蛰伏期，计算机交互技术初露端倪，光纤接入已成规模，无线网络渐成热点，数字原住民数量持续增长。由于网民结构年轻化和互联网去中心化的特点，社交网络的概念在中国得到进一步渗透。在这个时期，社交网络广告开始从传统网络广告转变为以社会关系为基础的人人传播广告理念，社交网络对用户的理解更为深刻，广告主开始有意识地自主策划，广告类型不再拘泥于形式。社交网络广告以用户体验为主，依靠人际关系传播的广告理念初步形成，使得社交网络广告市场走向多样化、自由化和人性化。

（3）爆发期

在中国社交网络广告的爆发期，移动互联网趋势明显，城市无线网络完成基本覆盖，网络业务快速发展，手机网民数量成级数增长。由于社交网络移动化和手机用户数量剧增，社交网络广告市场面临着新的转型。在这个时期，由于网络媒体移动化、社交网络平台化、盈利模式多样化、广告流量监测数据化、社交产品媒体属性和社交属性的两极化，社交网络广告市场呈现多极竞争的生态样式。

2. 社交网络广告发展前景

（1）"硬性广告"到"软性广告"

从社交网络发展的脉络上来看，社交网络广告的表现形式体现出的特点较为明显，是从"硬性广告"到"软性广告"转变的过程。从本质上来讲，这是由社交网络本身盈利模式的改变而引起的。社交网络在 Web 时代，主要的靠流量卖广告赚钱，广告表现形式也是传统的网络广告，这个时候社交网络对平台的概念不强，空有流量却只能卖广告，单一化的盈利模式导致社交网络对广告主的有求必应，各种弹窗、旗帜广告占据了社交网络太多空间，这使得社交网络在用户体验方面很难优化。而移动互联网下的社交网络更关注用户体验，社交网络平台化发展，盈利模式变得丰富起来，社交网络不必再屈服于广告主的要求，从而更好地完善用户体验，广告也开始变得"柔和"，更能迎合用户，而不是粗暴地强迫。

（2）第三方策划到"自我救赎"

广义上的广告业是由三部分组成，即广告主、广告代理公司及广告载体。传统媒体广告在媒体上播放的代价极高,所以广告主对概念、创意的要求很高,这需要专业的广告策划人员进行一系列的广告制作,才能对受众产生深刻的影响。相反,网络广告的成本低廉,且投放样式也偏简单,一般是由广告主提供素材,网站编辑负责策划、投放,省去了广告代理公司的费用,进一步减少了网络广告的成本。随着社交网络的发展,广告代理公司在策划社交网络广告方面显得更加窘迫,因为社交网络广告存在一种互动性,比如微博中发布的广告,需要与客户进行进一步交流,在保持良好品牌效应,社交网络把客户直接拉到了广告主面前,广告主必须全方位把控社交网络才能达到良好的传播效果。微博、微信的出现,让广告主彻底摒弃第三方团队,从自身选拔创意人员,优秀的社交网络广告已经成为品牌商公关的一种渠道。

(3)"他媒体"到"自媒体"

互联网数据中心发布的数据显示,2010年6月,中国互联网完成历史性的一跃,用户产生的内容流量超过了专业网站制作的内容流量,前者网站浏览量占总量的比例高达50.7%,后者为 49.3%。微博、博客、论坛等社交网络流量超过新闻、搜索、电子商务等总和。随着用户产生内容的丰富,自媒体已成为社交网络中不可或缺的组成部分,尽管未来自媒体的发展存在种种变数,但它们仍然是有价值的"实验",自媒体基于其独立性,更多地进行"专业主义"探索,有着社交网络基因的自媒体,将在新媒体法则下生长。自媒体的发展不仅仅需要平台及技术的支撑,更需要生态环境与"食物链"的支持,国内第一批自媒体人已经通过广告拿到了第一桶金,相信未来可发展的空间很大,而这一切需要社交网络为平台与个人、平台与自媒体、不同的个体以及不同的自媒体营造一个共生共荣的生存环境。

(4)大众传播到"私人定制"

大数据时代重构了数字营销,从做广告到讲故事,这是一个大数据营销的时代,研究数据的最终目的还是研究人本身,只不过数据使得公司对人的行为的追踪和理解更加具象,数据能够多维度地关注人、洞察人。社交平台上的广告不再是"广告",而是"故事"。因为在关系链中存续的各类精准、互动、推荐、评论和转发,将无时无刻伴随在社交化的网民行为中,在精准和有效性的前提下,传统干涩的广告已经被最低程度淡化,被故事化的营销信息将自由穿梭在需要它们的互动社交用户的信息纽带中。用户关系链的融合,网络媒体的社会化重构,将激发出广告主进行社会化营销的热情。大数据开拓了一种全新的定制式广告模式,通过"产生需求"而非"满足需求"来引导用户参与同广告主的互动。

大数据时代,网络媒体正在从单纯的内容提供方转化成开放生态的主导者,大数据时代的社会化营销重点是理解消费者背后的海量数据,挖掘用户需求,并最终提供个性化的跨平台的营销解决方案。而社交网络广告之所以能智能地提升自己的精准广告能力,给企业带来更高的投资回报率,这是社交网络广告所独有的特点。而这个特点依赖于对用户的理解。由于广告直接售卖到个体受众,这无疑大大增加了目标的精准性,因为这个个体受众背后的所有属性都一目了然:性别、年龄、职业、关注品类等相关信息。一般的第三方社会化营销机构,其人群数据库中人群属性细分标签多达 3 000 多个,涵盖地域、人口属性、个人关注和购买倾向四大类。以人口属性为例,又按照性别、年龄、职业、月收入、学历、关键人生阶段 6 个维度进一步细分。这些维度又可以进一步细分,可达 7 层之多。这些定制后的广告是基于每一个人的多维度特征制作的,它对于每一个用户都是独一无二的,这也是未来社交网络广告的发展方向。

专家指导

常见网络广告计费方式：

（1）展示计费

CPM 广告（Cost per Mille/Cost per Thousand Impressions）：每一千次点击所产生的费用。广告条每显示 1 000 次（印象）的费用。CPM 是最常用的网络广告定价模式之一。

CPTM 广告（Cost per Targeted Thousand Impressions）：经过定位的用户的千次印象费用（如根据人口统计信息定位）。

（2）行动计费

CPC 广告（Cost per Click）：每次点击的费用。根据广告被点击的次数收费。如关键词广告一般采用这种定价模式。

PPC 广告（Pay per Click）：点击广告或者电子邮件用户数量来付费的一种网络广告定价模式。

CPA 广告（Cost per Action）：每一次行动的费用。

CPL 广告（Cost Per Lead）：按注册成功支付佣金。

PPL 广告（Pay per Lead）：就是每次通过网络广告产生的引导付费定价模式。

（3）销售计费

CPO 广告（Cost per Order）：每个订单或者每次交易来收费的方式。

CPS 广告（Cost Per Sale）：营销效果是指销售额。

小　结

本章通过对搜索引擎广告、展示类广告和社交网络广告等的介绍，详细阐述了网络广告的一般分类和常见形式。所谓网络广告，就是在网络平台上投放的广告，是利用不同的方法和呈现形式，在互联网刊登或发布广告信息，通过网络传递到互联网用户的一种高科技广告运作方式。

搜索引擎广告主要是以全文搜索引擎作为主要展示平台，而发布各个网站主页链接的经营性广告。搜索引擎广告包括关键词广告、竞价排名广告和联盟展示广告等形式。

展示广告是指由广告商向拥有自己网站的互联网公司支付费用，将包含产品或服务信息的广告内容按照指定大小的方框展示在这些公司的网页上，以获取互联网用户的注意的一种广告形式。一般而言，展示类广告包括品牌图形广告、视频贴片广告、富媒体广告、文字链广告等。

社交网络广告是依附于网络媒介技术的新型广告样式，是指以企业、媒体或是个人为发布者，以观念、产品或服务的文字、语音或视频，直接或隐晦地通过社交网络发布的信息传播。社交网络广告的表现形式有原生广告、病毒广告、植入广告和 LBS 广告等。

本项目实施完成，读者应具备在项目目标中所明确的相应知识与技能，应形成对不同网络广告概念、特点和形式的基本认识，为后续项目的学习奠定基础。

第 6 章　网络广告

同步测试

1. 单项选择题

（1）以下不属于常用的网络广告收费模式的是（　　）。
　　A．千人印象成本收费模式　　　　B．销售提成收费模式
　　C．每千次点击成本收费模式　　　D．销售目标收费模式

（2）网络广告最基本的特点是（　　）。
　　A．互联网媒介　　　　　　　　　B．互动性
　　C．视觉冲击力　　　　　　　　　D．创意性

（3）具有广告位置明显、信息丰富、冲击力大的特点，为各网络广告主首选的网络广告形式是（　　）。
　　A．视频广告　　　　　　　　　　B．横幅广告
　　C．浮动广告　　　　　　　　　　D．弹出广告

（4）规格一般为 120×400、100×400 像素，位于页面两侧，是利用网站页面左右两侧的竖式广告位置而设计的网络广告形式是（　　）。
　　A．流媒体广告　　　　　　　　　B．横幅广告
　　C．擎天柱广告　　　　　　　　　D．弹出广告

（5）位于首页中部或首页底部等位置，它的特点是横贯整个页面，该广告形象生动、标识性强，有利于塑造商家品牌形象的网络广告形式是（　　）。
　　A．横幅广告　　　　　　　　　　B．擎天柱广告
　　C．全屏广告　　　　　　　　　　D．通栏式广告

2. 多项选择题

（1）属于富媒体广告具有的特点的是（　　）。
　　A．表现力强　　　　　　　　　　B．点击率高
　　C．交互性强　　　　　　　　　　D．强迫性高

（2）在网络广告动画中，不但可作为转场特效使用，而且经常用来作为动画元素的动画效果不包括（　　）。
　　A．淡入淡出　　　　　　　　　　B．抖动
　　C．闪烁　　　　　　　　　　　　D．爆炸

（3）有资料表明，占全部网站数量 1%左右的大型网站控制了 90%以上的网络广告市场，因此在寻找投放网站时不应该找（　　）的网站。
　　A．高访问量　　　　　　　　　　B．行业网站
　　C．搜索引擎　　　　　　　　　　D．价格合理

（4）传统媒体广告往往要等到广告已经传播了一段时间以后才能进行广告效果的评价，而网络广告的监控和评价具有较高的（　　）。
　　A．广泛性　　　　　　　　　　　B．可行性
　　C．及时性　　　　　　　　　　　D．准确性

（5）网络广告计价方式包括（　　）。
　　A．CPC　　　　　　　　　　　　B．CPM

C. CPR D. CPA

3. 分析题

(1) 目前主流的网络广告形式有哪些?

(2) 在进行网络广告投放时,商家都希望广告投放能尽可能实现精准化,请你谈谈如何才能实现广告投放的精准化。

(3) 目前社交网络广告十分火热,请问在社交媒体投放广告有哪些形式?该注意哪些问题?

第 7 章 典型行业应用

掌握在线医疗、在线教育、互动娱乐、互联网金融、农产品电子商务和跨境电子商务等相关概念。

熟悉我国典型行业应用案例。

了解行业电子商务应用最新的发展前沿资讯。

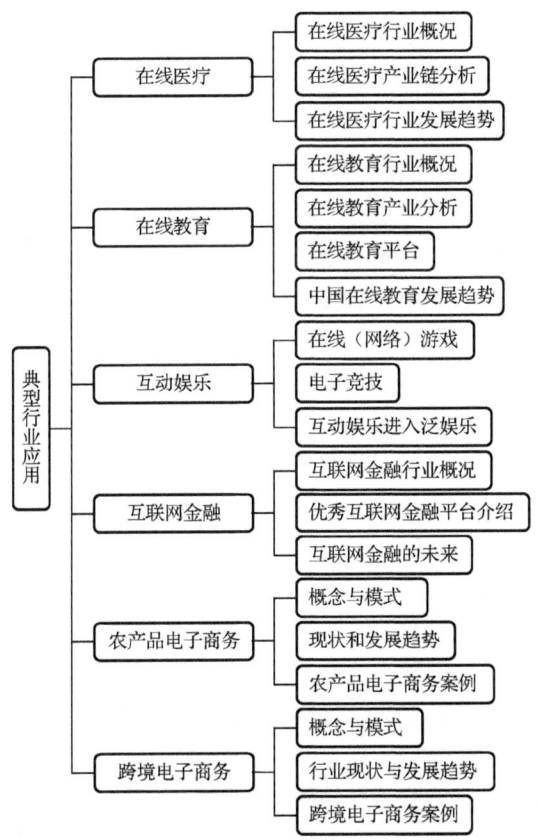

知识点

在线医疗、在线教育、互动娱乐、互联网金融、农产品电子商务和跨境电子商务等相关概念和发展趋势；电子竞技；优秀互联网金融平台；农村电子商务发展；跨境电商模式。

7.1 在线医疗

2015年在乌镇举行的世界互联网大会上，我国互联网巨头纷纷表示要进军在线医疗、人工智能，甚至脑电波通信等技术领域。

在线医疗（e-Health）是指利用互联网或是移动互联网提供医疗服务，即提供医疗服务中任何一个环节采用互联网或移动互联网即为在线医疗。在线医疗包括向大众用户或者患者提供的在线健康保健、在线诊断治疗服务，以及与这些服务有关的提供药品、医疗用具的业务，同时也向医生提供的社交、专业知识（如临床经验、病历数据库、医学学术资源等）及在线问诊平台等服务和工具。

7.1.1 在线医疗行业概况

医疗对互联网来说是一块难啃的骨头，但正因如此，改造它的想象空间也更显诱人。与创投行业逐渐降温的大环境相比，在线医疗热度不减，依然吸引了大量的资本涌入，而且几乎每一笔都是大手笔。

在获得资本青睐的同时，互联网巨头也已经相继进入，进一步提升了在线医疗行业的热度。BAT三家都已经通过投资、收购等方式涉足在线医疗行业，从投资方向来看，三家企业的布局侧重点各不相同，但相同点是都比较关注在线挂号及在线问诊业务。

目前，在线医疗领域的主要模式有慢病管理、医疗O2O、挂号服务、诊后管理、在线问诊以及大数据等。

创业者们试图通过互联网的方式优化或者改变原有的医疗体验，但同时医疗行业信息化程度不高、公立医院资源难切入的现状，也促使部分企业转变思路，尝试开办线下诊所，希冀通过自建系统加速医疗行业信息化改革进程。

我国医疗业存在的主要矛盾是什么？为什么在线医疗能够兴起？

1. 在线医疗企业探索商保模式

商业健康险存在两个痛点。

① 逆向选择风险，商业健康保险（简称"商保"）以被保险人的健康为标的，健康作为被保险人的个人信息很难被保险人完全掌握，加之被保险人对自身健康状况也并不全然了解，因而商业健康险的投保过程易出现逆向选择。

② 商业健康险赔付率仍比较高。

商业健康保险的两个痛点恰恰是在线医疗的机会。

a. 健康大数据，助力商保控制逆向选择风险。在线医疗可通过可穿戴设备和健康管理应用，实现对用户生理体征、生活习惯和生活环境等一系列数据的连续性采集，并基于采集数据对用户的健康状况进行评估。商业健康保险可通过在线医疗采集的健康数据，甄别欺诈，控制逆向选择的风险。

b. 健康管理、便捷就医，帮助商保控制医疗费用。在线医疗可通过健康管理和便捷就医两方面降低医疗费用。一方面，在线医疗通过互联网为用户提供健康管理以及慢病管理的服务，以提高用户健康水平，进而降低用户就医频率实现医疗费用的控制；另一方面，在线医疗也通过互联网为用户提供线上问诊、线上诊疗和在线购药等医疗服务，免去不必要的医疗机构就医行为，从而节约医疗费用。商保痛点与在线医疗优势对比如表 7.1 所示。

表 7.1 商保痛点与在线医疗优势对比

商保的痛点	在线医疗的优势
商业健康险无法完全掌握被保险人的健康信息，面临逆向选择风险	在线医疗可通过可穿戴设备和健康管理应用，实现对用户生理体征、生活习惯和生活环境等一系列数据的连续性采集，并基于采集数据对用户的健康状况进行评估
商业健康险赔付率较高，为四大险种赔付率第二的险种	在线医疗可通过移动互联网为用户提供健康管理、线上问诊、线上诊疗和慢病管理等医疗服务，免去不必要的医疗机构就医行为，从而节约医疗费用

2. 加号被禁有利于行业健康发展

医院"号贩子"问题屡禁不绝。2016 年 2 月，北京市卫计委推出"八条措施"打击"号贩子"，此后北京市卫计委又发文要求公立医院开展清理医务人员通过商业公司预约挂号加号谋取不正当利益的行为。号贩子行为之所以能存在，并形成一个市场，其根本原因在于医疗服务市场供给和需求的结构性不均衡。据卫生统计年鉴显示，我国三级医院占比 7.6%，三甲医院的诊疗次数占比却高达 47.0%；但是 27.1%的一级医院却仅承担 6.2%的诊疗服务。可见，医疗服务市场供给和需求的结构性不均衡导致了三甲等知名医院看病难的问题，而看病难又为号贩子提供了生存空间。

在线医疗企业开展挂号、加号服务的目的主要有两个，一个是作为获取收入的渠道，另一个是作为获取用户流量的入口。

① 将挂号加号作为流量入口，其仅是将挂号资源在网络平台免费向用户提供，只是改变了挂号途径和渠道，但缺乏资源分流的功能。

② 将挂号加号作为商业模式的合理性值得商榷，通过加号获取收入其本质是售卖稀缺医疗资源，并没有解决医疗服务市场供给和需求结构性不均衡。艾瑞分析师认为，北京市卫计委加强挂号加号管理，禁止在线医疗企业同医生合作开展加号服务，这将迫使在线挂号加号平台调整业务模式，迫使在线挂号加号平台朝资源分流导流方向发展，这将有利于在线医疗行业健康发展。

7.1.2 在线医疗产业链分析

在线医疗行业按照服务终端形态可分为：在线医疗 PC 端和在线医疗移动端（即移动医疗，m-Health）。移动医疗中健康保健类 App 占比较大，其次是挂号问诊类。

远程医疗是指通过通信、计算机等信息化手段为用户提供的诊断治疗服务。远程医疗按照模式可分为 B2B 模式和 B2C 模式（如图 7.1 所示），前者是医疗机构之间开展的远程诊断和治疗服务，后者是为医疗机构与病患开展的远程诊断和治疗服务，这也可能是在线医疗未来进入实体医疗环节的主要手段之一。远程医疗是在线医疗的一部分，两者的关系为被包含和包含关系，如图 7.2 所示。在线医疗的概念更偏向"互联网+医疗"，而远程医疗的概念则更偏向"医疗+互联网"。

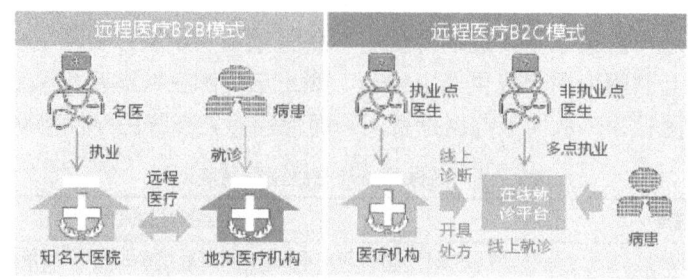

图 7.1　远程医疗 B2B 模式及 B2C 模式对比

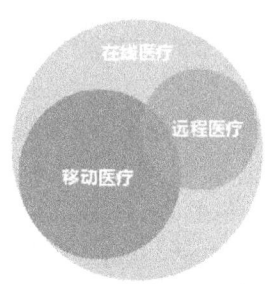

图 7.2　在线医疗、移动医疗及远程医疗的关系

在线医疗行业包括健康保健和诊断治疗两大部分。健康保健面向大众用户，主要包括健康资讯、健康管理等健康服务。诊断治疗按用户可划分为面向患者和面向医生两类，面向患者的服务包括挂号问诊及院外康复等服务；面向医生的服务由浅至深依次划分为社交、专业知识及在线问诊。在线医疗细分领域各企业在 PC 端和移动端的分布如图 7.3 所示。

图 7.3　中国在线医疗 PC 端、移动端企业分布

1. 在线医疗行业移动端月度使用次数远超 PC 端

艾瑞 iUser Tracker 和 mUser Tracker 监测数据显示，在线医疗行业移动端月度使用次数逐月上升，更是激增长至 27.1 亿次，而 PC 端则保持在 6 亿次左右，移动端同 PC 端差距逐渐拉大。移动端月度使用次数高于 PC 端，其主要原因是移动端具有非常强的灵活性，大多数健康管理服务通过移动端提供数据，而健康管理需求频次较高。

在线医疗行业移动端月度使用次数远超 PC 端，并且两者的差距呈不断扩大的趋势，说明移动化是在线医疗行业未来的发展趋势。

2. 移动端高黏性彰显发展潜力巨大

艾瑞 iUser Tracker 和 mUser Tracker 监测数据显示，在线医疗行业移动端人均月度使用次数逐月上升，已增长至 52.5 次，而 PC 端人均月度使用次数则在 3 次左右波动，移动端人均月度使用次数明显高于 PC 端，且逐渐同 PC 端形成巨大差距。

在线医疗行业移动端人均使用次数显著高于 PC 端，反映出移动端具有非常高的用户黏性，而用户黏性越高，流量价值就越大，未来有巨大发展潜力。

3. 移动端人均使用时长远超 PC 端

艾瑞 iUser Tracker 和 mUser Tracker 监测数据显示，在线医疗行业移动端人均月度使用时长逐月上升，已增长至 138.2 分钟，而 PC 端人均月度使用时长则在 5 分钟左右波动，移动端人均月度使用时长远远高于 PC 端，且逐渐同 PC 端形成巨大差距。

大多数健康管理服务通过移动端提供，而健康管理需求频次较高，同时使用时间较长，因此在线医疗行业移动端月度使用时长远超 PC 端。

7.1.3 在线医疗行业发展趋势

1. 未来医疗的核心追求是优质服务

大家都期待"以患者为中心"的医疗服务，而不是以医院为中心，或者以医生、科研为中心。以患者为中心的医疗服务，核心是一种优质的服务，必须要按照患者的需求，设计崭新的服务流程。比如，通过云端服务平台，帮助患者和医生始终保持联络；斩断药品利益链，让医生靠服务收取医药服务费，激励医生提供优质服务；建立长期的慢性病管理平台，体系化、标准化管理疾病治疗过程。

这背后的关键变化，是把医院里间断的单次诊疗转向线上线下结合的长期诊疗，甚至终身跟踪治疗。

2. 互联网将会推动医生品牌的迅速崛起

患者的口碑成就医生的品牌，在互联网时代，这个过程被加速了。当把线下大量的长期管理信息转移到线上，患者和医生之间的每一次线上行为，都会成为医生服务的一个展现机会，优质的服务行为变成良好的口碑，通过互联网再次被放大，将会让更多患者了解医生，加速了医生口碑的正向循环。

以前大家看病都是去选医院，记住的是每一家医院的名字。但将来，医院的名字将会被医生的名字取代。未来一定是看病选医生的时代，医生的品牌则是通过互联网传播，就像吃饭、点外卖，人们去医院看病会先打开手机选医生。

3. 医生和医院将会形成一种新型的协作关系

现在的医院都是医生的领导，将来医院与医生将是一种协作关系。医院请来一个互联网品牌很强的医生，会让某个专科迅速地成长起来。

4. 部分面对面的门诊会转化成远程专家门诊

在社区医院，挂一个三甲医院专家的远程门诊号，远端的专家在电脑屏幕里面，家庭医生和你坐在一起，向远端的专家发起一次看病需求，这种场景将会经常发生在基层医疗机构。基层医疗机构将来要想承担起来整个国家非常大的诊疗量，而病人对他不信任怎么办？必须引入专家的力量！但专家没有时间天天跑基层，只能通过互联网。未来日常化的就诊形式一定是这种远程专家门诊。上级专家不用跑到基层医院，下级医生通过和上级专家联合出诊可以学习和提高；对病人来说，在家门口就能看到北京、上海的专家。

5. 未来互联网医疗会走向开放，变成开放平台

以前医院是通过网站、App 应用去覆盖互联网上的患者群，而这几年基层改革力度增大，覆盖基层医院、基层医生，通过互联网平台，把医生们解决不了的病例放到平台上来，向上级专家发起请求。

这样巨大的患者群，很自然地会把三甲医院的专家们吸引到平台上工作，帮助患者和基层医生会诊、解决问题。一部分在基层解决不了的病人，会被专家安排转诊到他所在的三甲医院，为三甲医院带来最合适的病源。

将来的平台一定会变成连通各级医疗机构、患者、医生的模式。

6. 国家将进一步加强监管

2017 年 5 月，一份国家卫生和计划生育委员会办公厅发放的《关于征求互联网诊疗管理办法（试行）（征求意见稿）》在网络发布。概括而言，新规或将增加医生网上问诊门槛，同时收紧线上诊疗范围，这将对互联网医疗行业产生重大影响。对此有从业人士评价，卫计委这份文件会缩减一部分互联网医疗机构。

按照这些条款的规定，互联网诊疗服务就变成了以医疗机构为核心的"互联网+"的组织方式，大幅缩减各互联网平台的医生资源，从供给侧提升组织难度。简单而言，即目前现在问诊是许多互联网医疗创业公司的主营业务，而在新规下，大部分在线问诊业务将因违规而关闭。

因此，可以预见的是，监管层对互联网医疗的管理正在逐渐完善和规范。那种在摸索期相关部门未有明确规定，给了行业参与者能够进行新尝试的日子已经快到尽头。而随着互联网医疗的监管进入深水期，这个被众多创业者、投资人寄予了厚望的行业，如今走到了命运的十字路口。

7.2 在线教育

在线教育即 e-Learning，或称远程教育、在线学习，一般指一种基于互联网在线学习的行为，与网络培训概念相似。

7.2.1 在线教育行业概况

在线教育顾名思义，是指以网络为介质的教学方式。通过网络，学员与教师即使相隔万里也可以开展教学活动；此外，借助网络课件，学员还可以随时随地进行学习，真正打破了时间和空间的限制，对于工作繁忙、学习时间不固定的职场人士而言网络远程教育是最方便的学习方式。

虽然我国在线教育近几年发展迅速，但和西方发达国家相比，仍处于起步阶段。以美国为例，美国不仅在线教育机构数量众多，且中学后传统教育机构在互联网上开展在线教育的情况也十分普遍。近年来，美国顶尖大学陆续设立网络学习平台，MOOC（Massive Open

Online Course，大规模开放网络课程）以教育"平台"方式在美国爆发，同时美国学术界对在线教育的态度也不断转变。在美国超过 2 800 所大学中，超过 70%的学术领袖认为在线教育与面授教育效果一样或更好。

目前，无论是在大洋彼岸的美国还是在我国，在线教育都发展迅速，各种各样的在线教育探索模式层出不穷，令人眼花缭乱。在线教育的发展有三个阶段：第一阶段是试错阶段，第二阶段是认同阶段，第三阶段是发展阶段。

当下，在线教育正处于第二个阶段——认同阶段。这个阶段大约需要 5 年时间（2020 年年末是个时间节点）。从 2015 年年末到 2020 年是认同阶段，以后就会进入第三个阶段——在线教育发展阶段。

目前在创投界对于在线教育的定义，其实不仅仅是线上职业教育这一小部分，还包括了青少年、早教、远程文凭培训、应试教育、就业培训等 O2O 的项目。

国内的在线教育市场基本上分为三大板块：
- 以 K12（基础教育阶段的统称）为主要受众的青少年教育；
- 以在校大学生留学外语考试和公务员考试为主的应试教育；
- 以 IT、金融、会计等职业技能为主的职业教育。

在三大板块市场中，目前发展得最成熟的无疑是应试教育，其中以新东方为首的老牌上市公司做背书，在线教育行业的发展早在 10 年前就已经带动了一大批师生资源涌入这个市场。而随着英孚、华尔街、沪江等一些老牌英语培训机构加入在线教育行业，使得远程或者说线上教育的概念早早就植根于这一市场。

7.2.2 在线教育产业分析

按照现有的典型在线教育商业模式来看，在线教育有 B2C、C2C、O2O、MOOC 等多种模式，如图 7.4 所示。另外，在线教育的个性化学习平台也层出不穷，如扫题答疑、提供题库或考试平台等。

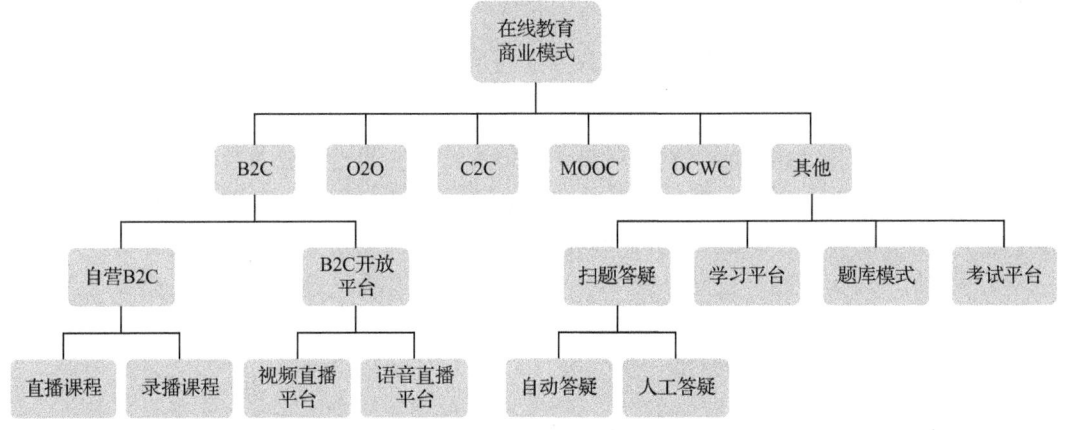

图 7.4　在线教育商业模式

在线教育平台类型丰富，主要以内容生产为主的 B2C 平台和 O2O 平台最为引人注目。内容是在线教育发展的核心环节，拥有优质教育内容的平台能够得到长远的发展。目前课程研发也是在线教育发展的难点。在技术方面，企业加大技术创新的投入，丰富和完善教育传输的途径,拓展教育场景。但是在线教育的服务业发展相对滞后,尚有较大的发展空间。目前在线教育还处在用户数据积累阶段,但用户的数据大多处于沉睡状态,没得到合理的利用。如图 7.5 所示为我国在线教育产业流程。

图 7.5　中国在线教育产生流程

7.2.3　在线教育平台

E2E（Educator to Educatee）网络教育平台概念,旨在通过开放整合的商务模式,为教育的三方——教育者、受教育者、教育内容供应商——提供简单、实用的创新性智能式教育软件产品。全国约有 3.6 亿学生、3 000 万教师,开放式教育平台围绕学习诊断、课堂教学、课后作业、培优补差、设问答疑、学习社交等学习生活,为教师和学生提供线上面对面的教育模式。

表 7.2 为当前在线教育平台的一些分类。

表 7.2　在线教育平台

平　台	典　型　企　业
B2C 平台	新东方在线
	学而思网校

续表

平　　台	典　型　企　业
B2B2C 平台	百度教育
	淘宝同学
	YY 教育
O2O 平台	跟谁学

1．B2C 平台

① 新东方在线是新东方教育科技集团（NYSE：EDU）旗下专业的在线教育网站，是国内首批专业在线教育网站之一，依托新东方强大师资力量与教学资源，拥有中国先进的教学内容开发与制作团队，致力于为广大用户提供个性化、互动化、智能化的卓越在线学习体验。新东方在线所拥有的课程内容涵盖出国考试、国内考试、职业教育、英语学习、多种语言、K12 教育六大类。

② 学而思网校是学而思教育集团旗下的中小学在线教育品牌，依托学而思强大的教学资源与师资力量，以实现优秀教育资源的共享为己任，建立起的中小学在线教育平台。2016 年，学而思网校提出"在线学习更有效"的品牌主张，并进行了全面的课程升级，推出"小班直播+个性化辅导"的先进模式。

2．B2B2C 平台

① 百度教育是中国最大的互联网在线教育资源平台，含有 1.8 亿专业文档，10 万+正版图书资源，5 万+精品课程资源，每天让 5 000 万用户找到所需。百度教育未来将重点发展"好内容+好体验"模式，利用百度领先的人工智能、大数据、教育云技术，为每一个用户带去个性化的学习方案及资源，也为学校、机构提供智能的资源管理和营销解决方案。

② 淘宝同学主要是搭建平台，把优质的平台商、机构、教师、课程等资源都吸引进来，采用"2B+2C"的混合型平台模式。一方面，机构可在上面提供直播教学；另一方面任何用户只要有一技之长，都可在"淘宝同学"发布课程，或者申请在线直播权限。从本质上，淘宝同学电商化是在做平台（而非做内容），是在利用自身的用户、流量优势，为线下教育机构和在线教育机构搭建一个承载虚拟教育服务的平台。

目前淘宝教育的课程内容涵盖外语学习、职业培训、学历考试、IT 技能、营销管理、中小学辅导、学前教育、生活百科、文体艺术、美容养生等。淘宝教育也开设和生活、美容等相关的课程，以便吸引没有学习目的的用户和参与技能培训的用户，提升平台的用户留存率。

③ YY 教育是 2011 年 6 月基于全球最大的团队语音工具 YY 推出的最专业的互动网络教学平台。YY 教育凭借互联网的技术优势，以类型丰富的展现形式实现了线上即时互动课堂，提供清晰流畅的高音质语音视频服务，使学员可打破时间和地域限制，想学就学。

YY 教育聚集了近 800 家国内外知名教学机构和 20 000 位著名讲师，已开展超过 100 000 堂网络公开课，月活跃用户量超过 600 万。为学员提供便捷的学习途径，为讲师提供多元化的教学工具，为培训机构提供实时的教学平台，为广大学习爱好者提供网络互动学习分享社区和全方位的专业教育服务。

3．O2O 平台

跟谁学是覆盖多门学科、提供多种教育服务的 O2O 平台。跟谁学能够为入驻的机构、个人教师、学生同时创造价值，并且商业延展性较好，如支付环节，学生向平台机构先支付费用，完成课程后并进行评价，最后支付报酬给老师。跟谁学充分运用这一部分资金进行相关的金融服务。但平台受到机构、教师、教学质量、学生流量等多方面的限制，且线下地推需要大量的资金支持，盈利周期较长。跟谁学的服务更加个性化。上课方式灵活多样，有老师上门、学生上门、视频授课、一对一、一对多等多种形式，此外，跟谁学推出LBS+IM，即通过定位让学生能第一时间找到离自己最近的老师。

7.2.4　中国在线教育发展趋势

1．"内容+平台+社区+服务"良性循环，更易聚拢流量形成交易

在线教育社区化和标签化经济趋势越来越明显，通过软件查找社区将相同爱好的人群聚拢起来，在社区内进行互动交流。根据标签化的形式将人群进行分类，挖掘更多商机，最大限度地发挥长尾效应。内容是在线教育的核心。一个在线教育产品要想增加用户的购买率和黏性，一定要拥有优质的在线课程资源。交易主要是商业模式运作，目前多以免费的共享资源和免费的工具吸引用户，进而推出系统化的收费课程。这符合互联网"先用户，后盈利"的规律。"内容+平台+社区+服务"的模式更能多方位地聚拢潜在用户资源，最终实现盈利。

2．跨界经营、创新模式，提高在线教育平台的留存率

教育消费很多时候具有一次性的特点，尤其是涉及资质证书考试的相关课程。用户如果一次性通过，便不再需要进行再次培训，如果没有通过，则很少会再次选择同一平台进行学习。因此企业在进行课程内容研发的同时，还应该扩展平台的学习内容，创新教学模式和场景。当拥有大量用户时，可以开展与教育行业相关的业务，如教育消费金融、职位推荐等。在线教育也可通过每上一节课，返还部分对应课程的课时费，提升课程完成率。

3．整合账号资源，深挖用户数据，提升平台的商业延展能力

通过大数据挖掘技术，全面掌握用户数据，利用其中和教学内容相关的数据，帮助推荐定制化的学习内容。用户的个人信息、收入、消费数据帮助平台全面了解用户的消费习惯、分析用户需求，为教学内容、金融服务等方面的延伸提供数据支持。

4．在线教育战场开始向移动端转移

在线教育的形式多种多样，据统计，主战场仍在PC端。尤其是系统性课程的学习，用户更愿意放在PC端，通过某一整段的时间完成，这样的课程，移动端起到的作用是约课、零散知识点记忆、课后问题解答、社区提问等。但移动端是互联网发展的趋势，移动端现有势头较猛的如O2O、答疑、背单词等类别，但教学研究和新的课程内容重设，将会改变目前终端学习的现状。移动端会成为接下来的主要战场。

7.3　互动娱乐

娱乐是人类永远的需求，尤其是随着人们闲暇时间和可支配收入的增加，对娱乐的需求将更加旺盛。目前，娱乐业每年为美国带来 5 000 亿美元的收入，并已成为美国第二大出口产业。美国电影协会主席杰克·瓦伦蒂曾指出，在美国诸行业中，只有娱乐业才是真正盈利而非赤字累累的行业。

7.3.1 在线（网络）游戏

在线游戏是指一些大型由多人参与的在线类网络游戏（Massively Multiplayer Online Role-Playing Game，MMORPG）或一些基于互联网平台的小游戏（如 Flash 小游戏等）的集群的统称，它们都是以互联网为平台的大中小型网络游戏的统称。

1．行业发展概况

艾瑞咨询《中国移动游戏行业研究报告》数据显示，2018 年中国游戏用户规模达 6.26 亿人，同比增长 7.3%。中国音数协游戏工委(GPC)、伽马数据(CNG)联合发布了《2018 年中国游戏产业报告》，在报告中，2018 年中国游戏用户规模达 6.26 亿人，同比增长 7.3%。2018 年中国移动游戏市场实际销售收入达 1 339.6 亿元，同比增长 15.4%；2018 年中国客户端游戏市场实际销售收入达 619.6 亿元，同比下降 4.5%；2018 年收入前 50 新产品中，腾讯、网易研发的游戏产品合计收入占比达 44.4%，腾讯、网易研发产品数量合计占据 18 款。

由此可以看出，游戏用户增长率有所下滑，主要原因一方面是受到用户规模的天花板限制，另一方面，国内手游产品同质化趋势严重，市场需要创新型产品的刺激。但随着用户的成长，用户的游戏习惯和付费习惯会逐渐成熟，用户付费的意愿和付费额度还会进一步上升，整体市场相对稳定。预计未来 3~5 年，移动游戏会进入一个平稳上升的发展期。

2．移动游戏独占市场鳌头，电子竞技类朝气蓬勃

2019 年 1—6 月，在中国游戏市场中，移动游戏市场占比最高，占整体的 67.6%，实现销售收入达 770.7 亿元，同比增长 21.5%，连续 4 年实现增长，用户规模达 6.2 亿人；客户端游戏市场实际销售收入达 313.3 亿元，占比 27.5%，用户规模环比下降至 1.46 亿人，在游戏用户中占比 22.6%，较上一季度下降 1.2 个百分点；网页游戏市场继续缩水，占比下降至 4.5%。用户占比同比下降 6.2 个百分点至 33%，用户规模下降趋势逐步放缓。

拥有严格比赛制度和国际范围内的正规赛事的电子竞技类游戏近几年一直保持较快增长，2019 年 1—6 月，中国电子竞技游戏市场实际销售收入达 465 亿元，同比增长 11.3%。其中，移动电子竞技游戏实际销售收入为 277.4 亿，同比增长 22.9%，继续保持较好上升势头。客户端电子竞技游戏市场实际销售收入为 187.7 亿，同比下降 2.4%。移动电子竞技游戏市场规模近两年快速增长，迅速超过了客户端电子竞技游戏市场规模。

3．移动游戏产业链

如图 7.6 所示为中国移动游戏行业产业链。从图中可以看出，相关游戏企业立足于社交平台，腾讯强推电竞文化发展；综合类厂商纷纷出海，逐鹿全球游戏市场；自研自发为主的游戏企业坚持匠心精神，打磨游戏品质；发行商企业推动精品游戏长线运营，扶持独立游戏并鼓励创新。同时，网络游戏产品活跃数量较移动游戏产品总数下滑，大制作、大营销、大 IP 成移动游戏产品的常态，创新产品难寻。市场对创新产品的需求提升，为独立游戏发展提供了沃土。2017 年是独立游戏发展的黄金年，渠道、厂商、行业组织多方发力，助力独立游戏健康发展。

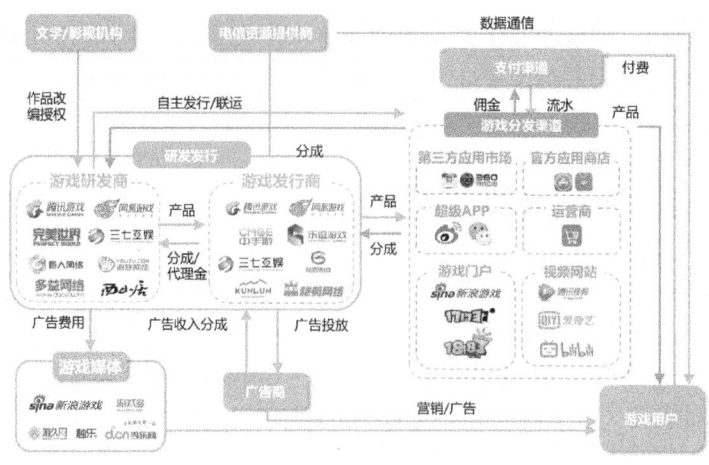

图 7.6 中国移动游戏行业产业链

4．未来趋势

玩家对游戏质量的要求越来越高，高质量精品化游戏的推出势在必行；编辑推荐地位提升，游戏回归玩法本质；轻竞技概念兴起，短平快的休闲竞技平衡了玩家对竞争性和碎片化游戏的需求；社交渠道成为游戏运营和发展的新战场。

（1）游戏回归玩法本质

在 iOS 市场，Apple 公司宣布在 2017 年 10 月新版本的 App Store 中取消畅销榜，这意味着一向以畅销榜为王、习惯利用自充值来打榜的厂商将无榜可刷。相应地，编辑推荐的重要性将被凸显出来。根据以往的经验，创新的玩法、艺术性的画面表达、和谐的游戏音乐将更容易被推荐到首页。

而国内 Android 市场上，以编辑推荐为核心的游戏平台 TapTap 在用户量和玩家口碑上稳步上升，也从侧面证明了玩法本身对于玩家的巨大吸引力。

（2）高质量精品化势在必行

玩家对游戏质量的要求越来越高。随着市场竞争日趋白热化，玩家的游戏习惯和游戏品味逐渐成熟，低质量游戏通过换皮、买量、刷榜来赚快钱的模式越来越行不通。同时，2016 年中出台的"版号新规"逐渐走上正轨，监管机构的介入压缩了抄袭、山寨低质量游戏的生存空间。

（3）轻竞技概念兴起

短平快的休闲竞技游戏能填补玩家碎片时间。从 2010 年到现在，中国移动游戏经历了从休闲游戏到 MMORPG 游戏，再到竞技游戏的变迁。玩家的游戏习惯、付费习惯都逐渐成熟。轻竞技概念是相对于传统竞技而言的（如图 7.7 所示），是指对局时间更短、简单易上手、有玩家双方进行的对抗性的游戏。这类游戏既能很好地满足玩家需求，相比休闲游戏更有挑战性，又能减轻玩家在传统竞技游戏中的疲惫感，从而受到玩家的欢迎。

（4）游戏推动社交

社交渠道成为游戏运营和分发的新战场。用户规模接近顶点后，游戏市场逐渐从增量市场向存量市场过渡，如何抢夺现有的游戏用户成了游戏厂商最为头疼的问题，而用户每天都必然会接触到的社交软件（如微信、微博等）成了游戏商家运营和推广的新战场。

移动电竞游戏
均包含两名及以上玩家在同一屏幕内进行对抗性操作的游戏内容

轻竞技移动游戏
- 单局时间通常不超过5分钟
- 操作简单，容易上手
- 以io类游戏为主

传统竞技移动游戏
- 单局时间通常为10-30分钟
- 有一定操作难度，需要精确地操作和战略权衡
- 以端游类竞技游戏的移植产品为主

图 7.7　两种移动电竞游戏的共同点和区别示意图

7.3.2　电子竞技

1．概念

电子竞技（Electronic Sports）就是电子游戏比赛达到"竞技"层面的活动。电子竞技运动是利用电子设备作为运动器械进行的人与人之间的智力对抗运动。通过运动，可以锻炼和提高参与者的思维能力、反应能力、心脑四肢协调能力和意志力，培养团队精神。电子竞技也是一种职业，和棋艺等非电子游戏形式的体育类比赛类似，2003年11月18日，国家体育总局正式批准，将电子竞技列为第99个正式体育竞赛项。2008年，国家体育总局将电子竞技改批为第78个正式体育竞赛项。

电子竞技运动有两个基本特征：电子、竞技。

"电子"是其方式和手段，指这项运动是借助信息技术为核心的各种软硬件以及由其营造的环境来进行，这类似于传统体育项目中的器材和场地。在电子竞技运动中，"器材"依赖信息技术来实现，这也是电子竞技与传统体育运动的不同之处。

"竞技"指的是体育的本质特性，即对抗。作为一个体育项目，对抗是最基本的特征。电子竞技运动有多种分类和项目，但核心一定是对抗和比赛。

电子竞技游戏可分为狭义、广义和泛电子竞技游戏。电子竞技分类如表7.3所示。

表 7.3　电子竞技分类

概　　念	平 台 特 点	平 台 代 表
狭义电子竞技游戏	1．实时对战	英雄联盟 DOTA2
	2．相对公平	星际争霸 2 CS：GO
	3．有以该游戏为主要项目的全国性及以上的赛事和活动	全民枪战　皇室战争
广义电子竞技游戏	1．具备对抗性玩法	QQ飞车
	2．有以该电子游戏为主要项目的赛事或活动	地下城与勇士
泛电子竞技游戏	1．棋牌类等现实类体育游戏的电子版项目	联众世界
	2．非实时对战的竞赛模式	水果忍者
	3．通过信息技术来锻炼脑力和体力技能的电子游戏	……

2. 电子竞技市场规模

① 电竞赛事收入：包括赛事门票、周边、众筹等用户付费以及赞助、广告等企业围绕赛事产生的收入。

② 电竞衍生收入：包括电竞俱乐部及选手、直播平台（分类如表7.4所示）及主播等赛事之外的产业链核心环节产生的收入。

③ 电竞游戏收入：包括中国大陆地区用户为狭义电竞游戏消费总金额。

以上收入均不包括移动电竞游戏及赛事产生的收入。

表7.4 中国直播平台分类

概 念	平 台 特 点	平 台 代 表
电竞直播平台	以游戏为主要直播内容	斗鱼、龙球、熊猫、虎牙、战旗、火猫、全民TV、触手TV等
秀场直播平台	以秀场演艺为主要直播内容	YY秀场、9158、呱呱直播、酷狗繁星等
移动直播平台	以移动端为主要直播平台	映客、花椒、秒拍、美拍、小咖秀、小米直播等
其他直播平台	以其他内容为主要直播内容	水滴直播、百度云直播、萤石直播等

3. 全球电竞市场概况

① 电竞赛事奖金持续上涨。2015年度全球电竞奖金保持快速增长，市场上主要8款电竞游戏奖金总额较2014年增长了64%。其中，FPS品类的奖金增长幅度最高，达到了221.5%。FPS与TCG品类的赛事奖金额增长率较高，且总额相对较小，因此仍有巨大发展空间。

② 多方加入直播大战 移动端流量稳步上升。国外游戏直播平台竞争激烈。在并购Twitch失败后，Youtube亲自入场挑战已经是全美网站流量第四的Twitch。而根据艾瑞咨询报告数据显示，Twitch整体流量的35%来自移动平台。随着移动电竞的兴起和直播平台移动端体验提升，未来更多用户将会在移动设备上观看游戏直播。

4. 电竞行业产业链

当前，中国电子竞技行业发展已进入成熟期阶段，如图7.8所示为中国电子竞技发展阶段图。内容制作为核心环节；游戏厂商提供赛事版权并且面向广大玩家；赛事作为产业链核心，有多方共同参与；赛事需要有专业公司执行并制作内容；最后经由各个渠道传播接触到电竞用户。电竞行业产业链如图7.9所示。

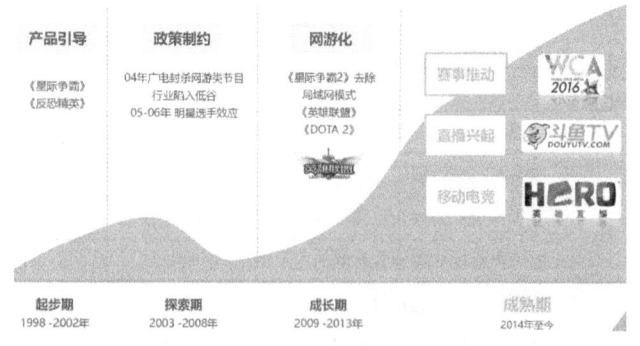

图7.8 中国电子竞技发展阶段图

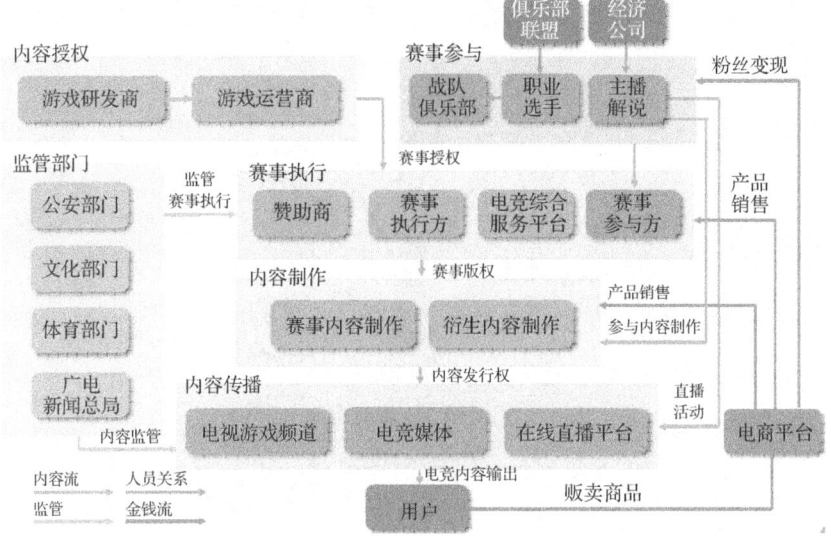

图 7.9 电竞行业产业链

近年来,电子竞技行业规模快速壮大,游戏精品抢占核心地位,赛事强力拉动游戏市场增长,区域化发展加快普及,虽未走出体制机制不健全、专业人才缺乏的困境,但在市场效应刺激下前景乐观,发展势不可当。独立游戏行业方兴未艾,渴望成为游戏研发创新主力军,但面临精品少、渠道窄、商业化难等问题,机遇与挑战并存,潜在价值挖掘是重要发展方向。

5. 中国电竞行业发展趋势分析

① 电竞娱乐化。在电竞逐渐普及向大众化发展的背景下,一方面,娱乐明星对电竞游戏的接触度较高,因此明星跨界电竞行业渐渐成为潮流。另一方面,电竞选手与主播需要开发商业价值、提升社会认可度,经纪公司对其进行偶像化包装也是必然现象。受资本运作、市场环境和明星个人发展等各方面因素影响,娱乐和电竞的跨界融合必将是新的发展趋势。

② 行业制度化。作为一项新兴竞技体育项目,电竞行业自发展伊始,相关管理制度始终未得到完善和规范。未来在国家相关部门主导以及行业自律联盟的监督下,电竞行业参考体育运动项目标准进行规范化管理,将会逐渐形成健康的发展机制。

③ 电竞 VR 化。VR 概念备受瞩目,其在电竞游戏上具有广泛的应用前景。目前业内已有 VR 电竞赛事的尝试,而传统电竞游戏通过 VR 直播搭上了 VR 概念。预计未来随着 VR 用户规模的迅速扩张,大量射击类、动作类 VR 电竞游戏将会出现在市场上。

7.3.3 互动娱乐进入泛娱乐

1. 泛娱乐市场

IP 促进泛娱乐市场融合共生,持续产生价值。泛娱乐市场由文学、影视、游戏、动漫、音乐、演出、衍生品等多元文化娱乐产业共同组成。IP 作为泛娱乐生态链的串联者,促进各参与产业的融合共生,通过改变衍生,泛娱乐 IP 能够产生持续性价值。泛娱乐市场如图 7.10 所示。

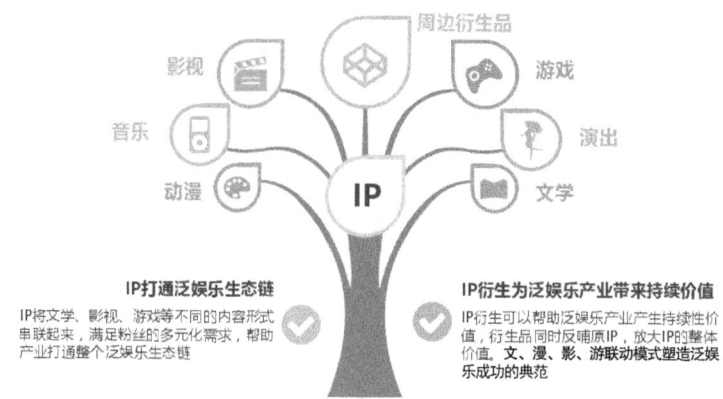

图 7.10 泛娱乐市场

IP 将文学、影视、游戏等不同的内容形式串联起来，满足粉丝的多元化需求，帮助产业打通整个泛娱乐生态链。IP 衍生可以帮助泛娱乐产业产生持续性价值，衍生品同时反哺原 IP，放大 IP 的整体价值。例如，文、漫、影、游联动模式塑造泛娱乐成功的典范。

2．泛娱乐 IP

IP（Intellectual Property），即知识产权。在泛娱乐领域，IP 的表现形式繁多，可以是文学、动漫、影视剧、游戏、音乐、话剧、主题公园、周边衍生品等。

粉丝是基础，版权标识具有独占性，衍生体现价值。粉丝价值和变现能力强，能够实现超额的收益，收益增长快。影视、游戏、周边衍生品等下游市场产能过剩，产品需要 IP 帮助提升认同感，获得更大的竞争力。在需求方面，下游衍生市场的变现能力不断增长，优质 IP 供不应求。内容富于创意，通俗类文学作品是最大的 IP 源泉。版权保护力度增大，盗版 IP 难再盛行。

3．泛娱乐 IP 产业格局

自上而下，IP 贯穿内容生产到最终变现的全过程，如图 7.11 是泛娱乐 IP 产业图谱。

图 7.11 泛娱乐 IP 产业图谱

上游是内容：优质内容源，吸引原始核心粉丝；低成本、多样化的内容生成能力，与核心粉丝实现强互动；参与企业有文学、动漫、影视开发类。

中游持续放大：IP 影响力倍增，吸引新的粉丝人群，强化对核心粉丝的影响；低成本、大覆盖的传播能力，具备一定的变现能力；参与企业包括影视、动漫、游戏等。

下游主要实现变现：IP 价值多渠道再变现；变现能力强，快速在标准化产品中带入 IP 概念；参与企业有游戏、主题公园、玩具、图书、其他衍生品等。

4．泛娱乐 IP 发展趋势

① IP 需求增大，促进整体交易量。

a．IP 价值受认可。

b．游戏、影视等中下游产品数量和市场规模持续增加，周边衍生品市场成为新蓝海。

c．作品数量持续增加，提供充足的 IP 内容供给。

② 等级分化，优质 IP 价值持续放大。

a．优质 IP 持续变现，历久弥新，顶级 IP 处于价值链顶端。

b．潜力 IP 的价值被进一步发掘，最终的成功需要养成。

c．劣质内容被淘汰。

③ IP 市场呈现细分，满足用户异质化需求。

细分小众 IP 潜力大，契合不同用户、不同产品的个性化偏好。

7.4 互联网金融

互联网金融（ITFIN）是指传统金融机构与互联网企业利用互联网技术和信息通信技术实现资金融通、支付、投资和信息中介服务的新型金融业务模式。

互联网金融不是互联网和金融业的简单结合，而是在实现安全、移动等网络技术水平上，被用户熟悉接受后（尤其是对电子商务的接受），自然而然为适应新的需求而产生的新模式及新业务，是传统金融行业与互联网技术相结合的新兴领域。

✓ 7.4.1 互联网金融行业概况

1．发展概况

当前，我国实体经济遇到了增长瓶颈，经济下行初期，随着风险加剧，金融业所要求的风险补偿也随之增加，因此在这一阶段，金融业的利润不会降低，反而会增加。所以在更大的风险来临之前，金融业是存在机遇的，而这种机遇亦会进一步加剧实体经济的压力。

2010 年以后，我国信贷运用增速骤然下降，而这一时期，也是我国互联网金融发展的黄金时期，目前还很难衡量互联网金融是否能推动传统金融的升级。

从 2011 年起，我国中长期贷款与短期贷款的增速呈现出交替上升的状态，中长期贷款和短期贷款占比波动较大。除此之外，从数据上依然可以看到我们对信贷多元化的努力，票据、融资租赁和各项垫款的占比正在缓慢扩大。

我国的金融机构体系庞大，无论是改革和转型都面临着巨大的阻力，所以能有这些微小的改变已经非常难得。对于互联网金融来说，亦能从中获益。

2．互联网金融业的表现

① "存、贷、汇"标准的普适性。互联网金融源自国外，但在国内生根发展却受制于

国内的特殊政策环境，比如征信、数据和监管等。在本土化的过程中，我国的互联网金融已与传统金融的核心要素产生了极大的关联性。而伴随着互联网金融产品及行业复杂性的提升，分类及监管难度将越来越大。基于此，无论是互联网金融还是传统金融，其核心主旨都是资金融通，因此按照资金流向性质和互联网金融实现的功能划分，市场将只存在"存、贷、汇"三大业务板块。

② 互联网商业生态从跑马圈地向提高用户质量过渡。出生率决定未来网民规模。"70后""80后""90后"是网民最核心的群体，近年来逐渐传出朋友圈"屏蔽爸妈"等声音，说明继这部分群体之后，较难渗透的"70后"之前的用户的触网行为也趋于稳定，因此我国互联网的人口红利几近枯竭。未来人口出生率将决定我国网民群体的规模。从整体上看，互联网跑马圈地的商业模式需要向提高客单价模式转变。前端付费、更专、更精、更定制的特性，将在未来互联网商业生态中扮演重要角色。因此，对于互联网金融来说，理财与信贷在刷量这种营销行为的扰乱下，交易规模已越来越不能代表平台实力，真正考量平台实力的是存量资金和信贷余额。

③ 理财用户很快进入饱和，信贷用户尚需进一步开发用户体验决定信贷用户规模。信贷是金融的核心，因此互联网金融的发展取决于用户通过网络进行信贷的习惯。就目前情况来说，网络借贷的模式创新很保守，全行业并没有形成针对互联网生态的借贷产品，更多的是把传统借贷方法向线上复制，通过大数据风控向传统金融无法触达的长尾群体渗透。但实际上，如果想真正挖掘网民的借贷需求，还需要用更简便、更不易察觉的借贷方式，诱使这部分人群成为网络借贷用户，而其所形成的资产，也应该被网络理财用户所消化，这才是网络金融体系正常运转的标志。这种新模式出现的特质可能有以下几个方面：第一，0 利率，即存在第三方通过借贷用户获得的收益（这种收益可能不局限于资金层面）可以覆盖借贷资金成本；第二，货币淡化，即使用户忽略这是借贷行为；第三，通用，即用户使用该产品或服务，不仅局限于借贷服务提供企业自身生态系统内。

④ 支付或成为互联网金融最大流量源。移动支付 App 的价值逐渐凸显。支付是所有商业行为中最基础的一环，涉猎网络生活的用户基本上都会用到支付，所以支付用户在网民整体中的渗透率较高。支付实际上是互联网金融全业务流量的重要来源，通过强大的流量导入，可以由支付衍生出多种新业务。在移动支付时代，用户对手机 App 的依赖逐渐增强，而作为一个实际载体，也可以让用户以最直观的形式了解平台业务正在增加。因此过去只通过服务企业，进而触达用户个体的支付公司，在移动支付领域将面临一定阻力，但是这些侧重企业服务的支付公司，却是企业互联网改造过程中的良好收购标的，或者深度合作伙伴。

⑤ 网络逐渐成为居民理财的常规渠道。2013 年 6 月，余额宝横空出世，经过半年的酝酿，2014 年开始爆发。这一现象级的金融产品引爆了我国网络理财市场。在接下来的日子里，相关余额理财类产品层出不穷，触网的金融产品也从基金逐渐扩展到其他各个方面。我国网络理财市场已逐步趋于稳定，行业规模的稳步提升意味着用户对网络理财的熟悉程度达到高峰，也意味着网络将成为用户理财的常规渠道。不过这也同时意味着，网络理财在模式上的探索创新遭遇了瓶颈，未来行业内需要另外一个或多个现象级产品，才能将行业规模增速再度提升。

⑥ 多样化投资的曙光。互联网金融是各类资产变现的新天堂。如同行业面临的瓶颈，在网络投资管理领域，多个行业都缺少现象级的产品，因此未来市场格局会趋于稳定，对

第 7 章 典型行业应用

收益的追求和新产品的渴望会促使股权和其他更具冲击力的产品出现,网民对于新产品的接受能力,以及互联网的创新能力,实质上承担了我国居民投资多样化的历史使命。

⑦ 网络生态将孕育更多优质资产。网络信贷余额稳固上升,坏账率尚高于传统信贷。2007 年 P2P 登陆中国后,中国网络资产的生成速度暴增,随着网络借贷行业地位的巩固,网络资产得以稳定而持续的累积。这种速率一方面源于风控技术的提升,使得更多的信贷需求通过网络形成;另一方面也源于"刷量"等营销行为的减少,突出了更优质的、信贷时间更长资产的留存。不过比较尴尬的事实在于,虽然网络资产的生成速度很快,但坏账问题比较突出,这一点是阻碍网络信贷成为中国金融殿堂中正统渠道的主要因素。

⑧ 银行卡的虚拟化趋势。IC 卡与虚拟卡并存,银行业或进入账卡号双轨制时代。银行卡是我国银行业触及客户的实体产品,然而这个实体产品在互联网生活中带来的诸多不便,却也影响着银行用户的用户体验,支付的爆发有一部分原因就是解决了多卡的资金整合问题。现阶段手机银行、网银等银行电子产品逐渐深入人心,一些银行电子产品登录时,已逐渐脱离卡号与卡密码的单一账号体系,身份证、手机号等多种身份验证号码都起到了银行卡号同等的效果,而随着移动支付的发展,银行卡的重要性已被削弱,因此继 IC 卡之后,虚拟卡或成为未来银行触达用户的终端产品,而且伴随着虚拟卡的普及,中国银行业或与国际接轨,切实推行账号与卡号分离的双轨制体系。

⑨ 第三方支付竞争格局。照搬成功经验是造成支付僵局的主因。在支付领域,支付宝、财付通的成功,使得习惯于借鉴成功经验的中国互联网圈展开了一轮轰轰烈烈的"抄袭"大潮,而实际上支付是一种很考验场景的行业,支付宝等已经成功的企业,它们具备的品牌优势很难被后来者赶超,因此能够帮助支付企业破局的并不是同质化竞争,而是对新领域的渗透。

7.4.2 优秀互联网金融平台介绍

1. 蚂蚁金服

蚂蚁金服为世界带来微小而美好的改变。无论从哪方面衡量,蚂蚁金服都是中国互联网金融行业的领军企业。其国民级的应用支付宝在迅速抢占支付市场之后,蚂蚁金服自身的意义发生了质变。在巨大的流量和海量支付数据支撑下,凭借自身优秀的创新能力,使蚂蚁金服衍生出多种更加深远的金融业务,改变了整个互联网金融行业的竞争格局,甚至可以说,互联网金融热潮是由蚂蚁金服推动的。部分互联网金融平台如表 7.5 所示。

表 7.5 部分互联网金融平台

平 台	特 点
蚂蚁金服	蚂蚁金服都是中国互联网金融行业的领军企业
苏宁金融	互联网金融和金融科技是双线推进、相互促进的关系
拉卡拉	拉卡拉是国内最早从事第三方支付业务的企业之一,也是国内首批获得央行颁发的《支付业务许可证》牌照的企业之一
京东金融	京东金融是业内实力强大,且战略眼光独到的互联网金融巨头。早在业内纷纷标榜自己互联网金融属性的时代,京东金融就提出了金融科技的核心战略
我来贷	我来贷是年轻人的口袋银行。We Lab(我来贷)是一家全球领先的金融科技企业,2013 年创立于中国香港,2014 年进入中国内地,并运营移动借贷 App——我来贷

在互联网金融平台集体向金融科技概念转型之时,蚂蚁金服似乎并没有过度标榜其在金融科技领域的领先地位,而是通过金融的触角,向所服务企业的其他业务需求进行延伸,将蚂蚁金服优秀的技术研发能力向外输出,帮助企业顺利过渡到网络时代。蚂蚁金服科技能力输出示意图如图7.12所示。

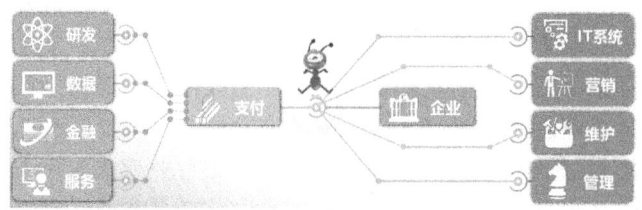

图7.12　蚂蚁金服科技能力输出示意图

流量作为网络时代最核心的资产,在互联网诞生之初就是各互联网平台相互争夺的资源。然而如今的网络环境,流量资源的格局已经基本定型,这给各大网络平台带来的副作用就是标签化,用户对平台形成固定的认知,如果自己的需求与固定认知重合度低,那么就存在业务外流的巨大风险,这也是目前几大平台互相制衡、互相竞争的主要机会点。然而这种阶段性的行业特点,却最终将所有竞争引入同一个趋势结果,即对用户生活的把控。这也顺应了整个互联网产业的趋势,即通过网络向传统产业渗透。当互联网金融跳出相对狭隘的金融概念后,随即形成了金融生活的概念。而这种质变并不是所有互联网金融平台都可以做到的,除了相当的金融能力以外,还需要背后庞大的日常生活类资源,诸如打车、购物、电影、游戏、娱乐等。蚂蚁金服渗透路径如图7.13所示。

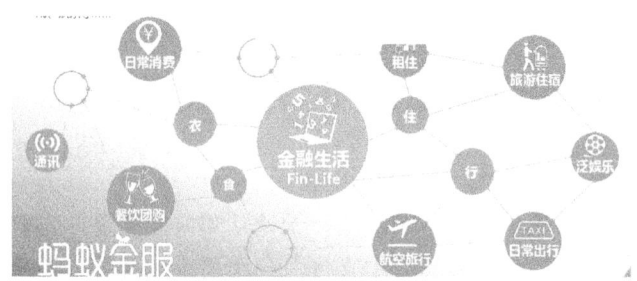

图7.13　蚂蚁金服渗透路径

2. 苏宁金融

与其他大型电子商务平台类似,苏宁金融的诞生并非一夜之间,2011年苏宁布局支付,而后的5年间先后完善了支付账户、投资理财、保理、保险、众筹、征信甚至跨境外汇款支付等业务,并于2016年成立苏宁金融服务有限公司。

与无根的互联网金融平台不同,苏宁金融自诞生之初就不存在"虚假交易""刷单"等行为,因为从苏宁布局支付起,都是为了丰富和完善其商业生态,所以政策对互联网金融的收紧,并不影响苏宁金融的常规业务。实际上,对于苏宁金融来说,互联网金融和金融科技是双线推进、相互促进的关系。一方面,苏宁庞大的消费场景资源,能够衍生出多种金融需求,成为了苏宁金融发展的最佳温床;另一方面,利用苏宁生态中的大数据,以及互联网金融的技术能力,可以迅速地在实际业务中应用。

因此,苏宁金融对金融科技的应用主要在于对自身业务的改造方面,这种改造很难被用户感知，力求在潜移默化中提高用户服务体验，加快风控速度和精度，并覆盖更多的用户。

苏宁金融 IT 人员占比高达 63%。基于坚实的科技基础，苏宁金融构建了领先的个人 CRM 系统和企业 CRM 系统，为风控和智能营销提供大数据支撑。依托苏宁美国硅谷研究院，借鉴美国最前沿的互联网金融实践和最先进的金融科技研究成果，苏宁金融积极开展金融科技研究，在金融 O2O、生物认证、人工智能等方面持续发力。截至目前，苏宁金融已经取得了 7 项金融专利。

由于苏宁全部生态涉及线上线下两个部分，所以苏宁金融整体的风控核心并非只针对于线上部分，而线上线下的数据融合也是苏宁金融在金融科技领域天生的优势。基于丰富的大数据积累和反欺诈模型，7×24 小时全天候对涉嫌欺诈、盗用、盗刷等可疑行为实时监控、及时预警、有效核查和快速处理，全方位保护客户资金和交易安全。

3．拉卡拉

拉卡拉是具备输出能力的金融服务共生系统。拉卡拉是国内最早从事第三方支付业务的企业之一，也是国内首批获得央行颁发的《支付业务许可证》牌照的企业之一。经过 10 多年发展，业务涵盖支付、收单、征信、理财、信贷、社区金融等多个领域，成长为国内领先的新型金融服务集团，也是国内唯一在线上和线下、个人和商户服务上做出万亿级规模的非银机构。拉卡拉最核心的金融、支付、征信板块，在数以亿计笔交易下，源源不断产生大量有价值的数据，这些业务、系统、平台、数据共同构成了拉卡拉金融服务的共生系统，各类业务独立发展又相互支撑。拉卡拉的金融服务共生系统，由于其业务的丰富性与科技的创新性，使得其在平台输出、产品输出、服务输出方面都具有优势。

拉卡拉具有领先的技术架构和技术运用能力，为科技金融输出奠定了基础。拉卡拉拥有超过 20 张金融牌照和海量的用户数据，在金融版图中占据多个有利位置，同时，拉卡拉也在进一步整合资源，提高市场占有率，进一步巩固国内领先的综合金融服务平台地位，在产业链的若干环节成为数一数二的企业，向全牌照金融控股帝国发展。此外，拉卡拉一贯注重研发投入，专注于研发先进技术创新业务及产品服务，通过互联网、大数据、征信等行业领先的技术应用，在改善传统金融服务、输出科技金融方面取得了明显的成效。拉卡拉架构已经搭成，道路已经铺好。随着"共生体系"的发展，产品与业务端的持续革新，对于已越过盈亏平衡点的拉卡拉而言，"赢家通吃"的局面正在进一步奠定。

4．京东金融

京东金融是业内实力强大，且战略眼光独到的互联网金融巨头。早在业内纷纷标榜自己互联网金融属性的时代，京东金融就提出了金融科技的核心战略。并且自身对金融科技有着独到的理解，京东金融认为金融科技的定义是：遵从金融本质，以数据为基础，以技术为手段，为金融服务，帮助金融行业提升效率、降低成本。在这种理念的指导下，京东金融共搭建了七大业务板块：供应链金融、消费金融、财富管理、众筹、支付、保险和证券。并且从技术和用户的角度，将业务分别切分为两大类。

整体来看，京东金融的科技与京东自身庞大的商业体系关系密切，从这个庞大的电子商务生态中，京东金融获得了价值远高于网络环境中的更多有效数据，这些数据帮助京东金融构建出一套与自身优势吻合的大数据系统，并将领先的金融科技手段应用在这套体系中，形成自己独特的战略布局。

5．我来贷

我来贷是年轻人的口袋银行。We Lab（我来贷）是一家全球领先的金融科技企业，2013年创立于中国香港，2014年进入内地，并运营移动借贷App——我来贷。We Lab还与多家金融机构进行合作，包括传统银行和消费金融公司等中国主流信贷机构，共同为有金融需求的年轻人提供便捷的服务。我来贷独创的We Defend多维度风控系统，可以对借贷用户授权的各种信息进行结构化交叉分析，建构用户360度画像，再把这些数据跟贷款、还款结合起来，从而精准判断用户的信用等级，实现批量化、标准化、自动化等大批量数据处理。

在科技领域结合度最高的风控环节，我来贷结合了传统银行的风控原理和国外等网贷平台使用的大数据风控模型技术，总结出不同申请人群的特性以及其金融贷款表现。在审核申请人的资料时，以真实性、开放性、交叉检验为原则。经过近4年来经验积累和反复实验，有效地将理念落地，建立了一套机器学习审批引擎，辅以十几套为各族群量身定制的评分卡，每个月迭代更新。用户数据量级和数据维度都很高，基于最先进的Spark等大数据计算平台，加上数据预先收集和处理等技术的实施，对于一个贷款申请，我来贷的决策引擎可以在秒级作出判断决策。

7.4.3 互联网金融的未来

1．科技红利的现实体现

互联网科技的浅层应用并不能帮助金融服务下沉到长尾市场，我国金融行业风控方式严重依赖线下渠道，因此在互联网环境下的局限性也比较大。之所以传统金融无法下沉到更长尾的信贷源去，就是受制于这种风控体系的桎梏，互联网的确能够帮助金融服务触达更多的用户，但如果只是浅层应用的话，并不能从风控机理上提高金融行业的服务能力。而所谓金融科技的红利，最直接的体现就是传统风控手段的颠覆。传统风控之所以稳定的原因是其已经经历了几个世纪的考验，从新中国诞生算起，也在新经济环境下积累了至少60多年的数据。如今互联网金融也积累了10年的数据，正是各类风控模型逐渐成熟的阶段，在这个历史契机上，大胆改造传统风控手段，就可以最快地享受科技带来的新金融红利。

2．互联网金融技术运营框架

按照数据流向选择匹配技术及调控方式数据是一切金融科技的核心原材料，因此在公司运营过程中，让数据在企业中流动更加顺畅就是技术运营框架构建的理念之一。按照数据在企业中的流动方式，大致可以将数据分成流入、处理、储存与流出四个环节，而由于客观现实要求流入与处理两个步骤之间要做到零时差对接，所以基本上前两个步骤大多是在一起完成构建的。在这种基本框架的前提下，还需要在流程处理过程中实现高度自动化，并且在数据流动过程中，用技术的方式实现多维度的数据监测。

3．金融科技的核心不是金融

以输出技术能力的方式，服务全部实体经济。技术平台的普适性最强，因此在自身系统构建完毕后，就可以将其形成产品，输出给金融生态系统内的所有合作者，进而以最小的投入占领长尾市场。

技术输出以技术模块为依托向外输出，所以名义上是互联网金融机构，实际上是基于科技的服务商。基于对标企业用户的习惯，衡量其在该金融服务领域意外的其他金融需求同样的技术可以直接输出到所有通类型合作机构，占领长尾市场。帮助对标企业进入互联网金融服务领域。通过技术手段，直接将服务模块内嵌于对标企业产品中，实现购买的最便捷式优化流量终端。

7.5 农产品电子商务

发展农产品电子商务有利于促进农业增产、农民增收和农村的全面进步。电子商务的一个重要特征就是商品的品牌化和标准化，而我国在农产品尤其是鲜活农产品的品牌和标准化生产体系建设上一直相对滞后，这种状况已严重制约我国现代农业的生产发展。为了适应发展电子商务的需要，一方面要大力推进农产品名牌战略，加快实施农产品包装化、标准化和销售电商化；另一方面，政府行业协调机构应当尽快引导广大农民加快执行国家的有关农产品质量等级标准、重量标准和包装规格等标准体系，为实现农产品的电子交易奠定基础。

7.5.1 概念与模式

农产品电子商务简称农产品电商，是指用电子商务的手段在互联网上直接销售农产品及生鲜产品，如五谷杂粮、新鲜果蔬、有机食品、地方特产、生鲜肉类等，农产品电商随着互联网的飞速发展，将有效推动农业产业化的步伐，促进农业经济发展，最终实现地球村，改变农产品交易方式。

1. 概念

所谓农产品电商，是指在因特网开放的网络环境下，买卖双方基于浏览器/服务器的应用方式进行农产品的商贸活动，它是互联网技术变革农产品流通渠道的产物，是一种新型的商业模式。

我国传统农产品流通销售过程（从农产品产出到消费），通常要经历农产品经纪人、批发商、零售终端等多层中间环节，它具有信息流通不畅、流通成本过高的问题，互联网的出现，恰好改进了其弊端，并将农产品的流通渠道变成网络状，进而衍生出 5 种不同的农产品电商模式：C2B/C2F 模式、B2B 模式、B2C 模式（分平台型 B2C 和垂直型 B2C 两种）、F2C 模式、O2O 模式，如表 7.6 所示。

2. 模式

（1）C2B/C2F 模式

定义：C2B/C2F 模式，即消费者定制模式，它是农户根据会员的订单需求生产农产品，然后通过家庭宅配的方式把自家农庄的产品配送给会员。这种模式的运作流程分为四步：第一步，农户要形成规模化种植或饲养；第二步，农户要通过网络平台发布产品的供应信息招募会员；第三步，会员通过网上的会员系统提前预订今后需要的产品；最后，待产品生产出来后，农户按照预定需求配送给会员。

(2) B2C 模式

定义：B2C 模式，即商家到消费者的模式，它是经纪人、批发商、零售商通过网上平台卖农产品给消费者或专业的垂直电商直接到农户农庄进行采购,然后卖给消费者的行为。

此类模式是当前的主流模式，它又可以细分为两种经营形式：一种是平台型的 B2C 模式，如天猫商城、京东商城、淘宝网等；另一种是垂直型的 B2C 模式（即专注于售卖农产品的电商模式），如我买网、顺丰优选、本来生活等。

(3) B2B 模式

定义：B2B 模式，即商家到商家的模式，它是商家到农户或一级批发市场集中采购农产品,然后分发配送给中小农产品经销商的行为。这类模式主要是为中小农产品批发或零售商提供便利，节省其采购和运输成本。

(4) F2C 模式

定义：F2C 模式，也叫农场直供模式，即农产品直接由农户通过网上平台卖给消费者的行为。

(5) O2O 模式

定义：O2O 模式，也就是线上线下相融合的模式，即消费者线上买单、线下自提的模式。

表 7.6 农产品电子商务模式

模　式	盈利来源	代表企业	模式优势	模式劣势
C2B/C2F	收取会员费，即会员的年卡、季卡或月卡消费	多利农庄、忠良网	提前定制化生产，经营风险小	受制于场地和非标准化生产的影响，市场发展空间有限
B2C	产品销售利润、平台入驻费用、产品利润抽层等	天猫喵鲜生、京东到家、我买网、顺丰优选、本来生活	中介角色，无须承担压货的风险	对平台的流量、供应链要求高
B2B	产品采购批发差价利润、服务费用	一亩田、惠农网、绿谷网	无须承担压货的风险、连接上下游，发展空间大	对平台的流量、供应链、信息服务要求高
F2C	产品售卖利润	沱沱工社	可以快速建立消费者的信任感	受制于场地和非标准化生产的影响，市场空间有限
O2O	产品售卖利润	云厨电商	社区化模式，物流配送便利快捷	地推所需成本较高

✓ 7.5.2 现状和发展趋势

1. 农产品电商现状

当前从阶段性来说，农村的电子商务已经完成了由"成长期"向"发展期"的转型,进入了"发展期"。按照农村电商的生命周期，从 1995 年至今农村电商已经有 20 余年了,经过了引入期、中断期、成长期、发展期，中断期就是 2001 年、2002 年市场上大量电商企业的亏损。我国第一笔交易是 1998 年粮食在郑州商品交易市场的交易，从电商阶段性的判断，总体上我国进入了"发展期"。农村电子商务发展状况，主要从农产品电子商务、农村日用品电子商务、农资电子商务和扶贫电子商务来回顾。

我国农产品电子商务,可以从八个方面来看:网上的期货交易、农产品大宗交易、一般类农产品的网络零售、生鲜农产品网络零售、食材农产品电商、政府网上对接会、农产品电商园区和农产品跨境等,《2019年中国农产品电商发展报告》显示,2018年是农产品电商融资高峰年,农产品B2B电商具有规模大、机会多、风险小等特点,成为资本争相追逐的焦点,2018年,汇通达、美菜、望家欢、农信互联等农产品B2B电商平台融资总金额超100亿元。

2018年我国各类农产品大宗商品实物交收额超过20万亿元,农产品电子交易市场777家,约占大宗商品交易市场总数2 461个的31.5%,其中种植品类市场555家、林产品类市场(含木材、纸浆等)85家、畜牧禽类市场(含肉类、禽蛋、草业等)64家、酒类产品市场40家、渔产品类市场33家。

2. 农产品电商发展趋势

从电子商务的发展趋势看,"线上、线下、物流相融的新零售""智能化、个性化、定制化的新制造"在一定范围内已经成为业界共识,帮用户节省时间、帮用户做出专业选择、利用品牌抢占公众认知高点成为互联网经济追逐的目标。基于对重庆农产品电商产业发展生动实践的持续跟踪研究,结合国内农产品电商产业领先省市、领先平台、知名网店的对标分析,在总结国内外相关研究成果的基础上,专家认为国内农产品电商产业发展呈现"规模至上、上下互动、单品引领、逆向定制、跨界融合"的发展趋势。

(1)规模至上

农产品电商产业在网销资源、平台、物流配送、消费者福利等产业链环节上,均呈现规模至上的发展趋势。

从网销资源看,特色农产品种规模是特色农产品产业链规模经济的基础。农产品的特殊性往往导致"好的不多、多的不好",规模化的农业生产可以改善种养、采摘、初加工、包装等环节标准化的边际成本条件,从而推动特色农产品向标准化、品质化方向发展,而货源标准化正是当前农产品电商产业的"痛点"。例如获得总理点赞的赣南脐橙,2015年电商交易额达到13亿元,种植面积达157万亩,产业集群总产值超过100亿元,帮助百万种植户和果农增收致富。

从第三方平台看,平台经济的本质就是规模,供应商和消费者的规模是同边网络效应和跨边网络效应发挥作用的基础。农产品的特征决定了信息不对称的程度较高,已有消费者的口碑评价信息降低了新消费者的搜索成本从而使得消费者数量继续增加、消费者总数量的增长吸引更多的供应商加入平台、供应商数量的增加丰富了产品品类从而增加消费者的切换成本使得平台的消费者黏性增强。消费者的平台切换成本使得消费者不会轻易到其他平台,第三方平台呈现"赢家通吃"的竞争格局。例如B2C市场中,天猫商城的市场份额近年来保持在50%以上。

从自营平台看,其平台开发和运维技术成本、仓储租建、配送、人力资源成本开支主要属于固定成本,往往开支较大,农产品采购成本主要属于可变成本,而自营平台只有达到一定规模才可能超过盈亏平衡点实现盈利。例如每日优鲜用户规模超过300万,月活跃用户超过150万,月复购率达到80%,日单量达到3~5万单,目前北京已经实现区域性盈利。

从物流配送看,农产品的仓储、分拣、包装、配送要求较高,特别是生鲜农产品必须要依托全程冷链，其中冷链运输、多功能冷库、冷链包装等成本均较高。只有达到一定规模，提升冷链仓储和配送的利用率，才能降低交付成本。

从消费者福利看，由于自营平台和第三方平台网店售卖的农产品 SKU 必须走品质化、差异化道路，一段时间内网售农产品特别是生鲜农产品依然会以"稀缺高价"为主，主要消费群体是城市中高收入人群。网售农产品只有达到足够的规模，规模经济效应能够使得农产品电商产业链市场主体均有利可图，才会推动网售农产品向"物美价廉"方向发展，从而增加消费者福利。

（2）上下互动

正是由于知名第三方平台"赢家通吃"效应，所以国内农产品电商平台大都采用"自营 B2C 深耕区域、复制外地"的发展路径。加之农产品非标特性加剧了建立稳定供应链的难度，区域平台单纯线上发展将面临供应端"无货可卖、无好货可卖"和交付端"抱怨多、退货多"的双重困境，因而必须与线下发展结合，呈现线上线下融合互动发展的趋势。

从线上发展看，区域平台通常需要解决网络交易结算平台建设、网络推广的重要问题。交易结算平台方面区域第三方平台大多采用自建网络交易平台接入第三方支付方式，区域自营平台大多采用自建网络交易平台并入驻知名第三方平台来获取线上流量的方式。网络推广方面通常采用网络广告、SNS 等推广模式。

从线下发展看，区域第三方平台大多依托线下有一定规模的实体批发市场或交易市场，推动市场商家入驻平台。区域自营平台大多依托农产品生产、加工、流通龙头企业，获得稳定的产品供应，领先平台通过自建农场、联合农场等方式线下切入供应链上游环节。同时，平台大多自建区域仓储设施和配送队伍切入供应链下游环节，以控制产品流通品质、提升交付满意度。

例如，重庆"香满园"依托菜园坝水果批发市场多年形成的客户资源和重庆交运强大的本地配送能力，重庆"吉之汇"依托永川吉之汇国际农贸物流城，搭建线上平台推动线下商家线上融合发展。又如重庆"爱果主义"自营平台依托西部最大的进口水果批发商，自建仓储物流实现即日送达。再如起步于苏州的"食行生鲜"在社区铺设生鲜柜不送货上门，已经实现了苏州、上海、北京、无锡四个城市的扩张。

（3）单品引领

打造"爆款"不但是规模经济的具体实现，也是提升卖方品牌知名度、强化消费者黏性的重要手段，是农产品自营平台和入驻第三方平台的网店提升经营能力的抓手。

"爆款"实现了单品的规模经济效应。在农产品电商平台卖得多、人气高的农产品 SKU 实现了较高的销售额，一方面高的销售额有利于卖方突破盈亏平衡点实现良性经营，另一方面"爆款"可改善标准化的成本边界进一步降低运营成本。例如，2016 年度重庆爆款农产品淘宝网排名前十位的爆款农产品销售额均超过了 100 万元、天猫商城排名前十位的爆款农产品销售额均超过了 300 万元，为这些网店持续健康地经营奠定了基础。

"爆款"提升了品牌知名度。"爆款"的订单数量庞大，购买的消费者较多，与"爆款"相关的产品品牌和平台品牌、网店品牌受众较广，一些"爆款"营销甚至得到专业媒体和大众媒体的广泛关注。例如，"本来生活"平台借助褚橙这个爆款产品迅速提升了影响力，利用社会化媒体作为传播主渠道，消费者在记住褚橙的同时记住了本来生活网站。再如天天果园、顺丰优选、京东生鲜等生鲜平台通过"车厘子"爆款的竞争，提升了消费者对平台生鲜农产品的认知。

"爆款"强化了消费者黏性。"爆款"是卖方精选的商品,利用了消费者的从众心理,通过卖方推介和其他消费者的抢购这些信号显示机制,提升了消费者决策和购买的效率,一些爆款还与平台营销结合引导消费者"收藏"网店,因而极大强化了消费者黏性,使得消费者重复购买成为了可能。

（4）逆向定制

传统农产品供应链主要以农业生产、加工、流通龙头企业为核心,农产品的地域性和季节性往往使得零售环节在处于"有什么就卖什么"的尴尬状态,并且超市、农贸市场、集市等传统零售环节的地域覆盖范围非常有限,市场信号往往是从生产端向消费端单向流动。农产品电商跨时间和跨空间的优势,可以将消费者分散的需求集中起来,促进市场信号从消费端向供应端、生产端流动,从而实现生产端或供应端的"按需生产"或"按需采购"。农户按照需求订单生产,既保证了一定的规模收益,又给予了充足的时间准备保障产品质量。可见,通过 C2B、团购、预购等逆向定制手段将农产品供应链重构为以电商平台为核心的供应链,推动农业供给侧结构性改革。

逆向定制具有更大的消费端规模。通常所说的订单农业主要是由农户（合作社、生产基地等）与中介组织（经纪人、批发商等）、龙头企业签订,社区支持农业（CSA）主要由农户（合作社、生产基地等）与处于地理位置接近的社区消费者签订。农产品电商的通过 C2B、团购、预购等逆向定制方式与订单农业和社区支持农业有显著的不同,通过网络虚拟空间可以将处于分散地理位置的消费者,进行更大规模需求的集聚。

逆向定制促进以销定产。长期以来农业生产由于有一定的周期性和季节性,生产组织往往是"看天吃饭、有啥种啥",与市场需求之间脱节严重而又缺乏需求价格弹性,加剧了农产品价格波动,"谷贱伤农"和"菜贵伤民"现象同时存在。通过农产品电商的逆向定制,可以提前锁定市场需求,以销定产、以销定购,稳定价格预期,从而减缓农产品价格波动,生产者和消费者均可获益。

逆向定制的趋势是大数据分析。农产品电商平台积累的消费者数据通过大数据分析,可以预测农产品消费品类和规模在一定区域、一定季节的需求,按照品类的生长周期提前下订单给生产基地,基地可按订单、按标准进行生产。例如食行生鲜的 C2B2F 模式,根据平台大数据测算城出某一城市、某一阶段的需求提前几个月下订单给生产基地。再如 B2B 平台宋小菜,根据每个城市对产品的需求不同在当地聚焦 50~70 种单品,做到每种每天的采购量达到几十吨。当平台做到足够规模之后,可以通过数据预测出当地一段时期内的需求,如此便可提前帮供应商制订供货计划,以订单推动从反向供应链到反向产业链的转变。

（5）跨界融合

农产品电商利用"入口"与流量优势,推动多种商业模式的相互融合和渗透、与其他一、二、三产业的深度融合成为发展趋势。随着"互联网+"行动的深入推进,农产品电商商业模式呈现相互融合的发展态势,并且与农业生产、农业加工、观光农业、场景农业等多领域相互融合,成为涵盖一、二、三产业共同发展的大平台。例如,各地都市区周边日渐流行的体验式种植、参与式采摘、专题旅游节、后备箱经济等新兴业态,通过网络营销和社交传播,将农产品的销售与都市休闲旅游、会展活动等结合,实现多方共赢。再如,京东生鲜在 2016 年 618 品质狂欢节期间与斗鱼合作的"龙虾激战之夜"网红直播活动,通过"电商+直播"不仅实现了"吸睛效应",引发众多消费者深度互动,还有效地拉动了产品销售——整个 618 大促期间京东生鲜自营产品订单量达 2015 年同期 6 倍,移动端占比高达88%。2016年5月30日，农村淘宝"村红"（扎根农村卖农产品的人）全国直播首秀在秀山土家族苗族自治县举行，以视频直播方式带领网友深入秀山田间地头，实时展示原汁原味的农家土货采集过程，消费者则可以边看边买、指定购买，从而让重庆农产品走向全国，帮助农民增收致富。

7.5.3 农产品电子商务案例

中国绿谷网是由蓝特集团投资建设，面向国内大宗农产品网上交易的大型B2B2C电子商务平台。平台主要由三部分组成：农产品信息发布平台、农产品网上交易平台、农产品物流信息发布平台。未来还要规划建设国内规模最大的大米、菜油及淡水鱼期货交易平台。

中国绿谷网是目前国内规模最大的农产品B2B2C电子交易平台，涵盖了农产品上、中、下游所有的流通环节，为农产品上、中、下游所有的基地、商家及消费者提供"公平、公正、公开"的网上交易。集农产品供求信息发布、网上洽谈、网上交易（现货挂牌交易、现货竞价及拍卖交易、现货交收、电子合同等）、货代系统、物流系统、风控系统、银行结算系统等于一体的大型农产品电子交易平台。以"让天下农民笑起来"为发展理念，以"聚集两湖、给养中国、通汇天下"为经营宗旨，以"有机、绿色、环保、安全"为市场准则，积极投身现代农业发展。绿谷网首页如图7.14所示。

图7.14 绿谷网首页

（1）农产品信息发布平台

上游：以全国各地农产品种植基地的产品信息为主，兼顾"两湖绿谷"生产基地的产品信息；下游：具有信誉和电子商务能力的社会组织或个人（农产品批发商、党政机关、高等院校、工业园区、大型社区、农产品加工企业、大型超市等）。

关键点：以"双湖绿谷"品牌为依托，通过战略合作，在全国大力发展农产品种植基地，不断挖掘新的、具有发展性的新农产品种植基地，持续提高农产品信息的质量。

（2）农产品网上交易平台

终端点对点配送：上游立足于全国与"两湖绿谷"战略合作的种植基地，下游定位于全国各地的大中院校、工业园区、党政机关食堂等农产品日需求量较大的单位，通过压缩中间环节，以价格和品质优势实现从种植基地到食堂的点对点的直接、就近、快速配送。

集团对集团大宗交易：上游立足于全国与"两湖绿谷"战略合作的生产基地，下游定位于一级批发市场的大型商户或生产企业，进行集团到集团的大宗农产品交易。

两湖绿谷品牌产品分销：上游立足于全国与"两湖绿谷"合作的种植基地或湖北当地的名特优农产品中小企业，以"两湖绿谷"进行分拣、包装、贴牌或深加工，下游定位于各地区的中大型代理商。

关键点：在于线下终端的有效开发；配送品种的合理选择；种植基地配送能力或是否能找到各个区域的配送合作商；质量、物流、结算的流程控制。

（3）物流信息发布平台

上游：除发布两湖绿谷全国物流配送信息外，发布全国各地农产品种植基地或大型商户的物流配送信息。下游：全国各地靠近种植基地或配送区域的物流公司和货车司机信息。

关键点：上游社会性信息如何有效收集和发布；物流公司和货车司机信息如何以更便捷的方式取得联系并接受；如何对物流服务质量进行控制；如何进行物流费用结算等。

7.6 跨境电子商务

7.6.1 概念与模式

1. 跨境电商概念解析

（1）跨境贸易

狭义的跨境交易是国与国之间进行的商品和劳务交换。广义的跨境贸易则进一步涵盖了上述跨境贸易行为相关的跨境进出口安排、跨境贸易模式、跨境结算等全过程。

（2）进口跨境贸易

进口即是从别的国家或地区购进商品，与出口跨境贸易相对应。

（3）进口跨境电商

进口跨境电商分属不同关境的交易主体，通过电子商务的手段将商品陈列、沟通洽谈及交易环节网络化，并最终经过跨境物流方式递送商品，完成交易。包括商品电子贸易、线上数据传递、跨境电子资金支付及电子货运单证和跨境物流等内容。

（4）跨境电商零售进口

购买跨境电子商务零售进口商品的个人作为纳税义务人，电子商务企业、电子商务交易平台企业或物流企业可作为代收代缴义务人。一般情况下，我们所讨论的跨境电商平台均为进口零售电商平台。

2．模式

我国跨境电商主要物流模式有报税模式和直邮模式。报税模式优点是节省物流时间；缺点是模式较重，对平台资金、出货速度要求高。直邮模式优点是模式较轻；缺点是物流耗时较久。中国跨境电商主要物流模式如图 7.15 所示。

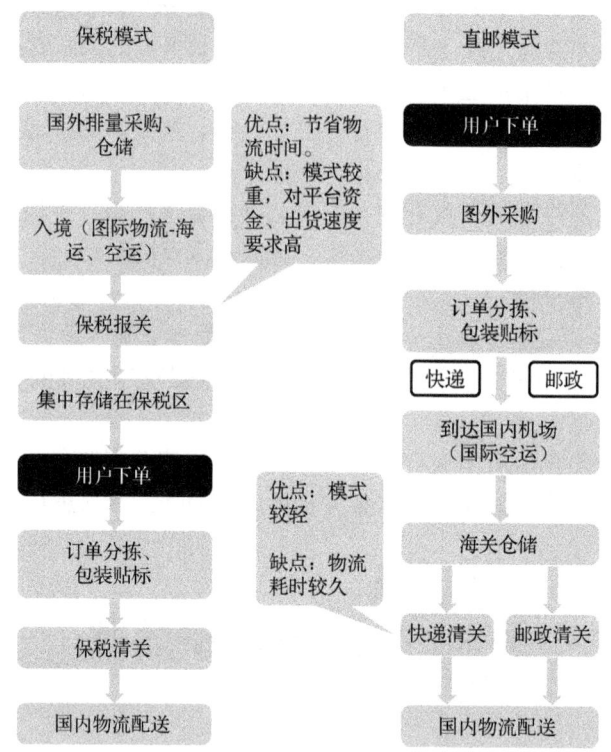

图 7.15　中国跨境电商主要物流模式

跨境进口电商从个人代购发展到 B2C 模式，其主要原因如下：

① 政策越来越严格规范，为符合政策要求，部分 C2C 平台转为 B2C 平台。

② 大鱼吃小，一些规模较大的 B2C 平台逐渐合并了一些小型的 C2C 平台。

③ 由于 C2C 平台中产品的质量参差不齐，为了满足消费者对商品品质方面的需要，B2C 平台开始兴盛。

7.6.2　行业现状与发展趋势

1．行业现状

（1）跨境进口电商交易额爆发式增长

智库电子商务研究中心发布的《2018 年度中国跨境电商市场数据监测报告》数据显示，2018 年中国跨境电商交易规模达 9 万亿元，同比增长 11.6%。在进出口结构上，2018 年中国跨境电商的进出口结构上出口占比达到 78.9%，进口比例 21.1%。在跨境电商交易结构中，出口依然占据主导地位，品牌出海成为近年来发展的主流趋势。在出口电商中，庞大的海外市场需求及外贸企业转型升级的发展等因素都助推行业快速发展，吸引更多的企业纷纷触网。

（2）开拓商品品类，丰富消费者的选择

近年来跨境进口电商在国内发展迅猛，许多消费者通过跨境进口电商平台购买海外进口商品，目前大家热衷购买的主要有化妆品、母婴用品、食品饮料、服装鞋帽等品类。为顺应海淘消费者消费需求的升级，各大跨境进口电商平台也在不断扩展平台内进口商品的品类。天猫国际除了原本的服饰和美妆品类外，也开拓了红酒、生鲜等新品类。网易考拉海购也丰富了其销售的商品品类，目前，商品品类已经覆盖美妆、日用、母婴、服饰、食品及数码等多种品类，并与全球数百家顶级品牌和供货商达成战略合作伙伴关系。洋码头则准备增加进口家具类产品，以满足消费者的需要。

（3）海外仓直邮成为主要仓储物流选择

目前跨境网购物流主要有海外直邮、海外拼邮、保税进口三种方式。而消费者海淘主要通过跨境进口电商平台、个人卖家代购以及海外电商平台三种方式进行海淘。自从2016年4月8日新政策出台后，保税模式突然遭遇重挫。新政策暂缓一年实施的消息传出之后，跨境进口电商纷纷转战海外直邮或者国内保税仓模式。例如，洋码头、小红书一般采用海外直邮模式，该模式在海外发货通过一次性快递配送到位，一般附有商品的采购途径；而网易考拉海购，采用保税进口模式，该模式商品提前备货至国内保税仓，配送速度快。

（4）提供高质量正品商品，保证消费者权益

许多消费者一般选择跨境进口电商来购买化妆品、奶粉、奢侈品、纸尿裤等刚需产品，随着跨境进口电商平台数量的不断增多，商品种类在不断完善。同时，跨境进口电商平台也在严选进口产品，希望能为用户提供高质量的正品进口商品。例如，亚马逊通过全球的供应商，为消费者提供海外商品第一手资源。而蜜芽作为母婴电商与奶粉供应商和纸尿裤品牌巨头直接合作，接受海关严格监管，保证消费者权益。

（5）"四八政策"对跨境进口电商的影响

2016年4月8日，《跨境电子商务零售进口税收政策》出台，11月商务部将新政暂缓一年实施。此次新政调整恰巧在"黑五"之前，对于跨境进口电商来说无疑是好消息。这一消息不仅会刺激跨境进口商品消费，还能够促进顺利地对接"正式执行期"。多家跨境进口电商平台表示，将在政策过渡期中进行自我优化、丰富品类、注重品质、多渠道进行业务布局。

（6）"一带一路"为跨境进口电商带来的商机

随着"一带一路"国家倡议的实施，我国与"一带一路"沿线各国的双边贸易额在同步上升，也带动了投资和旅游的发展，这意味着巨大的跨境支付市场将被打开，同时海陆空渠道也逐步建成，为跨境物流行业带来了广阔的发展空间，带动了国内跨境进口电商产业的发展。

2．中国跨境电商市场发展趋势

（1）出口跨境电商发展趋势

① 跨境出口B2B品牌化之路将开启。当前绝大部分的跨境B2B企业都存在企业品牌建设不足的问题，仍然扮演着国际品牌代工厂的角色。但跨境B2B品牌建设之路即将开启，越来越多的B2B平台及平台上的企业都开始注重品牌化建设，通过品牌溢价来提升公司产

品及整体的价值。

② 跨境电商企业自建独立站趋势明显。从2018年开始，出口跨境电商领域就出现了跨境电商企业纷纷开始自建独立站，通过独立站的方式把产品或服务卖给消费者。主要原因在于平台因涌入大量卖家导致竞争激烈，卖家需寻找新的增长渠道，再者营销自动化升级带来的趋势。

③ 品牌化步伐加快中国产品向全球品牌迈进。近年来，品牌商出海正成为出口电商的一道风景线，各大传统外贸企业加快品牌化建设的步伐。加之各大跨境电商平台也倾力打造及孵化更多的出海品牌企业，企业通过互联网打造品牌化的道路迎来发展黄金期。

（2）进口跨境电商发展趋势

① 重获资本关注。在经历了几个季度资本市场的冷遇以后，跨境电商领域在2019年第二季度得到了较多的融资，有多个跨境电商平台成功获投。KK馆获得经纬中国等机构7 000万元投资，宝妈环球购获得九宜城的千万级投资，别样获得高瓴资本等机构2 000万美元的投资等。

② 向线下拓展。近几年，进口跨境电商纷纷在线下开实体店，网易考拉首家线下实体店"海淘爆品店"杭州开业，并接连在宁波、郑州等地纷纷"落地开花"，抢占新零售、新消费风口下"头口水"。天猫国际线下店也在杭州营业，小红书则把线上社区搬到了线下，而丰趣海淘"Wow 哇噢"全球精选店在重庆开张，布局覆盖无人便利店、全球精选店、智能无人柜。旨在如何突破时间和空间的束缚，为消费者实现即买即用的购物体验。

③ 下沉三五线城市。进口跨境电商的用户目前大部分在一、二线城市，在农村消费升级和新零售的大背景下，电商平台未来将逐步下沉到三五线城市。未来随着消费者购买力的增强，物流仓储等配套设施的完善，行业将在以提升客户消费体验等软实力为核心的基础上，进一步提高产品实时性和价格优势，助力跨境电商平台行业整体效益进一步提升。

✓ 7.6.3 跨境电子商务案例

中国跨境进口电商平台可以划分为三个梯队：第一梯队为网易考拉海购、天猫国际及京东全球购，占整个市场70.4%的份额；第二梯队为聚美极速免税店、小红书及洋码头；第三梯队为宝贝格子、蜜芽等平台。可以看出，位于第一梯队的都是相对规模较大平台旗下的跨境进口电商，寡头效应出现。中国跨境进口电商分类如表7.7所示。

表7.7 中国跨境进口电商分类

类　　型	部分代表企业
使用直邮拼邮发货的平台类电商	HIGO、淘宝全球购、易趣、优集品、魅力惠、保税国际、么么嗖、跑客帮、熟人邦、冰帆海淘
使用保税仓或直邮拼邮发货的平台类电商	洋码头、聚优澳品、海蜜严选、孩子王、跨境淘
使用保税仓发货的自营类电商	达令全球好货、银泰网海淘馆、YOHO
使用直邮拼邮发货的自营类电商	中粮我买网全球购、一帆海淘网

续表

类　　型	部分代表企业
使用保税仓或直邮发货的自营类电商	波罗蜜全球购、林德帕西姆、网易考拉海购、小红书、唯品国际、丰趣海淘、麦乐购、优盒网、五洲会、母婴之家、莎莎网、摩西网、保税店
使用直邮拼邮发货的平台+自营类电商	海淘大师
使用保税仓或直邮发货的平台+自营类电商	天猫国际、宝贝格子、苏宁海外购、聚美优品、京东全球购、亚马逊海外购、1号店全球进口、国美海外购、蜜芽、宝宝树美囤妈妈
第三方物流	FedEx、DHL、UPS、EMS、申通快递、中国邮政、顺丰速递、圆通速递、韵达速递
平台自建物流	贝海国际（洋码头）、品骏快递（唯品会）、菜鸟网络（阿里巴巴）、京东物流
转运类物流	飞猪转运、运淘美国、转运四方、优递速递、斑马物流、快鸟转运、海带宝
返利类海淘工具	RebatesMe、55海淘、Extrabux、一淘
比价类海淘工具	惠惠购物助手
指南攻略类海淘工具	海淘贝、买个便宜货、北美省钱快报、海淘居、极客海淘、口袋购物、什么值得买、悠悠海淘
全球跨境移动电商平台	Wish
国外跨境电商平台	Cdiscount、BingaBinga、La Redoute（乐都特）、Vente-privée、Mankind、Otto（奥托集团）

按照电商模式进行分类，如表7.8所示。

表7.8　跨境电商平台电商模式分类

模　　式	部分代表企业
国际B2B跨境电商平台	阿里巴巴、环球资源、敦煌网
国际B2C跨境电商平台	速卖通、亚马逊、eBay、兰亭集势、Wish
进口跨境电商B2C平台	洋码头、天猫国际、网易考拉海购、顺丰海淘，洋码头、小红书、蜜芽宝贝

（1）阿里巴巴全球速卖通（AliExpress）

速卖通作为阿里巴巴未来国际化的重要战略产品，这几年的发展可谓风生水起，已成为全球最活跃的跨境平台之一，并依靠阿里巴巴庞大的会员基础，成为目前全球产品品类最丰富的平台之一。

速卖通的特点是价格比较敏感，低价策略比较明显，这也跟阿里巴巴导入淘宝卖家客户策略有关，很多人现在做速卖通的策略就类似于前几年的淘宝店铺。速卖通的侧重点在新兴市场，特别是俄罗斯和巴西。对于俄罗斯市场，截至2013年3月底，速卖通共有超过70万的俄罗斯注册用户，占平台所有注册用户约9%，现在的注册数据应该更加火爆。

因为是阿里巴巴系列的平台产品，速卖通整个页面操作中英文版简单整洁，非常适合新人上手。另外，阿里巴巴一直有非常好的社区和客户培训传统，通过社区和阿里巴的培训，跨境新人可以通过速卖通快速入门。

速卖通适合跨境新人，尤其是产品特点符合新兴市场的卖家，产品有供应链优势、价格优势明显的卖家，最好是工厂直接销售，贸易商基本上没戏。

如图7.16所示为2016—2017年中国跨境进口电商产业图谱。

图 7.16　中国跨境进口电商产业图谱

（2）亚马逊（Amazon）

作为全球电子商务鼻祖，亚马逊对于整个世界的影响力是巨大的，中国外贸人选择跨境 B2C 平台首先认识的也是亚马逊，那时候还没有速卖通等平台。

亚马逊对于卖家的要求是比较高的，比如产品品质、品牌等方面的要求，手续也比速卖通等平台复杂。新人注册亚马逊账号以后，后期收款的银行账号需要是美国、英国等国家。对于成熟的亚马逊卖家，最好先注册一家美国公司或者找一家美国代理公司，然后申请联邦税号。

关于新人注册成为亚马逊的供应商一般需要注意以下几点：

① 如果选择亚马逊平台，最好有比较好的供应商合作资源，供应商品质需要非常稳定，最好有很强的研发能力。切记，做亚马逊，产品为王。

② 要接受专业的培训，了解开店政策和知识。亚马逊的开店比较复杂，并且有非常严格的审核制度，如果违规或者不了解规则，不仅会有封店铺的风险，甚至会有法律上的风险，所以建议大家选择一家培训公司，先接受培训再开始做。同时还需要有一台计算机专门登录亚马逊账号。这对于亚马逊的店铺政策和运营后期都非常重要。一台计算机只能登录一个账号，不然会跟规则有冲突，用座机验证新用户注册最好。

当然最重要的事情是选择亚马逊平台后需要一张美国的银行卡。亚马逊店铺产生的销售额是全部保存在亚马逊自身的账户系统中的，要想把钱提出来，必须要有美国本土银行卡。解决这个问题也比较简单，外贸人一般都有一些海外客户资源、海外朋友，可以通过他们解决这个问题，另外，国内也有一些代理机构提供这样的服务。

③ 流量是关键。亚马逊流量主要分内部流量和外部流量两类，类似于国内的淘宝。同时应该注重 SNS 社区的营销，通过软文等营销方式也比较有效果。

由以上分析可以得知，选择亚马逊平台需要有很好的外贸基础和资源（包括稳定可靠的供应商资源、美国本土人脉资源等），卖家最好有一定的资金实力，并且有长期投入的心态。

（3）eBay

对于 ebay 的理解，基本上可以等同于国内的淘宝网，淘宝网就是在中国市场干掉 eBay 以后才真正统治中国的电商行业。对于从事国际零售的外贸人来说，eBay 的潜力还是巨大

的，因为 ebay 的核心市场在美国和欧洲，是比较成熟的市场。

相对于亚马逊，eBay 的开店手续也不是特别麻烦，但 eBay 有一个非常严重的问题：规则严重偏心买家，如果产品售后问题严重，很容易出现问题。

做 eBay 最核心的问题应该是付款方式的选择。大家现在选择的一般都是 PayPal，但也有一定的风险，特别对于 eBay 来说。经常有这样的实际案例，遇到买卖争议时，eBay 最终是偏向买家，导致卖家损失惨重。

eBay 成功的关键是选品，其主要市场是美国和欧洲，所以做 eBay 前最好做个市场调研。方法包括：进入 eBay 总体研究一下整个市场的行情，结合自己的供应链特点深入分析；对欧美市场的文化、人口、消费习惯、消费水平等方面进行研究，从而选择潜力产品；找一些 eBay 的热销产品，对其产品渠道、产品价格仔细研究，分析自己的优势；研究热销产品的市场优势和未来销售潜力；对产品在欧美市场的利润率和持续性做深入考虑。

eBay 的特点总结如下：首先 eBay 的开店门槛比较低，但是需要的东西和手续比较多，比如发票、银行账单等，所以需要对 eBay 的规则非常清楚。开店是免费的，但上架一个产品需要收钱，这跟国内的淘宝还是有很大区别。当然 eBay 的审核周期很长，一开始不能超过 10 个宝贝，而且只能拍卖，需要积累信誉才能越卖越多，出业绩和出单周期也很长，积累时间有时候让人受不了，只能慢慢等待。如果遇到投诉是最麻烦的事情，店铺封掉是经常有的事情，所以质量一定要过关。

因此，对于 eBay 的选择，应该有产品的地区优势，比如产品目标市场在欧洲和美国。eBay 操作比较简单，投入不大，适合有一定外贸资源的人做。

（4）Wish

Wish 是一个这几年刚刚兴起的基于 App 客户端的跨境平台，主要靠价廉物美吸引客户，在美国市场有非常高的人气，核心品类包括服装、珠宝、手机、礼品等，大部分都是从中国发货。Wish 的主要吸引力是价格特别便宜，但是因为 Wish 平台独特的推荐方式，产品品质往往还是比较好的，这也是它短短几年发展起来的核心因素。

Wish 平台 97%的订单量来自移动端，App 日均下载量稳定在 10 万，峰值时冲到 20 万。就目前的移动互联网优势来看，Wish 未来的潜力是非常巨大的。

Wish 平台的特点主要有以下两点。

第一，私人定制模式下的销售。Wish 利用智能推送技术，为 App 客户推送他们喜欢的产品，真正做到点对点地推送，客户下单率非常高，而且满意度很高。Wish 有一个优点是它一次显示的产品数量比较少，这样对于客户体验来说是非常不错的，因为客户并不想花太多时间在自己不喜欢或者不需要的产品上。通过这样的精准营销，卖家短期内可以获得销售额的爆增。

第二，移动电商未来真正的王者。其实 Wish 最初仅仅是一个收集和管理商品的工具，后来才发展成一个交易平台，并越来越火爆。对于中小型零售商来说，Wish 的成功让大家明白移动互联网的真正潜力。

本章通过对在线医疗、在线教育、互动娱乐、互联网金融、农产品电子商务、跨境电

子商务等典型行业应用的分析，详细介绍了电子商务在各行各业中应用的基本情况。

在线医疗是指利用互联网或是移动互联网提供医疗服务，即提供医疗服务中任何一个环节采用互联网或移动互联网即为在线医疗。在线医疗包括向大众用户或者患者提供的在线健康保健、在线诊断治疗服务，以及与这些服务有关的提供药品、医疗用具的业务；和向医生提供的社交、专业知识（如临床经验、病历数据库、医学学术资源等）及在线问诊平台等服务和工具。

在线教育是以网络为介质的教学方式，通过网络，学员与教师即使相隔万里也可以开展教学活动；此外，借助网络课件，学员还可以随时随地进行学习，真正打破了时间和空间的限制，对于工作繁忙、学习时间不固定的职场人而言，网络远程教育是最方便不过的学习方式。

娱乐是人类永远的需求，尤其是随着人们闲暇时间和可支配收入的增加，对娱乐的需求将更加旺盛。在线游戏是指一些大型多人在线类网络游戏（MMORPG）或一些基于互联网平台的小游戏（如 Flash 小游戏等）的集群的统称，他们都是以互联网为平台的大大小小的网络游戏的综合称谓。如果互联网世界是一个丛林的话，我们人在互联网中跑就相当于在线游戏。

互联网金融是指传统金融机构与互联网企业利用互联网技术和信息通信技术实现资金融通、支付、投资和信息中介服务的新型金融业务模式。互联网金融不是互联网和金融业的简单结合，而是在实现安全、移动等网络技术水平上，被用户熟悉接受后（尤其是对电子商务的接受），自然而然为适应新的需求而产生的新模式及新业务，是传统金融行业与互联网技术相结合的新兴领域。

农产品电子商务简称农产品电商，是指用电子商务的手段在互联网上直接销售农产品及生鲜产品，如五谷杂粮、新鲜果蔬、有机食品、地方特产、生鲜肉类等，农产品电商随着互联网的飞速发展，将有效推动农业产业化的步伐，促进农业经济发展，最终实现地球村，改变农产品交易方式。

跨境电子商务是指分属不同环境的交易主体，通过电子商务平台达成交易、进行支付结算，并通过跨境物流送达商品、完成交易的一种国际商业活动。

同步测试

1. 单项选择题

（1）关于在线医疗行业发展趋势描述错误的是（　　）。

　　A．未来医疗的核心追求是优质服务

　　B．互联网将会推动医生品牌的迅速崛起

　　C．医生和医院将会形成一种新型的协作关系

　　D．面对面的门诊将彻底消失并会转化成远程专家门诊

（2）下列在线教育平台中属于 O2O 平台企业的是（　　）。

　　A．百度教育　　　　B．跟谁学　　　　C．淘宝同学　　　　D．YY 教育

（3）下列平台属于实时对战平台的是（　　）。

　　A．英雄联盟　　　　　　　　　　　　B．地下城与勇士

        C．联众世界   D．水果忍者
（4）关于互联网金融行业现状描述错误的是（   ）。
        A．中国经济不会产生经济危机   B．银行卡的虚拟化趋势
        C．网络逐渐成为居民理财常规渠道   D．支付或成互金最大流量源
（5）下面不属于互联网金融平台的是（   ）。
        A．蚂蚁金服   B．苏宁易购   C．拉卡拉   D．京东金融

2．多项选择题

（1）在线医疗领域的主要模式有（   ）。
        A．慢病管理   B．医疗 O2O
        C．挂号服务   D．在线问诊以及大数据
（2）在线医疗行业按照服务终端形态可分为（   ）。
        A．在线医疗 PC 端   B．在线医疗移动端
        C．C2B 模式   D．G2C 模式
（3）按照现有的典型在线教育商业模式来看，属于在线教育模式的有（   ）。
        A．MOOC   B．B2C   C．C2C   D．O2O
（4）电子竞技运动的基本特征有（   ）。
        A．电子   B．商务   C．竞技   D．模式
（5）电竞直播平台有（   ）。
        A．YY 秀场   B．斗鱼   C．虎牙   D．花椒

3．分析题

（1）要想让电子竞技市场真正发展，构建电子竞技生态圈是关键。而在这一生态圈中，赛事是基础，职业选手则是玩家与赛事的重要衔接。结合当前中国电子竞技职业俱乐部面临的问题，谈谈如何解决专业管理人才缺位、商业模式倒置、运行机制不健全等问题。

（2）目前的互联网医疗服务多数集中在自诊、在线问诊、在线挂号、检查检验结果查询等方面，但是涉及医疗诊治过程的一些问题还有待解决，请结合实际谈谈有哪些待解决的问题。

（3）请结合中国的实际情况，谈谈影响我国农村电子商务发展的制约因素有哪些。

第 8 章

互联网+制造业

掌握工业化、工业 1.0、工业 2.0、工业 3.0、工业 4.0 等相关概念。
了解 C2B 模式的内涵和相关特征。
了解我国制造业转型与升级的问题。

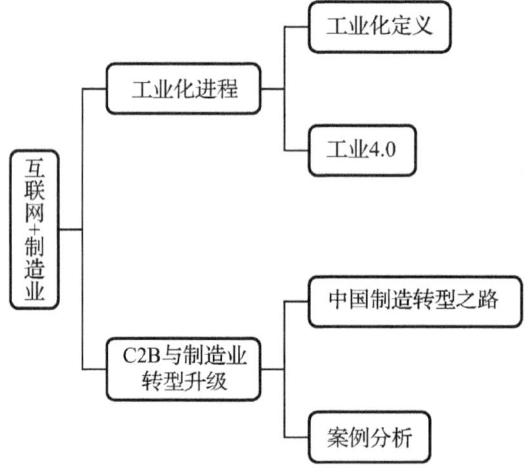

工业 1.0—3.0 概念、工业 4.0 概念及发展；C2B 模式概念及发展、C2B 模式与 B2C 模式的区别。

8.1 工业化进程

8.1.1 工业化定义

工业化通常被定义为工业（特别是其中的制造业）或第二产业产值（或收入）在国民生产总值（或国民收入）中比重不断上升的过程，以及工业就业人数在总就业人数中比重不断上升的过程。狭义的工业化，有代表性的是《新帕尔格雷夫经济学大辞典》中的定义：制造业和第二产业在国民经济中比重及其就业比重不断上升的过程。广义的工业化，有代表性的是张培刚提出的定义：一系列基本生产函数连续发生变化的过程，不仅包括工业部门的发展，也包括"工业化了的农业"的发展，这与一般只强调工业自身现代化的工业化定义明显不同。

1. 工业化特征

工业发展是工业化的显著特征之一，但工业化并不能狭隘地理解为工业发展。因为工业化是现代化的核心内容，是传统农业社会向现代工业社会转变的过程。在这一过程中，工业发展绝不是孤立进行的，而总是与农业现代化和服务业发展相辅相成的，总是以贸易的发展、市场范围的扩大和产权交易制度的完善为依托的。工业化时代特点还包括以下几个方面。

① 技术革命和机器大生产促进了生产方式的转换。机器化大生产的生产方式使用越来越广泛，取代手工生产方式，不仅工业，而且农业、服务业等逐步采用先进的机械化、电动化、信息化的机器设备从事生产。传统工业化的标志是机械化、电气化、自动化。

② 不断追求高效率和高效益。追求高效率和高效益是工业化的灵魂，是工业化的精神动力，无论是技术的革新还是市场的开拓、企业规模的扩大，无不是在这一动力的推动下实现的。

③ 专业化分工日益深化，促进产业结构不断升级。在工业化阶段，同类产品的生产不断集中，提高生产效率和降低单位产品的成本，获取规模经济效益；产业链条不断延伸和拓展，新的产业相继涌现；经济结构发生重大变动，产业结构沿着农业、轻工业、重工业、第三产业的方向依次升级。生产集约化程度沿着劳动密集型、资金密集型、技术密集型、知识密集型等几个阶段依次演进；经济制度和经济体制也往往随着工业化的推进而产生变迁。

④ 普遍面临着人口、资源、环境等重要因素的硬约束。工业化发展的条件不同，解决人口、资源、环境等制约因素的途径和方式也不同，必然产生了工业化道路选择的模式差异，带来了不同的发展影响和增长绩效。传统的工业化道路基本上是粗放型或资源消耗型的，工业化的不断推进建立在资源高投入的基础之上，走的是一条先污染后治理的道路。

2. 工业1.0

工业1.0是机械制造时代（见图8.1），即18世纪引入的机械设备制造时代，时间约为18世纪60年代至19世纪中期，就是通过水力和蒸汽机实现工厂机械化。这次技术革命和与之相关的社会关系的变革，被称为第一次工业革命或者产业革命。

图8.1　工业1.0机械制造时代

从社会关系来说，工业革命使依附于落后生产方式的自耕农阶级消失了，工业资产阶级和工业无产阶级逐渐形成和壮大起来，率先完成了工业革命的英国，很快成为世界霸主。18世纪英国发起的技术革命从生产领域产生变革，需要提供动力支持，蒸汽机的改良推动了机器的普及以及大工厂制的建立，从而推动了交通运输领域的革新，这场技术是发展史上的巨大革命，开创了以机器代替手工劳动的时代。这次革命极大地提高了生产力，巩固了资本主义各国的统治地位。随着资产阶级力量的日益壮大，他们希望进一步加强和巩固自身的经济和政治地位，要求进一步解除封建压迫，实行自由经营、自由竞争和自由贸易。资产阶级通过革命和改革，逐渐建立第一次工业革命并以此巩固了自己的统治地位。工业革命还促进了近代城市化的兴起。

3. 工业2.0

工业2.0，又称为第二次工业革命，是电气化与自动化时代（见图8.2），即20世纪初的电气化与自动化时代，时间约为19世纪后半期至20世纪初。欧洲国家和美国、日本的资产阶级革命已经率先完成，促进了经济的发展，此次革命强调电力驱动产品的大规模生产，并开创了产品批量生产的新模式，也就是在劳动分工的基础上采用电力驱动产品的大规模生产。因为有了电力，所以才进入了由继电器、电气自动化控制机械设备生产的年代。这次工业革命通过零部件生产与产品装配的成功分离，开创了产品批量生产的高效新模式。

在第二次工业革命的推动下，资本主义经济开始发生重大变化，资本主义生产社会化的趋势加强，推动企业间竞争加剧，促进生产和资本集中，少数采用新技术的企业挤垮大量技术落后的企业。生产和资本集中到一定程度便产生了垄断。在竞争中壮大起来的少数规模较大的企业之间，就产量、产品价格和市场范围达成协议，形成垄断组织。垄断最初产生在流通领域，如卡特尔、辛迪加等垄断组织，后来又深入到生产领域，产生托拉斯等垄断组织。大量的社会财富也日益集中在少数大资本家手里，到 19 世纪晚期，主要资本主义国家都出现了垄断组织。垄断组织的出现，实际上是资本主义生产关系的局部调整，此后，资本主义经济加速发展。同时，控制垄断组织的大资本家为了攫取更多的利润，越来越多地干预国家的经济、政治生活，资本主义国家逐渐成为垄断组织利益的代表者。垄断组织还跨出国界，形成国际垄断集团，要求从经济上瓜分世界，促使各资本主义国家加紧了对外侵略扩张的步伐。

图 8.2　工业 2.0 电气化与自动化时代

4．工业 3.0

工业 3.0，又称为第三次工业革命，是电子信息化时代（见图 8.3），即 20 世纪 70 年代开始并一直延续至今的信息化时代，以原子能、电子计算机、空间技术和生物工程等的发明和应用为主要标志。在升级工业 2.0 的基础上，广泛应用电子与信息技术，使制造过程自动化控制程度再进一步大幅度提高。生产效率、良品率、分工合作、机械设备寿命都得到了前所未有的提高。在此阶段，工厂大量采用由 PC、PLC[1]/单片机等真正电子信息技术自动化控制的机械设备进行生产。自此，机器能够逐步替代人类作业，不仅承接了相当比例的"体力劳动"，还可从事一些"脑力劳动"。

此次科技革命是涉及信息技术、新能源技术、新材料技术、生物技术、空间技术和海洋技术等诸多领域的一场信息控制技术革命，不仅极大地推动了人类社会经济、政治、文化领域的变革，也影响了人类生活方式和思维方式，随着科技的不断进步，人类的衣、食、住、行、用等日常生活的各个方面也发生了重大的改变。

电子计算机的广泛应用，促进了生产自动化、管理现代化、科技技术现代化和国防技术现代化，也推动了情报信息的自动化。以全球互联网络为标志的信息高速公路正在缩短人类交往的距离。同时，合成材料的发展、遗传工程的诞生和信息论、系统论和控制论的发展，也是这次技术革命的结晶。

---

1. PLC——可编程逻辑控制器，是一种专门为在工业环境下应用而设计的数字运算操作电子系统。

图 8.3 电子信息化时代

8.1.2 工业 4.0

工业 4.0 是由德国政府在《德国 2020 高技术战略》中所提出的十大未来项目之一。该项目由德国联邦教育局及研究部、联邦经济技术部联合资助，投资预计 2 亿欧元。旨在提升制造业的智能化水平，建立具有适应性、资源效率及基因工程学的智慧工厂，在商业流程及价值流程中整合客户资源，其技术基础是网络实体系统及物联网。直到今日，工业 4.0 的成就并没有覆盖工业 3.0 的规模，我们现如今应处于工业 3.0 到工业 4.0 的过渡期。工业 4.0 智能时代的未来场景如图 8.4 所示。

图 8.4 工业 4.0 智能时代的未来场景

德国政府提出"工业 4.0"战略，并在 2013 年 4 月的汉诺威工业博览会上正式推出，其目的是提高德国工业的竞争力，在新一轮工业革命中占领先机。该战略已经得到德国科研机构和产业界的广泛认同，弗劳恩霍夫协会将在其下属 6～7 个生产领域的研究所引入工业 4.0 概念，西门子公司已经开始将这一概念引入其工业软件开发和生产控制系统。自 2013 年 4 月在汉诺威工业博览会上正式推出以来，工业 4.0 迅速成为德国的另一个标签，并在全球范围内引发了新一轮的工业转型竞赛。

小贴士

弗劳恩霍夫协会成立于 1949 年 3 月 26 日，是以德国历史上著名的科学家、发明家和企业家约瑟夫·冯·弗劳恩霍夫（Joseph von Fraunhofer, 1787—1826 年）的名字命名的。它是公助、公益、非营利的科研机构，为企业，特别是中、小企业，开发新技术、新产品、新工艺，协助企业解决自身创新发展中的组织、管理问题。

1．工业 4.0 的内涵

工业 4.0 概念包含了由集中式控制向分散式增强型控制的基本模式转变，目标是建立一个高度灵活的个性化和数字化的产品与服务的生产模式。在这种模式中，传统的行业界限将消失，并会产生各种新的活动领域和合作形式。创造新价值的过程正在发生改变，产业链分工将被重组。

德国工程院院长孔翰宁（Henning Kagermann）教授认为："工业 4.0 为德国提供了一个机会，使其进一步巩固其作为生产制造基地、生产设备供应商和 IT 业务解决方案供应商的地位。"德国学术界和产业界认为，"工业 4.0" 概念即以智能制造为主导的第四次工业革命，或革命性的生产方法。该战略旨在通过充分利用信息通信技术和网络空间虚拟系统——信息物理系统（Cyber-Physical System）相结合的工业技术手段，将制造业向智能化转型。

工业 4.0 项目主要分为三大主题：

一是"智能工厂"，重点研究智能化生产系统及过程，以及网络化分布式生产设施的实现。

二是"智能生产"，主要涉及整个企业的生产物流管理、人机互动以及 3D 技术在工业生产过程中的应用等。该计划将特别注重吸引中小企业参与，力图使中小企业成为新一代智能化生产技术的使用者和受益者，同时也成为先进工业生产技术的创造者和供应者。

三是"智能物流"，主要通过互联网、物联网、物流网，整合物流资源，充分发挥现有物流资源供应方的效率，而需求方，则能够快速获得服务匹配，得到物流支持。

2．工业 4.0 的目标和商业模式

德国制造业是世界上最具竞争力的制造业之一，在全球制造装备领域拥有领头羊的地位。这在很大程度上是因为德国专注于创新工业科技产品的科研和开发，以及对复杂工业过程的管理。德国拥有强大的设备和车间制造工业，在世界信息技术领域拥有很高的水平，在嵌入式系统和自动化工程方面也有很专业的技术，这些因素共同奠定了德国在制造工程工业上的领军地位。通过工业 4.0 战略的实施，将使德国成为新一代工业生产技术（即信息物理系统）的供应国和主导市场，会使德国在继续保持国内制造业发展的前提下再次提升它的全球竞争力。在社会制度上，德国完善的民主法制和知识产权保护，是保障德国制造业健康发展的坚实后盾，更是降低社会生产成本、提升社会生产效率的真正利器。

商业模式对制造业来说至关重要。那么，在工业 4.0 时代，未来制造业的商业模式是什么？就是以解决顾客问题为主。所以说，未来制造企业将不仅仅是进行硬件的销售，更

是要通过提供售后服务和其他后续服务，来获取更多的附加价值，这就是软性制造。而带有"信息"功能的系统成为硬件产品新的核心，意味着个性化需求、批量定制制造将成为潮流。制造业的企业要在制造过程中尽可能多地增加产品附加价值，拓展更多、更丰富的服务，提出更好、更完善的解决方案，满足消费者的个性化需求，走"软性制造+个性化定制"道路。

3. 工业4.0发展趋势

继蒸汽机的应用、规模化生产和电子信息技术三次工业革命后，人类迎来以信息物理融合系统为基础，以生产高度数字化、网络化、机器自组织为标志的第四次工业革命。

随着物联网及服务的引入，制造业在不久的将来，企业能以CPS[1]的形式建立全球网络，整合其机器、仓储系统和生产设施等资源。

迈向工业4.0，将是一个渐进的过程。为了适应制造工程的特殊需求，现有的基本技术和经验必须加以改进，还需要探索针对新地点和新市场的创新解决方案。如果成功，工业4.0将提升德国制造在全球的竞争力，并保持其国内制造业持续良好发展。德国议会国务秘书、联邦经济技术部部长Ernst Burgbacher表示，德国经济以其强大的工业基础为特征，特别是它的机械与设备制造、汽车工业和能源工业。工业4.0的实施绝对是对未来发展的关键。

知识拓展

8.2 C2B与制造业转型升级

中国制造业转型优化，肯定要以市场的需求为导向，转成市场接受的新型制造业。从市场来说，优胜劣汰是自然发展的规律，但从企业来讲，去劣存优是自我进化的要求。从现在的"不好"转化到未来的"好"，在这个过程中不断优化，似乎就是转型的过程。现在的"不好"，主要体现在产能过剩、产品同质化、低质量和创新不足。相应来说，转型就是要去产能、增加产品差异化、提高品质和产品创新。

8.2.1 中国制造转型之路

国务院总理李克强曾说，制造业是经济发展的基础。中国经济要转型升级，要实现新型工业化，还是要靠做强中国制造。总体来看，目前我国制造业规模居世界前列，但制造业资源消耗大、自主创新能力不强使得我国制造业仍处在国际分工的中低端，大而不强等

---

1. CPS——信息物理系统（Cyber-Physical Systems）是一个综合计算、网络和物理环境的多维复杂系统，通过3C（Computer、Communication、Control）技术的有机融合与深度协作，实现大型工程系统的实时感知、动态控制和信息服务。

问题突出,推动制造业提质升级任务紧迫,这也是推进供给侧结构性改革的重要内容。必须认真贯彻以习近平同志为核心的党中央加快建设制造强国的战略部署,落实新发展理念,实施创新驱动发展战略,推动制造业提质升级,坚决淘汰落后产能和工艺,加快新旧动能转换,促进中国经济迈向中高端。

1. C2B[1]模式的产生与发展

工业时代以厂商为中心的B2S2C模式得到了快速的发展,但由于信息不对称,按需定产而没有库存在工业化时代是可望不可及的。而随着信息化时代的到来以及人们对个性化需求的渴望,以消费者为中心的C2B模式迎面而来,并逐渐成为取代B2C的模式。在信息化时代,信息的沟通、需求的聚合都因互联网而变得轻而易举。通过C2B模式预售,不仅美食、服装、家具、家电等可以定制,甚至旅游、装修等也都可以定制。C2B是电子商务未来发展的一个方向,通过预售可以聚合大量订单,大规模定制让成本趋于合理,能满足个性化需求。

C2B(即消费者对企业,见图8.5),是基于互联网和云计算平台,消费者驱动,以定制等方式创造独特的价值,网络化大规模协作活动。购买预售商品的基本流程是:先拍下一个小额定金,确定款式、数量后再付尾款。一般参与购买的人数越多,价格越优惠。C2B模式的核心思想是消费者驱动整个商业活动。传统工业经济时代衍生出来的是大规模、流水线、标准化、成本导向的B2C运作模式,所有环节都由厂家驱动和主导,而C2B运作模式则是由消费者驱动,以消费者需求为起点,在商品产业链条上一个环节一个环节地进行波浪式、倒逼式传导。

图8.5 C2B模式是消费者对企业

这看似与团购模式相同,实际则不然。团购是网站与商家谈好团购价格后再向消费者发售,预售是聚合消费者之后再向厂商下订单。C2B的核心是通过聚合数量庞大的个体消费者形成一个强大的采购集团,以此来改变B2C模式中消费者一对一出价的弱势地位。C2B模式把以卖方为主转变为以买方为主。过去生产者生产出了东西再找买家,用的是推力;现在购买者引导企业生产,用的是拉力。

---

1. C2B——真正的C2B应该先有消费者需求产生而后有企业生产,即先由消费者提出需求,后由生产企业按需求组织生产。

消费者渴望的功能被满足，而在价格上又获得了更大的实惠，这是 C2B 模式最大的优势与特点。C2B 构筑了厂商、渠道和消费者之间的完美铁三角，创造了价值增量，消费者的利益得到增长，渠道也最大化地释放了平台价值，为企业打开了通向未来全新商业生态的窗口。未来电商市场 C2B 将成主流。

C2B 模式的特征包括以下几个方面。

① 个性化定制。这是最重要的也是主打的，C2B 的产品肯定要满足用户千奇百怪的个性化需求，从个人电脑时代的 DIY 攒机衍生出来的定制电脑，到现在手机用户自己刷 ROM、装扮手机等，无不彰显用户个体的强烈需求。

② 数据处理能力强。传统生产模式衍生出的是大规模、流水线、标准化、成本导向的 B2C 运作模式，所有环节都是厂家驱动和主导，而 C2B 则是消费者驱动。

③ 服务专业规范。需要一个专业规范的产品技术服务体系来支撑。

④ 具备全产业链。除了满足用户的个性化需求以外，还要通过减少环节减少库存等方式提高利润率，同时将中间环节损耗让利给用户，降低成本，所以在 C2B 模式里前店后厂的全产业链很重要。

2．中国制造转型之路存在的问题及对策

（1）中国传统制造业面临的瓶颈与问题

传统 B2C 模式下的生产制造与同时代的市场消费需求、分销渠道、大众营销等固有特点密不可分。其基本形态是：大规模生产+大众营销+大品牌+大零售。传统模式下的大批量、规模化、流程固定的流水线生产，追求的是同质商品的低成本。传统制造业面临的问题包括以下几点。

第一，商品大批量生产后的营销遇到了前所未有的瓶颈。传统制造业依靠的往往是以报纸、杂志、广播电视为主要载体的大众营销的广告推销。在这种广告模式下，品牌是靠媒体塑造出来的，消费者是被灌输的、被教育的。例如，1965 年，宝洁只需在"新闻 60 分"节目中做三条插播广告，就可以触及美国 80%以上的成年观众，完成对消费者的教育过程，为大零售做好铺垫。现在这种传播与营销模式遇到了巨大的挑战。

第二，传统 B2C 模式下，信息传递缓慢而零散，导致出现大量库存现象。生产与消费之间隔着重重的批发、分销、配送环节。而且生产商都通过设定折扣、运费政策鼓励分销商、零售商一次性大批量订货。生产商往往数月后才能从订单中看到消费者需求的变化。在生产过程中，生产厂家需要以"猜"的方式进行库存和生产。而信息的失真和滞后，导致猜测的准确率非常低。管理学中将这个现象称为"牛鞭效应"。彼得·圣吉在《第五项修炼》中用"啤酒游戏"详细介绍了这个现象。传统的 B2C 模式下也经常出现这样的场景：畅销的商品往往缺货，滞销的商品却堆满货架和仓库，既错失销售机会，又积压资金。

第三，传统制造企业不具备零售能力。从社会化分工来看，中国的制造企业并不具备零售能力，这为电商服务行业提供了生存空间。大部分重点还是在产品研发和渠道管理上。制造企业做的是 B2B 的业务，不管是面对制造企业，还是面对底层的经销商，B2B 业务占 90%以上。真正的零售业务还是要交给专业的人来做。制造企业面对电子商务新兴渠道分为两种：一种是像京东商城这样的零售企业，是纯粹的 B2C 企业，对于制造企业来说比较好打交道，因为它跟它本身的业务不冲突。它把货供给京东，由京东管理货品、销售、配送。另一种像天猫商城，它是个 B2B2C 的业务，厂家不具备这种能力。品牌自己去搭建旗舰店，由于供应链的应对能力和配送服务的端到端的建设不够，很多企业做零售业务失败。

现在唯一做零售业务成功的家电企业只有海尔。

 小贴士

《第五项修炼》，作者彼得·圣吉（Peter Senge），乃学习型组织之父、十大管理大师之一，其首次出版时间是 1990 年，全书名为《第五项修炼：学习型组织的艺术和实务》，被誉为"21 世纪的管理圣经"，位于 20 世纪屈指可数的几本管理经典之列，是世界上影响最深远的管理书籍之一，荣获世界企业学会（World Business Academy）最高荣誉的开拓者奖，被《哈佛商业评论》评为近百年最具影响力的管理类图书。

《第五项修炼》主要内容：彼得·圣吉在研究中发现，要使企业茁壮成长，必须建立学习型组织，即将企业变成一种学习型的组织，并使得组织内的人员全心投入学习，提升能力在本职岗位上获得成功。因此，《第五项修炼》这本书不仅从事管理工作的人员需要研读，只要是从事传授知识、创造知识和创造财富的人都应该了解和深入研读。《第五项修炼》的五项修炼概括为：自我超越、改善心智模式、建立共同愿景、团队学习、系统思考。

（2）解决问题及对策

我国经济稳中向好，营商环境不断改善，实施"营改增"等减税降费措施降低了企业成本，带动了企业生产经营和效益明显回升，制造业升级步伐加快。2017 年 8 月 25 日，中共中央政治局常委、国务院总理李克强主持召开推动制造强国建设、持续推进经济结构转型升级座谈会，研究部署相关工作。国家制造强国建设领导小组成员单位、有关部门以及部分国有企业、民营企业和金融机构负责人参加会议。会上，工业和信息化部、质检总局负责人分别汇报了制造业升级和工业产品许可证取消下放等情况，柳工集团、TCL 集团、工商银行、海尔集团负责人围绕提升制造业竞争力、发展普惠金融服务实体经济等发了言。李克强与企业家们互动交流，询问企业发展面临的困难和对国家的建议，并要求有关部门根据发言中谈到的问题，就进一步降低市场准入门槛、强化工业产品质量管理等问题深入研究措施。

促进制造业提质升级要依靠创新发展。企业要发挥主体作用，抓住产品品种、品质、品牌等方面攻坚发力，积极开展国际对标，倒逼关键技术创新与突破，发展高端生产性服务业，加快中国制造从低成本竞争优势向高质量、高适用性优势转变，增强品牌意识，努力打造更多享誉全球的中国制造品牌。同时要高度重视管理体制创新，各类企业都要在这方面下功夫，要依托工业互联网、大数据等平台，通过开展大众创业、万众创新和大中小企业融通发展，促进企业研发、生产、经营模式变革，形成能灵敏反映市场变化的触角，提高创新活力和资源配置效率，发展个性化定制生产，满足用户多样化需要。

促进制造业提质升级要充分发挥我国人力人才资源丰富这个最大优势和潜力。根据国民经济发展和产业竞争需要，大力弘扬企业家精神和精益求精的工匠精神，加快培养各类专业技术人才、经营管理人才，改革完善职业教育育人方式，建立有利于吸引人才、激励人才的分配方式，为各类人才施展才干创造环境，造就高素质的产业工人大军和不断追求卓越的企业家队伍。

要着力营造有利于制造业提质升级的环境。持续深化简政放权、放管结合、优化服务改革，进一步削减不合理的前置审批和许可，降低制度性交易成本，完善市场监管，严厉打击生产销售假冒伪劣商品，加大知识产权保护，加快社会信用体系建设，形成鼓励创业创新的生态。在落实好已出台各项减税降费措施的同时，进一步研究促进制造业升级的财税政策。鼓励金融机构发展普惠金融、丰富金融产品，为企业特别是中小微企业提供更好融资、避险服务。

此外，要加快互联网对制造业的渗透。2015年是互联网化产品爆发之年，制造业互联网化渗透到企业研发、生产、物流、销售、售后等价值链环节。IDC认为，制造业互联网化趋势将进一步向产品延伸，未来的产品，其物理属性将逐渐减弱，而更多的将是扮演互联网接口及信息采集与传输的角色。产品将借助物联网、云计算、大数据、移动等互联网技术实现虚拟世界与现实世界的融合。

以工业4.0作为标杆，打造符合中国制造企业行业特点，符合企业自身特点的智能工厂。自2014年开始，德国工业4.0就已成为中国制造企业最为关注的焦点。其核心内容可以总结为：建设一个信息物理系统网络（Cyber-Physical System）、研究智能工厂及智能生产两大主题、实现横向集成、纵向集成与端到端集成。工业4.0将成为企业提高生产效率、降低成本并实现柔性生产的关键。工业4.0概念将从领导企业向中小企业以及从高端制造业向传统制造业迅速传播。

传统制造向服务型制造转型，两者是相互融合和相互依存的关系。在转型升级与"两化融合"的大背景下，中国制造企业需要摆脱因低端价值链所带来的价格竞争，努力向价值链两端延伸。研发、设计、营销、售后、品牌管理和知识产权管理等服务环节的投入逐年增加。中国制造业与服务业间的边界将越发模糊，中国制造企业需要将服务理念植入价值链每一个环节，以客户需求为中心，为客户提供端到端的服务，从而提升用户体验，创造源源不断的价值。

8.2.2 案例分析

案例一：淘工厂让产能在线化

"淘工厂"是链接淘宝卖家与工厂的平台，解决淘宝卖家找工厂难、试单难、翻单难、新款开发难的问题，其界面如图8.6所示。淘工厂为电商卖家与优质工厂搭建的一条稳固的桥梁，一站式解决卖家供应链难题。淘工厂通过聚合海量工厂，覆盖消费品行业类目，帮助电商卖家解决找工厂难、小单试单难、翻单备料难、新品开发难的问题。通过满足电商柔性供应链开始，逐步向线下品牌渗透，向周边国家渗透，未来覆盖整个供应链条。

图8.6 淘工厂界面

（1）主要特点

淘工厂最大的特点在于生产上将更加符合淘宝卖家的需求，淘宝卖家可以尝试小批量试单，并快速翻单。阿里巴巴要求入驻的代工厂为淘宝卖家免费打样、提供报价、提供档期，并且接受30件起订、7天内生产、信用凭证担保交易等协定。在产品的设计上，阿里巴巴要求工厂将产能商品化，开放最近30天空闲档期。档期表示工厂接单意愿，如果工厂没有空闲档期，则卖家搜索时会默认过滤掉。柔性化程度高的工厂将被优先推荐，可看到工厂能提供的最低起订量、打样周期、生产周期、7天内可供面料等信息。同时，阿里巴巴将通过金融授信加担保交易解决交易的资金缺乏和资金安全的问题。淘宝卖家在支付货款时可使用阿里巴巴的授信额度，工厂可凭信用证收回全款，如果买家失信，阿里巴巴将会给工厂补上这份金额。

（2）主要流程

① 邀请工厂入驻，将线下工厂数据化搬到线上。并对提供的工厂信息进行第三方验厂（工商注册、产能、擅长品类、擅长工艺、工人数、开发能力、生产线、设备、车间、版房、品管、协力工厂）。

② 让工厂将产能商品化，开放最近30天空闲档期。让电商卖家快速搜索到档期匹配的工厂。如工厂能提供的最低起订量、打样周期、生产周期、7天内可供面料，电商卖家可以通过频道、搜索快速找到柔性化最适合的工厂。

③ 金融授信加担保交易解决交易难题。淘宝卖家支付货款使用阿里巴巴授信额度，大笔交易全款支付。工厂不用担心买家要单、跑路、欠款等问题，只要双方达成交易，买方确认收货后，工厂即可凭信用证收回全款。如果发生买家店铺倒闭，阿里金融承担损失，并向买家追偿。

④ 交易规则保障。入驻淘工厂平台的工厂需要交纳一笔生产保障金，保障买家成品的质量和交期问题，如果发生交易纠纷，依据合同条款和平台规则，平台介入处理。

"淘工厂"实质上是把服装工厂的生产线、产能、档期搬到互联网上，打包作为一种服务出售。

 专家指导

C2B和B2C模型的不同点在于：对于B2C而言，平台商是一个中转站，供应商把自己的产品发布至平台，平台商把相关产品和信息转移到消费者，消费者和供应商之间并没有双向沟通的权利，消费者无法知道供应商和平台商之间的交易成本等；而C2B是消费者对自己有需求的产品对平台商报价，供应商透过平台对接自己的用户，等于供应商在一定程度上相当于去平台商处采购自己愿意服务或提供商品的用户订单或信息。平台商扮演一对多角色，甚至相当于中介。B2C是以产品价格为驱动的，而C2B是以消费者为驱动的。

O2O商务模式的关键是：在网上寻找消费者，然后将他们带到现实的商店中。它是支付模式和为店主创造客流量的一种结合（对消费者来说，也是一种"发现"机制），实现了线下的购买。它本质上是可计量的，因为每一笔交易（或者是预约）都发生在网上。这种模式应该说更偏向于线下，更利于消费者，让消费者感觉消费得较踏实。

案例二：格力未来还会有多少个行业第一

作为全球空调行业的"霸主"，据 2018 年全球知名经济类媒体日本经济新闻数据，格力电器以 21.9%的全球市场占有率位列家用空调领域榜首，超第二名 7 个百分点；据产业在线数据，格力家用空调产销量自 1995 年起连续 24 年位居中国空调行业第一，自 2005 年起连续 14 年领跑全球；据业内权威专业媒体《暖通空调资讯》数据，格力电器连续 7 年蝉联国内中央空调市场第一。空调领域的"双料冠军"背后，是格力电器一直坚持自主创新，在技术上厚积薄发的结果。这充分表明国产中央空调品牌只有依靠强大的技术和创新能力支撑才能在中央空调的市场短板处取得突破，更好地面对国外品牌的竞争与挑战。2017 年 8 月 8 日，著名财经作家吴晓波来到珠海格力，为格力电器各级员工代表及新生力量进行了主题为"重新定义 2017——新经济形势下的挑战与机遇"的专题讲座。讲座中，吴晓波充分结合来到格力的所见所感，畅谈中国制造业未来发展之路。他表示："今天的中国，各行各业都面临变革，而格力正走在正确的道路上。"

图 8.7 为董明珠在某新品发布会。

图 8.7　董明珠在新品发布会上发言

（1）行业现状

众所周知，除了家用空调和中央空调，格力电器还有很多位居行业第一的"靓丽成绩单"。据 2018 年《福布斯》发布的"全球上市公司 2000 强"名单，格力电器位列 294 名，较去年上升 70 位；据《财富》（中文版）和光辉国际联合发布的"2018 年度最受赞赏的中国公司"榜单，格力电器位列总榜单第二名，居家电行业之首；据《福布斯》发布的"2018 年全球最佳雇主"榜单，格力电器入围全球百强，排名第 88 位，在进入榜单的中国企业中位列第六；格力电器再次获得"CCTV 十佳上市公司"殊荣。

此外，格力电器率先在行业内推出产品六年免费包修政策，格力空调用户满意度、忠诚度连续六年位居行业第一。这么多的行业第一，成就了今天格力电器这家全球五百强的企业。

（2）发展方向

格力电器不仅深入发掘中央空调这一"蓝海"，还积极布局新能源产业、智能装备制造、精密模具等行业，成为一家集研发、生产、销售、服务于一体的国际化家电企业，拥有格

第8章 互联网+制造业

力、大松、晶弘三大品牌。

首先是特种空调,比如核电空调。去年,格力自主研发的百万千瓦级核电水冷离心式冷水机组(变频)和风冷螺杆式冷水机组整体性能被鉴定为"国际先进",不仅刷新了中国造中央空调技术高度,更确立了格力在中央空调和特种空调技术的世界制高点,独此一家,将来肯定是行业第一。

其次是智能装备。早在2013年1月,董明珠就牵头组建格力电器自动化设备制造部,致力于智能装备的自主研发和生产。2015年9月注册成立珠海格力智能装备有限公司,产品覆盖了"工业机器人""数控机床""自动化设备"等10多个领域,超百种规格产品。其中格力机器人已累计生产和应用1 000余台,2016年达到2 500台。目前格力智能装备已拥有100余项设计专利,累计产出自动化装备3 000余台套,累计销售额8亿元,未来的发展潜力巨大,极有可能再次创造行业纪录。

(3)发展目标

在董明珠的带领下,格力电器坚守制造业,夯实国家工业基础,提出"让世界爱上中国造"的新目标,现在已经进入高速多元化发展的新阶段,从一个年产不足2万台空调的小厂发展成一家销售空调、冰箱、洗衣机、工业机器人等多种产品、年营业收入超过千亿元的现代化创新型企业,后续发展潜力还很大,而积极响应国家建设"制造强国"的格力电器,必将扛起中国制造走向世界的大旗,未来很多领域很有可能厚积薄发,占据行业第一。

本章通过对工业革命1.0—3.0的阐述,引出了工业4.0概念,剖析世界即将进入工业4.0的智能时代,结合制造业转型,从纵向和横向两个维度详细介绍了互联网环境下中国C2B和制造业发展的基本情况。

C2B(即消费者对企业),是基于互联网和云计算平台,消费者驱动,以定制等方式创造独特的价值,网络化大规模协作活动。购买预售商品的基本流程是:先拍下一个小额定金,确定款式、数量后再付尾款。

本项目实施完成,读者应具备在项目目标中所明确的相应知识与技能,应形成对工业化、工业1.0—4.0、互联网、C2B和中国制造的基本认识,为后续项目的学习奠定基础。

1. 单项选择题

(1)以下观点正确的是(   )。

　　A. 工业化通常被定义为工业(特别是其中的制造业)或第二产业产值(或收入)在国民生产总值(或国民收入)中比重不断上升的过程

　　B. 工业化有社会主义工业化和资本主义工业化,它们的目的、道路和方法有很多类似

　　C. 广义的工业化是指制造业和第二产业在国民经济中比重及其就业比重不断上

升的过程

D．狭义的工业化是指一系列基本生产函数连续发生变化的过程

（2）工业 1.0 是（　　）时代。

　　A．机械制造

　　B．电气化与自动化

　　C．电子信息化

　　D．个性化、数字化、智能化

（3）工业 2.0 是（　　）时代。

　　A．机械制造

　　B．电气化与自动化

　　C．电子信息化

　　D．个性化、数字化、智能化

（4）工业 3.0 是（　　）时代。

　　A．机械制造

　　B．电气化与自动化

　　C．电子信息化

　　D．个性化、数字化、智能化

（5）工业 4.0 是（　　）时代。

　　A．机械制造

　　B．电气化与自动化

　　C．电子信息化

　　D．个性化、数字化、智能化

（6）以下观点正确的是（　　）。

　　A．直到到今日，工业 4.0 的成就已经覆盖工业 3.0 的规模

　　B．我们现如今应处于工业 3.0 到工业 4.0 的过渡期

　　C．德国制造业是世界上最具竞争力的制造业

　　D．未来制造业的商业模式是以解决企业问题为主

（7）C2B 电子商务未来发展的一个方向是（　　）。

　　A．通过预售可以聚合大量订单，大规模定制让成本趋于合理，能满足个性化需求

　　B．个人定制

　　C．大规模制造

　　D．一种团购行为

（8）C2B 构筑了厂商、渠道和（　　）之间的完美铁三角。

　　A．供应商　　　　　B．消费者　　　　　C．无法确定　　　　　D．生产商

（9）C2B 模式最大的优势与特点包括（　　）。

　　A．消费者渴望的功能被尽情满足，而在价格上又获得了更大的实惠

　　B．可以方便消费者团购

　　C．互联网共享

　　D．网上支付

（10）中国的制造企业并不具备零售能力，这为（　　）提供了生存空间。

　　　A．电商服务行业　　　B．互联网　　　C．零售行业　　　D．传统行业

2．多项选择题

（1）工业化的特征包括（　　）。

　　　A．技术革命和机器大生产促进了生产方式的转换

　　　B．不断追求高效率和高效益

　　　C．专业化分工日益深化，促进结构不断升级

　　　D．普遍面临着人口、资源、环境等重要的硬约束

（2）C2B 模式的特征包括（　　）。

　　　A．个性化定制　　　　　　　　　B．数据处理能力强

　　　C．服务专业规范　　　　　　　　D．具备全产业链

（3）中国传统制造业面临的问题有（　　）。

　　　A．商品大批量生产后的营销遇到了前所未有的瓶颈

　　　B．传统 B2C 模式下，信息传递缓慢而零散，导致出现大量库存现象

　　　C．传统制造企业不具备零售能力

　　　D．传统制造企业具备极大的零售能力

3．分析题

（1）结合目前工业 4.0 热点分析未来工业化发展趋势。

（2）阐述新经济形态下，互联网环境中 C2B 模式的发展趋势以及和中国制造业转型升级的关系。

第 9 章

云 计 算

学习目标

了解云计算的历史、定义。
掌握云计算的三种架构和部署模式。
通过体验,熟悉理解云计算的服务和应用。

学习导图

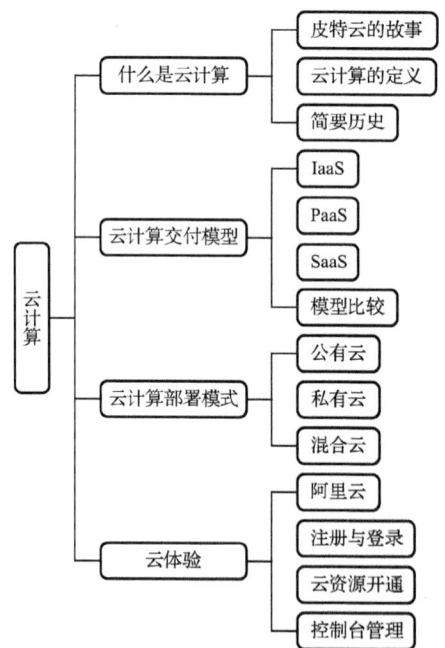

知识点

云计算的概念和发展,IaaS、PaaS 和 SaaS 的区别,公有云、私有云和混合云的概念,云计算的体验和云资源。

9.1 什么是云计算

9.1.1 皮特云的故事

在我们的周围不断会看到云这个东西，百度云盘、腾讯云、苹果的 iCloud 等，云在不断地改变着我们的工作和生活方式。那么什么是云计算呢？让我们来看看一个关于皮特云的故事。

2003 年，随着美国暴雪公司《魔兽争霸 3：冰封王座》的发行，游戏江湖再现武林高手，并掀起了一股"血雨腥风"！皮特是一家大型游戏公司的技术总监，由于在线玩家的严重流失，整个公司坚持了不到半年就濒临破产。望着那一大堆的游戏服务器、存储设备、网络设备……他发出了一声悲叹！老板最落魄，这么多的资源卖掉可惜，出租又赚不了多少钱，关键是放在那边它们还需要占用这么大的场地，不知道怎么利用这些资源。

皮特被迫离职后就跟着父亲去了燃气站兼职开发管道燃气信息管理系统，那个时候管道燃气已经很成熟，新小区都预埋了燃气管道。但皮特家是一个老的小区，还是采用传统的燃气瓶的方式，根据具体的需求，你可以购买不同容量的燃气瓶，然后使劲把它扛到楼上去。这种传统的方式除了需要体力外，还要预备一罐多余的燃气瓶以防做饭时燃气突然没有气了，当然最重要的是缺少安全性，燃气瓶爆炸事件偶有发生，危及生命安全。皮特在燃气站与领导们一起熟悉具体的流程并分析功能需求，包括燃气收费系统、设备管理、生产调度管理等。经过"九九八十一天"的奋战，终于帮助燃气站开发了一个小型的智能信息管理系统。这个系统可以按照用户的需求开通管道燃气，根据用户的燃气使用情况进行计费，大大提高了管道燃气的效率。经历了这次兼职，除了获得了不菲的收入外，皮特脑海里始终有一种隐隐的感觉：原先的工作和这个管道燃气开通总有一种相似的东西。

传统的计算机使用方式就是跟燃气瓶一样直接买回家，但是这种方式随着公司业务的不断发展出现了很多问题，比如设备老化、耗电量大、占用大量空间等。有没有一种类似燃气站的方式可以解决这些问题呢？服务器的选择如图 9.1 所示。燃气管中的资源是燃气，服务器中的资源包括计算资源（CPU 和内存）、存储资源和网络资源，我能不能也建一个这样的资源中心通过收费的方式提供给用户呢？

图 9.1　服务器的选择

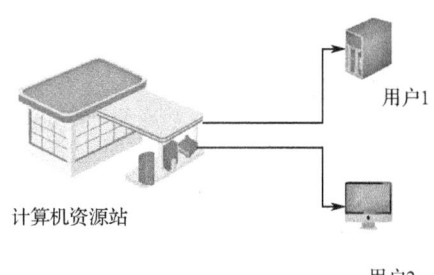

图 9.2 计算机资源站

资源站提供的是满足用户需求的各类计算机资源，用户根据自己的需求构建自己的计算机环境。计算机资源站如图 9.2 所示。"对了！太好了！"皮特如梦初醒：老板那边不就是一个计算机资源站吗？这么多的资源在那里不就是可以利用的吗？于是他马上将这个想法告诉了老板，老板非常认可，于是找来了原先的技术人员进行不断的努力研发，终于在某一天诞生了这个产品，命名为"皮特云"，以此来表达皮特对该产品的创新与贡献。自从推出了这个云之后，来自全世界各地的用户络绎不绝，老板的公司也从原先快倒闭的游戏公司成功转型成了一家云计算公司，而且业务已经远远不能满足这种需求，于是不停地构建更大的资源中心，慢慢地从当地发展到各个中心城市，云计算（云）也慢慢地走入了人们的生活。

9.1.2　云计算的定义

云计算是基于互联网相关服务的增加、使用和交付模式，通常涉及通过互联网来提供动态易扩展且经常是虚拟化的资源。云是网络、互联网的一种比喻说法。过去在图中往往用云来表示电信网，后来也用来表示互联网和底层基础设施的抽象资源。因此，云计算甚至可以让你体验每秒 10 万亿次的运算能力，拥有这么强大的计算能力可以模拟核爆炸、预测气候变化和市场发展趋势。用户通过 PC、笔记本电脑、手机等方式接入数据中心，按自己的需求进行运算。

云计算的定义有多种。对于到底什么是云计算，至少可以找到 100 种解释。目前广为接受的是美国国家标准与技术研究院（NIST）给出的定义：云计算是一种按使用量付费的模式，这种模式提供可用的、便捷的、按需的网络访问，进入可配置的计算资源共享池（资源包括网络、服务器、存储、应用软件、服务），这些资源能够被快速提供，只需投入很少的管理工作，或与服务供应商进行很少的交互。

9.1.3　简要历史

云计算的想法可以追溯到效用计算的起源，这个概念是计算机科学家 John McCarthy 在 1961 年公开提出的："如果我倡导的计算机能在未来得到使用，那么有一天，计算也可能像电话一样成为公用设施……计算机应用（computer utility）将成为一种全新的、重要的产业的基础。"

1969 年，ARPANET 项目（Internet 的前身）的首席科学家伦纳德·克兰罗克（Leonard Kleinrock）表示："现在，计算机网络还处于初期阶段，但是随着网络的进步和复杂化，我们将可能看到'计算机应用'的扩展……"

从 20 世纪 90 年代中期开始,普通大众已经开始以各种形式使用基于 Internet 的计算机应用,比如:搜索引擎(Yahoo、Google)、电子邮件(Hotmail、Gmail)、开放的发布平台(Facebook、YouTube),以及其他类型的社交媒体(Twitter、LinkedIn)。虽然这些服务是以用户为中心的,但是它们的普及有效验证了形成现代云计算基础的核心概念。

20 世纪 90 年代后期,Salesforce.com 率先在企业中引入远程提供服务的概念。2002 年,Amazon.com 启用 Amazon Web 服务(Amazon Web Service,AWS)平台,该平台是一套面向企业的服务,提供远程配置存储、计算资源及业务功能。

20 世纪 90 年代早期,在网络行业出现了"网络云"或"云"这一术语,但其含义与现在的略有不同。它是指异构公共或半公共网络中数据传输方式派生出的一个抽象层,虽然蜂窝网络也使用"云"这个术语,但是这些网络主要使用分组交换。此时,组网方式支持数据从一个端点(例如本地网络)传输到"云"(广域网),然后继续传递到特定端点。由于网络行业仍然引用"云"这个术语,因此,被认为是较早采用的奠定效能计算基础的概念。

直到 2006 年,"云计算"这一术语才出现在商业领域。在这个时期,Amazon 推出其弹性计算云(Elastic Compute Cloud,EC2)服务,使得企业通过"租赁"计算容量和处理能力来运行其企业应用程序。同年,Google Apps 也推出了基于浏览器的企业应用服务。三年后,Google 应用引擎(Google App Engine)成为了另一个里程碑。

9.2 云计算交付模型

你还记不记得你买过多少东西?我想肯定是一大串,估计很难说完,那你想过这些东西是怎么到你手上的吗?你是一个客户,当你购买了一件商品的时候,企业就把商品交付到你手上。

商品的种类千变万化,有些可能是原材料,比如钢材;有些可能是很基础的零件,比如汽车轮胎。客户会通过零件去生产更大的产品,有些可能是可以直接用的东西,比如汽车。那云计算是怎么交付的呢?还是一起来看看吧。

云计算是一种通过租赁交付给客户云资源的服务模式。按照服务的范围和结构特征将云计算的交付分成了 IaaS(基础设施即服务)、PaaS(平台即服务)和 SaaS(软件即服务)三种。以下进行具体介绍。

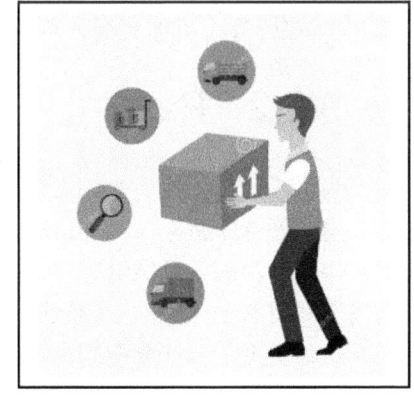

✓ 9.2.1 IaaS

想要把硬件资源集中起来,其中一个关键性技术突破是虚拟化技术。虚拟化技术可以提高资源的有效利用率,使操作更加灵活,同时简化变更管理。单台物理服务器可以有多个虚拟机，同时提供分离和安全防护，每个虚拟机就像在自己的硬件上运行一样。

这种把主机集中管理，以市场机制通过虚拟化层对外提供服务，按使用量收费的盈利模式，形成了云计算的基础层。这就是基础设施即服务（Infrastructure as a Service，IaaS），构成了云计算的基础层，结构如图 9.3 所示。

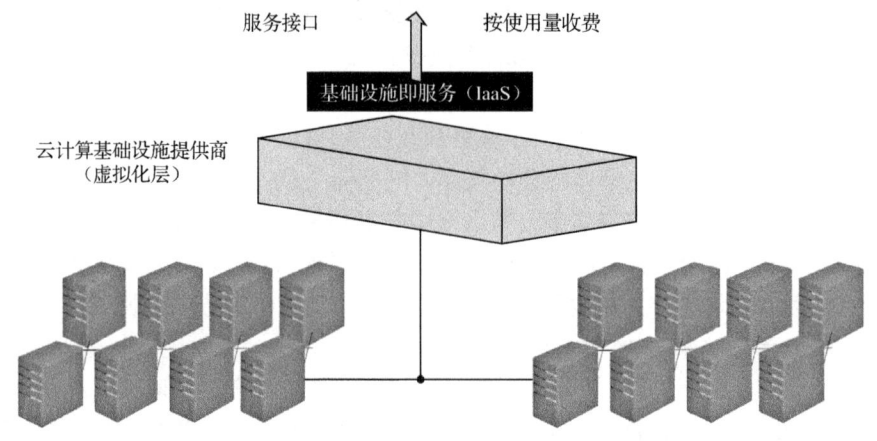

图 9.3　IaaS 架构图

硬件平台在云计算中是极其重要的，事实上只有当硬件设备能以低成本实现大规模处理的时候，云计算才有可能实现。以上这种虚拟化（通过虚拟机的方式）提供硬件设备有很多好处：

① 云计算的管理平台能够动态地把计算平台定位到所需要的物理平台上，而不用停止在虚拟机上运行的应用程序。

② 能更有效地使用机器资源，当负载比较轻的时候，可以把负载合并到同一个物理节点上，关闭其他物理节点，以节约资源。

③ 通过虚拟机在不同物理节点的动态迁移，可以起到动态负载平衡的效果。

④ 在部署上更加灵活，可以把虚拟机直接部署到物理计算平台当中。

9.2.2　PaaS

为了给用户提供更大的方便，很多公司开始提供云计算的应用平台，这就是云计算的第二层：平台即服务（Platform as a Service，PaaS）。PaaS 是指把一个完整的应用程序运行平台作为一种服务提供给客户。在这种服务模式中，客户不需要购买底层硬件和平台软件，只需要利用 PaaS 平台，就能够创建、测试和部署应用程序。

这种类型的云计算架构有以下特点：

① 提供服务平台的编程接口，开发人员需要根据服务平台的服务接口进行应用程序开发。

② 提供应用程序的托管平台，针对这个平台开发的应用程序一般只部署在这个平台上。

9.2.3　SaaS

在云计算推出之前，人们已经开始意识到软件与服务的关系，首先提出来的概念就是软件即服务（Software as a Service，SaaS）。其概念可以这样来定义：把软件部署为托管服务，用户不需要购买软件，可以通过网络访问所需要的服务，或者把各种服务综合成自己的需要，而客户按照使用量付费。SaaS 的出现彻底颠覆了传统软件的运营模式。它不仅仅从价格上、交付模式上、实施风险上带来了明显改观，在云计算上，SaaS 有了更好的发展空间，而云计算的推出，给 SaaS 提供了更好的生态环境。这就形成了云计算的第三层：软件即服务。

这三个层结合起来，就形成了典型的云计算的 SPI 模型。可以预期，在这个模型上，大量的创新企业可以获得更好的生存空间。

这种云计算服务方式的特点是：

① 用户不需要把软件安装在自己的计算机或者服务器上，而是按照某种服务水平协议（Service Level Agreement，SLA）直接通过网络，从专门的提供商获取自己所需要的、带有相应软件功能的服务。

② 多主租用（Multi-tenancy）。

③ 用户不必购买软件，只需要租用（订阅），然后按使用量付费使用软件。

云计算允许服务提供商在不属于自己的硬件平台和系统软件上提供软件服务，服务提供商也不需要知道服务所在的物理位置，平台的问题委托云平台来负责就好了。这是一个好事情，因为降低了进入门槛，可以吸引大量有创新能力的中小企业参与云计算服务。

专家指导

SaaS 提供商需要使用 PaaS 和 IaaS 提供商提供的服务并按使用量付费。这里的盈利模式在于，SaaS 是一种增值服务，最终用户按使用量付给 SaaS 供应商的费用，要比 SaaS 供应商付给同样流量的 PaaS 供应商的费用要高，这就有了盈利空间。再次说明，云计算看问题的角度是服务和业务模式，而不是技术实现，这一点很重要。

9.2.4 模型比较

关于前述三种结构的概念本身就比较难以理解，为了更好地进行比较，我们举个例子：没有云的时候相当于大家都是在自己盖房子，后来发现这样成本比较高，要请专业人员维护，如果盖得太大会浪费，盖得太小又不够用，于是有了云。IaaS 相当于毛坯房，建筑商盖好，除了最基本的房子结构，其他基本没有，具体房子做什么用，自己决定，这样就给用户很大的空间来进行完善，比如屋内的装修还有家具的购买等。IaaS 上购买的一般是主机，也就是最基本的硬件设施，用户不光要开发程序，还要考虑搭建系统，维护运行环境，以及怎么容灾，怎么做到高可用，怎么扩容，对用户的要求还是很高的。

PaaS 相当于简单装修，房子做什么用有一定限制，但基本的装修和家居房东都做好了，不够再租也比较方便。PaaS 上是服务的运行环境，服务商提供了扩容以及容灾机制，用户负责开发程序即可，但程序需要匹配 PaaS 上的环境，没有 IaaS 那样自由。

SaaS 相当于精装修，比如酒店房间，需要的时候租一间住就行，不住了就退掉，完全不用操心房间维护的问题，有不同风格、不同档次的酒店以及不同格局的房间供你选择。SaaS 提供的是具体的服务，多租户公用系统资源，资源利用率更高。

图 9.4 IaaS 与毛坯房

从这个例子我们也不难看出三种架构的特点和区别,再说得形象一点,IaaS 主要是卖硬件,PaaS 主要是卖开发、运行环境,SaaS 主要是卖软件。越是底层的开发和运作越复杂,成本越高,一般像 IaaS 这个级别的都是些大企业,比如亚马逊、Google 和阿里云。其次是一些中型企业,在这个 IaaS 上面搭建一个良好的创新型环境,帮助某个领域或者某一类企业快速构建应用,减少用户为构建这些应用付出的时间和技术负担。

9.3 云计算部署模式

当你购买了一件产品,接下去要做的是怎么用这个产品。可能是给自己用的,也可能是给大家一起用的,也可能是两者都有。

云计算也是一种产品,那它是怎么被使用的呢?当客户购买或者租用了某一类服务模式的产品后就会尝试着把它部署到对应的环境中去,是只给公司内部用还是开放环境,还是两者都有呢?这就是部署模式。

部署模式是企业真正用于实践的模型,按照企业与云之间的关系将云计算的部署模式分为公有云、私有云和混合云三种。

9.3.1 公有云

公有云也称外部云,描述了云计算传统的主流含义。这种模式的特点是,由外部或者第三方提供商采用细粒度、自服务的方式在 Internet 上通过网络应用程序或者 Web 服务动态提供资源，而这些外部或者第三方提供商基于细粒度和效用计算方式分享资源并结算费用。

公有云是建立在一个或多个数据中心并由第三方供应商操作和管理的。服务通过公共的基础设施提供给多个用户（云计算就是为多用户服务的），如图9.5所示。

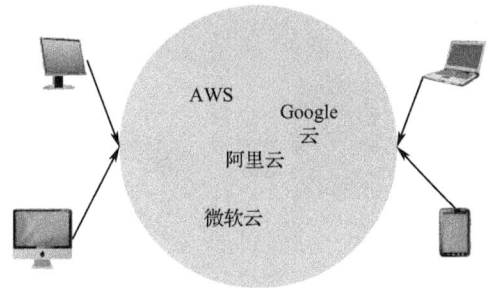

图9.5 公有云

在公有云中，安全管理以及日常操作是划归第三方供应商的，由第三方供应商负责公有云服务产品。因此，相对于私有云而言，公有云服务产品的用户对于云计算的物理安全以及逻辑安全层面的掌控和监管程度较低。

9.3.2 私有云

私有云也称内部云，用来描述建立在私有网络上的类似云计算的产品。这些产品（通常是虚拟化和自动化的）声称可以实现云计算的优点，但不具有云计算所存在的不足，可以充分解决数据安全、企业管理和可靠性等问题。相应地，企业必须购买、建造及管理自己的云计算环境，这样既无法降低前期的开销，也无法减少对云计算的维护管理等。私有云企业用户需要对其私有云的管理全权负责。

私有云与公有云的区别在于，与私有云相关的网络、计算及存储等基础设施都是为单独机构所独有的。由此，私有云出现了多种模式。

① 专用的私有云运行在用户拥有的数据中心或者相关的设施上，并由内部IT部门操作。

② 团体的私有云位于第三方位置，在定制的服务水平协议（SLA）及其他安全与合规的条款约束下，由供应商拥有、管理并操作云计算。

③ 托管的私有云的基础设施由用户所有，并托管给云计算服务提供商。

大体上，在私有云计算模式下，安全管理以及日常操作是划归内部IT部门或者基于SLA合同的第三方。这种直接管理模式的好处在于，私有云用户可以高度掌控及监管私有云基础设施（管理程序以及虚拟操作系统）的物理安全和逻辑安全层面。这种高度可控性和透明度，使得企业容易实现其安全标准、策略以及做到合规。

 小贴士

私有云并不与其他的机构分享，比如为企业用户单独定制的云计算，一般是那些比较大的企业，但是自己没有开发这个云平台的实力。

9.3.3 混合云

混合云是结合了公有云和私有云的优点而整合的一种云,从关系上讲,它是企业内部和外部公用的表现,在实施上尽量将非核心应用程序运行在公共环境下,而其核心程序以及内部敏感数据运行在私有环境下。

9.4 云体验

学习了前面的内容可能你觉得不够清晰,不过没关系,还是让我们来看看国内最大也是业绩最好的云计算公司阿里云吧。

没听错吧?阿里巴巴怎么变成一家云计算公司啦?你有没有听说过云计算很厉害的公司是一开始网上卖书的亚马逊?靠努力和不断地创新能改变很多东西,你也可以的,坚持梦想,加油!

9.4.1 阿里云

我们先从"双 11"说起,这个大家都很熟悉(说不定你也是一个"剁手党"),这是阿里巴巴最先发起的购物狂欢节,2017 年的"双 11",天猫商城创下了单日交易额 1207 亿的新纪录,这个很多媒体都曾报道过。但是,在这背后,另外一组数据关注的人就少了,比如这一天共计产生 6.57 亿个物流订单,交易峰值达到每秒 17.5 万笔,支付峰值是每秒 12 万笔,而用户来自全球 220 个国家和地区。这是多么强悍的数据处理能力!如果对这个数字没有感觉,我们可以对比一下,铁道部官方售票网站 12306。有据可查的是 2015 年春运高峰期每天平均售票 456.5 万张,也就相当于天猫商城"双 11"不到 1 分钟的支付量,但前几年动不动就会系统崩溃……

这么一对比,大家是否就有感觉了?而在背后能够支撑起"双 11"这样海量数据处理能力的技术,就是云计算。曾记得笔者自己在第一次"双 11"时购买东西,当时淘宝网响应特别慢,被海量的用户投诉,然而阿里巴巴并没有放弃它,而是对产品进行改进。我们看到了阿里巴巴的这种快速应变能力。所以阿里巴巴真正最强大的技术其实并不在于淘宝网、天猫商城或是支付宝,而是云计算。电子商务要得到更好的用户体验和海量数据处理能力,都离不开云计算。

9.4.2 注册与登录

前面讲到了阿里云这么强大的云计算技术以及在电子商务中发挥的作用,你是不是有点迫不及待啦。赶紧在浏览器上输入 www.aliyun.com 网址，点击注册进入注册页面注册一个账号。注册成功后你就可以在 15 天内免费试用阿里云服务，体验一下它的强大能力。

9.4.3 云资源开通

输入网址 https://free.aliyun.com/ntms/free/personal.html?handle=true，进入阿里云的免费套餐申请入口，点击免费领取，申请免费云服务器如图 9.6 所示。如果你已经用户注册并且实名认证就可以申请到。

图 9.6 申请免费云服务器

CPU、内存、带宽都是固定的大小，因为是免费的，而且存储空间也没有选择，唯一可以选择的是地域和操作系统，如图 9.7 所示是成功申请后获得的详细云服务器列表，在阿里云里面我们称之为实例。

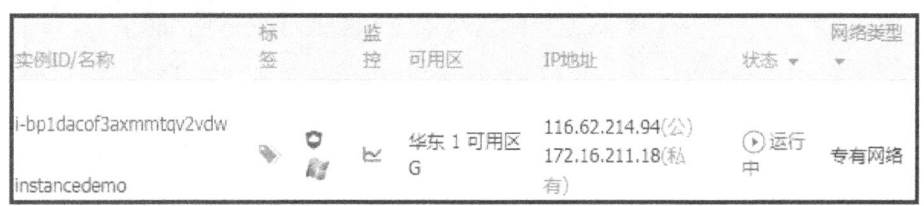

图 9.7 云服务器（实例）列表

9.4.4 控制台管理

点击进入管理控制台，进行控制台管理。
（1）选择浏览器
选择启动，如果不选择合理的浏览器就不能弹出云主机操作系统，所以会提示用什么样的浏览器和版本。
（2）输入管理终端连接密码
输入管理终端连接密码，如图 9.8 所示。
确认并输入密码。
（3）操作云主机
输入正确的终端连接密码后就登录到了云主机，是不是有一种似曾相识的感觉？对，是 Linux！

图 9.8　管理终端连接密码

图 9.9　登录云主机进行命令行操作

小　结

本章从皮特云的创业故事出发，对云计算的历史与现状、基本概念进行了简要介绍，并对不同的服务模式和部署模式进行了讲解和分析。

我们认为云计算是一种按使用量付费的模式，这种模式提供可用的、便捷的、按需的网络访问，可以快速共享并提供包括网络、服务器、存储、应用软件等资源。可以说云计算改变了原先的生产模式，正是这种创新模式的改变让它成为了当今和未来的重要技术和产业。

理解云计算应把握资源的服务方式这一思想。

什么是云计算：主要介绍了基本的定义和历史发展现状。

云计算交付模型：通过房子的类比对 IaaS、PaaS 和 SaaS 进行了具体的分析和比较。

云计算部署模式：对公有云、私有云和混合云进行了总体介绍，让我们对它的使用范围有了一定的了解。

本项目实施完成后，读者应具备在项目学习目标中所明确的相应知识与技能，应形成对云计算概念、服务模式、部署模式的基本认识和云计算体验的具体理解,为后续项目的学习奠定基础。

1．单项选择题

（1）一个完整的云计算环境由"云"、"管"和"端"三部分组成,缺一不可,下列关于云计算的描述不正确的是（　　　）。

  A．像立体停车房按车位大小和停车时间收取停车费一样,云计算出租计算设备包括 IaaS、PaaS 和 SaaS 三种类型,满足不同的租户

  B．云端是指计算机网络中的计算设备,负责完成软件的计算

  C．终端是指位于人们身边的输入/输出设备,负责完成与人的交互

  D．如果把计算机网络比喻成充满收费站的高速公路的话,那么云计算涉及的网络侧重于运输设备方面

（2）云计算体系结构的（　　）负责资源管理、任务管理、用户管理和安全管理等工作。

  A．物理资源层   B．资源池层

  C．管理中间件层   D．SOA 构建层

（3）从研究现状上看,下面不属于云计算特点的是（　　　）。

  A．超大规模   B．虚拟化   C．私有化   D．高可靠性

（4）下列对云计算相关概念描述不正确的是（　　　）。

  A．无论你是否喜欢,垃圾短信、骚扰电话总是如影随形,严重困扰着人们的正常生活。曾经,一条关于"360 手机卫士,拒绝骚扰"的广告在中央电视台黄金时段播出,引发人们对手机"防骚扰"问题的极大关注。通过广告可以看到,360 手机卫士的"云标记"功能可有效拦截骚扰电话,让用户免受骚扰之苦。

  B．楚国有人坐船渡河时,不慎把剑掉入河中,他在舟上刻下标记。当舟停驶时,他跳入河中轻松地把剑捞了上来。楚国人淡定地说:"云搜索。"

  C．中新网 2014 年 9 月 6 日电（IT 频道 吴涛）近日,苹果云服务 iCloud 被爆存在安全漏洞,多位好莱坞明星私照被曝光,事情发生后,云服务安全问题引起大家的关注。

  D．我院电子商务 14 级某女生在 8 号楼一楼投资购买了 1 台 Vyin 打印机,为经贸淘宝城项目提供便捷的云打印服务。

（5）Amazon.com 公司通过（　　）云计算,可以让客户通过 Web Service 方式租用计算机来运行自己的应用程序。

  A．S3   B．HDFS   C．EC2   D．GFS

2．多项选择题

（1）云计算的特性包括（　　　）。

  A．简便的访问   B．高可信度

  C．经济型   D．按需计算与服务

（2）"云"服务的影响包括（　　）。
  A．理财服务　　　　　　　　　B．健康服务
  C．交通导航服务　　　　　　　D．个人服务

（3）基于平台服务，这种"云"计算形式把开发环境或者运行平台也作为一种服务提供给用户。用户可以把自己的应用运行在提供者的基础设施中，例如（　　）等公司提供这种形式的服务。
  A．Sun　　　　　　　　　　　　B．Amazon.com
  C．Yahoo Pipes　　　　　　　　D．Salesforce.com

（4）云是一个平台，是一个业务模式，给客户群体提供一些比较特殊的IT服务，分为（　　）等三部分。
  A．管理平台　　B．服务提供　　C．构建服务　　D．硬件更新

（5）IaaS计算实现机制中，系统管理模块的核心功能不包括（　　）。
  A．负载均衡　　　　　　　　　B．监视节点的运行状态
  C．应用API　　　　　　　　　　D．节点环境配置

3．分析题

（1）结合目前热点分析未来云计算发展趋势。

（2）具体分析云计算的三种服务模式。

（3）分析企业在什么环境下会部署私有云，这个对企业有什么好处。

（4）通过阿里云的体验，你觉得阿里巴巴主要的客户是谁？这些客户为什么会租用阿里云产品？

第10章

大 数 据

学习目标

掌握大数据概念和特征。
了解大数据产业现状、大数据相关的技术和大数据分析架构。
了解大数据应用现状及特点。
了解我国大数据产业相关政策。

学习导图

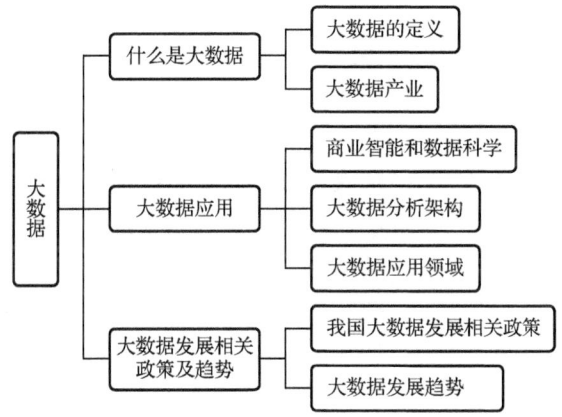

知识点

大数据的概念，大数据产业，商业智能和数据科学，大数据的分析架构，商业智能和大数据的区别，大数据应用领域。

10.1 什么是大数据

随着互联网、移动互联网、物联网等技术的快速发展和相关知识的迅速普及与应用,人们似乎都习惯了通过网络将自己的生活与工作数字化。据统计,互联网上的数据总量每两年翻一番,人类产生的数据量正在呈指数级增长。这些数据已经远远超越了目前人力所能处理的范畴,如何管理和使用这些数据,逐渐成为一个新的领域,于是大数据的概念应运而生。

在以云计算为代表的技术创新条件下,原本很难收集使用的商品和服务交易情况的数据开始被利用起来了,通过各行各业的不断创新,大数据将逐步为人类创造出更多的价值。云计算和大数据就好像是一个硬币的两面,云计算是软硬件资源的虚拟化,而大数据是海量数据的高效处理,具有分布式处理和分布式存储等功能的云计算是大数据成长的 IT 基础和驱动力,为大数据提供平台,二者之间是相辅相成的。

早在 1980 年,著名未来学家阿尔文·托夫勒便在《第三次浪潮》一书中,将大数据热情地赞颂为"第三次浪潮的华彩乐章"。而最早提出"大数据时代已经到来"的机构是全球知名咨询公司麦肯锡。2011 年,麦肯锡在《大数据:创新、竞争和提高生产率的下一个新领域》的研究报告中指出,数据已经渗透到每一个行业和业务职能领域,逐渐成为重要的生产因素,而人们对于大数据的运用将预示着新一波生产率增长和消费者盈余浪潮的到来。

10.1.1 大数据的定义

数据是指对客观事物进行记录并使用可以鉴别的符号,也是对客观事物的属性、数量、位置及其相互关系的抽象表示。它不仅指狭义上的数字,还可以是具有一定意义的文字、字母、数字符号的组合,以及图形、图像、视频、音频等,也是客观事物的属性、数量、位置及其相互关系的抽象表示。例如,"0、1、2……""地点、面积、楼层、朝向、业主""学生考试成绩、比赛结果"等都是数据,数据经过加工后就成为信息。

大数据是信息社会借助计算机、网络和云计算达到大规模高效率收集数据、高效率挖掘利用数据价值的现象。美国咨询研究机构 Gartner 给出了这样的定义:大数据是需要新处理模式才能具有更强的决策力、洞察发现力和流程优化能力的海量、高增长率和多样化的信息资产。也就是说,大数据指无法在一定时间范围内用常规软件工具进行捕捉、管理和处理的数据集合。在大数据时代已经到来的时候,要用大数据思维去发掘大数据的潜在价值。

大数据来源主要是商业平台、企业、搜索引擎、新闻和社交媒体、通信机构等,数据形式除了数字,还有文字、报表、图形、图像、声音、视频等。这些大数据中 80%以上是非结构化数据,而非结构化数据是无法用结构化数据库存储的,只能采用像 NoSQL 这样的非结构化数据库来存储和处理。

大数据的体量通常都在 PB 级以上,例如,百度每天产生的数据达到 1.5PB。PB 以上的数据量用 Excel 或者其他常用数据分析工具很难展开处理,这时需要使用商业智能 BI 工具或 Hadoop 来分析处理。

美国著名学者维克托·迈尔·舍恩伯格和肯尼斯·克耶编写的《大数据时代》一书中提出了"大数据"的 4V 特点:Volume(数据量大)、Velocity(速度快)、Variety(多样性)、Value(价值密度低)。

IBM 公司认为大数据的 4V 特征是:规模性(Volume)、多样性(Variety)、高速性(Velocity)和真实性(Veracity)。

规模性(Volume):数据量大,体量至少是 PB 级;

多样性(Variety):数据有很多种类;

高速性(Velocity):输入和处理数据的速度快;

价值性(Value):价值密度低;

真实性(Veracity):数据的真实可靠性。

目前,大数据的研究者们已经把大数据特征扩展到 10 个以上了。大数据的数量不断增大,数据内容也快速变化,类型繁多,但是数据的可靠性和价值密度较低。当数据中存在大量脏数据和噪声数据时,大数据的分析结果可靠性则降低。所以,只有面对可靠性高的大数据,大数据应用软件才能统计分析和挖掘出数据中的事物规则和事物间的关联,以低成本创造高价值。

✓ 10.1.2 大数据产业

产业是与利益相互联系的,具有不同分工的,由各个相关行业所组成的业态总称。尽管它们的经营方式、经营形态、企业模式和流通环节有所不同,但是它们的经营对象和经营范围是围绕着共同产品而展开的,并且可以在构成业态的各个行业内部完成各自的循环。

由于电信、互联网、医药、教育等很多行业都是容易产生大量数据的行业,随着业务的不断扩大和历史数据的不断增加,这些行业都有着迫切的大数据需求,于是诞生了大数据产业。

大数据产业发展规划(2016—2020年)

1. 大数据产业

大数据产业属于技术密集型产业,竞争更多的是技术实力与创新能力的比拼,能掌控大数据实时集成、海量信息处理和管理、云存储等技术的厂商将成为产业的主导者,主导未来大数据产业技术发展方向,促进商业模式创新。

围绕大数据的产生与聚集、组织与管理、分析与发现、应用与服务的各层级结构形成大数据产业结构。目前,在大数据产业结构中有四种大阵营。一是,基于基础软硬件和数据流通平台:有底层产品、大数据来源,也有大数据应用技术;二是,基于数据:只聚集和提供大数据;三是,基于技术:专注于大数据分析和处理应用软件的研发;四是,基于思维:提供大数据分析和处理服务。

拓尔思信息技术股份有限公司（简称拓尔思公司）是大数据领域海量非结构化信息自动化、智能化处理领域著名的公司。公司具有从底层技术、平台产品、应用产品到服务技术产品的完备业务结构，另外，还有基于自主平台的企业搜索、机器挖掘、SMAS 和 OM 等技术先进的产品。拓尔思公司的业务结构可以说是当前大数据产业链的缩影。如图 10.1 所示为拓尔思公司的大数据业务结构。

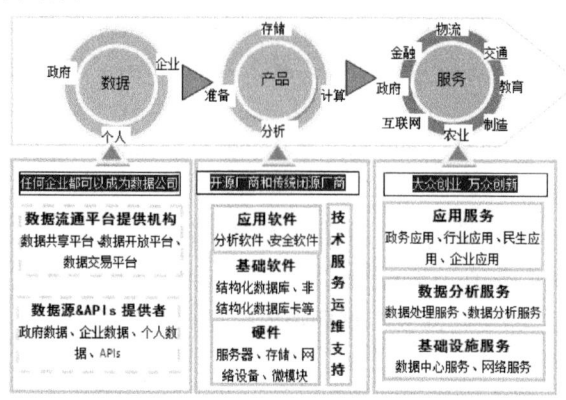

图 10.1　拓尔思公司的大数据业务结构

在大数据时代，能聚集海量数据的公司，基于数据交易可能会产生很好的效益。同时，基于数据挖掘，会有很多定位角度不同的商业模式诞生，比如侧重数据分析，可以帮企业做内部数据挖掘；而侧重优化，可以帮企业更精准找到用户，降低营销成本，提高企业销售率，增加利润，带来商业价值。大数据应用于谷歌搜索、Facebook 的帖子和微博消息，使得人们的行为和情绪的细节化测量成为可能。

国内涉足大数据商业服务的公司主要有百度、腾讯、阿里巴巴、网易、新浪等拥有大数据资源、大数据分析和处理技术的公司；华为、浪潮、中兴等提供基础软硬件并拥有大数据分析和处理技术的公司；探马科技、科大讯飞、神州数码等研发大数据分析和处理应用软件的公司；还有一些新创公司，借助第三方的大数据分析和处理应用软件提供大数据分析应用服务。

2．大数据产品

随着国内大数据产业的不断发展，现在很多大数据企业已经为医疗、金融、电商、零售、通信、政府公共服务、交通等领域提供了众多的大数据产品。以下介绍的是应用于这些领域的几个典型大数据产品。

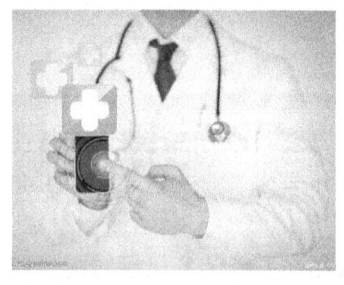

（1）医疗领域

在医疗领域，大数据有着广泛的应用空间，可以用在疾病预防、临床应用、互联网医疗等方面。例如：①东软集团凭借在社保、医疗行业积累的资源，搭建了东软熙康智慧医疗平台，平台中收集的医疗大数据经过处理能让医生的诊断变得更为精确；②IBM 公司的沃森技术医疗保健内容分析预测技术，允许企业找到大量病人相关的临床医疗信息，通过大数据处理，可以更好地分析病人的病例信息。

（2）金融领域

大数据在金融领域可用于风控、征信、保险和反欺诈等方面。例如：①神州融大数据风险控制平台，整合了国内权威的第三方征信机构和电商平台等信贷应用场景的征信大数

据,通过覆盖信贷全生命周期管理的顶尖风控技术,为微金融机构提供大数据驱动的信贷风控决策服务;②中科金财主要提供智能银行及互联网转型综合服务,能够为银行客户提供管理咨询、业务流程再造、多渠道整合、移动支付运营外包、大数据分析、自助网点运营外包、金融互联网运营外包等全业务链的综合服务;③九次方的金融数据能对有投资价

值和并购价值的企业进行价值判断,持续跟踪企业动态变化;④法海风控是一家大数据金融风控服务机构,其主要大数据产品"企业涉诉实时查询系统",运用现代数据信息和技术,通过多渠道信息采集,强化多信息校验、分析和逻辑判断,解决调查、审查、贷后管理中的信息不对称等问题。

（3）电子商务

大数据在电子商务领域可以助力电商开发和拓展客户,优化电商平台运营,支持平台

战略实施,支持电商平台风险管理。例如:①华院数云以数据挖掘为核心,以商业智能和精准营销为主线,以 SaaS 云平台为主要服务模式,目前专注于电商领域,为客户提供行业领先的数据分析和精准营销平台服务;②百分点主要为电子商务企业提供站内流量转化和商业智能分析的整体优化解决方案,旗下有推荐引擎技术平台以及跨网站消费偏好平台,产品主要有 BRE 和 BAE。

（4）零售领域

对零售业大数据进行挖掘分析,能够更好地了解和洞察消费者,从而实现精准化营销,或者变革供应链模式,实现货品精细化管理。例如:①北京荣之联公司为零售业提供大数据分析的解决方案,有效解决了库存问题;②奥维云网的零售大数据平台,可以通过对智慧家庭领域商品的交易、交互等数据进行有效采集、分析和挖掘,打通商品与用户的数据关联,提供契合业务场景的数据技术和产品,帮助企业发现机会、提高效

率、解决成本、降低风险,为企业市场决策提供有力的大数据信息增值服务。

（5）通信领域

大数据在通信领域应用可以有效地积累数据资源、经营流量和摆脱管道化。例如:

①中兴通讯推出的"聚焦 ICT 服务的高效数据中心整体服务解决方案",可帮助运营商有效解决大数据时代建设 IDC 面临的大部分问题,提升运营商 ICT（信息与通信技术）融合服务能力;②IBM SPSS 预测分析软件,某通信公司通过使用 IBM SPSS 预测分析软件,减少了将近一半的客户流失率,现在可以预测客户的行为,发现行为趋势,并找出存在缺陷的环节,从而帮助公司及时采取措施,保留客户。

除了前面提到的几家著名大数据企业及其大数据产品外,国内大数据企业的主力阵营中还有很多有实力的企业开发了有自己特色的大数据产品,举例说明。

① 探码科技。探码科技自主研发的 DYSON 智能分析系统,可以完整地实现大数据的

采集、分析、处理。探码科技公司一直做的国外项目，如美国大型律师平台、医生平台和酒店、机票预订平台的数据采集、分析、处理，现在正在国内推出一系列面向政务、企业的创新型大数据研究项目与合作，为各大企业提供高端信息技术咨询服务。

② 中科曙光。中科曙光 XData 大数据一体机可实现任务自动分解，并在多数据模块上并行执行，全面提高了复杂查询条件的效率。

③ 华胜天成。华胜天成自主研发的大数据产品"i 维数据"，颇具创新，2014 年又与 IBM 达成战略合作关系，涵盖 Linux on Power 市场、智慧城市、存储业务、管理服务、咨询与应用管理服务。

④ 神州数码。神州数码启动了"智慧城市"战略布局，先后推出了市民融合服务平台、自助终端服务平台等产品，并在佛山、武汉等城市的"智慧城市"项目建设中实践运用。

⑤ 启明星辰。大数据时代的 IP 治理和审计，启明星辰提供了终端审计、终端数据防泄露、日志审计，通过综合审计平台来帮助用户解决 IP 治理需求等。

⑥ 拓尔思。通过收购天行网安，可以拓展在公安行业的应用，目前正着力开拓行业应用市场，挖掘各个产业链中的大数据价值。

专家指导

　　大数据是指无法在一定时间范围内用常规软件工具进行捕捉、管理和处理的数据集合，是信息社会借助计算机和网络达到大规模高效率收集数据、高效率挖掘利用数据价值的现象。大数据特征是规模性、多样性、高速性和真实性。

　　大数据产业结构包含提供数据资源、提供基础软硬件产品和研发大数据产品、提供大数据分析和处理服务。

　　大数据产品是用于分析与发现的软件。

10.2 大数据应用

　　"数据即价值"的观念早已存在，真正的大数据应用体现在数据挖掘的深度。大数据应用有三个层次：①关注当前发生了什么，把发展的态势曲线描述出来，呈现发展的历程；②能够在当前分析的基础之上，预测未来可能会发生什么，呈现事物发展的趋势；③指导性地就当前的态势做出决策，预测决策对未来的影响。

10.2.1 商业智能和数据科学

1．商业智能

我国现在的中大型企事业单位大多数已经建立比较完善的 CRM、ERP、OA 等基础信息化系统，这些系统都是通过业务人员或者用户进行操作，最终对数据库进行增加、修改、删除等，称为在线事务处理 OLTP（Online Transaction Processing）。系统运行了一段时间以后，会帮助企事业单位收集大量的历史数据。如何把数据转化为信息，使得业务人员和管理者能够充分掌握、利用这些信息，并且辅助决策呢？于是，商业界首先使用了商业智能来解决此问题。

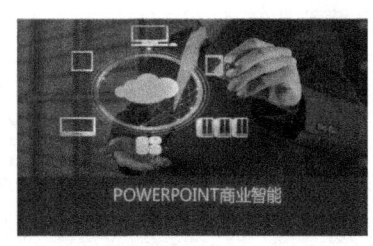

商业智能（Business Intelligence，BI），又称商业智慧。1989 年，Gartner 分析员 Howard Dresner 提出了近代 BI 的定义：为将企业中现有的数据转化为知识，帮助企业做出明智的业务经营决策的工具。1996 年商业智能定义为一类由数据仓库（或数据集市）、查询报表、数据分析、数据挖掘、数据备份和恢复等部分组成的，以帮助企业决策为目的的技术及其应用。

从技术层面上，商业智能是指用现代数据仓库技术、在线分析处理技术（Online Analytical Processing，OLAP）、数据挖掘和数据展现技术进行数据分析以实现商业价值。

在线事务处理 OLTP 侧重于对数据库进行增加、修改、删除等日常事务操作，在线分析处理 OLAP 则侧重于针对宏观问题，全面分析数据，获得有价值的信息。

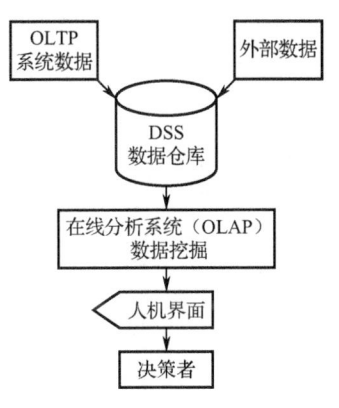

图 10.2　决策支持系统分析图

商业智能的主要架构是决策支持系统，包括读取数据、分析功能、丰富的画面、数据输出功能。决策支持系统结构如图 10.2 所示。

商业智能系统可辅助建立信息中心，如产生各种工作报表和分析报表，用于销售分析、商品分析、人员分析等。

商业智能的应用领域主要有：

① 企业：分析客户使用分销渠道的情况和分销渠道的容量、建立利润评测模型、客户关系优化、风险控制等；

② 电子商务：网上商品推荐、个性化网页、自适应网页；

③ 银行：美国银行家协会（ABA）预测数据仓库和数据挖掘技术在美国商业银行的应用增长率是 14.9%，主要用来进行客户评估与风险预测；

④ 生物制药和基因研究：DNA 序列查询和匹配、识别基因序列的共发生性等；

⑤ 电信：欺诈甄别、客户流失监测等。

此外，还有保险、零售、政府部门、教育机构、医疗机构和公用事业等领域。

商业智能工具已经应用于很多商业领域，起到了一定的辅助决策作用，但是数据仓库使用低效，成本高，不能胜任现在的海量数据的分析处理。

2．数据科学

信息化是将现实世界中的事物和现象以数据的形式存储到 Cyber 空间（Cyberspace，指在计算机以及计算机网络里的虚拟现实）中，是一个生产数据的过程。这些数据是自然和生命的一种表示形式，记录了人类的行为，包括工作、生活和社会发展。数据是存在于 Cyber 空间中的东西；信息是自然界、人类社会及人类思维活动中存在和发生的现象；知识是人们在实践中所获得的认识和经验。数据可以作为信息和知识的符号表示或载体，但数据本身并不是信息或知识。

数据科学是收集数据、处理数据，从中得到有用信息并能图形化，使人们得以理解的科学。一旦数据与其代表事物的关系被建立起来，就将为其他领域与科学提供借鉴与帮助。

数据科学（Data Science）是关于数据的科学或者研究数据的科学，数据科学研究的对象是数据，通过研究数据来获取对自然、生命和行为的认识，进而获得信息和知识。数据科学主要有两个内涵：一个是研究数据本身，研究数据的各种类型、状态、属性及变化形式和变化规律；另一个是为自然科学和社会科学研究提供一种新的方法，称为科学研究的数据方法，其目的在于揭示自然界和人类行为现象及规律。数据科学已有的方法和技术包括数据获取、数据存储与管理、数据安全、数据分析、可视化等；当然还要有基础理论和新技术，如数据存在性、数据测度、时间、数据代数等。

现代企业希望通过商业智能和大数据分析来预测信息，更侧重研究数据。数据科学的理论和方法将改进现有的科学研究方法，形成新型的科学研究方法，并且针对各个研究领域开发出专门的理论、技术和方法，从而形成专门领域的数据学，如行为数据学、生命数据学、脑数据学、气象数据学、金融数据学、地理数据学等。

数据科学主要以统计学、机器学习、数据可视化以及某个专业领域知识为理论基础，其主要研究内容包括数据科学基础理论、数据预处理、数据计算和数据管理。如图10.3所示为数据科学的知识体系。

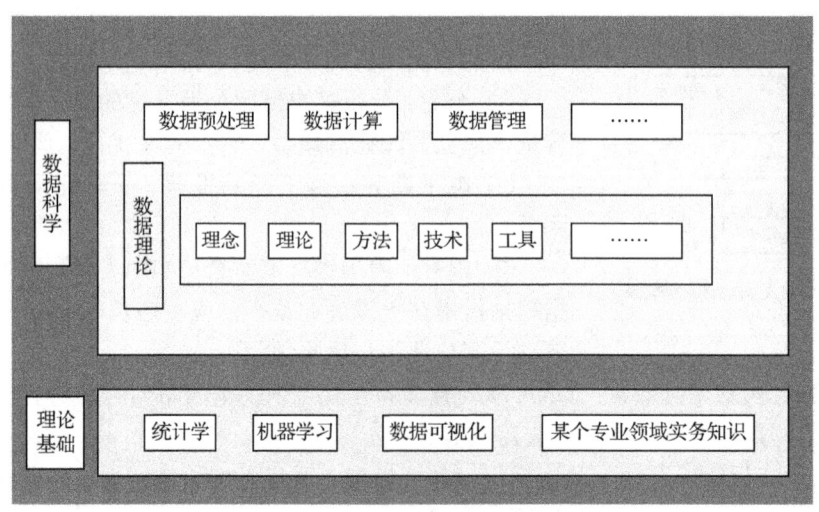

图10.3 数据科学的知识体系

数据预处理：为了提升数据质量，降低数据计算的复杂度，减少数据计算量，以及提升数据处理的准确性，数据科学中需要对原始数据进行预处理——进行数据审计、数据清洗、数据变换、数据集成、数据脱敏、数据规约和数据标注等。

数据计算：在数据科学中，计算模式发生了根本性的变化——从集中式计算、分布式计算、网格计算等传统计算过渡至云计算。有一定的代表性的是Google云计算三大技术：Hadoop、MapReduce和YARN技术的出现。

数据管理：在完成"数据预处理"（或"数据计算"）之后，需要对数据进行管理，以便再次进行"数据处理"以及数据的再利用和长久保管。在数据科学中，数据管理方法与技术发生了根本性的改变——不仅包括传统关系型数据库，还出现了一些新兴数据管理技术，如 NoSQL、NewSQL 技术和关系云等。

技术与工具：数据科学中采用的技术与工具具有一定的专业性。

数据科学研究的工作过程是：从数据自然界中获得一个数据集；对该数据集进行勘探，发现整体特性；进行数据研究分析（例如，使用数据挖掘技术）或者进行数据实验；发现数据规律；将数据进行感知化等。

10.2.2 大数据分析架构

企业要实现精细化营销、优化企业流程、降低运营成本，必须用多元化的技术进行大数据分析。大数据的具体化、实例化的应用离不开 Apache Hadoop 项目。Hadoop 是一种由 Apache 基金会开发的开源、可扩展、分布式的应用计算架构。作为主流大数据处理技术，Hadoop 具有方便、健壮和可扩展性。

① 方便。Hadoop 运行在由一般商用机器构成的大型集群上，或者云计算服务上。

② 健壮。Hadoop 致力于在一般商用硬件上运行，其架构假设硬件会频繁失效，Hadoop 可以从容地处理大多数此类故障。

③ 可扩展。Hadoop 通过增加集群节点，可以线性地扩展以处理更大的数据集。

Hadoop 主要由三部分组成：MapReduce 编程模型，HDFS 分布式文件存储，YARN。Hadoop 技术架构图如图 10.4 所示。

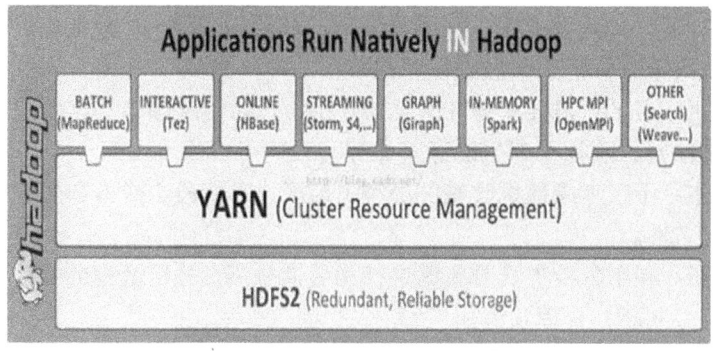

图 10.4 Hadoop 技术架构图

HDFS（Hadoop Distributed File System，Hadoop 分布式文件系统）是谷歌的 GFS 提出之后出现的另外一种文件系统，HDFS2 是版本 2 的 HDFS。HDFS 具有高度容错性，能提供高吞吐量的数据访问，非常适合大规模数据集上的应用。HDFS 提供了一个高度容错性和高吞吐量的海量数据存储与数据访问的解决方案。

YARN 是 Hadoop 2.0 中的资源管理系统，它的基本设计思想是将 MRv1 中的 JobTracker 拆分成了两个独立的服务：一个全局的资源管理器 Resource Manager 和每个应用程序特有的 Application Master。其中，Resource Manager 负责整个系统的资源管理和分配，负责单个应用程序管理的则是 Application Master。

MapReduce 是一种主/从架构，机群中有单一的主服务器以及若干个从服务器，在每个节点都有一个从服务器，这些分布式的节点协同工作，共同完成一个整体的大数据处理任务。

MapReduce 把所有的操作都分成 map 与 reduce 两类：map 用来将数据分成多份，分开处理；reduce 将处理后的结果进行归并，得到最终的结果。

HBase 是建立在 Hadoop 文件系统之上的分布式面向列的数据库，HBase 可以提供对 HDFS 中海量数据的快速随机实时读/写访问，如图 10.5 所示，HBase 的读和写是 Hadoop 文件系统的一部分。

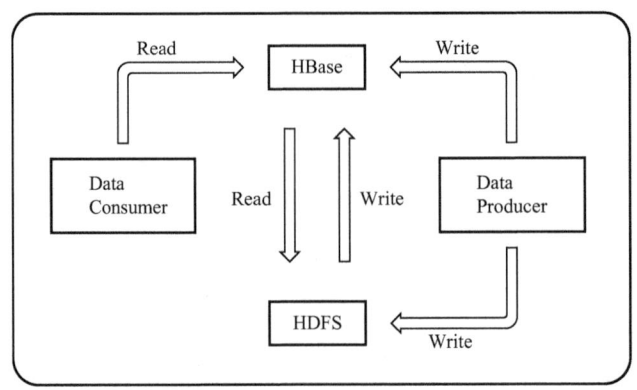

图 10.5　HBase 的读写

目前应用 Hadoop 较多的领域有：

① 搜索引擎，设计 Hadoop 的初衷就是为了针对大规模的网页快速建立索引。
② 大数据存储，如数据备份、数据仓库等，利用 Hadoop 的分布式存储能力。
③ 大数据处理，如数据挖掘、数据分析等，利用 Hadoop 的分布式处理能力。

总之，进行大数据分析必须做到以下几点：

① 明确分析的目的：需要获得什么结果、价值，如活跃顾客的年龄段、顾客收入水平分布、顾客购物偏好、购物行为的地区差异等。
② 数据收集：不仅考虑数据收集的类型、地区、时间段、成本和效率等，还要考虑数据的有效性和时效性。
③ 数据分析：利用各种工具对数据进行相关性分析，分析数据的价值大小，建立必要数量分析模型，做判断、合理预测。
④ 对分析结果的可靠性做评价和对分析结果使用的建议：影响分析结果可靠性的因素，使用的时效性。

10.2.3　大数据应用领域

国内对大数据应用服务领域的划分是参考现行的行业来进行的，应用大数据的主要领域有医疗、金融、电子商务、零售、通信、政府公共服务、交通等。

数据量的激增以及大数据技术的特点使得社会对大数据技术的需求日益增大，各个领域均有成功利用大数据的案例。政府、运营商、互联网企业是大数据技术的主要推动者，有关大数据的投资主要集中在医疗、金融、电子商务、零售、通信、政府公共服务、交通

等领域。下面介绍几个大数据应用的经典案例。

1. 医疗领域

健康问题一直是人们关注的热点,智慧医疗和大数据的结合对于未来医疗技术的发展具有重大的推动作用,有助于提高医疗效果,减少医患纠纷。

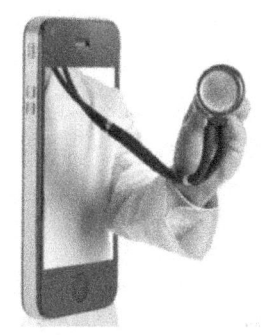

案例1:美国路易斯维尔利用大数据进行个性化医疗指导和治理空气污染问题

美国堪萨斯州的路易斯维尔地区大约有 10 万人饱受哮喘困扰,路易斯维尔市政府与 IBM 以及 Asthmapolis 合作,共同推出了"路易斯维尔哮喘数据创新计划"。该计划选取了 500 名哮喘病患者,让他们在呼吸器上安装使用 Asthmapolis 的传感器,精确记录病人使用呼吸器的情况。传感器的数据可以上传到病人的智能手机上,然后传到病人的医生那里。此外,通过 Asthmapolis 的移动应用,病人也可以看到针对刚才发送的数据的反馈和指导意见,实现对哮喘病人的个性化医疗指导。

同时,哮喘数据创新计划采集的数据将和空气质量、交通状况、污染情况等其他数据源结合起来,研究其相关性并研究热点发病地区,以便城市管理者可以更好地进行城市规划以及公众健康保护。

案例2:北京健康云平台

2014 年 7 月百度与北京市政府联合推出了北京健康云平台,通过智能设备来搜集用户的身体数据,进行大数据分析后将结果同步推荐给线下医疗服务机构和专家,为用户提供个性化的健康服务。

案例3:春雨医生

春雨医生于 2012 年推出了手机医生问答软件移动健康咨询 App,目前已沉淀了 3 000 万量级的医患问答数据,主要集中在妇科、儿科、皮肤科等。用户在线提出问题后,后台用大数据自动匹配类似的历史问题及相关症状的信息呈现给用户,给出诊断相似度比例由高到低排列的医生回复。

2. 金融领域

案例1:寻找识别客户

某大型商业银行在寻求高价值用户的过程中,基于内部数据,包括交易数据、评分数据、消费数据、用户往来交易数据等,利用大数据分析平台挖掘出高价值的用户并提取高价值用户的特征。同样,基于外部数据,比如芝麻信用、学信网、房产、运营商等数据,挖掘出哪些用户可能是高价值用户但还不是本行用户。银行的营销部门利用这些高价值用户的数据,为用户提供精准的产品营销服务。大数据平台的应用为该银行挖掘出了大量的潜在客户,并已经获得较高的转化。

案例2:强化风险交易控制

网上银行、手机银行、第三方支付应用等新兴电子渠道的高速发展,给消费者带来便利的同时也带来了一定的风险。因此,通过数据分析了解用户消费支付习惯、规避交易风险成为构建银行风险交易分析系统的关键。通过大数据分析平台,可以接入实时数据,设

245

定监控规则。当监控规则出现异常时,根据预警级别,自动触发高亮预警或者智能提醒。比如设定用户登录的监控规则是:出现同一用户在不同的渠道、短时间内、不同 IP 多次登录同一账号时,根据预警规则,自动触发短信平台或者邮件,做好智能监控提醒工作。

3. 电子商务领域

案例 1:智子云大数据挖掘助苏宁易购访客"回心转意"之路

苏宁易购通过智子云的 VRM 模型对使用 App 的流失访客进行精细划分,并借助 DSP(Demand-Side Platform,需求方平台)精准定向能力跨屏锁定目标人群,从访客转化率、媒体、地理位置、时段、设备类型、设备号等多个维度建立访客转化率预测模型和商品推荐模型,重定向投放,针对每一个到访访客计算广告点击率和到站转化率,然后通过自动聚类算法将访客人群分挡打分,对不同分值的人群,在综合媒体环境、竞价成功率等因素后,进行实时差异化出价。最终,本次活动找回苏宁易购的流失访客 9 572 163 人次,并促成 36 748 个直接有效订单,最终投资回报率大于 3。

案例 2:奥迪品荐二手车线上营销

2015 年,奥迪品荐二手车项目通过悠易互通程序化购买平台进行为期 5 个月的推广活动,传播受众主要以男性以及已有奥迪车主为主。悠易互通规划的投放策略是:首先,通过人群标签及关键词,对精准受众人群进行全网竞价;其次,对以上竞价成功的人群进行优化召回,并进行分析以提高下一轮竞价成功率。根据悠易互通汽车行业大数据经验,消费者的行为路径为"兴趣—认知—考虑—转化",程序化购买可以通过人群召回的方式将流失人群引导到下一环节,从而促进转化可能。最终投放结果显示,悠易互通通过以上策略高效达成客户 KPI,曝光量超过预估 13%,点击量超过 KPI 26%,注册量高达 163%。

4. 零售领域

案例 1:塔吉特百货孕妇营销分析

美国第三大零售商塔吉特,通过分析所有女性客户购买记录,可以"猜出"哪些是孕妇。孕妇对零售商来说是个含金量很高的顾客群体,塔吉特的顾客数据分析部门发现,怀孕的妇女一般在怀孕第三个月的时候会购买很多无香乳液。几个月后,她们会购买镁、钙、锌等营养补充剂。根据数据分析部门提供的模型,塔吉特制订了全新的广告营销方案,在孕期的每个阶段给客户寄送相应的优惠券。结果,孕期用品销售呈现了爆炸性的增长。2002 年到 2010 年间,塔吉特的销售额从 440 亿美元增长到了 670 亿美元。大数据的巨大威力引起了轰动。

本案例中,塔吉特利用大数据技术分析客户消费习惯,判断其消费需求,从而把握时机进行精准营销。这种营销方式的关键在于要正好在客户有相关需求时进行营销活动,这样才能保证较高的成功率。

案例 2:沃尔玛"啤酒加尿不湿"经典案例

美国著名商业零售连锁企业沃尔玛拥有世界上最大的数据仓库系统,为了能够准确了解顾客在其门店的购买习惯,沃尔玛利用 NCR 数据挖掘工具对数据仓库系统原始交易数据进行分析和挖掘。一个意外的发现是："跟尿不湿一起购买最多的商品竟是啤酒！"针对这一数据挖掘结果，经过大量实际调查和分析，揭示了隐藏在"尿不湿与啤酒"背后的美国人的一种行为模式：在美国，一些年轻的父亲下班后经常要到超市去买婴儿尿布，而他们中有 30%～40%的人同时也为自己买一些喜欢喝的啤酒。既然尿布与啤酒一起被购买的机会很多，于是沃尔玛就在其一个个门店将尿布与啤酒摆放在一起，结果是尿布与啤酒的销售量双双增长。

这个案例的意义在于将看似不相关的商品数据放在一起进行分析，找到它们之间的相关性，从而进行交叉营销，促进商品的销量。这种关联型思维方式是成功的关键。

案例 3：试衣间的大数据应用

传统奢侈品牌 PRADA 正在向大数据时代迈进。在纽约旗舰店里，每件衣服上都有 RFID 码，每当顾客拿起衣服进试衣间时，这件衣服上的 RFID 会被自动识别，试衣间里的屏幕会自动播放模特穿着这件衣服走台步的视频，以增加顾客对该衣服的认可度。而在顾客试穿衣服的同时，这件衣服的一系列数据会传至 PRADA 总部，包括衣服在哪座城市哪家旗舰店什么时间被拿进试衣间

停留多长时间，这些数据都被存储起来加以分析。如果 RFID 传回的数据显示这件衣服虽然销量低，但进试衣间的次数多，那就说明衣服存在一些问题，还有改进的余地，而不是被废弃掉。这项应用在提升消费者购物体验的基础上，帮助 PRADA 提升了 30%以上的销售量。

这个案例中，物联网和大数据的结合是成功的关键，利用物联网技术来收集数据，利用大数据技术进行分析，进而得出市场需求的结论。

5．通信领域

案例 1：某电信公司监控系统之间接口的调用关系和运营情况

普元是国内领先的软件基础平台与解决方案提供商，主要面向大中型企业、政府机构及软件开发商提供 SOA、大数据、云计算三大领域的软件基础平台及解决方案，用以满足上述组织信息化建设对关键技术的需求，帮助上述组织的业务在云计算和移动互联时代向数字化转型。

电信运营商的业务支撑系统域在使用普元公司的服务集成平台之后，IT 部门能够清楚地了解系统之间接口的调用关系和运行状况，有效地解决了以前接口开发效率较低、接口数量蔓延、接口管理较弱等问题。另外，服务集成平台在业务支撑系统的故障定位和性能调优方面也为电信运营商提供了有力的工具支撑。

案例 2：辅助中国移动的公司运营

中国移动通过大数据分析，对企业运营的全业务进行针对性的监控、预警、跟踪。系统在第一时间自动捕捉市场变化，再以最快捷的方式推送给指定负责人，使其在最短时间内获知市场行情。

案例 3：NTT DOCOMO 的手机为客户提供餐饮店和末班车等信息

日本移动通信运营商 NTT DOCOMO 把手机位置信息和互联网上的信息结合起来，

通过大数据分析，为顾客提供附近的餐饮店信息，在接近末班车时间时提供末班车信息服务。

6. 政府公共服务领域

案例1：智能电表

智能电表让供电公司能每隔15分钟就读一次用电数据，而不是过去的一个月一次。这

不仅仅节省了抄表的人工费用，而且由于能高频率快速采集、分析用电数据（产生大数据），供电公司能根据用电高峰和低谷时段制定不同的电价，TXU Energy 就利用这种价格杠杆来平抑用电高峰和低谷的波动幅度。例如，TXU Energy 打出了这样的宣传口号："亲，晚上再洗衣服洗碗吧，晚上用电不要钱。"实际上，智能电表和大数据应用让分时动态定价成为可能，而且这对于 TXU Energy 和用户来说是一个双赢变化。

案例2：大数据预防犯罪

根据指纹、掌纹、人脸图像、签名等一系列生物信息识别数据、归档数据、所有相关的图像记录以及案件卷宗等信息，帮助发现犯罪线索，发现犯罪热点地区并提前预防犯罪发生，预测罪犯假释或者缓刑期间的犯罪可能性，为法庭假释条款和审判提供参考。

案例3：注册公司

注册一家公司，按照传统的业务方式，可能要去多个部门开具不同的证明材料，然后到工商部门提交注册信息，经过几个月的时间才能完成注册，注册完成后，你的经营状态只能你自己负责。如果利用政府大数据，就只要向工商局提交个人信息，工商局就会立刻知道你的所有相关信息，包括信用等级，依据这些信息工商局在很短的时间内就可以帮你完成注册。同时，依据大数据的评估、预测能力，会自动生成一份注册公司所属行业的评估报告，判断该行业的发展趋势、产能是否过剩等，从而帮助政府部门和你提高决策能力。在日后的经营过程中，政府部门会实时掌握你企业的经营情况和运行情况，提供有针对性的服务，及时发现企业经营的异常，在关键时刻帮助你的企业渡过难关。当然，如果你的企业出现违法经营行为，政府也会第一时间发现，等待你的将是客观、科学的处罚。

7. 交通领域

案例：中国电信基于物联网的智能公交解决方案

中国电信提出了基于物联网的智能公交应用整体解决方案。该方案紧密结合公交行业特点，涵盖了全球眼视频监控系统、GPS 定位调度系统、无线数据采集系统等技术，是基于物联网技术的公交行业车辆监控调度管理综合性解决方案。中国电信智能交通系统利用物联网技术，提高了公交系统中的人（乘客、司乘人员、管理人员）、公交设施（道路、场站等）和公交车辆等之间的有机联系，从而最佳地利用了交通系统的时空资源，通过信息资源的合理开发、利用和整合，提高了公交行业运行效率，改善了服务质量，为应对重大突发事件提供了必要的手段，在公交公司的科学运营管理、安全监控等方面发挥了重要的作用。物联网的应用已成为公交业务发展的必然趋势。

> **专家指导**
>
> 大数据与商业智能的目的都是帮助企业决策,但大数据比商业智能处理的数据量大得多。
>
> 大数据与商业智能的数据分析处理基础都是数据科学。数据科学是收集数据、处理数据,从中得到有用信息并能图形化,使人们得以理解的科学。
>
> 大数据的生态系统包括大数据基础设施、大数据分析类、大数据应用类、大数据数据源类、跨基础设施分析、开源软件。
>
> 从各个领域的大数据应用案例分析可知,大数据的思维是关联性的。

10.3 大数据发展相关政策及趋势

10.3.1 我国大数据发展相关政策

"十三五"时期是我国全面建成小康社会的决胜阶段,全球新一代信息技术产业发展正处于加速变革期,国内市场应用需求处于爆发期,我国大数据产业迎来了重要的发展机遇期。大数据是国家基础性战略资源,是重要生产力。继《大数据白皮书(2014年)》《大数据白皮书(2016年)》之后,2018年4月,中国信息通信研究院第三次发布《大数据白皮书(2018年)》白皮书。白皮书中回顾并梳理了2014年到2017年我国大数据的发展政策。

2014年,大数据首次写入政府工作报告,而这一年也成为实际意义上的"中国大数据政策元年"。从这一年起,"大数据"逐渐成为各级政府关注的热点,政府数据开放共享、数据流通与交易、利用大数据保障和改善民生等概念逐渐深入人心。

2015年8月31日,国务院正式印发了《促进大数据发展行动纲要》(以下简称《行动纲要》),成为我国发展大数据产业的战略性指导文件。《行动纲要》作为我国推进大数据发展的战略性、指导性文件,充分体现了国家层面对大数据发展的顶层设计和统筹布局,为我国大数据应用、产业和技术的发展提供了行动指南。

2016年,《中华人民共和国国民经济和社会发展第十三个五年规划纲要》(以下简称《"十三五"规划纲要》)正式公布。《"十三五"规划纲要》的第二十七章题目为"实施国家大数据战略"。这也是"国家大数据战略"首次被公开提出。《"十三五"规划纲要》对"国家大数据战略"的阐释,成为各级政府在制定大数据发展规划和配套措施时的重要指导,对我国大数据的发展具有深远意义。

2016年年底,工业和信息化部正式发布《大数据产业发展规划(2016—2020年)》。《大数据产业发展规划(2016—2020年)》以大数据产业发展中的关键问题为出发点和落脚点,明确了"十三五"时期大数据产业发展的指导思想、发展目标、重点任务、重点工程及保障措施等内容,成为大数据产业发展的行动纲领。农业林业、环境保护、国土资源、水利、交通运输、医疗健康、能源等主管部门纷纷出台了各自行业的大数据相关发展规划，大数据的政策布局逐渐得以完善。

2017 年，大数据在政策层面备受关注。在党的十九大报告"贯彻新发展理念，建设现代化经济体系"一章中，专门提到"推动互联网、大数据、人工智能和实体经济深度融合"，高屋建瓴地指出了我国大数据发展的重点方向。

继国家发展改革委 2016 年印发了《关于组织实施促进大数据发展重大工程的通知》后，国务院办公厅、国土资源部、国家林业局、环保部、煤工委、交通运输部、农业部均推出大数据发展意见和方案，大数据政策从全面、总体规划逐渐朝各大产业、各细分领域延伸，大数据产业发展也在逐步从理论研究走向实际应用之路。2016—2017 年中央及各部委大数据领域最受关注的政策如表 10.1 所示。

表 10.1　2016—2017 年中央及各部委大数据领域最受关注的政策

发文单位	文件名称
国家发展改革委	《关于组织实施促进大数据发展重大工程的通知》
国家林业局	《国家林业局落实〈促进大数据发展行动纲要〉的三年工作方案》
环保部	《生态环境大数据建设总体方案》
国家发展改革委等	《促进大数据发展三年工作方案》
国务院办公厅	《国务院办公厅关于促进和规范健康医疗大数据应用发展的指导意见》
国土资源部	《关于促进国土资源大数据应用发展的实施意见》
国家林业局	《关于加快中国林业大数据发展的指导意见》
交通运输部	《关于推进交通运输行业数据资源开放共享的实施意见》
农业部	《农业农村大数据试点方案》
工信部	《大数据产业发展规划（2016—2020 年）》
工信部	《软件和信息技术服务业产业发展规划（2016—2020 年）》
工信部、发改委	《信息产业发展指南》
国家信息中心	《中国大数据发展报告（2017）》
水利部	《关于推进水利大数据发展的指导意见》
国家自然科学基金委员会	《"大数据驱动的管理与决策研究"重大研究计划 2017 年度项目指南》
国家测绘地理信息局	《智慧城市时空大数据与云平台建设技术大纲》（2017 版）
公安部	《关于深入开展"大数据+网上督察"工作的意见》
国家发展改革委等	《关于促进分享经济发展的指导性意见》
国务院	《新一代人工智能发展规划》
工信部	《工业控制系统信息安全防护能力评估工作管理办法》
国务院	《关于积极推进供应链创新与应用的指导意见》
工信部	《高端智能再制造行动计划（2018—2020 年）》
国务院	《关于深化"互联网+先进制造业"发展工业互联网的指导意见》
国务院	《推进互联网协议第六版（IPv6）规模部署行动计划》
工信部	《促进新一代人工智能产业发展三年行动计划（2018—2020 年）》
信标委	《信息安全技术个人信息安全规范》

随着一系列大数据产业政策的出台，我国大数据产业发展有了依据和指南，同时规范产业的发展。在政策的支柱下，大数据产业实现创新和应用也会更加积极，我国的产业结构调整和升级的开展也就有了更科学的依据。

2014年12月31日，全球第一家大数据交易所——贵阳大数据交易所诞生于贵阳，截至2018年3月已发展2 000多家会员，可交易产品近4 000个。2016年1月15日，贵州省通过了《贵州省大数据发展应用促进条例》，这是中国首部大数据地方法规，该条例将大数据产业纳入法治轨道，以立法推动大数据产业蓬勃发展，填补了中国大数据立法的空白。2016年3月1日，在贵州省成立了国家大数据（贵州）综合试验区，这是我国首个国家级大数据综合试验区。继贵州之后，2016年10月8日，京津冀、珠江三角洲、上海市、河南省、重庆市、沈阳市、内蒙古七个区域获批建设第二批国家大数据综合试验区。这些大数据综合试验区将在大数据制度创新、公共数据开放共享、大数据创新应用、大数据产业聚集、大数据要素流通、数据中心整合利用、大数据国际交流合作等方面进行试验探索，推动我国大数据创新发展。

10.3.2 大数据发展趋势

中国科学院、美国电子消费协会的有关专家认为，随着大数据基础设施的不断完善，数据分析和商业智能工具将逐渐成为大数据的主力军。未来几年，全球大数据产业将呈现七大发展趋势，而产业应用将是主旋律。

第一，开源大数据商业化进一步深化。随着闭源软件在数据分析领域的地盘不断缩小，老牌IT厂商正在改变商业模式，向开源靠拢，并加大专业服务和系统集成方面的力度，帮助客户向开源的、面向云的分析产品迁移，主要是Hadoop技术将加速发展。

第二，打包的大数据行业分析应用开拓新市场。随着大数据逐渐走向各个行业，基于行业的大数据分析应用需求也日益增长。未来几年针对特定行业和业务流程的分析应用将会以预打包的形式出现，这将为大数据技术供应商打开新的市场。

第三，大数据细分市场规模进一步增大。大数据相关技术的发展，将会创造出一些新的细分市场。例如，以数据分析和处理为主的高级数据服务、基于社交网络的社交大数据分析等。

第四，大数据推动公司并购的规模和数量进一步提升。因此，在未来几年中，大型IT厂商将为了完善自己的大数据产品线而进行并购，首先涉及的将是信息管理分析软件厂商、预测分析和数据展现厂商等。

第五，大数据分析的革命性方法出现。未来几年，大数据分析将出现革命性的新方法，从前的很多算法和基础理论可能会产生理论级别的突破。机器学习继续成为大数据智能分析的核心技术；人工智能和脑科学相结合，成为大数据分析领域的热点。金融、互联网电子商务、健康医疗、智慧城市等领域的应用令人瞩目。

第六，大数据与云计算将深度融合。云计算为大数据提供弹性可扩展的基础设施支撑环境以及数据服务的高效模式，大数据则为云计算提供新的商业价值，大数据技术与云计算技术必有更完美的结合。

第七，大数据一体机将陆续发布。在未来几年里，数据仓库一体机、NoSQL一体机以及其他的一些将多种技术结合的一体化设备将进一步快速发展。

> **专家指导**
>
> 在政府大力扶持下，各行各业一系列大数据产业政策的出台，将促进大数据产业实现创新和应用的积极性，有利于我国的产业结构的调整和升级。

 小　结

本章介绍了大数据、大数据产业的基本结构、商业智能与数据科学、大数据分析架构、大数据的生态系统等基本情况，对医疗、金融、电商、零售和通信等领域的典型大数据应用案例进行了分析。

大数据是指无法在一定时间范围内用常规软件工具进行捕捉、管理和处理的数据集合。在大数据时代已经到来的时候要用大数据思维去发掘大数据的潜在价值。大数据的特征是规模性、多样性、高速性和真实性。

大数据产业是指围绕大数据的产生与聚集、组织与管理、分析与发现、应用与服务等各层级结构，包含了提供大数据的公司、提供大数据技术的公司、提供大数据应用服务的公司和大数据第三方服务公司。

商业智能是由数据仓库（或数据集市）、查询报表、数据分析、数据挖掘、数据备份和恢复等部分组成的、以帮助企业决策为目的的技术及其应用；从技术层面上是指用现代数据仓库技术、线上分析处理技术（OLAP）、数据挖掘和数据展现技术进行数据分析以实现商业价值。

数据科学是收集数据、处理数据，从中得到有用信息并能图形化，使人们得以理解的科学。一旦数据与其代表事物的关系被建立起来，将为其他领域与科学提供借鉴。

大数据分析架构主要是 Hadoop 技术架构，包括 HDFS、YARN、MapReduce、HBase 等系统技术。

大数据的生态系统包括大数据基础设施、大数据分析类、大数据应用类、大数据数据源类、跨基础设施分析、开源软件。

通过本章的学习和各个领域的大数据应用案例分析，读者应该明确大数据的基本概念，了解大数据产业现状、大数据分析技术架构，能简单分析大数据应用案例。

1. 单项选择题

（1）最早提出"大数据时代已经到来"的公司是（　　）。

　　A．亚马逊　　　B．微软　　　　C．麦肯锡　　　D．谷歌

（2）大数据中以（　　）数据为主。

　　A．结构化　　　B．非结构化　　C．多媒体　　　D．其他

（3）大数据的思维方式是（　　）。

　　A．因果逻辑　　B．关联分析　　C．随机法则　　D．其他

(4) 以下说法中错误的是（　　）。
　　A．大数据会带来机器智能
　　B．大数据不仅仅是数据的体量大
　　C．大数据的英文名称是 Large Data
　　D．大数据是一种思维方式
(5) Hadoop 是一个由（　　）开发的分布式系统基础架构。
　　A．Teradata　　B．Splunk　　C．Cloudera　　D．Apache 基金会

2．多项选择题

(1) 以下公司中自身有能力获取大数据的有（　　）。
　　A．百度　　B．中兴　　C．腾讯　　D．阿里巴巴
(2) 大数据作为一种数据集合，它的特点包括（　　）。
　　A．变化很快　　B．数据很大　　C．很有价值　　D．构成复杂
(3) 关于大数据的来源，以下理解正确的是（　　）。
　　A．当今的世界，基本上一切都可以用数字表达，所以叫数字化的世界
　　B．我们每个人都是数据的制造者
　　C．大数据是数据量变积累达到质变的结果
　　D．数据的产生需要经历很长时间
(4) Hadoop 的特点包括（　　）。
　　A．开源　　B．可扩展　　C．分布式　　D．闭源
(5) 下面几种数据库中（　　）是非关系型数据库。
　　A．MySQL　　B．Oracle　　C．Mongo　　D．HBase

3．分析题

(1) 什么是商业智能？什么是大数据？
(2) 大数据应用的三个层次是什么？
(3) 什么是数据科学？
(4) OLTP 和 OLAP 各有什么含义？
(5) Hadoop 的核心设计有哪些？
(6) 列举身边的大数据。
(7) 简单分析滴滴出行和大数据的关系。
(8) 简单分析谷歌的流感趋势监测系统与大数据的关系。

第 11 章

人 工 智 能

学习目标

了解人工智能的历史和相关定义。
理解人工智能研究的内容。
掌握人工智能具体应用的原理。

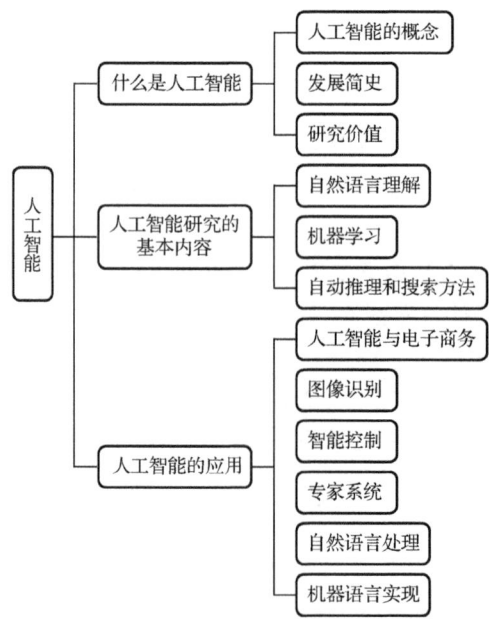

知识点

人工智能的概念、发展；人工智能研究的基本内容；机器语言、自然语言理解、机器学习、自动推理和搜索方法的具体应用。

11.1 什么是人工智能

11.1.1 人工智能的概念

中新网 2016 年 3 月 9 日发布消息，在刚刚结束的围棋人机大战中，AlphaGo 人工智能机器人在与世界顶尖高手李世石之间的五番棋第一战中取胜，总比分 1 : 0。这是 AlphaGo 2015 年战胜欧洲围棋冠军后在人机大战中的又一次胜利。

腾讯体育网 2017 年 5 月 27 日报道，2017 人机大战三番棋第三局结束，柯洁执白 209 手中盘负于新版的 AlphaGo，这样人机大战在美丽的浙江乌镇落下帷幕，最终 AlphaGo 与柯洁的结局被定格在了 3 : 0。

自从 AlphaGo 战胜了号称当今世界上最聪明的人之后，几乎所有的科技新闻都在讨论人工智能，从各个媒体、论坛、社区、微信公众号、专栏等渠道发布出来的人工智能相关文章数不胜数，我们一遍遍地从各类文章中读到 AlphaGo 独特的"价值网络""决策网络"如何"碾压"人类的决策机制。但是从包括 Facebook、微软研究院的专家提到的人工智能来看，AlphaGo（离实现真正的人工智能）还差着十万八千里。那到底 AlphaGo 跟人工智能有什么相似点呢？哪些是 AlphaGo 跟人工智能的区别呢？这个问题对我们来讲现在是太难了，还是让我们先来看看什么是人工智能。

人工智能是研究使计算机来模拟人的某些思维过程和智能行为（如学习、推理、思考、规划等）的学科，主要包括计算机实现智能的原理、制造类似于人脑智能的计算机，使计算机能实现更高层次的应用。人工智能将涉及计算机科学、心理学、哲学和语言学等学科，可以说几乎是自然科学和社会科学的所有学科，其范围已远远超出了计算机科学的范畴。人工智能与思维科学的关系是实践和理论的关系，人工智能处于思维科学的技术应用层次，是它的一个应用分支。从思维观点看，人工智能不仅限于逻辑思维，要考虑形象思维、灵感思维才能促进人工智能的突破性的发展。数学常被认为是多种学科的基础科学，数学也进入语言、思维领域，人工智能学科也必须借用数学工具，数学不仅仅在标准逻辑、模糊数学等范围发挥作用，数学进入人工智能学科，它们将互相促进从而更快地发展。

用来研究人工智能的主要物质基础以及能够实现人工智能技术平台的机器就是计算机，人工智能的发展历史是和计算机科学技术的发展历史紧密联系在一起的。除了计算机科学以外，人工智能还涉及信息论、控制论、自动化、仿生学、生物学、心理学、数理逻辑、语言学、医学和哲学等多门学科。人工智能学科研究的主要内容包括知识表示、自动推理和搜索方法、机器学习和知识获取、知识处理系统、自然语言理解、计算机视觉、智能机器人、自动程序设计等方面。

11.1.2 发展简史

人类最早关于人工智能的想象可以追溯至上古时期的神话和寓言中。而现代科学意义上的人工智能则始于 20 世纪 40 年代末，计算机科学之父阿兰•图灵在 1950 年发表论文《计算机器与智能》《机器能思考吗》，提出了著名的"图灵测试"，指出如果第三者无法辨别人类与人工智能机器反应的差别，则可以论断该机器具备人工智能。从此，学术界有关机器思维问题的讨论逐渐增多。因此，图灵也被称为"人工智能之父"。

1956 年的达特茅斯会议标志着"人工智能"学术概念的诞生。此次会议上，学术界各领域代表不仅接受了"人工智能"这一学术表达，并且认可了该领域的研究目的、早期重大成果及其主要贡献者。这一历史时刻被广泛认为是人工智能的诞生时刻。

此后，人工智能经历了 1956—1974 年的第一个黄金发展期。在该阶段，人工智能取得了不少建树，有重大影响力的成果包括推理搜索的算法研究、概念依存理论、微世界研究等。在取得这些重大突破以后，第一代研究者对人工智能充满信心而过于乐观，甚至预言 3~8 年（1970 年）内，人工智能将达到人类的平均水准。

1974—1980 年是人工智能研究的"第一个寒冬"，因局限于当时落后的计算机运算能力和数据收集能力等，人工智能发展遇到了阻碍，导致社会对于人工智能的预期普遍下降，投资减少。

1980—1987 年，得益于"专家系统"的出现，人工智能研究引来了第二次快速发展。所谓"专家系统"，是人工智能的一个研究分支，它具有一种仿真决策能力。但问题必须聚焦于非常具体的某个领域，才可能通过 if-then 规则来规避计算机不擅长的常识性问题。1989 年的 Deep Thought 战胜了国际象棋大师，为后来 Deep Blue 的成功奠定了基础。1981 年日本政府提出了"第五代计算机计划"，开始重点资助人工智能项目。

1987—1993 年是人工智能研究的"第二个寒冬"，导致整个人工智能研究进展放缓的原因来自于个人消费计算机的快速发展。1987 年，苹果和 IBM 开始在微型个人计算机市场发力，个人计算机的运算能力开始超越 Symbolics 公司昂贵的 Lisp 计算机，人工智能硬件市场受到巨大挤压因而导致发展缓慢。

1993 年至今，人工智能在诞生了半个多世纪后，终于可以实现当初拟定的几个目标，并且在 21 世纪初得到了快速发展。1997 年 5 月 11 日，IBM 公司的 Deep Blue 击败了国际象棋世界冠军卡斯帕罗夫。2005 年，斯坦福大学制造的机器人自我驾驶 131 英里，赢得了美国国防部高级研究计划局项目的挑战。2011 年，IBM 公司的沃森在一档智力竞猜节目中击败了两位人类冠军，并且优势明显。2016 年，Google 旗下的 DeepMind 公司研发的 AlphaGo 以 4∶1 的比分击败了韩国围棋大师李世石。

第 11 章 人工智能

11.1.3 研究价值

复杂的科学研究和工程计算本来是由人脑来承担的,如今计算机不但能完成其中部分计算,而且能够比人脑做得更快、更准确,因此当代人已不再把这种计算看作"需要人类智能才能完成的复杂任务",可见复杂工作的定义是随着时代的发展和技术的进步而发生变化的,人工智能这门科学的具体目标也自然随着时代的变化而发展。它一方面不断获得新的进展,另一方面又转向更有意义、更加困难的目标。

通常,"机器学习"的数学基础是"统计学"、"信息论"和"控制论",还包括其他非数学学科。这类"机器学习"对"经验"的依赖性很强。计算机需要不断从解决一类问题的经验中获取知识、学习策略,在遇到类似的问题时,运用经验知识解决问题并积累新的经验,就像普通人一样。我们可以将这样的学习方式称为"连续型学习"。但人类除了会从经验中学习之外,还会创造,即"跳跃型学习"。这在某些情形下被称为"灵感"或"顿悟"。一直以来,计算机最难学会的就是"顿悟"。或者再严格一些来说,计算机在学习和"实践"方面难以学会"不依赖于量变的质变",很难从一种"质"直接到另一种"质",或者从一个"概念"直接到另一个"概念"。正因为如此,这里的"实践"并非同人类一样的实践。人类的实践过程同时包括经验和创造。

2013 年,科学家开发了一种新的数据分析方法,该方法导出了研究函数性质的新方法。研究人员发现,新数据分析方法给计算机学会"创造"提供了一种方法。本质上,这种方法为人的"创造力"的模式化提供了一种相当有效的途径。这种途径是数学赋予的,是普通人无法拥有但计算机可以拥有的"能力"。从此,计算机不仅精于计算,还会因精于计算而精于创造。计算机科学家们应该斩钉截铁地剥夺"精于创造"的计算机过于全面的操作能力,否则,计算机可能有一天会"反超"人类。

11.2 人工智能研究的基本内容

人工智能是机器代替人类实现了某些能力,这话对吗?我猜想有一天人工智能可能就会超越人类的能力,那个时候就很可怕了,不知道你有没有看过一些人工智能的电影,比如《鹰眼》《人工智能》等。想想看,人有哪些能力?太多了,我们说人是一种高级动物,具有强大的智慧,能进行高级思维。那么具体能实现哪些思维呢?我们来看看人工智能能实现哪些思维。

11.2.1 自然语言理解

当你在杭州用四川话在手机上说一句"我要去西湖",手机居然可以听懂你的话,你说神奇不神奇。本来你可能需要问一位路人,可能你要去百度地图上查找位置,或者使用传统的纸质地图,再或者拨打 114 查询电话直接询问客服,但是现在你可以很方便地通过机器来直接告诉你。这是人工智能在自然语言理解方面的研究成果。

图 11.1 自然语言理解

自然语言理解是指计算机拥有的类似于人类的语言和文本处理的能力,比如,从文本中提取意义,甚至从那些可读的、风格自然、语法正确的文本中自主解读出含义。一个自然语言处理系统并不了解人类处理文本的方式,但是它却可以用非常复杂与成熟的方法巧妙处理文本,例如:自动识别一份文档中所有被提及的人与地点;识别文档的核心议题;或者在一堆仅人类可读的合同中,将各种条款与条件提取出来并制作成表。以上这些任务通过传统的文本处理软件根本不可能完成,后者仅能针对简单的文本匹配与模式进行操作。请思考一个老生常谈的例子,它可以体现自然语言处理面临的一个挑战:在句子"光阴似箭"(Time flies like an arrow)中每一个单词的意义看起来都很清晰,直到系统遇到这样的句子"果蝇喜欢香蕉"(Fruit flies like a banana),用"水果"(fruit)替代了"时间"(time),并用"香蕉"(banana)替代"箭"(arrow),就改变了"飞逝/飞着的"(like)与"像/喜欢"(like)这两个单词的意思。

自然语言理解,像计算机视觉技术一样,将各种有助于实现目标的多种技术进行了融合。建立语言模型来预测语言表达的概率分布,举例说明,就是某一串给定字符或单词表达某一特定语义的最大可能性。选定的特征可以和文中的某些元素结合来识别一段文字,通过识别这些元素可以把某类文字同其他类文字区别开来,比如垃圾邮件同正常邮件区分开。以机器学习为驱动的分类方法将成为筛选的标准,用来决定一封邮件是否属于垃圾邮件。

语境对于理解"time flies"(时光飞逝)和"fruit flies"(果蝇)的区别是如此重要,所以自然语言处理技术的实际应用领域相对较窄,这些领域包括分析顾客对某项特定产品和服务的反馈、自动发现民事诉讼或政府调查中的某些含义,以及自动书写诸如企业营收和体育运动的公式化范文等。

11.2.2 机器学习

1+1=2
2+2=4
4+4=8
8+8=16
16+16=32
32+32=64
64+64=128
……

难道这里面有什么规律？机器人开始思考规律并且找到了关于两个二次方求和的规律。

那是原先人类才能做的事情。机器人居然能够学习！

这就是一种机器学习。让我们来看看专家对机器学习的观点。

机器学习指的是计算机系统无须遵照显示的程序指令而只是依靠暴露在数据中来提升自身性能的能力。其核心在于，机器学习是从数据中自动发现模式，模式一旦被发现便可用于做预测。比如，给予机器学习系统一个关于交易时间、商家、地点、价格及交易是否合理等信用卡交易信息的数据库，系统就会学习到可用来预测信用卡欺诈的模式。处理的交易数据越多，预测就会越好。目前机器学习有很多方式。

（1）大规模机器学习

许多机器学习问题（如有监督和无监督学习）已经基本解决了。目前科学家们重点攻克的问题是使用海量的数据集扩展现有的算法。例如，尽管传统的方法能够在多次分析数据集后得出结论，但是最新的方法只需分析一次数据集就能得出结论；在某些情况下使用亚线性方法只需分析一小部分数据就可以得出结论。

（2）深度学习

卷积神经网络的训练成功让计算机视觉领域受益匪浅，在目标识别、视频标记、行动识别及其他相关领域获得广泛应用。深度学习的应用还在音频、语音和自然语言处理等领域取得显著进展。

（3）强化学习

传统的机器学习大多集中在模式挖掘，而强化学习的重点是决策，这是一种有助于 AI 更深入学习的技术，可以让 AI 进一步理解真实世界、做出更好的反应。

强化学习作为经验驱动的顺序决策的框架思想已经提出了几十年了，但这类方法在实践中并没有取得巨大成功，主要是受样本空间的代表性的影响。然而，深度学习的出现为增强学习注入了"强心剂"。

最近几年，谷歌开发的计算机深度学习程序应用实例 AlphaGo 在五场比赛中击败人类的围棋冠军,这种成功在很大程度上是强化学习的功劳。AlphaGo 先是接受一个人类专家库训练程序的自动化训练,然后利用强化学习的方法,自己同自己下大量的围棋期局,进一步提高了智能化水平。

11.2.3 自动推理和搜索方法

自动推理是人工智能研究的核心问题之一。人工智能理论研究的一个很强的推动力就是要设法寻找更为一般的、统一的推理算法。

按照新的判断推出的途径来划分,自动推理可分为演绎推理、归纳推理、反绎推理。演绎推理是一种从一般到个别的推理过程。演绎推理是人工智能中的一种重要的推理方式,目前研制成功的智能系统中,大多是用演绎推理实现的。

与演绎推理相反,归纳推理是一种从个别到一般的推理过程。归纳推理是机器学习和知识发现的重要基础,是人类思维活动中最基本、最常用的一种推理形式。

顾名思义,反绎推理是由结论倒推原因。在反绎推理中,我们给定规则 p→q 和 q 的合理信念。然后我们希望在某种解释下得到谓词 p 为真。反绎推理是不可靠的,但因为 q 的原因,它又被称为最佳解释推理。

按推理过程中推出的结论是否单调地增加,推理又分为单调推理和非单调推理。其单调含义指已知为真的命题数目随着推理的进行而严格地增加。

在单调推理逻辑中,新的命题可以加入系统,新的定义可以被证明,并且这种加入和证明绝不会导致前面已知的命题或已证的命题变成无效。在本质上人类的思维及推理活动并不是单调的。

人们对周围世界中的事物的认识、信念和观点,总是处于不断的调整之中。比如,根据某些前提推出某一结论,但当人们又获得另外一些事实后,却又取消这一结论。在这种情况下,结论并不随着条件的增加而增加,这种推理过程就是非单调推理。非单调推理是人工智能自动推理研究的成果之一。1978 年赖特(R. Reiter)首先提出了非单调推理方法封闭世界假设(CWA),并提出默认推理。1979 年杜伊尔(Doyle)建立了真值维护系统 TMS。1980 年麦卡锡提出限定逻辑。

在现实世界中存在大量不确定问题,其不确定性来自人类的主观认识与客观实际之间存在差异。事物发生的随机性,人类知识的不完全、不可靠、不精确和不一致,自然语言中存在的模糊性和歧义性都反映了这种差异,都会带来不确定性。针对不同的不确定性的起因,人们提出了不同的理论和推理方法。

在人工智能中,有代表性的不确定性理论和推理方法有 Bayes 理论、Dempster-Shafer 证据理论、Zadeh 模糊集理论等。

搜索是人工智能的一种问题求解方法,搜索策略决定着问题求解的一个推理步骤中知识被使用的优先关系。搜索可分为无信息导引的盲目搜索和利用经验知识导引的启发式搜索。

启发式知识常由启发式函数来表示,启发式知识利用得越充分,求解问题的搜索空间就越小,解题效率就越高。典型的启发式搜索方法有 A^*、AO^* 算法等。近几年搜索方法研究开始注意那些具有百万节点的超大规模的搜索问题。

> **专家指导**
>
> 人们对周围世界中的事物的认识、信念和观点，总是处于不断的调整之中。比如，根据某些前提推出某一结论，但当人们又获得另外一些事实后，却又取消这一结论。在这种情况下，结论并不随着条件的增加而增加，这种推理过程就是非单调推理。

11.3 人工智能的应用

11.3.1 人工智能与电子商务

京东集团的刘强东称，在以人工智能为代表的第四次商业革命来临之际，京东集团将坚定地朝着技术转型，用技术将第一个12年建立的所有商业模式进行改造，打造一个包括智能商业、智能金融、智能保险业务在内的智能商业体。人工智能在80%～90%的领域都可以替代人类。机器人不仅会替代人类从事重复性的简单体力劳动，随着人工智能发展，机器人会像人一样行走、思考，甚至做自己从来没有做过的工作，不依赖于编程和控制。未来所有的商品都将联网并具备智能，智能商品对人类的工作、生活、社会治理都将带来巨大的改变。

可想而知，人工智能将对电子商务的未来产生巨大的影响，作为一家成功的电子商务公司依然需要通过人工智能来降低运营成本、提高公司管理效率。我们可以设想，未来在电商物流库房中，AGV、六轴机器人、穿梭车、拣选等机器人组成高效率的机器人军团，迅速完成商品的入库、拣选和分拣，并将货物传输至无人传站车。这种自动驾驶的大型货车不仅可以把自动分拣后的商品送到无人配送站，而且自身也是移动配送站，可以携带无人机和无人配送车，在离目的地最近的干道上释放它们，迅速完成配送。甚至，未来消费者购物都不需要留送货地址，客户购买一个产品之后从A地到B地，或者又到C地，在不断移动的状态下，无人车也能够通过人工智能准确获知用户轨迹，完成移动配送。

上述有些场景已经得到了应用。我们相信优秀的技术和管理将决定一个公司的未来，无论是电子商务还是人工智能都将越来越亲近。

11.3.2 图像识别

如果你用过 Google 的图像识别功能，你一定会惊叹计算机的能力。这其实是一种计算机的图像理解。图的关键词识别和意义识别如图 11.2 和 11.3 所示。

图 11.2 图的关键词识别

图 11.3 图的意义识别

图像理解是一门交叉学科，作为图像理解的低层数据的是视觉信息，理论出发点是计算机视觉，作为图像理解的高层数据的是知识信息，理论依据出发点是人工智能。从研究的广泛性看，图像理解的处理信息分为视觉数据信息和人类知识信息两部分，前者侧重原始获取的数据信息以何种结构存储在计算机中，后者侧重知识的表述如何指导计算机的理解过程，两部分信息相辅相成。图像理解中对视觉信息和知识信息的研究过程就是进行信息表示、处理和分析的过程，具体表现为"表示与存储→认知与学习→推理与理解"的图像理解分析过程。

图像理解中包含广泛的信息流，从视觉硬件采集设备获取的二维阵列仅是信号描述，进行取样采集形成面向计算机的数据信息，形成像素点集，完成了场景图像的获取；再通过图像处理技术在原始像素的基础上提取出视觉特征并存入计算机，实现了"视觉信息的表示与存储"；接着根据已有的先验知识或导师指导，基于学习算法和相应理论进行机器学习，进行图像理解中的目标识别、场景分类等任务，形成知识并存入计算机，实现知识信息的"表示与存储"，完成"认知与学习"；最后对已形成的知识进行"推理与分析"，完成最终的图像理解任务，体现计算机的视觉智能性。

11.3.3 智能控制

你可能还没看到有人一边开车，一边看报纸，但自动驾驶汽车确实越来越接近现实。Google 旗下的自动驾驶汽车项目和特斯拉的"自动驾驶"功能是最新的两个例子。自动驾驶技术毫无疑问是基于人工智能的技术,并且目前发展速度极为迅猛。从英特尔 2017 年年初收购以色列自动驾驶汽车公司 Mobileye 可见一斑。

华盛顿邮报还有过报道,称 Google 开发了一种算法,能让自动驾驶汽车像人类一样学习驾驶技术。由于人工智能可以学会简单的视频游戏,Google 让自动驾驶汽车上路前也测试相同的智能游戏。整个项目的构思在于,汽车最终能够"认清"面前的道路,并根据它所看到的内容做出相应的决策,帮助它在行驶的过程中学习经验。虽然特斯拉的自动驾驶仪功能没有这么先进,但它已经上路使用,同时这也表明此类技术肯定会蓬勃发展。这是人工智能在智能控制方面的成功应用。Google 自动驾驶汽车 Waymo 如图 11.4 所示。

图 11.4　Google 自动驾驶汽车 Waymo

11.3.4　专家系统

专家系统(Expert System,ES)是目前人工智能广泛应用方面最成熟的领域之一。专家系统是一个具有大量专门知识与经验的智能计算机程序系统,它应用人工智能技术,根据某个领域中一个或多个人类专家提供的知识和经验进行推理和判断,模拟人类专家的决策过程,以解决那些需要专家决定的复杂问题。

专家系统通常由人机交互界面、知识库、推理机、解释器、综合数据库、知识获取六个部分构成。其中知识库包括两个部分:一是与当前问题有关的数据信息;二是进行推理时要用到的一般知识和领域知识。专家系统的问题求解过程是通过知识库中的知识来模拟专家的思维方式的,所以知识库中知识的质量和数量决定着专家系统的质量水平;而推理机用于记忆所采用的规则和控制策略的程序,使整个专家系统能够以协调的逻辑方式工作,它能够根据知识进行推理并导出结论,而不是简单地搜索现成的答案;综合数据库用于存储领域或从问题的初始数据和推理过程中得到的中间数据,即被处理对象的一些当前事实;解释器能够向用户解释专家的行为,包括解释推理结论的正确性以及系统输出其他候选解的原因;人机交互界面能够使系统与用户进行对话,用户能够输入必要数据、提出问题和了解推理过程及推理结果,而系统则通过此界面要求用户回答问题,或回答用户提出的问题并做出必要解释。

历史上有名的专家系统有:DENDRAL 系统,1965 年美国斯坦福大学研制,是历史上第一个专家系统,它是一个确定化学分子结构的专家系统,能够从上千种可能的分子结构中挑选出一个正确的分子结构；MYCIN 系统，1972 年由美国斯坦福大学研制，是一种诊断血液细菌感染以及脑膜炎的医疗诊断系统，系统可以根据专家的知识和输入的患者病情数据判断出是什么病菌引起的感染，给出合理的诊断治疗方法；PROSPECTOR 系统，由斯坦福国际人工智能研究中心（SRI）研制的地质勘探专家系统，该系统可以协调多个专家的多种矿藏知识；AM 系统，最典型著名的数论专家系统，是由 Dr.B.Dougles Lenat 于 1976 年研制而成的，它是一个机器学习系统，用于模拟人类归纳推理、抽象概念；GAMMA 系统，物理方面的专家系统，由斯科拉姆勃格公司开发，它通过分析中子撞击物质时产生的 γ 射线光谱来帮助核物理学家确定未知物质的成分。

11.3.5 自然语言处理

语言是人类区别于其他动物的本质特性。在所有生物中，只有人类才具有语言能力，这个其实也不是绝对的，只是目前还没有发现。人类的多种智能都与语言有着密切的关系。人类的逻辑思维以语言为形式，人类的绝大部分知识也是以语言文字的形式记载和流传下来的。因而，它也是人工智能的一个重要甚至核心的部分。

用自然语言与计算机进行通信，这是人们长期以来所追求的。因为它既有明显的实际意义，同时也有重要的理论意义。人们可以用自己最习惯的语言来使用计算机，而无须再花大量的时间和精力去学习不很自然和习惯的各种计算机语言；人们也可通过它进一步了解人类的语言能力和人脑智能的机制。

我们在前面已经提到过自然语言的理解，自然语言处理是一个常见的应用，它是一种 NLP（Natural Language Processing），像计算机视觉技术一样，将各种有助于实现目标的多种技术进行了融合，实现人机间自然语言沟通。从自然语言本身来讲，每一种语言本身有自己的特征，在人类的语言中，人们对学习它们总会有一些体会。

世界语言难度系数排名（从难到易）中汉语排第一（见图 11.5），可见汉语本身是非常难以理解的。这也会导致人工智能中对汉语语言处理的难度大大提升。以下是常见的自然语言处理具体应用：

图 11.5　世界十大自然语言学习难度系数排名

① 汉字编码词法分析；
② 句法分析；
③ 语义分析；
④ 文本生成；
⑤ 语音识别；
⑥ 智能机器人。

智能机器人在生活中随处可见，扫地机器人、陪伴机器人……这些机器人不管是跟人语音聊天，还是自主定位导航行走、安防监控等，都离不开人工智能技术的支持。

图 11.6　扫地机器人

11.3.6　机器语言实现

自从 AlphaGo 赢下人类围旗世界冠军，人工智能的风头甚猛。人工智能是一个很广阔的领域，很多编程语言都可以用于人工智能开发，所以很难说人工智能必须用哪一种语言来开发。选择多也意味着会有优劣之分，并不是每种编程语言都能够为开发人员节省时间及精力。根据语言和人工智能本身的特征，我们挑选了 Python、Lisp、Prolog、Java 和 C++ 这 5 种推荐的编程语言作为人工智能开发的选择。在这些编程语言中，Python 因为适用于大多数 AI 分支领域，所以渐有成为 AI 编程语言之首的趋势；而 Lisp 和 Prolog 因其独特的功能，所以在部分 AI 项目中卓有成效，地位暂时难以撼动。而 Java 和 C++ 的自身优势将在 AI 项目中继续保持。根据 TIOBE 公布的编程语言排行榜 2019 年 7 月的数据，编程语言 7 月的排名有了新的变化，Python 继续占居第 5 名，Java 还是稳居第一，C++ 本月又降了 0.91%。如图 11.7 所示 2019 年 7 月编程语言排行榜。

Aug 2017	Aug 2016	Change	Programming Language	Ratings	Change
1	1		Java	12.961%	-6.05%
2	2		C	6.477%	-4.83%
3	3		C++	5.550%	-0.25%
4	4		C#	4.195%	-0.71%
5	5		Python	3.692%	-0.71%
6	8	∧	Visual Basic .NET	2.569%	+0.05%
7	6	∨	PHP	2.293%	-0.88%
8	7	∨	JavaScript	2.098%	-0.61%
9	9		Perl	1.995%	-0.52%
10	12	∧	Ruby	1.965%	-0.31%
11	14	∧	Swift	1.825%	-0.16%
12	11	∨	Delphi/Object Pascal	1.825%	-0.45%
13	13		Visual Basic	1.809%	-0.24%
14	10	∨∨	Assembly language	1.805%	-0.56%
15	17	∧	R	1.766%	+0.16%
16	20	∧∧	Go	1.645%	+0.37%
17	18	∧	MATLAB	1.619%	+0.08%

图 11.7　2019 年 7 月编程语言排行

 小贴士

人工智能并不是针对某一个编程语言的，相反，编程只是人工智能实现的某一个工具。

本章从 AlphaGo 人机大战事件说起，对人工智能的历史现状、相关概念、研究价值和研究的基本内容进行了简要介绍，并对图像识别、智能控制、专家系统、自然语言处理和机器语言五方面的应用进行了讲解和分析。

我们认为人工智能就是人类设计出来的接近甚至超越人类在自然语言、视觉感知和思考分析等方面的机器。如果人工智能就是为了模仿人类的智慧，那地球上有 70 多亿人口，再多一些人工智能的意义在哪里？两者最大的区别在存储容量、计算速度、能量精力等方面，假设一个人有接近无限的存储空间、高速的逻辑运算能力和接近无限的能量精力，那这个人应该就是神吧。让我们再回顾本章内容。

什么是人工智能：主要介绍了基本的定义和历史发展现状。

人工智能研究的基本内容：主要分析了自然语言理解、机器学习和自动推理以及搜索方法方面的内容。

人工智能的应用：通过图像识别、智能控制、专家系统、自然语言处理和机器语言五方面进行了分析。

本项目实施完成，读者应具备在项目学习目标中所明确的相应知识与技能，应形成对人工智能概念、具体应用的基本认识,并且理解人工智能研究内容的相关原理,为后续项目的学习奠定基础。

1. 单项选择题

(1) AI 是( )的英文缩写。
　　A．Automatic Intelligence　　　　　B．Artificial Intelligence
　　C．Automatic Information　　　　　D．Artificial Information

(2) 命题是可以判断真假的( )。
　　A．祈使句　　　B．疑问句　　　C．感叹句　　　D．陈述句

(3) ( ) 不在人工智能系统的知识包含的 4 个要素中。
　　A．事实　　　B．规则　　　C．控制和元知识　　　D．关系

(4) 人工智能的含义最早由一位科学家于 1950 年提出,并且同时提出一个机器智能的测试模型,请问这个科学家是( )。
　　A．明斯基　　　B．扎德　　　C．图灵　　　D．冯·诺依曼

(5) 与或图通常称为( )。
　　A．框架网络　　　B．语义图　　　C．博弈图　　　D．状态图

2. 多项选择题

(1) 计算智能的主要内容包括( )。
　　A．神经计算　　　B．进化计算　　　C．免疫计算　　　D．蚁群算法

(2) 关于搜索与求解,描述正确的是( )。
　　A．搜索是为了达到某一目标而多次进行某种操作、运算、推理或计算的过程
　　B．所有的智能活动过程,都可以看作或者抽象为一个基于搜索的问题求解
　　C．搜索是人在求解问题时不知现成解法的情况下所采取的一种普遍方法
　　D．搜索可以看作人类和其他生物所具有的一种元知识

(3) 按用途分类,专家系统可分为( )。
　　A．诊断型　解释型　　　　　　B．预测型　决策型
　　C．设计型　规划型　　　　　　D．控制型　调度型

(4) 采用生理模拟和神经计算方法的人工智能研究被称为( )。
　　A．连接主义　　　B．逻辑学派　　　C．生理学派　　　D．符号主义

(5) 神经网络可以按( )。
　　A．学习方式分类　　　　　　B．网络结构分类
　　C．网络的协议类型分类　　　D．网络的活动方式分类

3. 分析题

(1) 结合目前热点分析未来人工智能发展趋势。
(2) 结合 AlphaGo 人机大战案例分析该人工智能的具体研究内容。
(3) 分析人工智能在自然语言理解方面的原理。

第12章 物 联 网

 **学习目标**

掌握物联网的概念、特征。
熟悉我国物联网的发展及应用情况。
掌握物联网的基本架构及其相关技术。
了解物联网的部分应用领域。

学习导图

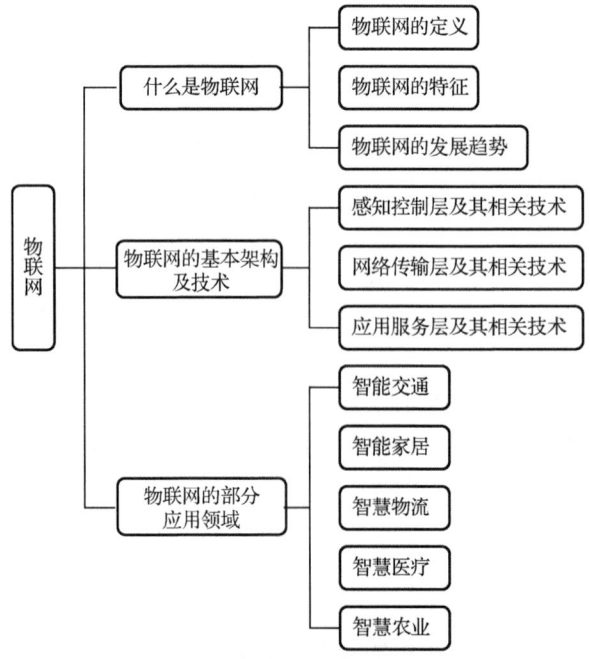

 **知识点**

物联网的概念、基本特征及其今后的发展趋势；物联网的基本架构及其相关技术；物

联网在现实生活中的主要应用场景。

12.1 什么是物联网

"物联网"是目前一个网络热词，随着国家《物联网"十三五"发展规划》等政策的提出，物联网发展已经成为国家层面技术及产业创新的重点方向。随着 5G 时代的来临，借助人工智能、IPv6 等技术的应用，物联网将为我们打造一个智能化的生活环境，为我们的工作和生活提供极大的便利。

12.1.1 物联网的定义

物联网的概念是在 1999 年提出的。物联网的英文名称为"The Internet of Things"（IoT），顾名思义，物联网就是"物物相连的互联网"。这有两层意思：第一，物联网的核心和基础仍然是互联网，是在互联网基础上延伸和扩展的网络；第二，其用户端延伸和扩展到了任何物品与物品之间，进行信息交换和通信。严格而言，物联网的定义是：通过射频识别（RFID）、红外感应器、全球定位系统、激光扫描器等信息传感设备，按约定的协议，把任何物品的信息与互联网连接起来，进行信息交换和通信，以实现智能化识别、定位、跟踪、监控和管理的一种网络。

物联网中非常重要的技术是 RFID 电子标签技术。以简单 RFID 系统为基础，结合已有的网络技术、数据库技术、中间件技术等，构筑一个由大量联网的阅读器和无数移动的标签组成，比 Internet 更为庞大的物联网成为 RFID 技术发展的趋势。物联网用途广泛，遍及智能交通、环境保护、政府工作、公共安全、智能家居、智能消防、工业监测、老人护理、个人健康等多个领域。预计物联网是继计算机、互联网与移动通信网之后的又一次信息产业浪潮。有专家预测十年内物联网就可能大规模普及，这一技术将会发展成为一个数万亿元规模的高科技市场。

物联网把新一代 IT 技术充分运用在各行各业之中，具体地说，就是把传感器嵌入和装备到电网、铁路、桥梁、隧道、公路、建筑、供水系统、大坝、油气管道等各种物体中，然后将物联网与现有的互联网整合起来，实现人类社会与物理系统的整合。在这个整合的网络当中，存在能力超级强大的中心计算机群，能够对整合网络内的人员、机器、设备和基础设施进行实时的管理和控制，在此基础上，人类可以以更加精细和动态的方式管理生产和生活，达到"智慧"状态，提高资源利用率和生产力水平，改善人与自然间的关系。

物联网是利用无所不在的网络技术建立起来的，是继计算机、互联网与移动通信网之后的又一次信息产业浪潮，是一个全新的技术领域。1999 年，在美国召开的移动计算和网络国际会议就提出，"传感网是下一个世纪人类面临的又一个发展机遇"；2003 年，美国《技术评论》提出传感网络技术将是未来改变人们生活的十大技术之首；2005 年，在突尼斯举行的信息社会世界峰会（WSIS）上，国际电信联盟（ITU）发布了《ITU 互联网报告 2005：物联网》，正式提出了"物联网"的概念。

12.1.2 物联网的特征

物联网的核心和基础是互联网,但是物联网与互联网相比又有其鲜明的特征。物联网处理物与物以及人与物之间的信息交互,其基本特征可以简要概括为三个方面:全面感知、可靠传输和智能处理,如图12.1所示。

图 12.1 物联网的特征

1. 全面感知

物联网是各种感知技术的广泛应用。物联网上部署了海量的多种类型的传感器,每个传感器都是一个信息源,不同类别的传感器所捕获的信息内容和信息格式各不相同。传感器获得的数据具有实时性,按一定的频率周期性地采集环境信息,不断更新数据。

2. 可靠传输

物联网是一种建立在互联网上的泛在网络。物联网技术的重要基础和核心仍旧是互联网,通过各种有线和无线网络与互联网融合,将物体的信息实时准确地传递出去。在物联网上的传感器定时采集的信息需要通过网络传输,由于其数量极其庞大,形成了海量信息,在传输过程中,为了保障数据的准确性和及时性,必须适应各种异构网络和协议。

3. 智能处理

物联网不仅提供了传感器的连接,其本身也具有智能处理的能力,能够对物体实施智能控制。物联网将传感器和智能处理相结合,利用云计算、模式识别、大数据处理等各种智能技术,扩充其应用领域。从传感器获得的海量信息中分析、加工和处理出有意义的数据,以适应不同用户的不同需求,发现新的应用领域和应用模式。

12.1.3 物联网的发展趋势

物联网作为继计算机、互联网之后世界信息产业发展的第三次浪潮,大家都时刻关注国内乃至全球的发展趋势。环顾四周,你会发现不知不觉中已经有很多物联网设备围绕在我们身边,小到各种手环等可穿戴产品、共享单车等,大到共享汽车、工厂和智能楼宇等,

以及即将要实现普及的自动驾驶汽车等,物联网能使一切设备互联并具备智能技术。如果要说未来什么技术将彻底改变人类生活、工作和娱乐的方式,那必定少不了物联网。

由国内外政府、科研机构、咨询机构、国际研究所、工业界、智囊团和智库等发布的科技预测报告预测,到 2045 年,最保守的估计将会有超过 1 千亿的设备连接在互联网上。这些设备包括了移动设备、可穿戴设备、家用电器、医疗设备、工业探测器、监控摄像头、自动驾驶汽车以及服装等。目前已经常见的智能手环、智能冰箱、智能音箱、智能汽车、智能摄像机、家用指纹锁等设备正在改变着我们的生活方式。未来,物联网所创造并分享的数据将会给我们的工作和生活带来一场新的信息革命。人们将可以利用来自物联网的信息加深对世界以及自己生活的了解,并且做出更加合适的决定。

物联网设备将目前许多工作,比如监视、管理及维修等需要人力的工作都进行自动化。最早的时候,我们容易深受各种传言和科幻电影的影响,难以掩饰对人工智能的恐惧之情,害怕机器人像电影中那样对人类"起兵造反"。而到了如今,人工智能日渐精进,那种焦虑和恐惧也转变成了为机器人的劳动价值所取代,解放生产力和促进人类的发展。

未来,随着物联网、大数据分析以及人工智能这三大技术的逐渐成熟,它们之间的融合将会在世界上创造出一个巨大的智能机器网络,在不需要人力介入的情况下实现大量的商业交易。乐观来讲,与其杞人忧天地为人工智能担忧,倒不如去接受利用它,享受科技带来的美好生活。虽然物联网会提高经济效益以及个人生活质量,但它也会加重对网络安全和个人隐私的担忧。恐怖分子、犯罪集团以及敌对势力将会利用物联网作为新的攻击手段。面对网络威胁,小到个人、大到国家,谁也无法独善其身,我们家庭联网的智能设备完全可以被有不良企图者控制,既可以窥探我们的个人隐私,又可以操纵我们的智能家电、自动交通工具,直至造成重大损失。未来,网络安全将成为国家、行业及各企业的重点研究方向。

 专家指导

物联网作为继计算机、互联网之后世界信息产业发展的第三次浪潮,将对我们今后的生活方式带来巨大的变化。同时物联网产业也是一个巨大的市场,预计到 2025 年,物联网对经济影响力能达到 11.1 万亿美元。要实现万物互联,需要大家共同参与,才能发挥物联网的最大威力。

12.2 物联网的基本架构与技术

从体系架构上来看,物联网可以分为三层:感知控制层、网络传输层和应用服务层,如图 12.2 所示。感知控制层相当于人体的皮肤和五官;网络传输层相当于人体的神经中枢和大脑;应用服务层相当于人在社会中的分工。本节将对物联网体系架构做详细的分析,并对其中每一层的关键技术做出阐述。

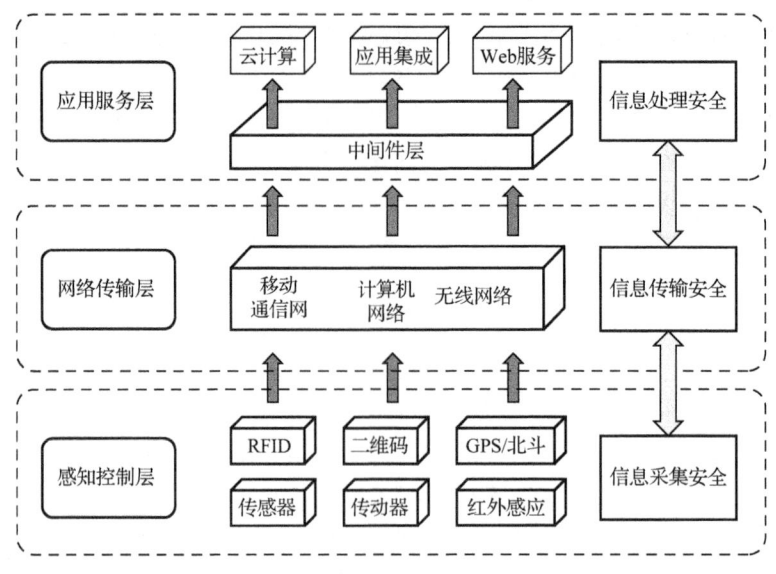

图 12.2 物联网基本架构图

12.2.1 感知控制层及其相关技术

感知控制层处于三层架构的最底层，是物联网发展和应用的基础，具有物联网全面感知的核心能力。作为物联网的最基本一层，感知控制层具有十分重要的作用。物联网在传统网络的基础上，从原有网络用户终端向"下"延伸和扩展，扩大通信的对象范围，即不仅仅局限于人与人之间的通信，还扩展到人与现实世界的各种物体之间的通信。物联网的感知控制层解决的就是人类世界和物理世界的数据获取问题。

感知控制层是物联网发展和应用的基础，感知控制层在物联网中如同人的感觉器官对人体系统的作用，用来感知外界环境的温度、湿度、压强、光照、气压、受力情况等信息，通过采集这些信息来识别物体。感知控制层由数据采集子层、短距离通信技术和协同信息处理子层组成。

数据采集子层通过各种类型的传感器、RFID、EPC 等数据采集设备获取物理世界中发生的物理事件和数据信息，如各种物理量、标识、音频和视频等多媒体数据。物联网的数据采集涉及 RFID 技术、传感和控制技术、短距离无线通信技术，以及对应的 RFID 无线阅读器研究、传感器材料技术、短距离无线通信协议、芯片开发和智能传感器节点等，也包括在数据传输到接入网关之前的小型数据处理设备和传感器网络。

短距离通信技术和协同信息处理子层将采集到的数据在局部范围内进行协同处理，以提高信息的精度，降低信息冗余度，并通过有自组织能力的短距离传感网络接入广域承载网络。感知控制层中间件技术旨在解决感知控制层数据与多种应用平台间的兼容问题，包括代码管理、服务管理、状态管理、设备管理、时间同步定位等，在有些应用中还需要通过执行器或其他智能终端对感知结果做出反应，实现智能控制。

作为一种比较廉价、实用的技术，一维条码和二维条码在今后一段时间还会在各个行业中得到一定应用。然而条形码表示的信息是有限的，而且在使用过程中需要使用扫码器以一定的方向近距离地进行扫描，这对未来物联网中动态、快读、大数据量以及有一定距离要求的数据采集等有很大的限制,因此基于无线技术的射频标签(RFID)发挥了越来越重要的作用。传感器作为一种有效的数据采集设备,在物联网感知控制层中扮演了重要角色。现在传感器的种类不断增多,出现了智能化传感器、小型化传感器、多功能传感器等新技术传感器,基于传感器而建的传感器网络也是目前物联网发展的一个大方向。

感知控制层是物联网发展的关键环节和基础部分,感知控制层涉及的主要技术包括资源寻址与 EPC 技术、RFID 技术、传感器技术、无线传感网络技术等。EPC 技术解决物品的编码标准问题,使得所有物联网中的物体都有统一的 ID;RFID 技术解决物品标识问题,可以快速识别物体并获取其属性信息;传感器完成的任务是感知信息的采集;无线传感器网络完成信息的获取和上传,实现无线短距离通信。通过这些技术实现物体的标识与感知,为物联网的应用和发展提供基础。

1. RFID 技术

RFID 即射频识别,俗称电子标签,可以快速读写、长期跟踪管理,被认为是 21 世纪最有发展前途的信息技术之一。经过数十年的发展,RFID 技术已得到了很大的提升,在很多关键技术点上,RFID 已日趋成熟,尤其表现在阅读器识读距离的提高、标签和识读器之间的数据交互稳定性的提高以及与无线通信技术结合等多个方面。作为一种自动识别技术,RFID 通过无线射频方式进行非接触双向数据通信以对目标加以识别,与传统的识别方式相比,RFID 技术无须直接接触、无须光学可视、无须人工干预即可完成信息输入和处理,且操作方便快捷。目前,RFID 的工作频率已经从低频(30kHz~300kHz)和高频(3MHz~30MHz)发展到超高频(2.4GHz)微波频率。超高频的读写设备分为手持式和固定式两种。手持式识读距离在 4m 左右,而固定式识读距离则可达 15m 左右。2.4GHz 微波的距离则可以达到 70~80m 甚至是 3km,能够广泛应用于生产、物流、交通、运输、医疗、防伪、跟踪、设备和资产管理等需要收集和处理数据的应用领域,并被认为是条形码标签的未来替代品。

2. EPC 编码技术

EPC(Electronic Product Code)即产品电子代码,其目标是为物理对象提供唯一标识,从而通过计算机网络来标识和访问单个物体。EPC 编码体系是新一代的与全球贸易项目代码(Global Trade Item Number,GTIN)兼容的编码标准,也是 EPC 系统的核心。EPC 的载体是 RFID 电子标签,并借助互联网来实现信息的传递。EPC 旨在为每一件单品建立全球的、开放的标识标准,实现全球范围内对单件产品的跟踪与追溯,从而有效提高供应链管理水平,降低物流成本,是一个完整、复杂、综合的系统。

3. 传感器技术

传感器是一种检测装置,能检测到被测量的信息并将其采样后变成有意义的信号输出,以满足信息的传输、处理、存储、显示、记录和控制等要求。传感器技术是实现自动检测和自动控制的首要环节。在各种物联网系统应用中,传感器技术是整个系统的根本。

常用的传感器有气体传感器、温度传感器、湿度传感器、光照传感器、红外传感器、人体传感器、烟雾传感器等,是物联网感知控制层重要的基础设备。

12.2.2 网络传输层及其相关技术

网络传输层主要承担着数据传输的功能,是物联网最重要的基础设施之一。在物联网中,要求网络传输层能够把感知控制层感知到的数据无障碍、可靠性高、安全地进行传送。

网络传输层包括无线局域网、无线城域网、无线广域网、无线个域网及互联网等各种网络。它解决的是感知控制层所获得的数据在一定范围内，尤其是远距离的传输问题。

网络传输层是物联网的神经中枢——将感知控制层获取的信息进行传递。网络传输层包括通信与互联网的融合网络、各种私有网络、互联网、有线和无线通信网、网络管理系统、信息中心等。网络传输层在物联网三层架构中连接感知控制层和应用服务层，具有强大的纽带作用，用于高效、稳定、及时、安全地传输上下层的数据。

物联网的网络传输层包括接入网和核心网。接入网是指骨干网络到用户终端之间的所有设备，其长度一般为几百米到几千米，因而被形象地称为"最后一千米"。传统的接入网主要以铜缆的形式为用户提供一般的语音业务和数据业务，随着网络的不断发展，出现了一系列的接入网技术，包括无线接入技术、光纤接入技术、同轴电缆接入技术、电力网接入技术等。物联网要求满足未来不同的信息化应用，在接入层面需要考虑多种异构网络的融合与协同。核心网通常是指除接入网和用户驻地网之外的网络部分。核心网也是指基于IP 的统一、高性能、可扩展的分组网络，它支持移动性以及异构接入，目前应用较广的核心网有互联网、移动通信网。互联网是物联网核心网络的重要组成部分；移动通信网络则以全面、实时、高速、高覆盖率、多元化处理多媒体数据等特点，为"物品触网"创造了有利条件。

传输控制层又可以细分为汇聚网、接入网和承载网三部分。汇聚网的关键技术主要是短距离通信技术，如 ZigBee、蓝牙和 UWB 等技术。接入网主要采用 6LowPAN、M2M 以及全 IP 融合架构实现感知控制层数据从汇聚网到承载网的接入。承载网主要是指各种核心承载网络，如各大通信运营商提供的 GSM、GPRS、WiMax、3G/4G/5G 网络、WLAN、三网融合等。

1. ZigBee 技术

ZigBee 技术是一种近距离、低复杂度、低功耗、低速率、低成本的双向无线通信技术，主要用于短距离、低功耗且传输速率不高的各种电子设备之间进行数据传输，以及典型的有周期性数据、间歇性数据和低反应时间数据传输的应用。ZigBee 技术与蓝牙技术类似，是一种新兴的短距离无线技术，用于传感控制应用，是一种高可靠的无线数据传输网络，类似于 CDMA 和 GSM 网络，并且数据传输模块类似于移动网络基站，其通信距离从标准的 75 米到几百米、几千米不等，并且支持无限扩展。

2. 无线传感器网络技术

无线传感器网络技术（WSN）广泛应用于军事、国家安全、环境科学、交通管理、灾害预测、医疗卫生、制造业、城市信息化建设等领域，是典型的具有交叉学科性质的军民两用战略技术，它由众多功能相同或不同的无线传感器节点组成，每一个传感器节点有数据采集模块、数据处理和控制模块、通信模块及供电模块等组成。近年来，微电子机械加工（MEMS）技术的发展为传感器的微型化提供了可能，微处理技术的发展促进了传感器的智能化，通过 MEMS 技术和射频（RF）通信技术的融合促进了无线传感器及其网络的发展。传统的传感器将逐步实现微型化、智能化、信息化、网络化。

3. IPv6 技术

IPv6 是用于替代现行版本 IP 协议（IPv4）的下一代 IP 协议。由于 IPv4 只由 4 个字节即 32 位组成，导致其最大的问题在于网络地址资源非常有限，严重制约了互联网的应用和发展。IPv6 由 16 个字节即 128 位组成，可用的 IP 地址数量非常巨大，号称可以为世界上的每一粒沙子编上一个 IP 地址,这不仅能解决目前网络地址资源数量不足的问题,而且也解决了多种接入设备连入互联网的障碍,为今后大量的物联网设备的接入提供了保障。

12.2.3 应用服务层及其相关技术

物联网应用涉及行业众多,涵盖面宽泛。应用服务层主要将物联网技术与各种行业专业系统相结合,实现广泛的物物互联的应用,通过人工智能、中间件、云计算等技术,为不同行业提供应用方案。

应用服务层是物联网与行业专业技术的深度融合,是物联网和用户(包括人、组织和其他系统)的接口,与行业需求结合,实现行业智能化及物联网的智能应用。这类似于人类的社会分工,最终构成人类社会。目前,在绿色农业、工业控制、公共安全、城市管理、远程医疗、智能家居、智能交通和环境监测等行业均有物联网应用的成功案例。

感知控制层生成的大量信息经过网络传输层传输汇聚到应用服务层,应用服务层对这些信息进行分析和处理,做出正确的控制和决策,实现智能化的管理应用和服务。应用服务层解决数据如何存储(数据库与海量数据存储)、检索(搜索引擎)、使用(数据挖掘与机器学习)和不被滥用(数据安全与隐私保护)等信息处理问题,以及人机界面的问题。

物联网应用服务层关键技术包括中间件技术、对象名称解析服务、嵌入式智能、云计算、物联网业务平台及安全等技术。物联网中间件处于物联网的集成服务器端和感知层、传输层的嵌入式设备中,对感知数据进行校对、过滤、汇集,有效地减少发送到应用程序的数据的冗余度,在物联网中起着重要的作用。对象名称解析服务是联系前台中间件软件和后台服务器的网络枢纽,将 EPC 关联到这些物品相关的物联网资源。云计算技术是构建物联网运营平台的关键技术,云计算是基于网络将计算任务分布在大量计算机构成的资源池上,使用户能够借助网络按需获取计算能力、存储空间和信息服务。物联网业务平台主要针对物联网不同业务,研究其系统模型、体系架构等关键技术。随着物联网发展进入物物互联阶段,由于其设备量庞大、复杂多元,缺少有效监控,节点资源有限,结构动态离散,安全问题日渐突出,除面对互联网和移动通信网络的传统网络安全挑战之外,还存在着一些特殊的安全挑战。

12.3 物联网的部分应用领域

物联网具有非常广泛的应用领域,如智能交通、电网管理、农业溯源项目、智能家居、智慧物流、智慧医疗、智慧校园、智慧城市等,对人们的生产和生活提供了极大的便利,从而大大提高了效率。下面介绍物联网在一些行业开展的部分应用,了解物联网如何改变我们的生活。

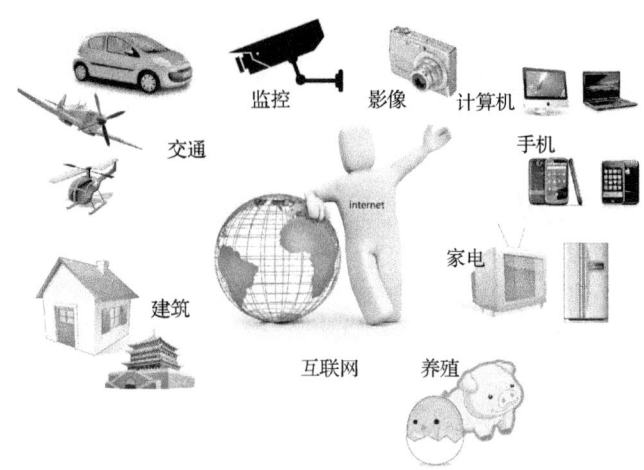

图 12.3 物联网的应用领域

12.3.1 智能交通

目前在人们的日常生活中,智能交通的应用已经随处可见,例如在杭州,可以使用"杭州公交"App 查询公交车的到达情况,可以用百度地图、高德地图查询实时路况并躲避拥堵,使用各种共享单车 App 查询和使用共享单车,用各种快车、专车软件来打车等。上述是人们经常接触到的应用,可以说智能交通已经影响到了每一个人,为交通参与者提供了极大的便利。

智能交通系统(Intelligent Transportation System,ITS)是指将先进的信息处理技术、定位导航技术、数据通信传输技术、自动控制技术、图像分析技术及计算机网络等有效地综合运用于整个交通管理体系中,从而建立起的大范围内、全方位发挥作用的实时、准确、高效的交通管理系统。目前的智能交通系统主要包括以下几个方面:先进的交通信息服务系统、先进的交通管理系统、先进的公共交通系统、先进的车辆控制系统、先进的运载工具操作辅助系统、先进的交通基础设施技术状况感知系统、货运管理系统、电子收费系统和紧急救援系统等。

智能交通是作为继计算机产业、互联网产业、通信产业之后的又一新型产业,其与物联网的结合是必须的,也是必然的。智能交通行业已被公认为是物联网产业化发展落实到实际应用的能够取得成功的优先行业之一。

智能交通的发展,将带动智能汽车、导航、车辆远程信息系统、RFID、交通基础设施运行状况的感知技术(如智能道路、智能铁路、智能水运航道等)、运载工具与交通基础设施之间的通信技术、运载工具与同种运载工具或不同运载工具之间的通信技术、动态实时交通信息发布技术等多个产业的发展,具有广泛的应用需求。可以说,随着智能交通系统的进一步建设,广大交通参与者将能够体验到其方便性,越来越及时地获得各种交通信息,从而更好地帮助其出行。

ITS 作为一个信息化的系统,它的各个组成部分和各种功能都是以交通信息应用为中心展开的,因此,实时、全面、准确的交通信息是实现城市交通智能化的关键。从系统功能上与相关的服务部门相互连接起来,并使道路与汽车的运行功能智能化,从而使公众能够高效地使用公路交通设施和道路资源。其具体的实现方式是:该系统采集到的各种道路

第 12 章 物联网

交通及各种服务信息经过交通管理中心集中处理后，传送到公路交通系统的各个用户，出行者可以实时选择交通方式和交通路线；交通管理部门可以自动进行交通疏导、控制和事故处理；运输部门可以随时掌握所属车辆的动态情况，进行合理调度。这样，才能使路网上的交通经常处于最佳状态，能够改善交通拥挤，最大限度地提高路网的通行能力及机动性、安全性和生产效率。

智能的城市交通基础设施可以将整个城市内的车辆和道路信息实时收集起来，并通过超级计算中心动态地计算出最优的交通指挥方案和行驶路线。比如在机动车辆发生事故时，车载设备就可以向交通管理中心发出信息，便于及时处理以减少道路拥堵；同样，后方行驶的车辆也可以及时得到信息，绕开拥堵的路段。当然，如果违章行驶，也会在第一时间得到处罚。基于无线传感器网络的智能交通，在交通信息采集方面，其终端节点通过采用非接触式地磁传感器定时收集和感知区域内车辆的速度、车距等信息。当车辆进入传感器的监控范围后，终端节点通过磁力传感器来采集车辆的行驶速度等重要的信息，并将信息传给下一个定时醒来的节点。当下一个节点感应到该车辆时，结合车辆在两个传感器节点间的行驶时间估计，就可以估算出车辆的平均速度。多个终端节点将各自采集并初步处理后的信息通过汇聚节点汇聚到网关节点，进行数据融合，获得道路车流量与车辆行驶速度等信息，从而为路口交通信号控制提供精确的输入信息。通过给传感器节点安装湿度、光照度、气体检测等多种传感器，还可以进行路面状况、能见度、车辆尾气污染等检测。

综上所述，基于物联网的 ITS 以先进的交通动态基础信息采集技术为核心，利用多种高精度传感器设备，可准确采集道路车辆信息、流量、道路的时间与空间占有率、排队长度、车速信息、违章信息、停车位信息、气象信息、道路基础设施状态信息等，并依靠自有网络对信息进行实时传送，为交通信号控制系统、交通动态诱导系统提供必需的检测信号；可以提供城市路口的交通参数、车辆动态运行参数、车辆违章行为判选等信息，为整个城市的交通管理、安全管理提供基础数据。

目前，物联网还处于高速发展阶段，物联网在 ITS 领域的应用今后会更全面、更先进。物联网的产业化发展将大力促进我国 ITS 的发展，必将创造出更大的应用空间和市场价值。

12.3.2 智能家居

智能家居也叫数字家庭，或称智能住宅，在英文中常用 Smart Home 表示，在我国的香港和台湾地区还有数码家庭、数码家居等叫法。通俗地说，智能家居是利用先进的计算机、嵌入式系统和网络通信技术，将家庭中的各种设备（如照明系统、环境控制、安防系统、网络家电等）通过家庭网络连接到一起。一方面，智能家居能使用户以更方便的方法来管理家用设备，比如，通过无线遥控器、电话、互联网或者语音识别方式控制家用设备，更可以执行场景操作，使多个设备形成联动；另一方面，智能家居内的各种设备相互间可以通信，不需要用户指挥也能根据不同的状态互动运行，从而给用户带来最大程度的高效、便利、舒适与安全。此外，智能家居还是以住宅为平台，兼备建筑、网络通信、信息家电、设备自动化，集系统、结构、服务、管理等为一体的高效、舒适、安全、便利、环保的居住环境。

智能家居是一个多功能的技术系统，主要子系统有：家居布线系统、家庭网络系统、智能家居（中央）控制管理系统、家居照明控制系统、家庭安防系统、背景音乐系统、家庭影院与多媒体系统、家庭环境控制系统等。

智能家居是以住宅为平台，利用综合布线技术、网络通信技术、安全防范技术、自动控制技术、音视频技术等将家居生活有关的设施集成，构建高效的住宅设施与家庭日程事务的管理系统，提升家居安全性、便利性、舒适性、艺术性，并实现环保节能的居住环境。

智能家居可以定义为一个过程或者一个系统。利用先进的计算机技术、网络通信技术、综合布线技术可将与家居生活有关的各种子系统有机地结合在一起，通过统筹管理，让家居生活更加舒适、安全、有效。与普通家居相比，智能家居不仅具有传统的居住功能，提供舒适安全、高品位且宜人的家庭生活空间，还由原来的被动静止结构转变为具有能动智慧的工具，提供全方位的信息交换功能，帮助家庭与外部保持信息交流畅通，优化人们的生活方式，帮助人们有效安排时间，增强家居生活的安全性，甚至节约各种能源费用。

随着时代的发展，智能家居将会不断地普及。智能家庭网络系统和产品已经开始走进普通居民的家居中。例如，使用小米及其生态链产品就可以实现一些智能家居的典型应用场景，如照明系统、窗帘控制、视频监控、无钥匙门锁等，通过简单的语音控制就可以实现很多常见的家居应用。作为物联网的一种应用，物联网的规范化和产业化发展将为智能家居行业提供强劲的动力，智能家居相关产品也必将越来越多，功能越来越强大，实用程度越来越高。

目前，国内移动通信 4G 网络已经普及，5G 网络也将很快投入使用，随着网络速度的不断提高、国家提速降费政策的推行以及各通信运营商无限流量套餐的推出，网络的作用正在被充分地挖掘和发挥。以往的发展注重计算机之间的互联和人与人之间的通信，忽略了大量存在于我们周围的普通机器，这些机器的数量远远超过人和计算机的数量，其中数据量最大的是与普通消费者联系最密切的家庭设备。目前，家庭设备联网已经逐渐普及并渗透到千家万户。越来越多的信息智能型家居产品如雨后春笋般涌现，智能家庭局域网、家庭网关、信息家电等这些与智能家居密切相关的名词已经几乎是家喻户晓了。相对于其他的行业应用来说，社区、家庭、个人应用领域，拥有更广大的用户群和更大的市场空间。我国一部分高档和中档的住宅小区及私人住宅，在控制和管理上基本实现了一般意义上的智能化，宽带已经进入普通居民的住宅小区和广大农村，为智能家庭网络功能的完善提供了基础条件。

移动运营商在物联网产业领域具有天然的优势，比如随时随地接入网络的能力，成熟的运营体系；智能家居业务为移动运营商进一步挖掘个人应用市场并向家庭、社区领域拓展提供了增长空间。未来运营商主导业务的运营和推广将成为智能家居业务的重要发展方向，同时也能进一步扩大运营商的收益和市场。

12.3.3 智慧物流

随着中国电子商务行业的高速发展，国内的物流水平也大幅度提升，配送的时间越来越短，智能化程度越来越高，通过电子商务 App、物流公司 App、外卖平台 App 等都可以查看当前货物的配送情况和地理位置等信息，方便了人们的生活。

智慧物流（Intelligent Logistics System，ILS）首次由 IBM 提出，于 2009 年 12 月由中国物流技术协会信息中心、华夏物联网、《物流技术与应用》编辑部联合提出概念。

IBM 于 2009 年提出，建立一个面向未来的具有先进、互联和智能三大特征的供应链，通过感应器、RFID 标签、制动器、GPS 和其他设备及系统生成实时信息的"智慧供应链"概念，紧接着"智慧物流"的概念由此延伸而出。与智能物流强调构建一个虚拟的物流动态信息化的互联网管理体系不同，"智慧物流"更重视将物联网、传感网与现有的互联网整合起来，通过以精细、动态、科学的管理，实现物流的自动化、可视化、可控化、智能化、网络化，从而提高资源利用率和生产力水平，创造更丰富社会价值的综合内涵。

中国物联网校企联盟认为，智慧物流是利用集成智能化技术，使物流系统能模仿人的智慧，具有思维、感知、学习、推理、判断和自行解决物流中某些问题的能力。即在流通过程中获取信息从而分析信息、做出决策，使商品从源头开始被实施跟踪与管理，实现信息流快于实物流，即可通过 RFID、传感器、移动通信技术等让配送货物自动化、信息化和网络化。

智慧物流的本质，是对物流资源、要素与服务的信息化、在线化、数字化、智能化，并通过数据的连接、流动、应用与优化组合，实现物流资源与要素的高效配置，促进物流服务提质增效，物流与互联网、相关产业的良性互动。智慧物流主要呈现以下特点：一是以消费者为中心；二是互联网思维、平台思维（开放、共享、共赢）、创新思维；三是多方面连接（市场主体连接、信息连接、设施连接、供需对接等）、多方位集成；四是跨界融合；五是数据和数字化基础设施成为新的生产要素，大数据为物流全链条、供应链赋能，成为物流企业新竞争力的关键来源；六是自动化、信息化、可视化、智能化程度较快提升；七是基于"互联网＋"与"物流＋"的生态相互融合，电子商务与物流互动互促发展；八是新分工体系，大规模社会协同。

智慧物流使得物流业对经济社会发展的关联性、渗透力、影响力进一步增强，使得物流业的基础性、战略性、先导性、引领性地位进一步凸显。智慧物流推动着物流体系快速完善，物流服务覆盖面持续扩大。为适应与满足电子商务个性化、碎片化、多样化、分布式、高时效、经济性、随时性、高品质等需求，三四线城市、县乡、偏远地区、城市社区、生鲜冷链的电子商务物流体系、仓储体系、快递体系、配送体系、冷链设施、终端服务网点等得以加快形成，物流服务体系的植根性、纵深性大大加强。农村电商物流体系、生鲜冷链电商物流体系、西部地区物流体系得到较大发展。多家电商、快递企业依托县级网点布局加强农产品流通设施和市场建设，完善农村配送和综合服务网络。跨境电子商务推动着跨境电子商务物流高速发展，海外仓加快了布局步伐。物流大数据平台、物流云、物流 App、智能物流终端等数字化物流基础设施与自动化、智能化的实体物流基础设施发展迅速，有力地支撑了中国的生产方式、流通方式和消费方式变革。

12.3.4 智慧医疗

智慧医疗英文简称 WIT120，是最近兴起的专有医疗名词，通过打造健康档案区域医疗信息平台，利用最先进的物联网技术，实现患者与医务人员、医疗机构、医疗设备之间的互动，逐步达到信息化。

由于国内公共医疗管理系统的不完善，医疗成本高、渠道少、覆盖面小等问题困扰着大众民生。尤其以"效率较低的医疗体系、质量欠佳的医疗服务、看病难而且贵的就医现状"为代表的医疗问题曾经成为社会关注的主要焦点。大医院人满为患，社区医院无人问津，病人就诊手续烦琐等问题都是由于医疗信息不畅、医疗资源两极化、医疗监督机制不健全等原因导致的，这些问题已经成为影响社会和谐发展的重要因素。所以需要建立一套智慧的医疗信息网络平台体系，使患者用较短的等疗时间、支付基本的医疗费用，就可以享受安全、便利、优质的诊疗服务，从根本上解决"看病难、看病贵"等问题。

将物联网技术应用于医疗健康领域，可以解决医疗资源紧张、医疗费用高、老龄化压力等各种问题。例如，借助实用的医疗传感设备，可以实时感知、处理和分析重大的医疗事件，从而快速、有效地做出响应。乡村卫生所、乡镇医院和社区医院可以无缝地连接到中心医院，从而实时地获取专家建议，安排转诊和接受培训。通过联网整合并共享各个医疗单位的医疗信息记录，从而构建一个综合的专业医疗网络。智能医疗系统借助简易、实用的家庭医疗传感设备，可对家中病人或老人的生理指标进行自测，并将生成的生理指标数据通过固定网络或 4G/5G 无线网络传送到护理人或有关医疗单位。

目前，国家医疗体系的主导思想已经从以治疗为主向治疗与预防并重的思路转变。因此，在大众医疗的预防领域，出现了许多迫切需求，原有的医疗信息系统则面临如何向外部拓展的问题，以 4G/5G 为代表的无线通信技术将发挥越来越重要的作用。在新医改方案中，也可以利用物联网建立一套食品或药品质量溯源体系，发放质量安全信息追溯条码，将信息追溯条码贴在食品、药品上，实现产品的可追溯制度，实行计算机化管理，将数据及时上传到互联网。

国内一些医院的医疗信息化建设已经取得了一些进步。国内大部分三级甲等医院已经认识到了医疗信息化在提高服务效率、提升服务质量方面的重要作用，并纷纷采用了医院信息管理系统。尤其是近年来，无线医疗崭露头角，成为医疗信息化系统的重要组成部分。据了解，早期的无线医疗中更多地采用了无线局域网技术，主要是无线局域网与 RFID 实现各种组合应用，终端方面则大量采用了专门医疗定制服务功能的 PDA 等。

新医改方案中提出要积极发展面向农村及边远地区的远程医疗。远程医疗包括远程诊断、专家会诊、信息服务、在线检查和远程交流等几大内容，主要涉及视频通信、会诊软件、可视电话三大模块。根据卫生领域的发展需求，从 RFID 的技术功能和技术特点，提出用 RFID 在卫生领域主要从事类似病患定位的追踪，特别是特殊病人的定位、追踪和身份识别。

在不久的将来，医疗行业将融入更多人工智能、传感技术等高科技，使医疗服务走向真正意义的智能化，推动医疗事业的繁荣发展。在我国新医改的大背景下，智慧医疗正在走进寻常百姓的生活。

12.3.5 智慧农业

我国人口约占全世界总人口的 20%，耕地面积却仅占全世界耕地面积的 7%。随着经济的飞速发展，人民生活水平不断提高，人们对生活的质量和要求越来越高，资源短缺、环境恶化与人口剧增的矛盾更加突出。我国加入世贸组织（WTO）后，国外价格低廉的优质农副产品源源不断地流入我国，这对我国的农产品市场以及农业生产形成了巨大的冲击。

当前我国农业依然处于粗犷发展的阶段，管理随意与滥用化肥，造成效率低下，加剧了环境污染。如何提高我国农产品的质量和生产效率，如何对大面积土地的规模化耕种实施信息技术指导下的科学管理，是一个既前沿又亟待解决的科研课题。传统农业生产的技术手段落后，主要是依靠人力、畜力和各种手工工具以及一些简单机械。传统农业的自身发展陷入恶性循环之中，传统农业在向现代农业发展的过程中面临诸多挑战——确保农产品总量，调整农业产业结构，改善农产品品质和质量，同时面临着以下问题：生产效率低下，资源严重不足且利用率低，环境污染等，不能适应农业持续发展的需要。因此，关于智能农业技术的研究，显得非常必要与重要。

我国作为农业大国，农作物种植在全国范围内都非常广泛，农作物病虫害防治工作好坏、及时与作物的产量、质量影响至关重要。农作物出现病虫害时能够及时诊断，对于农业生产具有重要的指导意义；而农业专家又相对匮乏，不能够做到在灾害发生时及时出现在现场，因此农作物无线远程监控产品在农业领域就有了用武之地。

20世纪90年代后，无线技术的广泛应用使得它在国民经济领域的应用研究获得迅速发展。尤其以 ZigBee 无线技术为主的物联网系统，使得科技农业的技术体系广泛运用于生产实践成为可能。科技农业技术体系的实践与发展，已经引起国家科技决策部门的高度重视。智能农业管理系统主要包括环境、动植物信息检测，温室、农业大棚信息检测和培养化生产监控，科技农业中的节水灌溉等应用模式。例如，农作物生长情况、病虫害防治、土地灌溉情况、土壤空气变化、畜禽的环境状况检测，温度、湿度、风力、大气、降雨量等信息的收集，土地的湿度、氮浓缩量和土壤 pH 值等信息的监测。

智能农业利用包括互联网、移动互联网、云计算和物联网技术等，依托部署在农业生产现场的各种传感节点（环境温湿度、土壤水分、氧气和二氧化碳浓度、红外感应等）和无线通信网络，实现农业生产环境的智能感知、智能预警、智能决策、智能分析、专家在线指导，为农业生产提供精准化种植、可视化管理和智能化决策。

小　结

物联网的英文名称为"The Internet of things"，物联网的核心和基础仍然是互联网，是在互联网基础上延伸和扩展的网络，其用户端延伸和扩展到了任何物品与物品之间，进行信息交换和通信。物联网的核心和基础是互联网，但是物联网与互联网相比又有其鲜明的特征。物联网处理物与物以及人与物之间的信息交互，其基本特征可以简要概括为全面感知、可靠传输和智能处理三个方面。从体系架构上来看，物联网可以分为三层：感知控制层、网络传输层和应用服务层。

本章对物联网的定义、特征、发展趋势、物联网基本架构及其相关技术以及物联网的常见应用领域进行了介绍，使读者对物联网有个整体的认识。通过文章的介绍可知，物联网涉及内容比较多，它是综合利用现有设备和技术在某些领域进行智能化应用，解决实际问题，更好地为用户提供服务的过程，因此物联网的应用非常广泛，可以应用到人们生产、生活的各个方面。随着信息技术的不断发展，人们对智能生活的不断追求，物联网产业也必将继续高速发展，为我们的工作、学习和生活等方方面面带来极大的便利。

同步测试

1. **单项选择题**

（1）物联网节点之间的无线通信一般不会受（　　）等因素的影响。

　　A．节点能量　　　　B．障碍物　　　　C．天气　　　　D．时间

（2）下列不属于物联网发展面临的挑战的是（　　）。

  A．安全问题　　　　　B．技术标准　　　　　C．人口问题

（3）物联网概念被提出的年份是（　　）。

  A．1999　　　　　B．2000　　　　　C．2008　　　　　D．1998

（4）下列不属于物联网系统的部分是（　　）。

  A．传感器模块　　　　　　　　　　　B．处理器模块

  C．总线　　　　　　　　　　　　　　D．无线通信模块

（5）物联网技术是基于射频识别技术而发展起来的新兴产业，射频识别技术主要是基于（　　）传输的。

  A．电场和磁场　　　B．同轴电缆　　　C．双绞线　　　D．声波

2．多项选择题

（1）物联网的主要特征有（　　）。

  A．功能强大　　　B．全面感知　　　C．可靠传输　　　D．智能处理

（2）从体系架构上，物联网可以分为（　　）。

  A．感知控制层　　　B．网络传输层　　　C．应用服务层　　　D．可靠存储层

（3）数据采集和感知用于采集物理世界中发生的物理事件和数据，主要包括（　　）。

  A．传感器　　　　　　　　　　　　　B．RFID

  C．二维码　　　　　　　　　　　　　D．多媒体信息采集

（4）RFID标签的分类按工作频率分，有（　　）。

  A．低频（LF）标签　　　　　　　　　B．高频（HF）标签

  C．超高频（UHF）标签　　　　　　　D．微波（uW）标签

（5）下列属于智能交通的实际应用的是（　　）。

  A．不停车收费系统　　　　　　　　　B．先进的车辆控制系统

  C．探测车辆和设备　　　　　　　　　D．先进的公共交通系统

3．分析题

（1）说说你曾经体验过的身边的物联网实际应用情况。

（2）结合自己的学习和生活情况，说说怎样应用物联网技术来改善目前存在的不足之处。

参 考 文 献

[1] 黄岚,王喆. 电子商务概论. 2版. 北京:机械工业出版社,2016.

[2] 付佳,张燕. 互联网金融弄潮儿——第三方支付. 北京:电子工业出版社,2015.

[3] 黄远新,田红英. 第三方物流企业经营管理. 北京:中国财富出版社,2017.

[4] 赵安新. 电子商务安全. 北京:北京理工大学出版社,2016.

[5] 郭鹏. 电子商务法. 北京:北京大学出版社,2017.

[6] 解相吾. 物联网技术基础. 北京:清华大学出版社,2014.

[7] 张夏然,胡艳春. 电子商务实务. 北京:科学出版社,2017.

[8] 孙学文. 电子商务概论. 苏州:苏州大学出版社,2016.

[9] 黄岚,王喆. 电子商务概论. 北京:机械工业出版社,2016.

[10] 张格余. 电子商务基础与实务. 北京:机械工业出版社,2016.

[11] 赵冬梅. 电子商务案例分析. 北京:机械工业出版社,2017.

[12] 西门子中央研究院. 《工业 4.0 实战:装备制造业数字化之道(工业控制与智能制造丛书)》. 北京:机械工业出版社,2015.

[13] 刘鹏. 大数据. 北京:电子工业出版社,2017.

[14] 姚宏宇,田溯宁. 云计算:大数据时代的系统工程. 北京:电子工业出版社,2016.

[15] 王万良. 人工智能及其应用. 3版. 北京:高等教育出版社,2016.